Horst H. Geerken

Hitlers Griff nach Asien

Horst H. Geerken

Hitlers Griff nach Asien

Das Dritte Reich und Niederländisch-Indien.
Der Nachlass von Frau Lydia Bode,
Leiterin der Deutschen Schule Sarangan in Indonesien
1943–1948.

Eine Dokumentation, Band 6

A BukitCinta Book

Bibliografische Information der Deutschen Bibliothek:
Die Deutsche Bibliothek verzeichnet diese Publikation in der
Deutschen Nationalbibliografie; detaillierte bibliografische
Daten sind im Internet über http://dnb.dbd.de abrufbar.

Umschlaggestaltung: Idee von Horst H. Geerken
Umsetzung: Sabine Berner, Barbara Bode
Foto Buchrückseite: Regina P. Tothill
Lektorat: Michaela Mattern, Barbara Bode
Layout und Design: Barbara Bode
Gesetzt in Adobe Garamond Pro

Verlag: BoD · Books on Demand GmbH, Überseering 33,
22297 Hamburg, bod@bod.de
Druck: Libri Plureos GmbH, Friedensallee 273, 22763 Hamburg
Printed in Germany
ISBN: 978-3-8192-8004-7

Dieser Band ist Frau Lydia Bode gewidmet, die Indonesien über alles liebte
und ihre Kraft zunächst als Krankenschwester für junge indonesische
Mütter in Sulawesi (Celebes) und danach für indonesische Schülerinnen
zweier Schulen auf Java als Lehrerin und Schulleiterin einsetzte.
Während der Kriegs- und Nachkriegsjahre wirkte sie unermüdlich
zum Wohle deutscher Schülerinnen und Schüler
als Leiterin der Deutschen Schule in Sarangan auf der Insel Java
sowie als Deutschlehrerin für indonesische Kadetten
der Militärakademie des noch jungen Staates Indonesien.
In ihrem letzten Lebensabschnitt in Deutschland
unterstützte sie Frauenkreise und erteilte deutschen Sprachunterricht
für indonesische Krankenschwestern und Studenten.

Inhaltsverzeichnis

88. Dank

Ich danke allen Zeitzeugen und deren Familienmitgliedern, die mich nach dem Lesen der bisher veröffentlichten Bände dieser Dokumentation kontaktierten und die mir weitere und oft neue Informationen und Unterlagen zukommen ließen.

Dabei bedanke ich mich besonders bei Hans-Günther Bode. Der überaus umfangreiche Nachlass seiner Mutter Lydia Bode prägt diesen Band 6. Die von ihm aufbewahrten Dokumente zeigen viel über das Leben der deutschen Frauen und Kinder in Niederländisch-Indien während des Zweiten Weltkriegs und den Jahren danach. Herrn Bode danke ich auch, dass mit ihm ein Interview für eine in Vorbereitung befindliche TV-Dokumentation verwirklicht werden konnte.

Wie auch schon bei den vorhergehenden Bänden möchte ich mich bei meinen beiden Lektorinnen Michaela Mattern und Barbara Bode herzlich bedanken. Beide standen mir unentwegt mit guten Ratschlägen zur Seite. Barbara Bode erstellte wieder mit großer Sorgfalt den Buchblock. Auch dafür danke ich.

An dieser Stelle möchte ich Herrn Dr. Rudolf Liesenfeld gedenken, mit dem mich eine tiefe Freundschaft verband. Er wurde in Surabaya geboren und hat viel zur Gestaltung von Band 3 und 5 dieser Buchreihe beigetragen. Erst kürzlich wurde noch ein Interview von mir mit ihm für eine zukünftige TV-Dokumentation aufgenommen. Vor wenigen Tagen ist er plötzlich für immer von uns gegangen. Ich möchte ihm hier posthum für seine Freundschaft und Mitwirkung an dieser Dokumentation danken.

Im Juli 2022
Horst H. Geerken

89. Vorwort von Hans-Günther Bode

Die Vorgeschichte dieses Buches lässt sich zurückführen auf eine Bronze-Gedenktafel, die im Jahre 2008 an der Mauer des Stausees in Sarangan angebracht wurde. Dieser Ort liegt an den Hängen eines 3200 Meter hohen Vulkans im östlichen Teil der indonesischen Insel Java.

Die Tafel wurde angebracht zur Erinnerung an die wohl größte deutsche Schule außerhalb Deutschlands während des Zweiten Weltkriegs mit etwa 230 Schülern, die alle deutsche Wurzeln hatten.

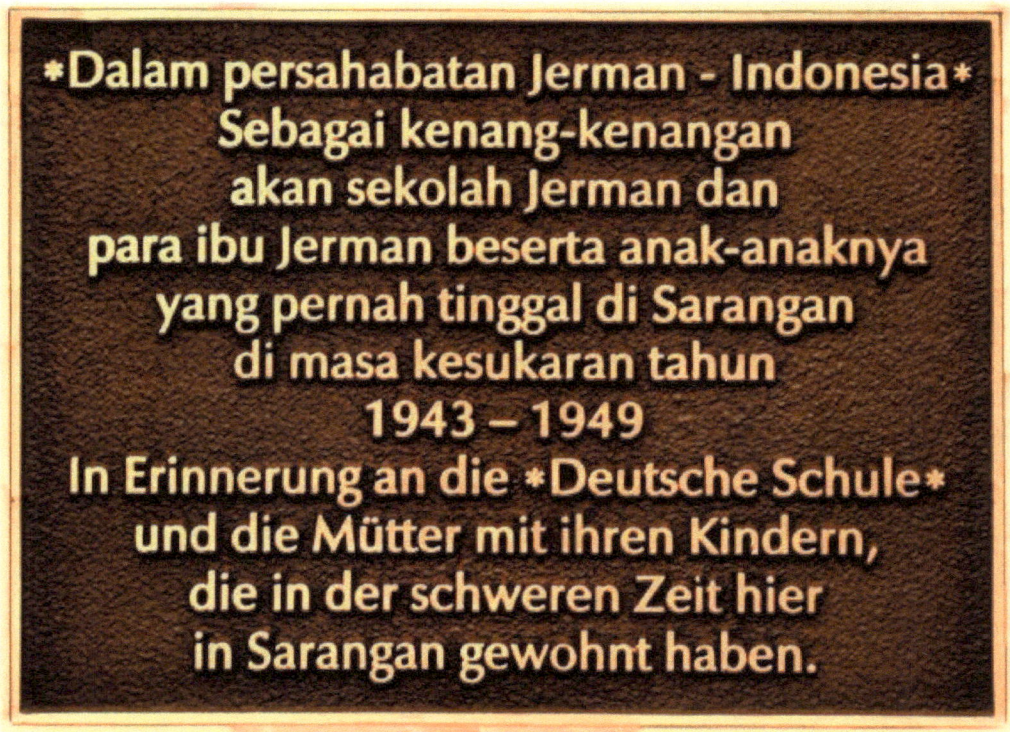

Abb. 89-1, Gedenktafel zur Erinnerung an die Deutsche Schule in Sarangan

Offizielle bundesdeutsche Stellen haben bisher diese Schule medial nicht erwähnt. Nach dem Tode des Initiators Paul Gerhard Zöllner im Jahr 2020 regte ich an, einen Nachruf für ihn herausgeben zu lassen. Dieser Nachruf erschien in der Juni Ausgabe der ‚StuDeo Nachrichten'[1] von 2021.

Bei den Recherchen zu diesem Nachruf stieß ich auf den Autor Horst H. Geerken, der in einigen seiner zahlreichen Werke detailliert über die ‚Deutsche Schule Sarangan' berichtete. Es entwickelte sich ein reger Gedankenaustausch zwischen dem Autor und mir, zumal sich herausstellte, dass wir gemeinsame Bekannte in Indonesien hatten und auch jeweils 18 Jahre in dem Inselreich am Äquator verbracht hatten. Er als Resident Engineer der Firma AEG-Telefunken von 1963 bis 1981 und ich von meiner Geburt am 17. August 1931 bis zur Inhaftierung durch niederländische Soldaten am 24. Dezember 1948. Daran anschließend wurde ich am 30. September 1949 von den Niederländern aus Indonesien ausgewiesen. Die Ausweisung erfolgte nur drei Monate bevor die niederländischen Soldaten das Land auf Druck der Vereinten Nationen und vieler Länder verlassen mussten.

Dieses Buch beschreibt das ereignisreiche Leben meiner Mutter, Frau Lydia Bode. Zusammen mit meinem Vater reiste sie 1922 nach Indonesien aus. Sie leitete die Deutsche Schule in Sarangan von Mitte 1943 bis zum 24. Dezember 1948, als sie – wie ich – von den Niederländern interniert, enteignet und mit mir ausgewiesen wurde. Und das vier Jahre nach Kriegsende!

Sie verstarb unerwartet nach einem reich erfüllten Leben am letzten Urlaubstag mit der Familie am 30. Mai 1964 in Spanien.

Hans-Günther Bode
Moers, 14. April 2022

---

1   Studienwerk Deutsches Leben in Ostasien e.V.

90. Prolog des Autors

Schon als Kind, vor meiner Schulzeit, befasste ich mich regelmäßig mit Niederländisch-Indien. Meine Mutter brachte von ihren Besuchen bei ihrer Verwandtschaft in Holland immer Bücher über den Archipel am Äquator mit. Unsere Verwandten in Amsterdam waren im Gewürzhandel tätig, weshalb die Bücher meist die Inseln der Molukken behandelten. Ich konnte zwar noch nicht lesen und verstand natürlich die holländische Sprache noch nicht, aber ich studierte die vielen Abbildungen mit großer Begeisterung.[2]

Später, auf dem Gymnasium, behandelt mein Geografielehrer Dr. Schurr vor allem die Inselwelt Indonesiens. War es Schicksal oder Fügung, dass ich 1963 für einen deutschen Konzern nach Indonesien delegiert wurde, um dort eine Niederlassung aufzubauen? Nun begann ich mich intensiv mit der Kultur, der Geschichte und der Sprache des Landes zu beschäftigen. Von Anfang an war ich mit zwei einflussreichen Indonesiern befreundet, die mich während meiner Zeit in Indonesien beruflich berieten und die im Unabhängigkeitskrieg Sukarnos gegen die Niederländer von 1945 bis Dezember 1949 als Offiziere leitende Stellungen in der PETA[3] eingenommen hatten. Ihre Geschichten fesselten mich derart, dass mich das Thema über die Aktivitäten des Dritten Reichs in Südost-Asien nicht mehr losließ. Aufgrund zahlreicher Rückmeldungen von Lesern aus der ganzen Welt sind nun mit dem vorliegenden Buch bereits sechs Bände dieser Dokumentation erschienen. Durch diese Rückmeldungen und neue Dokumente wurde klar, dass die Aktivitäten des Dritten Reichs in Ost- und Südost-Asien wesentlich umfangreicher waren als bisher bekannt war. Ein voraussichtlich siebter und letzter Band wird folgen.

Nachdem die von den Niederländern internierten deutschen Frauen und Kinder aus den Lagern auf Java und anderen Inseln des Archipels im März 1942 von den Japanern befreit wurden, wurden nun in denselben Lagern Tausende Niederländer unter den gleichen schrecklichen Verhältnissen eingesperrt. Die deutschen Frauen und Kinder waren nun frei, die Niederländer hinter Gittern.

Auf Wunsch des Deutschen Reichs und der japanischen Besatzungsmacht in Indonesien sollten alle deutschen Frauen und Kinder an einem Ort zusammengefasst werden, wo auch eine Schule für die Kinder bereitgestellt werden sollte. Man entschied sich, vermutlich auf Empfehlung von Walther Hewel[4], für den Luftkurort Sarangan in den Bergen von Ostjava. Dieser Ort, in herrlicher Umgebung mit einem gesunden Klima, war Walther Hewel durch mehrere Besuche in der 1920er und 1930er Jahren bestens bekannt.

In den Recherchen zu dieser Dokumentation habe ich von mehreren Zeitzeugen, die dort als Kinder unterrichtet wurden, viele weitere Einzelheiten erfahren. Diese sind in die bisherigen Bände dieser Reihe eingeflossen. Auch mehrere Hundert Kadetten der ersten indonesischen Militärakademie wurden auf Wunsch von Präsident Sukarno in der Deutschen Schule in Sarangan aus- und weitergebildet. Sukarno sah in Sarangan die Möglichkeit, den Grad der indonesischen Ausbildung für die zukünftige Elite der noch jungen Nation aufzubessern.

In Sarangan gab es die Sporthochschule SORA[5], in der die Kadetten durch deutsches Lehrpersonal ausgebildet wurden. In den anderen Fächern wurden sie in den Räumen der Deutschen Schule unterrichtet. Im Zuge dieser engen Kooperation entstanden über die Jahre gute persönliche Kontakte, meist sogar Freundschaften. Dies war für den späteren Schutz der deutschen Gemeinschaft vor marodierenden Kommunisten und von Niederländern finanzierte Straßenräubern von großer Bedeutung.

Die meisten deutschen Lehrerinnen und die wenigen Lehrer wurden nach Kriegsende Angestellte der indonesischen Regierung und bekamen dadurch eine gesicherte Lebensperspektive. In den Bänden 1 bis 3 habe ich bereits ausführlich über die Deutsche Schule und die Kadetten der indonesischen Militärakademie berichtet. Erst in diesem Band 6 kann ich – dank Hans-Günther Bode – viel mehr Details über seine Mutter, die Schulleiterin Frau Lydia Bode, und das Leben der Deutschen in schwierigen Zeiten preisgeben.

Bei den Recherchen zu der Deutschen Schule in Sarangan auf der Insel Java stieß ich immer wieder auf den Namen von Frau Lydia Bode, die 1895 geboren wurde. Sie war in Sarangan von September 1943 bis Ende 1948 Schulleiterin. Nachdem der 1931 in Indonesien geborene Dipl. Ing. Hans-Günther Bode die ersten Bände meiner Dokumentation gelesen hatte, kontaktierte er mich Anfang 2021. Er war einer der Schüler, der die Deutsche Schule in Sarangan von 1943 bis 1948 durchgehend besucht hatte. Hans-Günther Bode, mit dem ich mich in der Zwischenzeit angefreundet habe, besitzt einen großen Schatz von Hinterlassenschaften seiner Mutter. Er erlaubte mir großzügig, diesen Schatz zu sichten, auszuwerten und auch zu veröffentlichen.

---

2   Für viele dieser Abbildungen siehe Horst H. Geerken, *Das Gold der Bandas,* S. 15–17
3   Pembela Tanah Air, übersetzt: Verteidiger des Vaterlandes, Band 1, S. 11, 20, 189 und 338
4   Siehe hierzu Band 1 und 2
5   Sekolah Olah Raga

Abb. 90-1, Die beiden Veteranen, Dipl. Ing. Hans-Günther Bode und der Autor, Juli 2022 in Düsseldorf

War ich bisher von Frau Lydia Bode nur begeistert, so muss ich sie nach Durchsicht der vorhandenen Dokumente heute mehr als nur bewundern. Es ist unglaublich, was diese Frau in den Kriegs- und Nachkriegsjahren in der Schule in Sarangan und während der anschließenden erneuten Internierung durch die Niederländer im *Kamp Chassé* an der Hauptstraße *Milenvliet* in Jakarta unter schwierigsten Bedingungen alles geleistet hat. Als Schulleiterin und Lehrerin hat sie nicht nur Hunderten deutschen Schülerinnen und Schülern zu einer ausgezeichneten Ausbildung verholfen, sie hat auch durch die Schulung von Hunderten indonesischen Kadetten der ersten Militärakademie den Start des noch jungen Landes in ein unabhängiges Indonesien erleichtert.

Aufgrund der vielen neuen und einmaligen Dokumente befasst sich dieser Band 6 ausschließlich mit Frau Lydia Bode und ihrer Tätigkeit als Leiterin der Deutschen Schule in Sarangan. Es ist mir eine Ehre, ihr posthum diesen Band zu widmen. Allerdings merkt man, dass das Papier in den Kriegs- und Nachkriegsjahren in Indonesien knapp war. Ihre Briefe sind ganz eng von Rand zu Rand beschrieben und oft schlecht zu lesen. Zum Teil sind Dokumente auch noch in Sütterlin-Schrift geschrieben. Dies machte mir jedoch kein Problem. Meine erste Schrift, die ich in der Schule erlernte, war Sütterlin. Auch erhaltene Fotos sind – wie damals üblich – sehr klein und oft unscharf, sodass sich nur wenige für einen Buchdruck eignen.

Die Ausbildung der deutschen Schülerinnen und Schüler sowie der indonesischen Kadetten fand unter den allergrößten Schwierigkeiten statt. Es gab Anfangs kein Schulmaterial, keine Schulhefte und kein Papier. Alles musste erst besorgt werden. Nur in begrenzten Mengen konnte das hauchdünne Durchschlagpapier durch das Deutsche Konsulat in Jakarta bereitgestellt werden. Selbst Bleistifte waren knapp. Erst später kam veraltetes deutsches Unterrichtsmaterial aus China, von der Deutschen Schule in Shanghai, in Sarangan an. Selbst die Landkarten für den Geographieunterricht mussten von Hand – und teilweise aus der Erinnerung – gezeichnet werden. Erst als ein fast regelmäßiger Verkehr deutscher U-Boote von Europa bis nach Surabaya stattfand, wurden neuere Schulbücher geliefert, die dann allerding im Sinne des Dritten Reichs abgefasst waren. Im Rahmen des Deutschunterrichtes wurde von Lydia Bode auch die Thematik ‚Deutsche Kultur' behandelt.

Da viele Kinder deutscher Eltern zuvor in niederländischen Schulen unterrichtet wurden, sprachen sie Holländisch und Malaiisch[6] und nur wenig Deutsch. Die malaiische Einheitssprache des indonesischen Archipels ist die Bahasa Indonesia. Es war ein richtiges Kauderwelsch, das anfangs von der Jugend in Sarangan gesprochen wurde, eine Mischung aus Deutsch, Holländisch und Malaiisch. Es war das so genannte ‚Sarangan-Deutsch'. Zum Beispiel wurde aus dem See *das Meer,* eine Dose oder Schachtel wurde *eine Trommel,* ein Tisch- oder Stuhlbein wurde *eine Pfote,* jeder Handwerker wurde ein *Tukang,* jeder Einkaufsladen ein *Toko* und jeder Lagerraum ein *Gudang.* Viele Ausdrücke entstanden durch die Übertragung aus dem Niederländischen. So war *Der Blanke* ein Weißer, ein Europäer, oder *ein Fell* eine Wursthaut. Das Wort *Stoppkontakt* für Steckdose ist sogar heute noch in der Bahasa Indonesia gebräuchlich. Oft wurde auch die nachlässige Ausdrucksweise im Niederländischen aufs Deutsche übertragen. Man sagte *Darf ich ein Butterbrot?* Das ‚haben' fehlte und wurde nicht ausgesprochen. Dann wurde ‚haben' verwendet, wo es gar nicht hingehört. Man sagte *Wir haben es gerade darüber* und meinte *Wir sprechen gerade davon.*

Im Deutschen geht ‚Mittag' von 12 Uhr bis maximal 14 Uhr. Beim Niederländischen *Middag* beginnt der ‚Mittag' erst nach 14 Uhr und dauert bis zum Dunkelwerden. Dann folgt im Niederländischen der Abend, wenn im Deutschen die Nacht gemeint ist.

---

6   Heute: Bahasa Indonesia

Über die anfänglichen Sprachschwierigkeiten schrieb Dr. Johannsen in einem Gedicht:

Gut deutsch sprechen war oft sehr schwer:
‚Lüst du mit mir zu wandeln um dem Meer?'
Unsicher war man bei ‚mir' und ‚mich',
wie's richtig, wusste mancher hier nicht.
Auch das ist langsam nun behoben;
da müssen wir wieder die Schule loben![7]

Einer der Lehrkräfte war Otto Coerper. Er war ursprünglich Deutscher, hatte aber die niederländische Staatsangehörigkeit angenommen. Normalerweise wäre er – wie alle Niederländer – durch die Japaner interniert worden. Seiner guten japanischen Sprachkenntnisse wegen war er einer der wenigen Niederländer, der nach einer kurzen Internierung durch die japanische Besatzungsbehörde wieder freigelassen wurde. Als Lehrer der japanischen Sprache fand er in der Deutschen Schule ein neues Wirkungsfeld. Europäer, die die japanische Sprache beherrschten, wurden dringend gesucht. Japanisch wurde während der japanischen Okkupation in den Schulen Indonesiens ein Pflichtfach, wie auch die Bahasa Indonesia.

Am 5. Januar 1944 erstellte Otto Coerper einen ‚Beitrag zum Sarangan-Deutsch'. Vermutlich verwandte er diese Ausarbeitung in seinem Deutschunterricht, um den Schülerinnen und Schülern ein besseres Deutsch beizubringen. Der Vollständigkeit wegen habe ich diesen Beitrag in Kapitel 100.2, Anlage 2, beigefügt.

Durch den intensiven Deutschunterricht von Frau Bode, anderen Lehrerinnen und Otto Coerper, waren diese aus dem Niederländisch kommenden falschen Worte und Wortverbindungen allerdings bald ausgemerzt. Nach nur einem guten Jahr sprachen alle Kinder ein gutes Deutsch.

Für den Unterricht mit den Kadetten der indonesischen Militärakademie und den nach der Unabhängigkeit Indonesiens obligatorischen Unterricht der deutschen Mädchen und Jungen in Bahasa Indonesia begann Frau Bode ein Malaiisch-Deutsches Wörterbuch zu erstellen. Die Benutzung der holländischen Sprache war während der japanischen Besatzungszeit streng verboten, aber die Einheitssprache wurde allgemein gefördert. Mit Beginn von Sukarnos Regierungszeit wurde die Bahasa Indonesia sogar Pflicht, nicht nur in den Schulen, auch im indonesischen Rundfunk, in den Printmedien und den Behörden. Daher ist Indonesien mit über 300 lokalen Sprachen das einzige Land der Welt, in dem die Einführung einer Einheitssprache von Erfolg gekrönt war und daher sind alle Indonesier heute mindestens zweisprachig.

Es gibt zwei Versionen des Indonesisch-Deutschen Wörterbuchs. Zum einen eine Kurzversion mit 28 Seiten, die Lydia Bode vermutlich bereits 1943, zu Beginn des Unterrichts in der deutschen Schule in Sarangan, für den Deutschunterricht der Schülerinnen und Schüler erstellte. Eine zweite ausführliche Version mit einem Umfang von 217 eng beschriebenen Schreibmaschinenseiten erschuf sie in den Jahren 1946 bis 1948. Es ist erstaunlich zu sehen, wie schnell sich die Bahasa Indonesia in nur wenigen Jahren weiterentwickelt hatte. Neue Formen haben Gültigkeit erlangt und neue Wörter sind hinzugekommen. Gleichzeitig arbeitete Lydia Bode an einer Grammatik der Bahasa Indonesia. Wie wir noch sehen werden, waren dies die ersten deutschen Wörterbücher und die erste Grammatik, die je über die Bahasa Indonesia verfasst wurden! Für Sprachwissenschaftler und Interessierte werde ich beide Indonesisch-Deutschen Wörterbücher und die 55 Seiten umfassende Grammatik der Bahasa Indonesia aus jenen Jahren in einem Band 7 veröffentlichen. Die beiden Wörterbücher und die Grammatik sind auf dünnem Durchschlagpapier erhalten geblieben und teilweise schon stark vergilbt. Es ist somit jetzt höchste Zeit, diese Dokumente für die Nachwelt zu sichern.

Verschollen ist leider ein Deutsch-Indonesisches Wörterbuch, an dem Lydia Bode später in Deutschland arbeitete. Vermutlich ist dieses Projekt nicht fertiggestellt worden, da sie 1958 an ihren Sohn Hans-Günther schrieb, sie wäre bis jetzt erst zu den Anfangsbuchstaben ‚Le' gekommen. Die Anfangsbuchstaben eines indonesischen oder deutschen Wortes? Es könnte ‚leben' oder *lebak* (für ‚Tal' oder ‚Sumpf') gewesen sein.

Besonders wichtig wurde das Indonesisch-Deutsche Wörterbuch im Deutschunterricht mit den indonesischen Kadetten. Die meisten der Kadetten konnten sich nach sechsmonatigem intensiven Unterrichts fließend auf Deutsch unterhalten. Davon konnte ich mich in den 1960er Jahren noch selbst überzeugen. Ehemalige indonesische Schüler, die nun in hohen Positionen in der indonesischen Verwaltung oder beim Militär waren, waren stolz, dass sie sich mit mir immer noch in Deutsch unterhalten konnten. Besonders gut habe ich da meine Freunde General Panjaitan und Admiral Martadinata in Erinnerung. Sie wollten immer nur Deutsch mit mir reden und deutsche Lieder singen.

---

[7] Ausschnitt aus Büchlein *Sarangan*, Hausmitteilung der Sarangan-Freunde, 1989, Ausschnitt S. 75

Abb. 90-2, Der ehemalige Sarangan-Schüler Herr Sudarmo, nun Direktor der ‚Garuda Indonesian Airways‘, begleitete 1961 mit Frau und Kindern Lydia Bode auf ihrem Flug von Jakarta nach Medan

Frau Bode erhielt später in Deutschland viele Briefe von ehemaligen Kadetten, die inzwischen alle höhere Posten in der indonesischen Regierung oder bei den Streitkräften erhalten hatten. Auch zuhause in Moers erhielt sie noch zahlreiche Besuche ihrer ehemaligen Studenten, darunter auch von Dr. Singghi, dem Leiter des Ablegers der indonesischen Militärakademie in Sarangan.

Einmal war auch ein ehemaliger Student zu Gast, der zwischenzeitlich Direktor der Garuda Indonesien Airways geworden war, Herrn Sudarmo. Bei seinem Besuch saßen die Familien gemütlich bei Kaffee und Kuchen auf die Terrasse des Hauses in Moers zusammen. Plötzlich sang Herr Sudarmo – wie mir Hans-Günther Bode erzählte – fehlerlos das Lied ‚Sah ein Knab‘ ein Röslein stehen …‘, alle Verse. Danach sagte er stolz: *Das habe ich bei ihnen gelernt und bis heute nicht vergessen, liebe Frau Bode.*

Von ihren ehemaligen Schülern in Sarangan besuchten auch Sahid Sujut und Major Harsojo ab und zu Lydia Bode im Moers. Letzterer war für längere Zeit in einer leitenden Position an der Indonesischen Botschaft in Belgrad tätig und Sahid Sujut muss auch irgendwo in Europa beschäftigt gewesen sein.

Bei ihrem Besuch 1961 in Jakarta organisierten ihre ehemaligen Studenten der indonesischen Militärakademie zusammen mit dem oben genannten Direktor der Garuda Indonesian Airways ein Treffen mit Lydia Bode. Es war ein sehr herzliches Zusammenkommen, bei dem viel über die gute alte Zeit in Sarangan gesprochen wurde.

Die Bahasa Indonesia hat alleine seit Anfang der 1960er Jahre, als ich die Sprache erlernte, einen großen Wandel vollzogen. Seit der Zeit, in der Lydia Bode das Wörterbuch erstellte, natürlich noch weit mehr. Seit den 1940er Jahren sind immerhin schon 80 Jahre vergangen. Manche damals gebräuchlichen und im Wörterbuch enthaltenen Worte, wie *Andelas* für Sumatra, kennt die indonesische Jugend von heute nicht mehr. Andere Worte haben heute eine andere Bedeutung. Zum Beispiel wird das Wort *Zaman* heute nicht mehr für ‚Zeit‘ gebraucht, sondern nur noch selten für Zeitalter oder Epoche. Das erste, nur 23 Seiten umfassende, Indonesisch-Deutsche Wörterbuch von Frau Lydia Bode beginnt mit Seite 93. Es muss also noch Texte davor gegeben haben, aber welche? Das konnte ich nicht mehr rekonstruieren.

Beide Wörterbücher sind erhalten geblieben. Es sind vermutlich die ersten Malaiisch-Deutschen Wörterbücher und die erste Grammatik der Bahasa Indonesia überhaupt, und das aus den 1940er Kriegsjahren! Das erste veröffentlichte Indonesisch-Deutsche Wörterbuch von Otto Karow und Irene Hilgers-Hesse kam erst 1962 auf den Markt und die Grammatik der Bahasa Indonesia von Hans Kähler sogar noch einige Jahre später.

Lydia Bode beherrschte die indonesische Sprache perfekt. Die Grammatik in Hoch-Indonesisch ist – bis auf die neue Schreibweise seit der Rechtschreibreform von 1972 – auch heute noch gültig. Obwohl Frau Bode als Ehefrau eines Missionars sehr religiös war, findet man in der Grammatik nur ganz vereinzelt Worte, die auf ihren christlichen Hintergrund schließen lassen. So wird zum Beispiel nur auf Seite 45 von Anlage 3 mit dem Satz ‚Der Mensch ist ein Geschenk Gottes‘ gearbeitet und auf Seite 47 mit ‚Gott erbarmet sich über die Menschen‘.

Beide Ausarbeitungen wurden leider nie veröffentlicht. Während der Internierung und danach während des Unabhängigkeitskampfes gab es dazu keine Möglichkeit und später in Deutschland fehlte dazu das Geld. Nun wird jedoch posthum die unermüdliche Arbeit von Lydia Bode anerkannt und geehrt.

Frau Lydia Bode hat einen seltenen und unbezahlbaren Schatz an Dokumenten über die Aktivitäten der Deutschen Schule in Sarangan hinterlassen, den zum Glück ihr Sohn Hans-Günther bis heute bewahrt hat. Wie sie diese Dokumente in den Nachkriegswirren bewahren und durch die vielen Kontrollen der Niederländer – die selbst Fotoalben und Briefmarkensammlungen konfiszierten – bringen konnte, bleibt ein Rätsel. Dieser Band 6 befasst sich ausschließlich mit Frau Lydia Bode und diesem Schatz, der für Historiker und kommende Generationen von größtem Interesse sein wird.

91. Lebenslauf von Frau Lydia Bode

Der Lebenslauf von Frau Lydia Bode wurde zusammengestellt aus Angaben der Familie Bode und Dokumenten von Lydia Bode, die mir von ihrem Sohn Hans-Günther zur Verfügung gestellt wurden. Soweit möglich, habe ich den Originaltext der Aufzeichnungen übernommen.

27.01.1895: Geburt von Lydia Diederich (nach der Ehe Lydia Bode) in Elberfeld. Ihr Vater war Gustav Diederich, Geschäftsführer der ,Bergischen Bibelgesellschaft'. Lydia war das vierte Kind (das erste Mädchen) einer kinderreichen Familie. Nach acht Jahren Schulbildung Auslandsaufenthalte zu Sprachstudium:
1 ½ Jahre in England
½ Jahr in Frankreich
1915–1918: Ausbildung zur Krankenschwester in der Diakonie in Frankfurt/M. Schon während der Ausbildung Einsätze in der ,Freiwilligen Krankenpflege.
05.04.1918: Prüfung zur staatlich anerkannten Krankenpflegeperson mit ,sehr gut' bestanden.

Abb. 91-1, Lydia Diederich (sitzend) als Krankenpflegerin im Ersten Weltkrieg, Sommer 1917

freiwillige Krankenpflege
in Frankfurt am Main
in den Kriegsjahren 1914 bis 1918

hilfsschwester

Lydia Diederich

wurde in Anerkennung ihrer treugeleisteten Dienste die

Denkmünze

der freiwilligen Krankenpflege

verliehen.

Frankfurt a. M., April 1918.

Die Leitung der freiwilligen Krankenpflege

Abb. 91-2, Verleihung einer Gedenkmünze in Anerkennung für geleistete Dienste in der ‚Freiwilligen Krankenpflege'

Ausweis

für staatlich anerkannte Krankenpflegepersonen.

Die Schwester Lydia Diederich aus Elberfeld , welche vor der staatlichen Prüfungs= kommission in Frankfurt a. M. die Prüfung für Krankenpflege= personen mit der Gesamtzensur „sehr gut" bestanden hat und die zur Ausübung des Krankenpflegeberufs erforderlichen Eigenschaften besitzt, erhält hiermit die Bescheinigung, daß sie staatlich als Krankenpflegerin anerkannt ist.

Für den Fall, daß Tatsachen bekannt werden, welche den Mangel derjenigen Eigen= schaften dartun, die zur Ausübung des Krankenpflegeberufs erforderlich sind, oder daß die Krankenpflegeperson den in Ausübung der staatlichen Aufsicht erlassenen Vorschriften beharrlich zuwiderhandelt, bleibt die Zurücknahme der Anerkennung vorbehalten.

Wiesbaden , den 5. April 19 18

Der Regierungspräsident.
Im Auftrage.

Schneider

Pr. T 7 M 470

Abb. 91-3, Ausweis

Von der Preußischen Staatsregierung mit der Verleihung der Roten Kreuz-Medaille betraut, habe ich

der Diakonissin Lydia Wilhelmina Diederich

in Frankfurt a/M

die Rote Kreuz-Medaille 3. Klasse

verliehen und über den rechtmäßigen Besitz der Auszeichnung diese Urkunde erteilt.

Berlin, den 16. August 1919

Der Kommissar und Militär-Inspekteur der freiwilligen Krankenpflege.

Abb. 91-4, Verleihung der Rote Kreuz-Medaille am 16. August 1919

Abb. 91-5, Werner August Bode

1918–1919: Arbeit im evangelischen Diakonieverein.

1920–1921: Pfarrgehilfin in Elberfeld. Verlobung mit Pfarramtskandidat Werner August Bode.

1921: Acht Monate lang weiterführende Sprachstudien.

07.02.1922: Hochzeit mit Werner August Bode.

03.03.1922: Gemeinsame Ausreise nach Celebes.[8] Vier Jahre lang arbeitete Werner Bode am Hilfspredigerseminar in Airmendidih in Minahasa für 50 Gemeinden. Der Missionsauftrag sah nicht nur die Vermittlung christlicher Glaubenslehre vor, sondern auch die gründliche Ausbildung junger Frauen. Seine Frau Lydia unterstützte ihn dabei. Ein neues Krankenhaus wurde eingeweiht.

Anmerkung des Autors: Zu jener Zeit wirkten verschiedene Missionsgesellschaften und Missionare in Niederländisch-Indien. Laut den Recherchen von Irmgard Loeber[9] waren Mitte der 1930er Jahre in Niederländisch-Indien die folgenden Missionskräfte tätig:

- 869 europäische und 4823 ‚eingeborene' [sic] evangelische Missionskräfte
- 2066 europäische und 99 ‚eingeborene' [sic] katholische Missionskräfte
- 34 deutsche evangelische Missionsärzte (1933)
- 21 deutsche katholische Missionsärzte (1933)

Irmgard Loeber schreibt dazu:

Zu gedenken ist hier auch deutscher Missionarsarbeit, wobei in erster Linie das Wirken der Rheinischen Missionsgesellschaft genannt sei, die seit 1835 zuerst auf Borneo, dann im BataKland auf Sumatra und auf Nias missioniert hat und der die Bataklande ihre moderne Entwicklung zu verdanken haben. Die Mission unterhält hier Krankenhäuser, Asyle für Aussätzige und Krüppel und auch eine große Anzahl von Schulen. Ihr ärztlicher Dienst erstreckt sich jährlich auf fast 100.000 Kranke. Ferner wirkt die Basler Mission auf Borneo, die Neukirchener Mission auf Java, die katholische Steyler Mission, die ursprünglich auch rein deutsch gewesen ist, auf den Kleinen Sunda-Inseln.

08.12.1922: Geburt des ersten Kindes, der Tochter Lydia Liselotte.

27.05.1925: Geburt des ersten Sohnes, Werner.

1926: Versetzung von Werner Bode durch die Niederländische Missionsgesellschaft in Oegstgeest als ‚Theologischer Dozent' an das Lehrer- und Predigerseminar nach Tomohan, einer Stadt im Norden von Sulawesi.

Abb. 91-6, Werner und Lydia Bode kurz nach der Hochzeit und vor der Ausreise nach Celebes, 1922

---

8   Heute Sulawesi

9   Irmgard Loeber, *Das niederländische Kolonialreich*, 1939, S. 36ff

25.08.1926: Geburt des dritten Kindes, der Tochter Gisela.

27.04.1929: Abreise von Tomohan. Erster Heimaturlaub. Ab Surabaya mit der *Christiaan Huygens* in die alte Heimat. Werner Bode machte weiterführende Sprachstudien an den Universitäten in Hamburg und Leiden, da er den Auftrag bekam, die alte ‚Malayen-Bibel‘ zu revidieren. Durch die starke Veränderung der malaiischen Sprache war eine neue Übersetzung unumgänglich.

Abb. 91-7, Heimaturlaub, 1929 in Wuppertal (von links: Lydia Bode, Tochter Liselotte, Tochter Gisela, Werner Bode, Sohn Werner)

19.09.1930: Abreise mit dem Schiff ab Genua nach Niederländisch-Indien.

19.10.1930: Suche nach einem geeigneten Haus und Beginn mit der Bibelübersetzung im Dienst der *Nederlands Bijbelgenootschap*.

01.11.1930: Einzug in das Haus in Sukabumi[10], im Westen Javas.

1930: Lydia Bode wurde als Finanzvorstand der ‚Prinzessin-Juliane-Schule‘ in Sukabumi berufen.

1930–1940: Unterricht in der Prinzessin-Juliane-Schule. Privatunterricht ihrer Kinder. Mit pädagogischem Geschick lehrte sie ihre Kinder lesen, schreiben, rechnen und die Realienfächer [sic.[11]]. Gründung einer Haushaltsschule in Sukabumi, der SHS *(Soekaboemisch Huishoudschool)*. Sie half fast täglich bei der Einrichtung und Arbeit in der Poliklinik *Ridoh Galih* in Sukabumi. Leitung des chinesischen Frauenvereins, Leitung verschiedener Frauen- und Mädchenkreise. Außer diesen vielen Aufgaben war Lydia Bode eine treue Helferin ihres Ehemannes. Bis spät in die Nacht übertrug sie die Tagesarbeit ihres Ehemannes von Stenographie in den Klartext.

17.08.1931: Geburt des vierten Kindes und zweiten Sohnes, Hans-Günther.

30.10.1935: Beginn des zweiten Heimaturlaubes. Mit dem Schiff von Batavia nach Marseille und mit dem Zug weiter nach Wuppertal. Lydia Bode reiste nur mit den vier Kindern, ohne Ehemann, da dieser noch an der Übersetzung der Bibel mit Urtexten aus dem Griechischen arbeitete. Er war ein unermüdlicher Arbeiter.

13.04.1936: Rückreise von Bremerhaven nach Niederländisch-Indien nur mit dem jüngsten Sohn Hans-Günther. Es war die Jungfernfahrt des HAPAG-Kombischiffes *Gneisenau*. Die älteren drei Geschwister blieben in Deutschland, damit sie ein Gymnasium besuchen konnten.

---

10 Damalige Schreibweise: Soekaboemi
11 Veraltet: naturwissenschaftliche Fächer

Abb. 91-8, Die Familie Bode im Garten ihres Hauses in Sukabumi, März 1935 (von links: Sohn Werner, Lydia Bode, Sohn Hans-Günther, die Töchter Liselotte und Gisela, Werner Bode)

Abb. 91-9, Das von der Familie Bode bewohnte Haus in der Straße Jalan Cipelang Gedeh in Sukabumi, 1938. W. Bode mit Sohn Hans-Günther und Hund ‚Dacki‘

Abb. 91-10 bis 91-12, Ausflug mit den Mädchen der von Lydia Bode geleiteten Haushaltsschule SHS in Sukabumi/Westjava im Juli 1938 zu den ‚Tausend Inseln‘ in der Bucht von Jakarta

10.05.1940: Gefangennahme des Ehemannes Werner Bode durch die Niederländer. Nur die Kleidung die er am Leibe trug, durfte er mitnehmen. Weitere Kleidung zum Wechseln oder Toilettenartikel waren nicht erlaubt. Ein kleiner Koffer mit diesen Sachen, den Frau Bode am Abend ins Gefängnis brachte, wurde ihm nie ausgehändigt.

Überführung in das Lager auf der Insel Onrust. Als Begründung für die Internierung aller Deutschen wurde die Befürchtung vor Spionage und Sabotage und der Luftangriff auf Rotterdam genannt. Es war jedoch vor allem der durch starken Neid begründete blinde Hass der Kolonial-Niederländer auf die erfolgreichen Deutschen.

Danach Internierung im Lager Allas Valley in Nord-Sumatra. Noch im Internierungslager durfte Werner Bode durch eine Vermittlung der Bibelgesellschaft mit einer Sondergenehmigung weiter an der Übersetzung der Bibel arbeiten. Seine Ehefrau erhielt die Manuskripte in Kurzschrift, die sie in Klarschrift übertrug. Er bat immer noch um Unterwäsche, Schlafanzüge, Toilettenartikel sowie Bleistifte mit Spitzer und Schreibpapier. Alles sollte ins Lager geschickt werden, da er ja ohne etwas mitnehmen zu dürfen, Hals über Kopf von den Niederländern in seinem Haus verhaftet und abgeführt wurde. Auf Postkarten beschreibt er seine schwierige Situation, da er sich diese Sachen nur von Leidensgenossen, die etwas mehr besäßen, ausleihen könne.

Überführung nach Britisch-Indien mit dem Schiff *Van Imhoff*. Die Begründung für die Überführung war, man wolle die Deutschen vor Misshandlungen schützen! Schützen vor wem? Die Indonesier waren den Deutschen gegenüber sehr wohlgesonnen, denn ‚Meines Feindes Feind ist mein Freund!‘ Somit schützen vor den Japanern? Die Japaner waren Bündnispartner der Deutschen und sie hätten die Internierten aus den Lagern befreit. Das war der eigentliche Grund der Überführung nach Britisch-Indien. Die Niederländer wollten die Deutschen weiterhin hinter Schloss und Riegel wissen und suchten eine Schutzbehauptung. Infolge eines Kriegsverbrechens der Niederländer ist Werner Bode am

19.01.1942 beim Untergang der *Van Imhoff* ertrunken.[12] Für Lydia Bode und Sohn Hans-Günther begann eine schwere Zeit.

Abb. 91-13 und 91-14, Selbst in der niederländischen Presse wurde Werner Bode nach diesem Kriegsverbrechen noch geehrt. Andererseits wurden seiner Witwe zunächst alle Pensionsansprüche aberkannt. Von den Niederländern wurde sie bis zu ihrem Lebensende – soweit sich ihr Sohn Hans-Günther erinnern kann - als eine ‚vijandelijk onderdaan der Nederlanden‘, als eine ‚feindliche Untertanin der Niederlande‘ eingestuft! Der Sohn hat jedenfalls nie eine Nachricht zur heutigen Sachlage aus den Niederlanden erhalten.

---

12 Einzelheiten dazu siehe Anlage 1, Ausschnitt aus dem Bericht eines Zeitzeugen, des Missionars Gottlob Weiler der Baseler Mission, und Band 1, Kap.16 sowie Band 3, S. 7, 9, 13, 147–170, 249, 390f, 394–405.

DEN HAAG. In het verslag over 1949 van het Nederlandse bijbelgenootschap wordt gemeld, dat in Djakarta een Bijbelhuis in gebruik is genomen, waardoor de arbeid is samengebracht in een enkelgebouw. De Indonesische vertaling van het Nieuwe Testament kwam kort voor de oorlog gereed. Door het omkomen van ds. W.A: Bode, die belast was met de zorg voor de nieuwe vertaling, zoekt men naar iemand die zijn werk aan de vertaling van het Oude Testament kan overnemen. Het aantal personen dat zeer goed Hebreeuws en Indonesisch kent is slechts klein. In 1949 kwamen weer vele uitgaven in de Indonesische talen van de pers, onder meer een brailledruk van de Toba-Batak-vertaling van het Evangelie van Lukas.

Bekwaam zendingsman omgekomen.
Ds. BODE MET INTERNEERINGSSCHIP BIJ NIAS VERGAAN.

Naar uit een In Memoriam, door Prof. Dr. H Kraemer, te Leiden, in het Maandbericht van het Ned. Bijbelgenootschap gewijd aan Ds. W. A. Bode, taalgeleerde in dienst van genoemd Bijbelgenootschap, blijkt, is een schip met geïnterneerden, die van Ned.-Indië naar Britsch-Indië werden getransporteerd, ter hoogte van Nias op den Indischen Oceaan gezonken. Met Ds. Bode vonden nog tien andere Duitsche zendelingen den wreeden dood in de golven.

Ds. Bode studeerde aan de zendingsscholen te Barmen en Oegstgeest en heeft zich, als uitnemend kenner der Maleische taal, groote verdiensten verworven jegens het Nederlandsche Zendingswerk in Indië. In 1930 vestigde Ds. Bode zich te Soekaboemi, ter uitvoering van de hem door het Bijbelgenootschap verleende opdracht tot herziening van de bestaande Maleische bijbelvertalingen, van welke opdracht de thans op zoo tragische wijze om het leven gekomen zendeling zich eminent heeft gekweten. „Het ging erom — aldus schrijft Prof. Kraemer, die als supervisor met hem samenwerkte — een eenheidsversie te produceeren, daarbij rekening houdend met de drie reeds bestaande vertalingen en met het daardoor reeds ingeburgerde Christelijke spraakgebruik, terwijl tevens groote aandacht moest worden besteed aan het belangrijke punt, dat deze eenheidsversie het thans gangbare beschaafde Maleisch zou vertegenwoordigen, dat men in Indië het standaard-Maleisch pleegt te noemen maar dat in werkelijkheid een standaard-Maleisch-in-wording is".

In 1935 was het Nieuwe Testament voltooid terwijl Prof Kraemer als supervisor in 1939 ook reeds de eerste vier boeken van het Oude Testament en de Psalmen kon doorwerken.

In Mei 1940 werd Ds. Bode met vele anderen door de Ned.-Indische regeering om moeilijkverklaarbare redenen geïnterneerd, doch het mocht hem gelukken, gedurende zijn interneering zijn vertaalarbeid voort te zetten, zoodat verondersteld kan worden, dat nog belangrijke stukken gereed gekomen zullen zijn. De betreurenswaardige dood van dezen begaafden zendingsman is een groot verlies voor den wetenschappelijken zendingsarbeid in het algemeen, en voor het Ned. Bijbelgenootschap in het bijzonder

Mai 1940–13.04.1943: Internierung von Lydia Bode mit Sohn Hans-Günther durch die Niederländer im eigenen Haus, zusammen mit sechs weiteren deutschen Frauen und zehn Kindern. Frau Bode wurde mitten in einer Abschlussprüfung ihrer Schülerinnen von niederländischen Soldaten verhaftet und abgeführt. Auf Bitten der Haushaltschule wurde sie für nur einen Tag von den Auflagen der Hausinternierung befreit, um die Prüfung zu Ende zu führen.

Ihr Haus wurde von den Niederländern als Internierungslager geführt, da es der niederländisch-indischen Regierung an Lagern fehlte. Frau Bode war zutiefst enttäuscht, dass eng befreundete niederländische Familien von heute auf morgen den Kontakt abbrachen. In ihrem Bericht[13] schreibt sie:

Auch im Hass können die Menschen sich überbieten und sogar die Christen können sich davon so beherrschen lassen, dass sie jedes Maß für Recht und Unrecht verlieren. […] Allein, verlassen, verachtet, besorgt über das Schicksal meines Mannes und unserer drei Kinder in Deutschland, das war der Zustand, in dem ich lebte.

Keine fundamentale Ablehnung und Verachtung gab es bei indonesischen Freunden und Indonesiern mit chinesischen Wurzeln. Sie unterstützten die internierten Deutschen sogar mit Lebensmitteln. Wenn sich der Sohn Hans-Günther richtig erinnert, wurden seiner Mutter von den niederländischen Behörden nur 35 Gulden pro Monat aus ihren Ersparnissen zugeteilt. Damit musste sie alle 15 oder mehr internierten Frauen und Kinder in ihrem Haus verpflegen. Das reichte natürlich vorne und hinten nicht. Daher nahm man dankbar die Lebensmittelspenden der indonesischen und chinesischen Freunde an. Wie Frau Bode schreibt, waren hier eine Frau Tjoa Eng Tjan und die Familie Tjoe Kiat Koen besonders hilfreich. An anderer Stelle des Berichtes[14] schreibt sie:

Wenn in den Tagen meine chinesischen Freunde nicht geholfen hätten, wie hätten wir's dann wohl aushalten sollen! Es war für sie sehr gefährlich, aber sie fanden in ihrer Treue immer neue Wege uns das eine oder andere zukommen zu lassen.

Die Nutzung von Schulen oder Krankenhäuser wurde den internierten deutschen Frauen und Kindern untersagt. Heimlich erteilte Lydia Bode in der Garage ihres Hauses allen Kindern einen geregelten Schulunterricht. Der im Nachbarhaus wohnende Dr. med. Peter Johannes unterstützte sie dabei. Selbst der private Kontakt zu ehemals befreundeten Niederländern wurde verboten.

Abb. 91-15, Abschied von Familie Tjoe Kiat Koen in Jakarta anlässlich der vierten und letzten Reise von Lydia Bode nach Indonesien, 1961. Die Tochter Giok Sryanti (vorne links) war später in der Niederlassung des von mir vertretenen deutschen Konzerns beschäftigt.

13 Kapitel 98, Seite 14
14 Kapitel 98, Seite 16

CONSULAT DE SUISSE
BATAVIA

CHARGÉ DES INTÉRÊTS ALLEMANDS
POUR LES INDES NÉERLANDAISES

BATAVIA-C., 20. Februar 1942.
NOORDWIJK 15
TÉLÉPHONE: WELTEVR. 4358/9
HEURES DE RÉCEPTION: 8 - 12.30

RÉFÉRENCE : VOTRE ——
NOTRE —— I.A.53 - ED - Evakuation der Internierten.

Geehrte Frau,

Wie Ihnen bereits durch die Presse be-
kannt sein wird, wurden die in Alas Vallei deutschen Internierten mit Ruecksicht auf den Kriegszustand durch die nie-
derlaendisch-indische Regierung nach Britisch-Indien evaku-
iert. Der dritte und letzte Transport wurde durch japanische
Flugzeuge angefallen und zum Sinken gebracht.

Das Konsulat hat die schwere Pflicht Ihnen mitzuteilen, dass

B o d e Werner August, 1890,

laut von den zustaendigen niederl.-indischen Instanzen er-
haltenen Informationen, mit dem dritten Transport avakuiert
wurde und als vermisst zu betrachten ist.

Zu diesem Verluste spreche ich Ihnen
mein Beileid aus.

Genehmigen Sie, geehrte Frau, die Versicherung meiner vollkommenen Hochachtung.

DER SCHWEIZERISCHE KONSUL
in Wahrung der deutschen
Interessen in Niederl. Indien

P. Micheli

Frau L. W. Bode-Diederich,
Tjipelang Gede,
S o e k a b o e m i.

==

Abb. 91-16, Die Todesnachricht des Schweizer Konsulats, die Lydia Bode in ihrem zum Internierungslager entwerteten Haus in Sukabumi erhielt.

Den deutschen Frauen wurde alles Bargeld, Schmuck, Edelmetalle und Wertgegenstände jeglicher Art abgenommen. Bankguthaben und Wertpapiere wurden beschlagnahmt. Dokumente wurden gesichtet und meist einbehalten. Nach dem Krieg wurden sie von den niederländischen Behörden als verloren gemeldet. Mobile Objekte wurden abtransportiert oder vernichtet. Den Müttern wurde dadurch eine längerfristige und gesicherte Lebensperspektive entzogen.

Von den folgenden Personen, die von der niederländischen Verwaltung im Haus von Lydia Bode interniert wurden, sind die Namen erhalten geblieben. Zunächst verließen
- Frau Scherer mit Sohn Rolf und Tochter Hedelore
- Frau Spurzem mit Sohn Rolf und Tochter Gisela und
- Frau Krömer
das Haus Bode. Sie reisten mit der *Asama Maru* nach Japan.
Weiterhin im Haus Bode interniert blieben
- Frau Dr. Jacob mit Tochter Marlene
- Frau Zöllner mit den Söhnen Hans-Martin, Siegfried und Paul-Gerhard (genannt Hardy) sowie Tochter Gisela und Pflegetochter Magda
- Frau Jantzen mit dem Söhnen Rolf und Arno und der Tochter Ingrid
- Frau Hildegard Drechsler mit den Töchtern Inge und Anni
- Frau Hering.
In der Nachbarschaft interniert waren
- Frau Hedwig Braun mit Söhnen Arthur und Martin
- Frau Erna Steinhauer mit Sohn Hans-Gruneck

Es gab immer mal wieder einen Wechsel der internierten Frauen und Kinder, aber im Schnitt waren es etwa sechs deutsche Frauen und zehn Kinder, die im Haus Bode interniert waren. Von den Kindern war Hans-Günther Bode durchgehend der Älteste.

05.03.1942: Angriff der japanischen Luftwaffe auf Sukabumi. Die niederländischen Militäreinheiten flohen, obwohl sie wenige Tage zuvor propagierten, sie würden bis zum letzten Mann kämpfen. Das niederländische Militär sprengten noch einige Brücken. Dadurch kam es zu Versorgungsengpässen bei der indonesischen Bevölkerung. Glücklicherweise blieb die nahegelegene Brücke über den Fluss Cipelang unversehrt. Bei deren Sprengung wäre das in der Nähe gelegene Haus der Familie Bode mit den internierten Frauen und Kinder sicherlich auch beschädigt worden.

07.03.1942: Die internierten deutschen Frauen und Kinder werden durch die Japaner befreit und die Niederländer eingekerkert.

08.03.1942: Niederländisch-Indien kapituliert gegenüber Japan.

13.04.1943: Aufgrund eines Beschlusses der deutschen und japanischen Behörden erfolgt Abreise deutscher Frauen und Kinder nach Sarangan in Ostjava.

20.04.1943: Eröffnung der Deutschen Schule an Hitlers Geburtstag mit zunächst 185 deutschen und wenigen deutschstämmigen Kindern, deren Eltern die niederländische Staatsangehörigkeit angenommen hatten.

24.07.1943–Ende Dezember 1948: Lydia Bode wird Leiterin der Deutschen Schule in Sarangan. Ihre Unterrichtsfächer: Deutsch, Geschichte, Anthropologie, Bahasa Indonesia und evangelische Religion. Sie gab 33 Stunden Unterricht pro Woche. Da Frau Bode als einzige Lehrkraft fließend die Bahasa Indonesia beherrschte, wurde sie für dieses Pflichtfach als Lehrerin aller Klassen ausgewählt.

Anfang 1946–24.12.1948: Deutscher Sprachunterricht und andere Fächer für die Kadetten der indonesischen Militärakademie und der Sporthochschule (SORA) für angehende indonesische Offiziere und Diplomaten in den Räumen der Deutschen Schule durch deutsche Lehrerinnen und Lehrer.

24.12.1948: Erneute Gefangennahme durch niederländische Truppen und Abtransport in das Internierungslager *Chassé* in Jakarta.

30.09.1949: Deportation durch die Niederländer nach Deutschland.

22.10.1949: Ankunft in Wuppertal.

Mai 1952–März 1955: Lehrerin an einer Berufsschule in Elberfeld.

April 1955–30.05.1964: Mitarbeiterin der Rheinischen Missions-Gesellschaft. Leiterin des Dankopferrings. Sprachlehrerin für Deutsch-Indonesisch und Indonesisch-Deutsch für ausreisende Missionare und indonesische Geistliche. Vortragsreisen für die Rheinische Mission im Bergischen Land. Sekretärin der ,Kontinentalen Kommission' für Kirche und Mission in Indonesien. Deutschunterricht für dutzende indonesische Krankenschwestern, die von deutschen Krankenhäusern angefordert wurden.

Abb. 91-17, Lydia Bode im Kreis ihrer Familie, Mai 1958. (Von links: Hans-Günther Bode, Lilo Hardt geb. Bode, Lydia Bode, Gisela Oberwahrenbrock geb. Bode, Werner Bode)

1961: Anlässlich des 100-jährigen Bestehens der Batakkirche durfte Lydia Bode im Auftrag der Rheinischen Mission noch einmal die alten Stätten ihres Wirkens in Indonesien wiedersehen.[15]

01.08.1961: Abfahrt aus Amsterdam mit dem Frachtschiff *Düsseldorf* der Hapag nach Tanjung Priok, dem Hafen Jakartas. Reisen auf Java, auf Sulawesi und Sumatra. Einzelheiten dazu im Kapitel 93 mit dem Titel ‚Meine vierte und letzte Reise nach Indonesien'. In einem Bericht beschreibt Lydia Bode ausführlich diese Reise. Im Vorspann wurde dieser Bericht ergänzt mit Informationen aus privaten Briefen an ihren Sohn Hans-Günther.

18.11.1961: Rückkehr mit dem Schiff von Indonesien nach Antwerpen

30.05.1964: Plötzlicher und unerwarteter Tod von Lydia Bode anlässlich eines Urlaubs mit der Familie in Spanien.

In einem Nachruf sagte der Direktor der Rheinischen Mission, Heinrich F. de Kleine:
Ungezählt sind die Vorträge und Berichte in Kreisen, Gruppen, Gemeinden und Schulen, die unsere treue Mitarbeiterin Lydia Bode gehalten hat. Wer an ihrer Seite arbeiten durfte, hat die Freude gespürt, die von ihr ausging.

---

15   Siehe dazu Kapitel 98

92. Unsere Deutsche Schule in Sarangan
von Lydia Bode

Frau Lydia Bode hat in einem 17 Seiten langen Exposé über ihre Rolle als Schulleiterin der Deutschen Schule von 1943 bis zu deren Auflösung im Dezember 1948 berichtet. Sie beschreibt, wie schwierig es war, das dringend benötigte Schulmaterial selbst zu erstellen und wie schwierig ab und zu die Zusammenarbeit mit den Japanern war. Interessant ist, dass auch Botschafter Stahmer[16] aus Tokyo die Deutsche Schule in Sarangan besuchte.

Wenn Lydia Bode in dem Bericht von ,Bundesgenossen' spricht, sind die mit dem Deutschen Reich verbündeten Japaner gemeint. Weitere nicht näher erklärte Fachausdrücke in dem Bericht sind:
- Lurah = Ortsvorsteher
- SORA = die Sporthochschule der indonesischen Militärakademie in Sarangan
- SORA-Direktor = Dr. Singgih
- Kiepe = eine Tragevorrichtung wie ein geflochtener Korb, wie er bei der Weinlese zur Anwendung kommt
- Tori = ein geometrisches Gebilde, ein japanisches Tempeltor, das von den Japanern auf der Insel im See Telaga Pasir errichtet wurde. Die deutschen Schülerinnen und Schüler in Sarangan nannten es ,Schwimmreifen'.

Lydia Bode beschreibt, wie die deutsche Gemeinschaft in Sarangan den Unabhängigkeitskrieg der Indonesier gegen die wiederkehrenden Niederländer erlebte und wie sie von den Kadetten der indonesischen Militärakademie vor den randalierenden kommunistischen Banden beschützt wurden. In Surabaya und Bandung kämpften indonesische Freiheitskämpfer zunächst gegen britische Gurkhas, danach gegen wiederkehrenden Holländer. Es herrschte Chaos, aber die deutschen Frauen und Kinder lebten im Schutze der indonesischen Kadetten für lange Zeit noch wie auf einer ruhigen, einsamen Insel. Fast alle deutschen, deutschstämmigen und indonesischen Schülerinnen sowie die Schüler der indonesischen Militärakademie erreichten später herausragende Posten in der Wirtschaft, den Streitkräften oder im Diplomatischen Dienst der Bundesrepublik Deutschland und der Republik Indonesia.

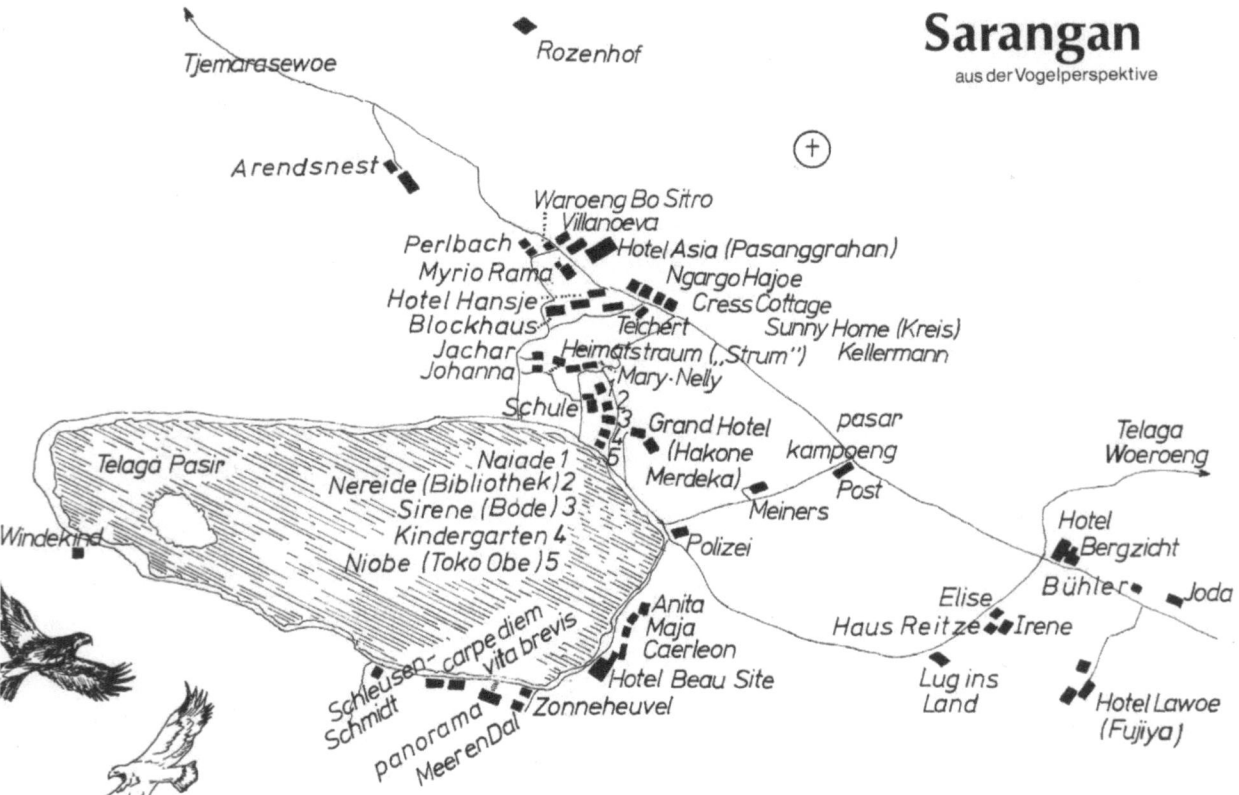

Abb. 92-1, Der Ort Sarangan aus der Vogelperspektive[17]

16 Horst H. Geerken, *Hitlers Griff nach Asien*, Band 2, S. 79, 81, 83, 97f, 101f, 106. 132, 192, 369
17 Aus dem Büchlein *Sarangan*, im Selbstverlag erschienen im August 1989, nach Informationen vom Sarangan-Treffen 1986, Grafik von Hans-Martin Zöllner, S. 82

Unsere deutsche Schule in S a r a n g a n .

"In einer Viertelstunde hält der Zug in Madiun"! Diede kurze Ansage, von Abteil zu Abteil weitergegeben, riß die deutschen Reisenden in der Morgendämmerung aus der Schlaftrunkenheit der hinter ihnen liegenden,warmen Nacht heraus. "Madiun!" Ja, da sollten sie alle aussteigen und von dort aus üwrde man ihnen den Ort zeigen,der für die nächsten Jahre ihre Heimat werden sollte.

Ziemlich lustlos machten sie sich alle fertig. Es war sehr voll gewesen im Zug und man hatte sehr eng gesessen. Wie hatte zunächst der Abschied sie bedrückt! Das Gefühl der Heimatlosigkeit,das nun schon fast drei Jahre lang von dieser Gruppe von Menschen getragen wurde, übte immer wieder einen schweren Druck aus auf Herz und Gemüt. Getrennt von den Mähnern,den Verwandten in der deutschen Heimat fern, so gingen sie nun ihren Weg durchs Leben. Würde dieses Hin und Her noch einmal aufhören? Bedrückend war auch das Gefühl, den "Bundesgenossen" ausgeliefert zu sein. Beim Umsteigen in Djakarta waren die Deutschen alle eingesperrt worden in einen Lagerschuppen.Bis zur Ankunft ihres Zuges sollten sie nichts beobachten können,was sich auf dem Bahnhof abspielte. Würden die Bundesgenossen an dem neuen Ort bessere Betreuer sein?

Ganz anders dachten die Kinder. Frisch und fröhlich sprangen sie aus dem Zug. Sie witterten Freiheit und neues Erleben. Schlimmer als in den letzten Jahren konnte es bestimmt nicht werden,aber sehr wahrscheinlich war alles viel,viel besser und schöner. Nur schnell hinein in das neue Leben!

Der erste,am Bahnhof wartende Autobus war schon voll.aber gäeich fuhr ein zweiter Bus vor, und wenn auch einer fast auf dem Schoß des anderen saß, so fanden sie doch alle Platz. Der Weg war schlecht.Es ging langsam bergauf. Etwas düster war die Landschaft, eintönig.In Sukabumi, in West-Java, wo diese Reisenden herkamen,sah die Bevölkerung weit fröhlicher und unbesorgter aus. Die Frauen,die hier anscheinend schwer zu arbeiten hatten, trugen dunkle Gewänder,während in West-Java das fröhliche Bunt vorherrschend war. Viel ernster klang der Gruß, den die Kinder dem Autobus nachriefen. Und schließlich war man so müde, ach,so müde von allem Erleben der letzten Zeit.

In der Ferne zeichnete sich eine hohe Bergwand ab. Es war plötzlich, als sei der Weg am Ende. "Alles aussteigen", ertönte ein Kommando. "Der Rest des Weges wird zu Fuß gemacht!" Die junge Generation schaute entzückt auf den steilen Anstieg.Also dort oben,in luftiger Höhe, sollte eine deutsche Schule entstehen! Das würde sicher ein Hauptspaß werden. Und schon stürmten sie bergan. Einige der Mütter,die sich den Weg nicht zutrauten, hatten bereits ein Pferdchen gemietet und ritten gemächlich hinterher. Zögernd folgten die anderen. Es schien, als ob es manchen von ihnen ganz besonders schwer wurde,den Weg zu gehen. Dr.Johannsen,der neu ernannte Leiter der deutschen Gemeinschaft,der am Tag vorher bereits eingetroffen war,redete den Zögernden freundlich zu.

Zuletzt blieb nur Frau Bode allein zurück. Es war ihr, als ob es auf einmal nicht mehr weiterginge. Zuviel war auf sie eingestürmt in den letzten Wochen und Monaten. Der Abschied von Sukabumi war ihr sehr schwer geworden. Dort hatte sie weit mehr als ein Jahrzehnt gelebt und gearbeitet,dort waren ihre vielen Freunde zurückgeblieben.Die Erinnerung an die fernen Kinder,die dort groß geworden waren hielt sie,wie mit seidenen Fäden gebunden, fest an diesem Ort. Und so plötzlich hatte sie aufbrechen müssen! Alle Energie,deren sie sonst immer fähig gewesen war, schwand plötzlich dahin. Nur schlafen, schlafen und lange nicht wachwerden,das war ihr Wunsch. Sie war einer Ohnmacht nahe. Dr.Johannsen,der den Transport in Empfang genommen hatte und nun schon auf dem Wege bergauf war,kam besorgt noch einmal zurück. Er untersuchte die Herztätigkeit und verordnete Ruhe. Am

- 2 -

Abb. 92-2 bis 92-18, Bericht von Lydia Bode

Wege lag ein einfaches Haus.Da hinein geleitete man Frau Bode und
ließ sie zunächst einmal schlafen.

Gut eine Stunde mochte vergangen sein, da wurde an die Tür geklopft.
Man hatte eine Sänfte gefunden und vier Männer waren bereit,Frau
Bode,die immer noch keinen Mut hatte für diesen steilen Anstieg,auf d
die Höhe des Berges zu tragen.Als letzte kam sie oben an,bekam ihren Quartierschein und wurde gleich dahin gebracht, wo sie mit ihrem
Sohn,der längst da war, wohnen sollte. Es handelte sich um die Neben-
gebäude des japanischen Hotels Hakone,wo ihr ein Zimmer zugeteilt
war,gegenüber von einem anderen Zimmer, in dem Frau Braun mit ihrem
Sohn untergebracht war. Der Platz war denkbar klein zum Schlafen,
und der Aufenthaltsraum,der zwischen diesen beiden Schlafräumen lag,
war so winzig,daß es nicht möglich war,sich auszudenken, wo die beiden großen Jungen einmal ihre Schularbeiten machen und die beiden
Mütter sich vorbereiten sollten für den Unterricht.Beide waren nämlich ernannt zu Lehrkräften der neu zu eröffnenden deutschen Schule
in Sarangan.

Längst war die Mittagszeit vorüber, aber niemand hatte Lust zum Essen. Es war inzwischen bekanntgeworden, daß die Deutschen,die in
Hotel Hakone ein Zimmer bekommen hatten, sich nicht als Hotelgäste
zu beschauen hätten. Die Mahlzeiten sollten sie einnehmen im ehemaligen Kinderzimmer des Hotels. Der Speisesaal blieb den Kapanern
reserviert ebenso wie der Hoteleingang,während sie selbst den Eingang für das Dienstpersonal zu benutzen hatten.Auch diese Demütigung
mußte noch verkraftet werden. Das waren unsere "Bundesgenossen",die
uns diese Schmach antaten! Was würde noch alles folgen!

Am nächsten Morgen, als wir ausgeschlafen hatten, sah die Welt schon
ganz anders aus. Welch ein herrlicher Ort war es doch,der uns zur
Heimat werden sollte! Sarangan liegt 1300 -1400 m hoch und hat ein
herrliches Bergklima. Wir hatten uns nachts zudecken müssen und beim
Baden am frühen Morgen war es uns kalt gewesen. Was machte es uns
jetzt noch aus, daß wir im Kinderzimmer frühstücken mußten! Wir beschlossen, uns die Gegend einmal gründlich anzusehen. Zu unseren
Füßen lag der klare Bergsee mit der schönen Insel. Hinter uns stieg
bis zu einer Höhe von über 3200 m der Lawu auf. Rechts lag der Siduramping und weiter hinaus der ganze Bergzug bis zum Kukusan. An der
anderen Seite des Sees lagen die hübschen Häuser,eins schöner als
das andere und links das schöne Schweizer-Hotel, in dem eine ganze
Anzahl von Frauen und Kindern Wohnung gefunden hatte. Und Blumen
waren überall, Rosen in üppiger Fülle. "O Welt, wie bist du so schön
hätten wir jubeln können. Nun sollte uns auch nichts mehr daran hindern, hier unsere ganze Kraft einzusetzen zum Wohl der deutschen
Kinder.

Aber wo war denn nur die Schule,von der man unserzählt hatte? Der
Ort war nur klein, wir suchten hin und her,aber fanden nichts. Ein
großer Schuppen erregte unsere Aufmerksamkeit.Er fiel uns darum auf,
weil er mehrere Türen hatte,die aber alle fest verschlossen waren.
Sollte das etwa die Schule sein? Wieder beschlich uns ein leises
Unbehagen.

In den nächsten Tagen kamen immer neue Transporte an. Da kamen die
Deutschen von Bandung. Sie hatten so herrliche Butterbrote mitbekommen als Reiseproviant und so reichlich,daß sie längst nicht alles
hatten essen können. Ob sie sie uns wohl schenken dürften? Fast
übereifrig griffen wir danach. Wie lange hatten wir keine Wurstbrote
mehr gegessen! Auch von Malang kam ein Transport an. Erst jetzt
wußten wir, wieviele Deutsche noch in Indonesien zurückgeblieben
waren,als die große Zahl der anderen nach Japan abreiste.

Inzwischen beganneb die Vorbereitungen derer,die zu Lehrern ernannt
worden waren. Es fanden allerlei Vorbesprechungen statt, wie man es
wohl anfangen sollte,diese so sehr verschiedenen Kinder in Klassen
einzufügen. Fast alle Kinder waren bis zum 10.Mai 1940 in holländi-

- 3 -

30

- 3 -

schen Schulen gewesen, und sprachen nur sehr wenig Deutsch. Einige
Mütter hatten mit den Kinder weitergearbeitet,andere dagegen ganz
einfach gewartet auf die Eröffnung einer deutschen Schule.

Im April 1943 kamen die Japaner,um die deutsche Schule feierlich zu
eröffnen. Wie hält man sich doch so leicht an eine überlebte Tradi-
tion bei einer solchen Eröffnungsfeierlichkeit! Es fehlte das seide-
ne Band nicht und die Schere zum Durchschneiden.Reden wurden gehalten und Glückwünsche ausgesprochen. Aber was war denn eigentlich die
deutsche Schule? Wir hatten uns in den ersten Tagen unserer Anwesenheit oft genug die Frage gestellt. Es sollte,so hatte man uns gesagt,
eine vollständig eingerichtete Schule für uns zur Verfügung stehen.
Wir konnten auch bei der Einweihung leider nichts davon entdecken.
Und als dann die Feierlichkeit beendet war, wurde es uns deutlich,
daß das,was wir für einen Schuppen gehalten hatten, die Schule war.
Es waren Wände von geflochtenen Bambus,in 3/4 Höhe hatte man anstelle von Fensteröffnungen Fliegendraht angebracht.Ein Wellblechdach
ließ den Regen an manchen Stellen allzu bereitwillig durch und wenn
der Wind fegte, so hatte er durch die vielen Ritzen ungehinderten
Zugang in das Innere der Schulräume. Roh gezimmerte Schulbänke standen dort,beinahe gesundheitswidrig mit den niedrigen Lehnen,die dem
Rücken gar keine Stütze gaben. Wandtafeln gab es ebenso wenig wie
Lehrerpulte.Eigentlich war überhaupt nichts da. Man sagte uns immer
wieder, es würde alles kommen,aber es wurde doch nötig,daß wir
selbst uns umsahen nach dem, was brauchbar war für den Unterricht.
Jeder bemühte sich, alte Verbindungen auszunutzen, um Schreibhefte
oder Kreide, Tinte oder Federn zu bekommen,alles mußte "besorgt"
werden, weil es in Sarangan nichts zu kaufen gab.

Inzwischen hatte eine Gruppe von Lehrkräften die Richtlinien ausge-
arbeitet,nach denen die Einteilung in Klassen vorgenommen werden
sollte. Man wollte die Kenntnisse im Rechnen als Maßstab nehmen,da
die deutschen Kenntnisse bei den meisten Kindern im Argen lagen.Na-
türlich mußte einigermaßen auch das Alter berücksichtigt werden und
die allgemeine Veranlagung.

Welche Art von Schule sollte es nun sein? Ach,das war überhaupt
nicht zu sagen. Wir konnten im Anfang weder unsere Möglichkeiten
noch die Art der Kinder übersehen. So entschlossen wir uns zu einem
zehnklassigen Schulsystem. Die Klassen benannten wir ganz einfach
von 1 - 10, um die leicht beleidigten Mütter, die immer eine Zurück-
setzung ihrer eigenen Kinder befürchteten, nicht durch Namen von
Klasse oder Schule zu verwirren. Aber im Herzen nahmen wir uns
gleich vor,jedes einzelne Kind so zu fördern, daß es das erreiche,
was nur einigermaßen möglich war.

Der erste Schultag hat allen Lehrern,die ihn damals miterlebt haben,
ganz große Freude gemacht. Da standen an einem strahlenden Morgen
alle die vielen deutschen Kinder erwartungsvoll vor den noch ver-
schlossenen Schultüren. In ihren duftigen Kleidern sahen die kleinen Mädchen mit ihren blonden Zöpfen so lieblich aus,daß wir uns an
dem Anblick ergötzten. Und die Jungen, kleine und große, machten
einen so strammen Eindruck, daß wir uns glücklich priesen,alle diese Kinder unterrichten zu dürfen.

Eine besondere Anfangsschwierigkeit bestand darin, daß der Gebrauch
der holländischen Sprache verboten war. Wir empfanden die Notwendigkeit, wenigstens einmal die deutsche Grammatik durchzunehmen,da-
bei von der holländischen Sprache ausgehend,um so schnell wie möglich eine richtige Grundlage für den Unterricht zu haben. Es gelang
uns nach einigem Bemühen, eine Sondererlaubnis zu erhalten für 3
Monate. Diese Zeit mußte gut genutzt werden. Es hat uns tiefen Kum-
mer bereitet,wenn wir die Kinder untereinander ihr Kauderwelsch reden hörten. "Lüstest du mit mich um das See zu wandelen?" Oder zu
einer Lehreri in:"Werde ich für Ihnen die Hefte nach Hause tragen?"

- 4 -

Aber drei Monate taten Wunder:Wir konnten nach dieser Zeit einen Stundenplan aufstellen, nach dem sich unterrichten ließ.

Bücher besaßen wir leider nicht. Jede Lehrkraft arbeitete aus eigenen Büchern,im Notfall auch aus dem Gedächtnis heraus,eine Lektion aus, schrieb sie frühmorgens an die Wandtafel und die Kinder schrieben sie ab. Da selbst das Abschreiben anfänglich noch mangelhaft war, während es doch auf ganz genaues Lernen ankam, mußten alle Abschriften nachgesehen und korrigiert werden,eine ganz große Mehrbelastung, die sich aber bezahlt machte. Diktate und größere Rechenaufgaben wurden auf der Schiefertafel gemacht, um Hefte zu sparen, die so schwer zu bekommen waren und für den Hauptzweck,Lehrbücher zu sein, zur Verfügung zu bleiben.

Einzigartig war der Unterricht im Japanischen,der von Anfang an gefordert wurde und zwar sollten alle Klassen 6 Wochenstunden Japanisch lernen. Herr Coerper, einer von unseren Lehrern, der während des ersten Weltkrieges in japanischer Kriegsgefangenschaft war, hatte soviel von der Sprache behalten, daß es ihm möglich war,den Unterricht zu geben. In den Nachmittagsstunden unterrichtete er einige Lehrerinnen,sodaß für die kleineren Klassen der Japanisch-Unterricht in andere Hände gelegt werden konnte. Dieser Unterricht beschränkte sich freilich in diesen Klassen auf das Erlernen von kleinen Liedden,die jedesmal,wenn ein japanischer Besuch oder eine Inspektion kam, zu Gehör gebracht wurden. Es hat immer Freude gemacht und Anerkennung gefunden,daß die deutschen Kinder japanisch singen konnten.

Hätten wir nicht sehr aufgepaßt, so wären die japanischen Forderungen über unsere Köpfe gegangen. Lange hatten wir uns zu wehren gegen die Vorschrift, eine 7.Wochenstunde Japanisch einzuführen und zwar für japanische Bürgerkunde. Da außerdem aber auch die Forderung bestand, in allen Klassen Indonesisch zu unterrichten, haben wir oft darüber Betrachtungen angestellt, wieviel man den jungen Kindern überhaupt an fremdsprachlichem Unterricht zumuten kann. Es war uns ganz klar, daß wir auf den Deutschunterricht ganz besonderen Wert legen mußten, aber wir sahen auch die Notwendigkeit, mindestens eine andere europäische Sprache zu unterrichten.Holländisch war verboten und noch strenger fast wurde das Verbot der englischen Sprache gehandhabt.

Leider wurde uns schon sehr bald eine tüchtige Lehrkraft genommen. Eine deutsche Inspektion kam nach Sarangen in der Person des Generalkonsuls von Mukden ,der mit Herrn Dr.Breuer zusammen die Frage der Zugehörigkeit der Grenzdeutschen klären wollte. Die Japaner erkannten keine Naturalisierung an, sodaß holländische Frauen,die als Deutsche geboren waren, von ihnen auch als Deutsche behandelt wurden. Dadurch war die Zahl der Deutschen viel größer,als man erwartet hatte. In vieler Hinsicht hat diese Kommission sich allerdings den Ansichten der Japaner nicht angeschlossen. Volksdeutsche durften zwar bleiben, wurden aber von Deutschland aus nicht unterstützt. Über Frau Braun wurde ein strenges Urteil gesprochen. Sie war verheiratet mit einem jüdischen Mann, der allerdings während des ersten Weltkrieges im deutschen Heer als Hauptmann dem deutschen Herr gedient hatte. Wir empfanden es als eine schreiende Ungerechtigkeit,hatten aber nichts dagegen einzubringen: Frau Braun mußte abreisen. Wir erlebten mit ihr die besondere Tragik ihrer Situation.Sie wandte sich in ihrer Ratlosigkeit an eine jüdische Organisation, wurde aber zu ihrer großen Enttäuschung dort auch nicht anerkannt, weil sie Christin war. Auch ihr Sohn Martin,der uns ein besonders lieber Schüler war, durfte nicht bei uns bleiben. Frau Braun war mit Frau Steinhauer längst in das direkt bei der Schule gelegene Haus "Sirene" gezogen.Durch ihren Fortgang wurde das Haus leer und ich durfte mit Frau Hering dort einziehen. Später habe ich Frau Braun noch einmal in Bandung besucht, sie dann aber aus dem Auge verloren.

Der Besuch von Dr.Ramm und von Dr.Breuer hatte noch ein anderes Nachspiel: durch ihre Vermittlung wurden uns einige Monate später allerlei Bücher zugeschickt,zum Teil veraltete deutsche Lesebücher,zum

- 5 -

32

- 5 -

Zeil auch Bücher,die im deutschen Gymnasium in Shanghai gebraucht wurden. Die Tatsache,daß wir nun endlich einmal mit den kleineren Klassen lesen konnten, war eine spürbare Erleichterung für den Unterricht.

Auch ein anderer,offizieller Besuch hat großen Eindruck auf uns gemacht.Das war der Besuch des deutschen Botschafters aus Tokio, Dr. Stahmer. Er erklärte sich bereit, diejenigen Mütter zu empfangen,die ihn in bestimmten Angelegenheiten gern sprechen wollten. Als ich unerwartet zu ihm gerufen wurde, wußte ich zunächst noch garnicht,was er mit mir besprechen wollte. Ich brachte eine persönliche Bitte vor, nämlich die, Nachforschungen anstellen zu wollen nach dem Verbleib meiner drei Kinder in Deutschland,von denen ich seit Jahren keine Nachricht hatte. Er sah mich lange an. Darauf sagte er:"Ich habe auch zwei Söhne beim Heer und weiß nicht,wo sie sind und wie es ihnen geht. Weil ich aber weiß, wie schwierig es ist und wieviele Menschen in Bewegung kommen müssen,bis die Erkundigungen eingezogen sind, habe ich davon abgesehen." Es blieb mir nichts anderes übrig, als meine Bitte zurückzuziehen. Das hatte er wohl nicht anders erwartet. Aber dann kam zur Sprache, daß mehrere Mütter die Gelegenheit benutzt hatten,ihn zu bitten, der Schulleiterin den Auftrag zu geben,an der deutschen Schule den Englischunterricht einzuführen. Ganz unvermittelt fragte er mich: "Haben sie innerhalb der deutschen Gemeinschaft Feinde?" "Nicht daß ich wüßte",war meine etwas erstaunte Antwort. "Können Sie sich denken,daß es einmal dazu käme,daß jemand von den hier anwesenden Deutschen Ihnen gram sein könnte?" Ich überlegte einen Augenblick und rief mir eine schwierige Unterredung mit einer Mutter ins Gedächtnis zurück,der ich den Vorschlag gemacht hatte,ihre Tochter freiwillig zurückversetzen zu lassen in eine niedrigere Klasse,weil sie dem Unterricht nicht folgen konnte, und damit nicht zu ihrem Recht kam. Die Mutter war so zornig geworden und hatte so hart von Ungerechtigkeit und von Vorziehen geredet, daß ich wußte, sie würde z.B. eine solche Feindin werden können. So bejahte ich die etwas merkwürdige Frage des Botschafters,indem ich ihm davon erzählte. "Dann",sagte er, "muß ich Ihnen entschieden abraten,heimlich Englischunterricht zu geben,wie die Mütter der Kinder das wünschen. Selbst ich könnte Sie nicht befreien, wenn Sie dadurch in Konflikt kämen mit der Kempetai."

Konnte es kein Englisch, so wollten wir den Versuch machen, Französisch zu unterrichten. Die Bestimmung der Japaner lautete, daß wir alle Lehrbücher,aus denen wir zu unterrichten gedächten, ihnen zur Prüfung vorlegen müßten. Bekämen wir die Bücher zurück, so sei das gleichbedeutend mit der Erlaubnis,diesen Unterricht zu geben. Um ganz sicher zu sein, schickten wir ein französisches Buch ein,aus dem wir nicht unterrichten wollten. Prompt bekamen wir es nicht zurück und waren froh,daß wir unser gutes Lehrbuch nicht eingeschickt hatten. Es ist uns immer gelungen,den Stundenplan so zu schreiben,daß dieser Unterricht nicht auffiel.

Wir hatten recht begabte Schüler und Schülerinnen in den höchsten Klassen,denen wir es so gern möglich machen wollten, einmal zum Studium zu gelangen. Daß dafür mindestens eine gute Kenntnis der Lateinischen Sprache nötig sei, war uns ganz klar. Aber wie und wo mußten wir damit beginnen? Alles,was beschlossen wurde, haben wir stets als Beschluß der gesamten Lehrerschaft gefaßt. Dafür hatten wir unsere regelmäßigen Konferenzen.Es ging uns um jedes einzelne Kind, da war es immer gut, alle Lehrer zu hören,die in den einzelnen Klassen Unterricht zu erteilen hatten. Wir haben uns unterhalten über die Streber und über die Faulenzer,über die Erfolgreichen und über die Versager und haben immer wieder nach den Ursachen geforscht,die zu dem einen oder anderen Anlaß gegeben haben könnten. Denen,die zu wenig Selbstvertrauen hatten, haben wir Mut gemacht und denen,die leicht mit sich und ihren Leistungen zufrieden waren, haben wir schwerere Aufgaben gestellt, um ihren Lerneifer zu heben. Als die Frage des Lateinunterrichtes besprochen wurde, kamen wir dahin überein,daß nur

- 6 -

diejenigen am Lateinunterricht teilnehmen konnten, die eine gute
Zensur für deutsche Grammatik hatten. Damit waren auch die Einwände
mancher Mütter, daß ihre Kinder nicht richtig beurteilt würden, abzu-
wehren, denn die Zensuren gaben den Ausschlag.

Schwierig war und blieb der Erdkundeunterricht. Wir besaßen keine Atlanten und keine einzige Landkarte. Da uns von früher her bekannt
war, ein wie gutes Kartenmaterial die holländischen Schulen gehabt
hatten, baten wir die Japaner immer wieder, uns doch etwas davon zu
geben. Nie haben sie abgelehnt, immer blieben sie freundlich und ver-
sprachen es uns für die nächsten Tage, aber wir haben bis zum Ende
der japanischen Zeit keine einzige Karte bekommen. Sie waren wohl zu
mißtrauisch, wir hätten Spionage im Auge gehabt. Unsere Selbsthilfe
bestand darin, daß wir unter Zugrundelegung einer Zeitungskarte vom
Kriegsschauplatz in Europa selbst eine Karte zeichneten, um den Schülern Lage und Lauf der Flüsse und Gebirge einprägen zu können.

Unser Schularzt und zugleich der Arzt der deutschen Gemeinschaft war
Dr.Johannsen, der es sich angelegen sein ließ, alle Kinder zu untersuchen. Er stellte bei den meisten Kindern erhebliche Schäden fest und
versuchte, körperliche Schäden auszugleichen durch Extra-Turnen, das
Frau Schut den Schulkindern gab. Sie war während der ersten Jahre
zugleich auch Turn-und Sportlehrerin. Im Bodenturnen wurden die Kräfte der Kinder geübt und ihnen auch ein gewisser Mut anerzogen. Wer
dächte nicht gern zurück an die Sportfeste, die sie mit den Schulkindern veranstaltet hat! Es wurde Großes geleistet und alle Kinder haben Freude gehabt am Turn-und Sportunterricht. Später kam Geräteturn-
nen dazu, nachdem ein einfacher Barren entstanden war und bald auch
Reck und Ringe. Später hat Herr Hupfer den Turnunterricht übernommen
und ihm gebührt ein besonderes Wort von Dank für alles, was er aus
den Kindern gemacht hat.

Der große, schöne See von Sarangan, der für uns alle eine Quelle vieler
Freuden war, hat den Lehrern im Anfang manche Kopfschmerzen gemacht.
Wer war verantwortlich für das, was auf dem Schulweg geschah, der für
die meisten Kinder an dem nicht befestigten Seeufer vorbeiführte?
Konnte man wohl die Lehrer dafür verantwortlich machen oder waren es
die Mütter, die die Last allein zu tragen hatten? Es wurde wieder
einmal ein gemeinsamer Beschluß gefaßt: Alle Kinder, beginnend mit
dem 6.Lebensjahr, mußten Schwimmen lernen. Nur die Kinder, die sich
freigeschwommen hatten, durften sich beteiligen an Paddeln oder Rudern. Das war eine gute Sache. Die Kinder entwickelten einen großen
Eifer, um möglichst schnell dieses Stadium zu erreichen. Sie mußten
im Schwimmbad in Ngerong lernen. Das war ein mühsamer, steiler Weg,
aber es war zu gefährlich, im See zu lernen. Das Paddeln lockte! Aus
der holländischen Zeit waren viel Paddelboote da, man konnte sie einfach nehmen, weil ja niemand da war, der Anspruch darauf machte. Die
einheimische Bevölkerung fürchtete den See, weil nach ihrer Meinung
ein böser Zauber darauf lag. In jedem Jahr, so sagten sie, fordere
die Seejungfrau ein Menschenopfer und sie wollten das Opfer nicht
sein. Wunderbare große Goldfische lebten in großer Zahl in dem tiefen Wasser, aber man durfte sie nicht fangen und nicht verzehren, weil
sie verzaubert waren. So hatte die deutsche Jugend den See für sich
allein. Im Kanu hinauszufahren und draußen zu sein, umgeben von der
Waldeinsamkeit, war immer etwas besonders Schönes. Man konnte zur
Insel schwimmen, begleitet von einem Kanu, wenn man den großen Abstand noch etwas fürchtete, aber man konnte auch ausruhen auf der
Insel und sich nach erholsamen Stunden wieder zurückholen lassen.
Die Japaner bauten ein "Tori" darauf, das erhöhte den Reiz und paßte
sich der Schönheit der Insel sehr gut an. Überhaupt wurde die Insel
ein Mittelpunkt für Sport und Spiel. Wettschwimmen und Wettrudern
zur Insel hin hatte immer einen besonderen Reiz, aber auch allerlei
Spiele konnten dort zur Ausführung kommen: Der Raub der Sabinerinnen,
die geraubte Prinzessin usw. Von einem sehr hohen, dürren Baum herunter konnten Kopfsprünge gemacht werden. Ich muß geschehen, daß ich

- 7 -

bei diesem Unternehmen manchmal zur Seite geschaut habe.Wenn der See, der ein Stausee war und in der trockenen Zeit der Bewässerung der Reisfelder diente, abgelassen war, zeigten sich schwere Felsblöcke,die sogar die Möglichkeit boten, an einer Stelle trockenen Fußes auf die Insel zu gelangen. Daher bestand immerhin die Gefahr, daß der Kopfsprung in der Nähe dieser Felsblöcke landete und das wäre eine böse Sache gewesen. Aber zum Glück ist nie etwas passiert. Auch das Unternehmen "Unterseeboot" hätte Unglück bringen können. Ein etwas leckes Kanu ließ man in der Mitte des Sees voll Wasser laufen,sodaß es zu sinken begann. Aber schnell kamen die guten Schwimmer herbei, tauchten und schwammen unter dem Boot her und drückten es dabei wieder hoch. Herrliche Kinderfreuden! Es gab aber auch Grenzfälle,die uns immer noch einmal an die Gefahr erinnerten,der wir ins Auge sehen mußten. Da war ein neuer Schüler gekommen, ein Ungar, im wahrsten Sinne des Wortes "in Freiheit dressiert". Es gefiel ihm nicht allzu gut in der Schule,in der tüchtig gearbeitet werden mußte. Während einer Stunde bat er,sich eben entfernen zu dürfen. Die Lehrerin der Klasse erlaubte es gern, weil sie etwas anderes darunter verstand als der Prager meinte. Er kam lange Zeit nicht wieder,sodaß die Lehrerin gezwungen war, nachzuforschen. Sie fand ihn da nicht, wo sie ihn vermutete und als sie etwas ratlos herumschaute, fiel ihr Blick auf ein Kanu,das mit einem kleinen Jungen ohne Paddel mitten im See trieb. Es mußte einer von unseren ganz guten Schwimmern und Paddelern hinausgeschickt werden, um den freiheitsdurstigen Jungen zurückzuholen. Ein anderer kleiner Schüler, Franz Takkalea, fiel eines Tages ins Wasser,wurde aber gleich von unseren großen Jungen,die auch Rettungsschwimmen gelernt hatten, glücklich aufgefischt.Es war ihm nichts passiert.

Voll Stolz denken wir auch daran, daß es einmal geglückt ist,ein wunderbares Blumenkorso auf dem See zu veranstalten. Es war bei Gelegenheit von Mädi Hachgeneis Geburtstag,dem Tag, an dem gleichzeitig der japanische Verbindungsoffizier Asada Geburtstag hatte und zu Besuch bei uns war. Mit großem Eifer haben alle Kinder daran gearbeitet,Kanus und Ruderboote festlich zu schmücken. An Blumen fehlte es nicht. In dem größten Ruderboot saß der Japaner mit einigen großen Schülern, die ein Schifferklavier und Guitarren bei sich hatten. Mit fröhlichen Liedern ging's in einer großen Parade über den ganzen See, ein unvergeßlicher Anblick.

Wunderbar waren auch die Lawutouren! Dieser hohe Berg war von Sarangan aus sehr gut zu besteigen. Gegen Mitternacht, oder,wenn die kleineren Kinder mitgingen, wurde aufgebrochen.Voran ging jemand mit einer Stormking-Laterne und dann ging's langsam aufwärts durch den stillen Wald. Nur ab und zu war einmal ein Wildschwein unterwegs,das aber verscheucht werden konnte durch Händeklatschen und laute Stimmen. Sonst war keine Menschenseele zu sehen. Kurz vor Sonnenaufgang war der Berggipfel erreicht.Manchmal war der kleine Wassertümpel dort oben mit einer dünnen Lage Eis bedeckt. Wenn die Sonne ihre ersten Strahlen aussandte über die stille Welt, lag ein großer Schattenkegel über der Ebene, das Bild des spitzen Bergkegels, ein wunderliches Naturschauspiel. Auf der Höhe gab's dann ein stilles Ausruhen, ein Schläfchen und ein gutes Frühstück,bis es mittags wieder bergab ging. Über Banju-Urip war's möglich, in zwei Stunden abzusteigen. Wie oft haben die Schulkinder diese Tour "mal eben" gemacht! Es hat ihnen gut getan. Auch die Besteigung des Siduramping war eine schöne Abwechslung.Es ging recht steil aufwärts. Das war freilich besser zu bewältigen als der steile Abstieg,der in die Waden ging. Selbst der Kukusan war ab und zu Ziel der Bergsteiger. Wie interessant war es,wenn das mitgenommene Spiegelchen, in die Sonne gehalten, den Zurückgebliebenen die Meldung überbrachte, daß der Aufstieg geglückt sei. Auch vom Lawu aus war das ein beliebtes Spiel, das leider später von den Japanern untersagt wurde.

Neben all diesem Vergnügen gab's aber auch Arbeitsdienst.Die Japaner meinten, wenn die deutsche Jugend nicht für Deutschland arbeiten könne, müsse sie sich notgedrungen für den Bundesgenossen einsetzen. Die

Schule mußte also Arbeitsdienst einführen. Es war keine leichte Aufgabe,die Schüler und Schülerinnen dafür zu begeistern. War die Schulzeit mittags um 1 Uhr vorbei, so hieß es, schnell zurückzugehen zum Essen, um dann gleich wieder den Weg bergauf zu machen, wo hinter dem "Arendsnest" zunächst Elefantengras gepflanzt werden mußte,damit die Kühe von Frau Friess, die in den Besitz der deutschen Gemeinschaft übergegangen waren, genug Futter hatten. Mühsam war die Arbeit und nicht gerade sehr angenehm der "Treiberdienst", dem sich Frau Hachgenai zusammen mit Frau Bode in rührender Weise unterzog. Später mußte "Djarak" gepflanzt werden, aus dessen Kernen die Japaner Öl pressen wollten für ihre Flugzeuge. Wir bekamen ein ganz steiniges,dürres Stück Land, auf dem noch nicht einmal Unkraut wachsen wollte.Mit großer Mühe haben wir in kleinen Körben Erde herbeigeschleppt aus dem Wald, um dann nach und nach die Djaraksamen in gute Erde hineinzulegen. Tausende von Stauden haben wir gepflanzt,ohne die Freude einer Ernte mitzuerleben. Auch für unsere Ernährung sollte etwas getan werden. Ein Italiener,der mit den Japanern zusammenarbeitete,brachte uns eines Tages Weizen zum Pflanzen. Niemand von uns hatte je Weizen gepflanzt,aber wir hatten den guten Willen, alles zu tun, was in unserer Kraft stand.Ein Feld wurde uns angewiesen auf Arendsnest,ein anderes im Rosenhof und ein drittes an einem Bergabhang. Dort mußten wir mit Hilfe von vielen herbeigetragenen Steinen Terrassen anlegen, um überhaupt kleine Pflanzflächen zu erhalten. Düngemittel standen uns nicht zur Verfügung. Auf dem Rosenhof gedieh der Weizen am besten, wir waren ganz stolz auf die hohen,wogenden Halme und übersahen,daß die Ähren verhältnismäßig klein blieben. Unser Feld im Arendsnest trug mittelmäßig und sehr arm war der Ertrag da, wo die meiste Arbeit geleistet worden war. Von der Maisanpflanzung, die wir auf einem freigebliebenen Feld anlegten,hatten wir nicht viel Freude, weil andere ernteten, was wir gesät hatten.... Die Zeit der Weizenernte nahte. Halm für Halm haben wir mit Messern abgeschnitten, die Bündel zusammengebunden und zum Trocknen auf Matten gelegt. Von 60 kg Saatgut ernteten wir 90 kg. Aber wir mußten selbst zusehen, wie wir unseren Weizen dreschen konnten. Ein Klassenlokal wurde vorübergehend ausgeräumt, der Boden wurde mit Matten belegt und der Weizen darauf ausgebreitet. Wir machten uns Dreschflegel und schlugen stundenlang im Takt auf dem Weizen herum,bis wir die Körner im Sack hatten.Daß wir dabei viel gelacht haben, braucht wohl kaum erwähnt zu werden. Mit mathematischer Genauigkeit wurde der Ertrag unter die Schüler verteilt,die mitgearbeitet hatten und die einzelnen Mütter versuchten, in Kaffeemühlen die Körner zu zerkleinern und dann irgendein leckeres Gebäck davon zu bereiten. Viel,viel Mühe war's und ein geringer Erfolg,aber Freude hat es trotzdem gemacht.

Gar zu gern hätten die Japaner auch immer wieder die Mütter zu einem Arbeitsdienst herangezogen und war es nur, um von den arbeitenden deutschen Frauen eine Aufnahme zu machen. So geschah es an einem Sonntag, als der Befehl kam:"Alle deutschen Frauen haben anzutreten zum Arbeitsdienst und eine Hacke auf die Schulter zu nehmen." Als stellvertretende Leiterin der Gemeinschaft gab ich den Befehl nicht weiter,versuchte aber, den deutschen Frauen eine feste Haltung vorzuschlagen für den Fall, daß es zu Auseinandersetzungen käme. Da anschließend ein Vortrag gehalten werden sollte von einem japanischen Landwirtschaftsprofessor mußten wir natürlich alle den angegebenen Platz aufsuchen. Gleich wurden wir angefahren und nach den Hacken gefragt,die wir nicht mitgebracht hatten. Meine Antwort war,daß wir als Christen nicht gewöhnt seien, am Sonntag Feldarbeit zu tun.Das ließ der Japaner nicht gelten, da ja Krieg sei. Ich machte ihn darauf aufmerksam, daß wir im Notfall immer einsatzbereit sein würden, aber jetzt läge ein solcher Notfall nicht vor. Ich merkte,daß er zornig wurde.In befehlendem Ton schickte er einen Soldaten fort, um die Hacken zu holen. Inzwischen machte ich ihn darauf aufmerksam, daß in der 20 cm tiefen Staubschicht ja doch nicht zu arbeiten sei. Er entgegnete darauf, daß nach den neuesten Erkenntnissen nichts so gut sei für die Reinigung der Lungen,als das Einatmen von solchem Staub.

- 9 -

- 9 -

Ich bestritt seine Theorie, sagte aber noch einmal,daß wir auch dann
noch nicht bereit wären, am Sonntag so unnötige Feldarbeit zu tun.
Die Unterhaltung wurde je länger je mehr mit einigem Stimmaufwand geführt. Die Forderung wurde immer frecher und meine Verneinung immer
konsequenter. Auf einmal sah ich, daß einige der Frauen mir in den
Rücken gefallen waren. Sie hatten die Hacken genommen und taten so,
als ob sie arbeiten wollten.Ein anderer Japaner photographierte und
dann wurde der Arbeitsdienst abgeblasen. Welch eine geglückte Rekla-
me,den Indonesiern gegenüber: Deutsche Frauen arbeiten freiwillig am
Sonntag auf dem Acker, um den Bundesgenossen zu helfen!!! Ich habe
mich geschämt über den Mangel an Zivilcourage meiner Landsleute.

Der anschließende Vortrag sollte uns darüber belehren, wie wir helfen
könnten, der Nahrungsmittelknappheit zu begegnen. Wir sollten lernen,
Salat zu pflanzen.(Daß wir täglich wunderbaren Salat eigener Züchtung
aßen, schien dem Redner nicht bekannt zu sein.) Er sprach japanisch,
ein anderer Japaner übersetzte in indonesisch und ich mußte ins Deutsche übersetzen. Ich traute meinen Ohren nicht,als ich auf einmal
folgenden Satz hörte:" Der wichtigste Augenblick ist das Verpflanzen
der kleinen Salatpflänzchen vom Mistbeet in das freie Land.Achten
Sie gut darauf: Nicht die Blättchen werden in die Erde gesetzt,son-
dern die Würzelchen." Ich konnte nur mit Mühe diesen Satz übersetzen,
denn alle die eifrigen Zuhörer konnten sich des Lachens nicht erweh-
ren. Bei mir war soviel aufgespeicherter Ärger,daß ich's nicht lassen konnte, bei jeder Übersetzungspause diesen herrlichen Satz noch
einmal zu wiederholen: Nicht die Blättchen,sondern die Würzelchen
müssen in die Erde gesetzt werden. Selten ist ein Vortrag mit soviel
Lachen aufgenommen worden. ... Ich habe mich oft gefragt, ob die Japaner uns wohl für so entsetzlich primitiv gehalten haben oder ob
sie selbst die Stufe der Primitiven noch nicht ganz überwunden haben.

Wir sollten noch mehr mit Arbeitsdienst zu tun bekommen! Immer fehlte es bei uns an Fleisch und an Milch. Beides war einfach nicht zu
beschaffen. Da bot mir eines Tages ein Japaner einen ganzen Kuhstall
zum Kauf an. Der Preis war so lächerlich gering für diese 17 Stück
Vieh, daß ich gleich bereit war zum Kauf. Es fand sich jemand,der bereit war, die Tiere abzuholen und auf den Berg zu treiben. Als sie
ankamen, war das gewiß kein erhebender Eindruck:magere,ungepflegte
Tiere waren es, aber wir hatten ja für den Preis nichts besseres erwarten können. Nun mußten die Tiere gepflegt und mit reichlich Futter
versorgt werden. Die Schüler der höheren Klassen bekamen alle Kiepen
und Grasmesser und mußten abwechselnd jeden Morgen losziehen, um
Futter zu schneiden. Am Rand der Wälder und an offenen Stellen in
den Wäldern gab es eine Fülle von Unkraut,für diese Tiere geeignet
und Anfüllung konnte aus dem Elefantengras erfolgen,das wieder mit
neuem Eifer gepflanzt wurde. Nicht allen hat es auf die Dauer Freude
gemacht, sich mit Viehfutter herumzuquälen, darum kam es auch vor,
daß unter in den Kiepen dicke Steine gefunden wurden, die ein gutes
Gewicht vortäuschen sollten. Die deutsche Bürokratie bemächtigte sich
des Kuhstalles. Die Tiere wurden wöchentlich gewogen (!) und das von
jedem der Schüler herbeigeschaffte Futter ebenfalls. Aus dem Internat kamen gelegentlich Entschuldigungen,daß die Jungen nicht zum Grasschneiden kommen könnten. Aber es galt, immer hart zu bleiben und
schließlich wurde ja auch die erforderliche Menge allmählich geringer,
da ab und zu ein Tier geschlachtet wurde, um der deutschen Gemeinschaft eine Fleischmahlzeit zu verschaffen. So hat es nicht an Ab-
wechslungen gefehlt und nicht an Versuchen,das Leben erträglich zu
gestalten.

Leider gab es auch einmal einen Tag ganz tiefer Trauer.Das war an
am 1.Adventssonntag 1944. In der Frühe des Tages überbrachte Frau
Johannsen mir die erschütternde Kunde, daß Mädi Hachgenei ganz plötzlich abgerufen sei aus diesem Leben. Eine unfaßliche Nachricht! Wohl
wußte ich um eine Halsentzündung, mit der sie zu schaffen hatte,aber
da sie sehr leicht dazu neigte, hätte niemand mit einem solchen Ablauf gerechnet. Anscheinend war es eine toxische Diphterie.Dr.Johann-
-10-

37

sen war krank, da mußte in der Nacht noch ein Arzt aus Madiun kommen.
Aber auch ein Kehlkopfschnitt hätte keine Hilfe mehr bringen können.
Ich eilte zu der schwer getroffenen Mutter. Kann man in einem solchen
Schmerz überhaupt trösten? Aber es blieb dazu noch nicht einmal viel
Zeit übrig. Da ich Vertreterin von Dr.Johannsen war, mußte ich handeln
Zunächst ging es um den Ort des Begräbnisses.Der Friedhof für Europäer war in Magetan, viel zu weit bei dem völligen Fehlen von Transportmitteln. Dringend bat Frau Hachgenei, ein Plätzchen im Wald zu suchen,
damit sie das Grab selbst pflegen könne. Aber das mußte von den Japanern erlaubt und mit den Indonesiern besprochen werden. Nun war an
einem Sonntag kein Japaner zu erreichen und der Lurah war auch nicht
anwesend. Nach langem Hin und Her fand sich der Schreiber bereit,mit
mir in den Wald zu gehen. Er wußte von einem Fleckchen, das die Holländer für diesen Zweck ausersehen, aber nie gebraucht hatten. Über
eine halbe Stunde ging's in den Wald hinein, aber dann fanden wir auch
was wir suchten. So sehr war ich des Einverständnisses von Frau Hachgenei gewiß, daß ich gleich feste Verabredungen traf und jemand suchte zur Aushebung des Grabes. Dann gin's wieder zurück,weil die Sarg-
beschaffung sehr drängte. Bis in die Kreisstadt Madiun hinein war nirgendwo ein fertiger Sarg aufzutreiben, aber auch nirgendwo hatte man
trockenes Holz gelagert für die Anfertigung, da wir ja mitten in einem
 mohammedanischen Gebiet wohnten, wo die Toten nur in ein Leintuch
eingehüllt werden. Was war da nur zu machen! Mir kam plötzlich der Gedanke an das feste Holz, das ich für die Schule eingekauft hatte zur
Anfertigung von neuen Schulbänken. Davon konnte ich etwas zur Verfügung stellen. Der Schreiner am Ort war bereit, die Arbeit zu tun,wenn
er Hilfe bekäme von den deutschen Jungen. Das war keine Schwierigkeit.
Die Klassenkameraden von Mädi haben es sich nicht nehmen lassen,alles
zu tun, was in ihren Kräften stand. Die ganze Nacht hindurch sind sie
tätig gewesen. Aber es fehlte gänzlich an Nägeln und an Schrauben.Da
erging ein Aufruf an alle Glieder der deutschen Gemeinschaft, in Kisten und Koffern zu suchen und wirklich hat es glücken dürfen,die nötigen Nägel und Schrauben zusammenzubringen. Das Sarginnere wurde aus-
gelegt mit Leintüchern. Während die großen Jungen alle beschäftigt
waren mit Sarg, fanden sich alle Mädchen zusammen, um eine große Decke
von Blumen und Blättern zu arbeiten. Mädi sollte ganz unter Blumen
ruhen. Für alle Schulkinder war es ein erschütterndes Erlebnis. Nach
einer kurzen Nachtruhe machte ich mich in den Frühstunden des nächsten
Tages auf den Weg, um noch einmal nachzusehen, ob alles für die Beerdigung in Ordnung sei. In der Nacht hatte es heftig geregnet, da war
es nicht allzu verwunderlich, daß auf dem weiten Weg durch den Wald
ein Erdrutsch gewesen war, der den Weg unpassierbar gemacht hatte.Was
half's, ich mußte schnell zurück ins Dorf und Menschen suchen,die den
Weg freischaufelten. Dann erst konnte ich hingehen bis zu dem kleinen
Friedhof. Kurz vorher war das tief eingeschnittene Bett eines Gebirgsbaches zu überschreiten. Wir hatten eine Brücke bauen lassen,damit
jeder ungehindert hinübergehen könnte. Nun war die Brücke fort.War sie
gestohlen (das Holz war so wertvoll!),war sie fortgerissen, wer will
das sagen! Die Zeit drängte gewaltig.Schnell zurück zur Schule,damit
der Schuldiener noch vor der Beerdigung ein starkes Brett dorthin brin
gen und bewachen konnte. Dann ging's ins Trauerhaus. Zur großen Freude von Frau Hachgenei war es geglückt, einen einheimischen katholischen Geistlichen von Madiun aus kommen zu lassen.Sie hätte es wohl
nicht verkraftet, wenn das nicht möglich gewesen wäre! Unvergeßlich
war dann der lange Trauerzug. Alle Glieder der deutschen Gemeinschaft
gaben Mädi das letzte Geleit. Trauerkleider hatten wir alle nicht.Die
Kinder kamen in ihren buntfarbenen Kleidern und die Erwachsenen trugen
zum Teil das leuchtende Weiß. In jeder der großen Kurven,die es zu
durchschreiten galt, war der ganze Zug zu sehen,ein Bild der Freude
und nicht der Trauer. Der Waldboden war bedeckt mit welkem,sterbenden
Laub. So war dicht beieinander ein Bild des Lebens und der Freude
und ein Bild der Trauer und des Vergehens. Im Namen der Schule konnte
ich Frau Hachgenei ein biblisches Wort des Trostes zurufen.Die Schulkinder sangen ein Abschiedslied und auf besonderen Wunsch von Frau

Hachgenei sangen wir alle miteinander: So nimm denn meine Hände und führe mich ..... Ganz still sind wir nach Hause gegangen.Der Tod hatte mit uns geredet. .. Der kleine Friedhof ist schon bald wunderschön ausgeschmückt worden. Die Mitschülerinnen haben manche Blume hinausgetragen und einige Mütter haben alle ihre Kunst aufgewandt,um das stille Fleckchen zu einem Ort des Friedens zu machen,wo man gern weilte.

Zu den Japanern,die uns lieb geworden sind, gehörte vor allem unser Verbindungsoffizier Asada. Bei Gelegenheit seines Geburtstages, an dem nachmittags das Blumenkorso veranstaltet wurde, haben vormittags alle Schulkinder miteinander ihm gratuliert.Die Kleinen brachten ihm Blumen und die Großen sangen vierstimmig:Auf Adlers Flügeln getragen..... Es war ein rührender Anblick. Da stand der Mann in Uniform, gestützt auf sein Samurai-Schwert,den Arm voll Blumen und schaute andächtig auf die singenden Kinder und lauschte ihren Worten,als ob es auch seine Lebenserfahrung sei, in Gottes Händen geborgen zu sein.

Auch dem "Kuchengeneral" soll hier ein Wort des Gedenkens gewidmet sein. Da kam einer der höchsten Befehlshaber der japanischen Armee nach Sarangan. Er war früher in Deutschland gewesen und liebte die Deutschen und ganz besonders,so sagte er, die deutschen Kinder. Da er nun von der deutschen Schule hörte, brachte er eine Riesenpackung Pralinen für die deutschen Kinder, die alle mit kleinen Fähnchen bereit standen zu seiner Begrüßung. Als er aber die große Anzahl sah, erschrak er sichtlich.Er schickte jemand in die Konditorei und ließ alle Torten aufkaufen, die vorrätig waren. Da gab's ein großes Tortenessen und der freundliche Besucher ging in die Geschichte der Schule ein als der "Kuchengeneral".

Häufig haben besuchende Japaner den deutschen Kindern Körbe voll Apfelsinen mitgebracht. Sie haben sich immer wieder als kinderlieb gezeigt. Nur den Schulinspektor haben wir in Erinnerung behalten als einen etwas unangenehmen Mann. Er hatte vor allen Dingen gar keinen Takt und manchmal haben mich die Kollegen und Kolleginnen aus merkwürdigen Situationen retten müssen,wenn dieser Herr in meinem Haus allzu breit Platz nahm.

In all das reichhaltige Schulleben hinein drangen kaum Nachrichten vom Kriegsschauplatz in Europa. Zwar bemühten sich die Japaner immer wieder, uns Meldungen zuzuleiten von großen japanischen Siegen.Nur ganz nebenbei wurde etwas erzählt von dem,was in Deutschland geschah. Wir durften keine Kurzwelle hören. Unsere Radio-Apparate waren versiegelt und gaben keine andere Möglichkeit, als das Hören von zwei Lokalsendern,die nur indonesisch aussandten. Die Nervosität,verursacht und genährt von dem völligen Abgeschnittensein von der Heimat, nahm beängstigende Formen an. In der Zeit gab's bei uns eine Zeitung, eine Übersetzung der indonesischen Radionachrichten. Zwar war die schriftliche Festlegung von solchen Nachrichten durch die Japaner streng verboten, aber einige Durchschläge gingen in aller Stille von Hand zu Hand. Man tröstete sich damit, daß man wenigstens wieder etwas gehört hatte.

Es erschien uns als ein Zeichen großer Unsicherheit,daß die Japaner auf Luftschutzmaßnahmen in unserer Einsamkeit drängten. Die Schüler mußten im nahen Wäldchen Löcher ausheben,in die jeweilig 3 oder 4 Kinder zu verschwinden hatten, wenn Luftalarm gegeben wurde. Das Ausgraben war ein Spaß, als aber beim ersten Luftalarm, natürlich war's nur eine Übung, die Kinder in den Löchern saßen, überfiel die Lehrer ein so elendes Gefühl von Lebendig-begraben-sein der Kinder, daß wir beschlossen, im Ernstfall nie von diesen Löchern Gebrauch zu machen. Zum Glück ist ein solcher Ernstfall nie eingetreten.

In den ersten Monaten vom Jahr 1945 wurde Dr.Johannsen als Leiter der Gemeinschaft abgelöst. Es war ein härterer Kurs nötig.Herr Fische tauchte auf.Alles wurde sehr stramm.Aber es ging zu Ende,das merkte man. Im Mai kam die deutsche Kapitulation,ein Schlag für uns alle.

Wir sollten es gleich zu spüren bekommen,schneller,als wir das gedacht hatten. Die Japaner zeigten uns ganz deutlich ihre Verachtung
und sprachen es auch gelegentlich aus,daß sie nie soviel Schwäche
an den Tag legen würden wie die Deutschen. Es war einfach kein
Umgehen mehr mit ihnen.

Aber noch eine andere Beobachtung konnten wir machen. Es hatte uns,
besonders während des letzten Jahres,immer wieder geärgert,daß
plötzlich noch "deutsche Kinder" auftauchten,die unbedingt noch in
die Schule aufgenommen werden mußten. Es waren meist Kinder von
Deutschen und ehemaligen Deutschen,die mit einheimischen Frauen
verheiratet waren. Trotz allen Protestes wurden uns immer wieder
solche Kinder zugeschickt.Sie paßten in keine Klasse hinein,weil
sie oft nur ganz minimale Kenntnisse der deutschen Sprache hatten,
schnell angelernt, um in die deutsche Schule aufgenommen werden zu
können. In endlos vielen Nachhilfestunden,die natürlich ehrenamtlich gegeben wurden, haben wir diese Kinder gefördert. Nicht die
dunkle Haut bestimmte unsere Abneigung,sondern die völlige Ver-
ständnislosigkeit für deutsche Art. Nun,diese Kinder waren die ersten,die unsere Schule wieder verließen. Einige kamen schon nach
den Osterferien nicht wieder zurück.Ohne Dank sind sie verschwun-
den.Die Eltern witterten auf einmal die größere Möglichkeit des
Fortkommens, wenn man sich nicht allzu sehr mit den unterlegenen
Deutschen identifizierte. Diesen Kindern haben wir nicht nachge-
trauert.

Am 15.August 1945 gingen hartnäckige Gerüchte um von einer bevor-
stehenden Kapitulation der Japaner. Man wußte nicht,woher sie kamen,aber weil man nun einmal etwas hatte läuten hören,waren die
Sinne geschärft. Man beobachtete sehr genau. Der japanische Resident,der eine schöne Villa bewohnte, packte in großer Eile seine
Sachen zusammen.Andere Japaner liefen beunruhigt umher,man merkte
ihnen an,daß etwas nicht nach Wunsch gegangen war. Aber offiziell
wußte man nichts.

Am 16.August wurde im indonesischen Rundfunk immer wieder darauf
hingewiesen, daß am nächsten Tage,vormittags um 9 Uhr, eine sehr
wichtige Nachricht durchgegeben werden solle. Jeder,der glücklicher
Besitzer eines Empfangsgerätes war, sollte nach Möglichkeit Nachbarn und Freunde zu sich rufen. Alle zwei Stunden wurde diese Durch-
sage wiederholt. Da war es ganz selbstverständlich,daß wir in großer Spannung auf die Bekanntmachung warteten. Weil es so wenig
Empfangsgeräte gab, hatte sich eine große Schar von Menschen in
meinem Hause versammelt. Miteinander hörten wir dann die Freiheits-
erklärung des indonesischen Volkes,ausgesprochen vom Staatspräsi-
denten Sukarno und mit unterzeichnet vom Vizepräsidenten Hatta.
Auf die feierliche Erklärung folgte die Mitteilung:.... Japan hat
kapituliert.......

Wie eine Welle von überschäumender Freude ging es durch die ganze
indonesische Welt. Jeder einzelne wurde davon erfaßt und jeder re-
agierte auf seine eigene Art. Nicht leicht vergesse ich die beiden
jungen Mädchen, die in ihrem Sonntagsstaat,sich graziös in den
Hüften wiegend, die Freitreppe zum Hotel Hakone emporstiegen,die
bis dahin für Indonesier (wie auch für die Deutschen) gesperrt
war. Sie schauten sich nach allen Seiten um, ob nun auch wirklich
jemand sehen würde, daß sie jetzt die ganze Freiheit besäßen,das
zu tun, was vorher nie erlaubt gewesen war,weder in der holländischen,noch in der japanischen Zeit. Oder ich denke an die Kinder,

die kleinen nackten Kinder, die auf einmal ihre Hand zum Gruß erhoben und uns "merdeka!" zuriefen,während sie sich sonst hinter
dem Rock der Mutter versteckt hatten.

Statt unter der japanischen Flagge stand unsere deutsche Schule jetzt unter dem Schutz der indonesischen Flagge. Der Dorfhäuptling machte uns einen Besuch und erklärte uns, daß wir unter der neuen Flagge volle Sicherheit haben würden.

Einer Andeutung der Japaner hatte ich entnommen, daß alle Soldaten im Fall einer Niederlage Hara-kiri verüben würden. Wir fürchteten uns davor, irgendwo im Wald tote Japaner zu finden und enthielten uns darum zunächst von allen Spaziergängen in die Wälder. Später stellte sich heraus, daß der japanische Kaiser seinen Offizieren und Soldaten diesen Selbstmord verboten hatte. Das war für uns eine große Beruhigung.

Es gab im Anfang manche Grenzüberschreitungen, wenn z.B. die kleinen Jungen aus dem Dorf sich mit Gewalt Eintritt verschafften in unseren Garten, um zu ernten, was sie nicht gepflanzt hatten. Das geschah immer unter dem Motto: Alles gehört jetzt uns! .... Oder wenn junge, indonesische Offiziersanwärter den Unterricht der deutschen Schule dadurch zu stören versuchten, daß sie mitten auf der Treppe, die die Verbindung herstellte zwischen den weit auseinander liegenden Schullokalen, eine Unterhaltung begannen und den Mädchen, die sie durch den Fliegendraht sehen konnten, allerlei zuriefen, und die dann auf die höfliche Bitte, sich zu entfernen, mit einem Pistolenschuß in die Luft antworteten. Aber im allgemeinen verlief der Übergang in unserer Bergeinsamkeit ganz still. In den Hauptstädten kam es zu Kämpfen, wie wir durch den Rundfunk hörten, hauptsächlich zwischen Engländern und Indonesiern, da die Holländer zum Teil noch in den Internierungslagern saßen und so geschwächt waren, daß sie die Verteidigung ihres früheren Gebietes nicht selbst in die Hand nehmen konnten.

Schon nach einigen Wochen wurde den holländischen Frauen deutscher Abstammung und ihren Kindern die Reise nach der Hauptstadt möglich gemacht, wo sie sich zu ihren Männern und Vätern fügen konnten. Da ging eine Gruppe von Kindern fort, an denen wir große Freude gehabt hatten. Wir trauerten ihnen nach, wenn wir auch absolutes Verständnis dafür hatten, daß sie nach der langen und schweren Trennung endlich wieder beieinander sein wollten.

Der Schulunterricht mußte trotzdem unvermindert weitergehen. Aber etwas hatte sich seit der deutschen Kapitulation grundlegend verändert: Wir bekamen keinerlei Unterstützung mehr. Abgeschnitten von jedem Kontakt mit der Heimat und ebenso von jeder Verbindung mit anderen Teilen des Landes, mußten wir versuchen, unser Leben zu fristen, und unseren Unterhalt zu bestreiten. Geld hatten wir nicht und konnten auch kaum etwas bekommen, aber tauschen konnten wir. Der Mangel an Textilgütern war so entsetzlich groß, daß die Dorfbevölkerung alles dafür übrig hatte, auch nur etwas von uns eintauschen zu können. Sie brachten uns Reis und Gemüse, Mais und Kokosöl, Eier und Bananen und nahmen dafür gern Bettwäsche, selbst wenn sie schon einmal geflickt oder gar in der Mitte verschlissen war. Meine treue Köchin hat immer für mich getauscht, damit ich mich ganz der Schule widmen konnte Immer wieder hat sie ein einfaches, aber gutes Mahl auf den Tisch gebracht.

In dieser Zeit hatten wir wieder die Möglichkeit, ungehindert Radionachrichten zu hören. Wir waren so nachrichtenhungrig, daß wir abends um 6 Uhr zu hören begannen. Der australische Sender eröffnete die Abendnachrichten. Bis 10 Uhr abends haben wir unausgesetzt Nachrichten gehört. Wir wußten bald ohne jedes Programm, wo etwas gesendet wurde, was uns interessierte. Aber nicht viel Gutes und Hoffnungsvolles haben wir da gehört. Von Amerika aus hörten wir einmal, daß beschlossen worden sei, alle deutschen Soldaten 10 Jahre lang in Gefangenschaft zu halten und alle Offiziere 25 Jahre lang. Es kränkte uns gewaltig, daß man die deutschen Soldaten schlechthin "Verbrecher" nannte, daß man das deutsche Volk als ganzes in Grund und Boden verurteilte und ihm nur Schlechtes wünschte. Die Meldungen über die deutschen Mädchen sie sich jedem ausländischen Soldaten an den Hals warfen, nur um etwas zu bekommen an Schokolade und Zigaretten und dafür ihre Ehre gering achteten, trafen uns ins Herz.An manchem Abend hat mich ein Bibelwort getröstet,das ich mir im Rahmen einer fortlaufenden Bibellese begegnetete und mir auf diesem Hintergrund ganz wichtig wurde.

In diese Zeit hinein fallen allerlei politische Begegnungen Bemühungen,den Einheitsstaat Indonesien fest zusammenzufassen. Eine "good-will-mission" von Ost-Indonesien kam nach Sarangan.Das von den Japanern längst geräumte Hotel Hakone wurde als Hotel Merdeka ein Treffpunkt für die indonesische Regierung. Man entdeckte bald,daß das Hotel nicht nur geräumt, sondern auch ausgeräumt worden war.Kam ein hoher Besuch, so bat man die Deutschen, Bettwäsche und Glaswerk und was auch immer nötig war, zu leihen, damit man die Gäste würdig empfangen könne.

Aber die Tragkraft der Deutschen war nicht unbegrenzt.Im ersten Vierteljahr 1946 meldeten einige Glieder der Gemeinschaft meldeten einige Glieder der Gemeinschaft, daß sie nichts mehr zu tauschen hätten. Wir beschlossen,ein offizielles Gesuch an die indonesische Regierung zu richten um Unterstützung oder um Evakuierung. Beides wurde abgelehnt. Evakuierung war nicht möglich, weil es an jeglichem Transportmittel fehlte, man aber auch die Deutschen nicht ohne weiteres in die Hände der Holländer geben wollte. Unterstützung konnte angeblich nicht gewährt werden, weil in der Zeit überall in den indonesischen Städten viele Leute verhungerten. Aber es wurde ein anderer Vorschlag gemacht: Die Deutschen sollten für die Indonesier arbeiten.Man wünschte Unterricht. Viele Intellektuelle waren in der Ausbildung steckengeblieben. Jetzt waren sie dringend nötig für die Übernahme von höheren Posten. Die Vorbesprechungen führten bald zum Ziel. Es sollten junge Leute für kurze Ausbildungskurse nach Sarangan geschickt werden.Die Lehrer der deutschen Schule sollten ihnen Unterricht geben in Deutsch und Englisch. Später kamen noch andere Fächer hinzu,vor allen Dingen eine gute,sportliche Ausbildung.

Die deutsche Schule stellte einen Teil ihrer Räume zur Verfügung mit dem nötigen Lehrmaterial und ebenso alles das,was inzwischen angeschafft worden war an Turngeräten und Leichtathletik-Material. Die Bezahlung der Lehrkräfte sollte zum Teil mit Lebensmitteln abgegolten werden,besonders mit Reis, Kaffee,Zucker,Salz und Kerzen,lauter Dingen,die zu der Zeit schwierig zu beschaffen waren.

Nun wurde es möglich,auch denen zu helfen,die selbst nicht mitarbeiten konnten und der Fortbestand der deutschen Gemeinschaft schien gesichert.Aber bald kamen neue Aufregungen. Die internierten Ehemänner der deutschen Frauen waren Ende 1946 nach Deutschland zurückgekehrt und erwarteten nun Frauen und Kinder.Das Rote Kreuz schaltete sich ein und die Frage der Rückführung rückte ins Blickfeld.

Das Weihnachtsfest 1946 trug sichere Spuren der unruhigen Erwartung, ging aber dann doch vorüber ohne neuere Maßnahmen. Erst Anfang März 1947 kam es zur Abreise des größten Teils der deutschen Gemeinschaft. Es schien,als sei das Ende der deutschen Schule gekommen,aber allmählich stellte sich doch heraus, daß eine ganze Reihe von Leuten noch keine Zuzugsgenehmigung in die verschiedenen Zonen von Deutschland bekommen hatte.

Es war ein bewegter Abschied. Wievieles hatten wir miteinander erlebt und miteinander ertragen! Würden wir uns je einmal wiedersehen?

Ein trauriges Trüpplein war es,das nach dieser Abreise den Berg von Ngerong nach Sarangan hinaufstieg. Aber nur kurz konnten wir uns mit der Trauer beschäftigen. Vor uns lag der Weg,den wir zu gehen hatten und den wollten wir mutig weitergehen. Da auch einige Lehrkräfte uns verlassen hatten, mußten wir die Arbeit neu regeln. Unter den zurückgebliebenen Schülern waren alle Klassen vertreten und aller Unterricht mußte gegeben werden,auch wenn nur 2 oder 3 Schüler in jeder Klasse waren.Aber auch das war zu regeln.

Ende 1947 begannen allerlei interne Unruhen unter den Indonesiern. Eine Gruppe stellte sich gegen die andere. Wir hatten, als der "Puffer" dazwischenstehend, mancherlei Unangenehmes zu ertragen.

Aber es gab auch recht erfreuliche Dinge, interessante Begegnungen. Besonders erwähnen möchte ich die Ankunft der Delegation des Weltsicherheitsrates, zu der Zeit Amerikaner, Belgier und Australier, die mit der indonesischen Regierung verhandeln wollten. Nicht so ganz geheuer war uns dabei. Sicherheitshalber bat ich alle Schulkinder, im Lauf des Nachmittags das Hotel oder die Wohnhäuser nicht zu verlassen. Ich fürchtete, daß sie unangenehm auffallen könnten, da wir die Kinder von allen politischen Überlegungen freigehalten hatten. Als ich die Kinder alle sicher zu Hause wußte und in mein Haus zurückkehrte, fand ich eine Einladung vor für die Kinder der höchsten Klassen zum gemütlichen Abend und für mich besonders zum Diner. Dabei war die Bitte ausgesprochen worden, daß die Kinder möglichst zur Unterhaltung beitragen sollten. Das haben wir uns nicht zweimal sagen lassen. Die Jungen traten an in ihrer Sportkleidung, kamen radschlagend an den Gästen vorbei und bauten dann eine elegante Riege auf. Die Mädchen erschienen in Dirndelkleidern mit Guitarren, die flatternde Bänder trugen, und sangen deutsche Heimatlieder. Es wurde ein denkwürdiger Abend für uns. Da stand in der ganzen Welt Deutschland in Mißkredit und hier durften Deutsche als gleichwertige Gäste sich mitfreuen an der Gemeinsamkeit der Nationen.

Eine andere Begebenheit aus der Zeit darf nicht unerwähnt bleiben. Es wurde ein Internat eingeweiht und eine kleine Gruppe von Lehrern, die an der Ausbildung von Indonesiern mitwirkten, war zu Gast geladen. Nach Abschluß der Feier erklang die indonesische Nationalhymne und dann wurden wir ...... wir trauten unseren Ohren nicht..... aufgefordert, die deutsche Nationalhymne zu singen. Manchmal habe ich im Ausland das Deutschlandlied mit bewegten Herzen gesungen, aber, will man's mir verdenken, daß mir diesmal während des Singens die Tränen über die Wangen liefen? ....Die deutsche Gemeinschaft, die unser Singen hörte, hat an Halluzinationen gedacht. Wann hatten wir wohl zuletzt das Deutschlandlied gesungen! ....

Das Jahr 1948 sollte unser letztes Jahr in Sarangan sein. Es war gut, daß wir das am Anfang des Jahres noch nicht wußten. Still war es geworden um die deutsche Schule herum. Aber im Lauf der ersten Monate wurde es auch immer stiller in der SORA, denn immer mehr junge Leute mußten sich bereithalten zur Abwehr der Holländer, die nach der ersten Polizei-Aktion immer stärkere Versuche machten, die alten Gebiete zurückzuerobern. Zunächst wurde der Unterricht noch weitergeführt, aber es trat eine merkwürdige Situation ein: es wurde viel eingebrochen. Bis dahin hatten wir uns so sicher gefühlt! Auch bei mir wurde eingebrochen. Es verschwand neben viel anderem auch meine Schultasche mit allen Schulbüchern und alle Schulschlüssel. Als die Kinder zum Unterricht kamen, waren zwar die Bücher inzwischen im Wald zurückgefunden, nicht aber die Tasche und die Schlüssel. Die Schultüren mußten mit Gewalt geöffnet werden. Täter wurden nicht entdeckt, aber es blieb eine Unruhe bestehen, die nicht recht zu definieren war.

Wieder einmal waren die großen Ferien vorbei. An einem stillen Sonntag machten wir einen Spaziergang in den Wald, nach Banju-Urip zu. Weitab von allen Dörfern begegneten uns zwei dunkle Gestalten, die einen wenig vertrauenerweckenden Eindruck machten. Sie trugen schwarze Trikots und einen blanken golok (Buschmesser). Am liebsten wären wir fortgelaufen, aber der Verstand hielt uns davon zurück. Den Spaziergang haben wir freilich nicht mehr fortgesetzt, sondern sind den Weg zurückgegangen, von dem die Männer hergekommen waren.

Eine Woche später, es war wieder ein Sonntag, tauchten Gerüchte auf von Kommunisten, die in der Residenzstadt, Madiun, eine neue Regierung ausgerufen hätten. Das war immerhin 35 km entfernt und lag in der Ebene, sollte uns das auf unserem hohen Berg ängstigen? Aber konkreter wurden die Gerüchte. Der nächste größere Ort, Plaosan, sei abgeschnitten von Sarangan. Einzelne Menschen,die zum Gottesdienst zu uns kommen wollten, hatten umkehren müssen. Da mußte doch der Rundfunk Auskunft geben können! Gegen Abend hörten wir das sog. Politische Manifest der neuen kommunistischen Regierung. Es erfaßte uns ein Schrecken, Wie war so etwas in so kurzer Zeit nur möglich! Immer neue Meldungen kamen, neue Verordnungen und Strafandrohungen bei Nichtbeachtung. Ein Glück, daß uns das nicht betraf! Aber doch war es uns etwas unheimlich dabei zumute. Der nächste Tag, ein Montag,verlief in einer gewissen Spannung, aber eine Vorstellung von dem, was das bedeuten sollte,hatten wir nicht. Sicherheitshalber zogen sich alle jungen Indonesier, die im Auftrag ihrer Regierung an den Kursen bei uns teilnahmen, in den Urwald zurück.

Dienstag,den 21.September, klopfte morgens in aller Frühe die Köchin, die im Dorf schlief, an mein Fenster."Machen Sie doch schnell auf, schnell..." flehte sie mit zitternder Stimme. Ich sprang aus dem Bett und öffnete die Haustür,ohne zu wissen,was das zu bedeuten hatte. Sie verschloß alles wieder sehr sorgfältig und schob Stühle und Sessel davor, erst dann war sie bereit,mir Antwort zu geben auf meine Frage, was doch eigentlich los sei. Es seien Kommunisten da, in großen Scharen stünden sie bereit,alle Deutschen zu plündern und vielleicht sogar zu ermorden. Gleich würden sie kommen, sie hätte sie schon gesehen.

Ehe ich den Sinn ihrer Worte recht fassen konnte,setzte ein Klirren ein von zerbrechendem Glas,ein Rufen und Schreien und Toben, daß einem schon angst werden konnte. Unten am See liefen Leute herum mit rotem Stirnband,ein Gewehr in der Hand. Ob sie wohl bald bei uns sein werden?,fragten wir uns ängstlich. Aber es ~~erfolgte~~ *geschah* nichts.Diesem Sturm folgte eine große Stille.

Als die Schulkinder kamen,konnte der Unterricht normal gegeben werden. Freilich, von den Schülern der SORA erschien niemand.

Erst am nächsten Tag erhielten wir Aufklärung über das,was wir nicht begriffen hatten. Vor der wilden Tobsucht der losgelassenen Kommunisten (ein Teil war in einer Verbrecherkolonie untergebracht gewesen) hatten die örtlichen Leiter selbst Angst bekommen und hatten sie darum eingeladen zu einem "selamatan" (religiöse Mahlzeit) am Fuß des Berges. Uns aber sagte man an,daß wir zu einer Versammlung zu erscheinen hätten,wo uns die neue Regierung Instruktionen für unser Verhalten geben würde. Mit unruhigem Herzen sind wir hingegangen zu der anberaumten Versammlung in einem der Hotels. Man stellte uns die "Regierung" vor. Der Dorfhäuptling war dabei, der reichste Mann des Dorfes,auch ein Offizier und einige andere Herren,die wir gut kannten. Nie hätten wir sie für Kommunisten angesehen. Man sprach uns sogar Anerkennung aus, daß wir an dem unruhigen Tage den Schulunterricht durch-geführt hatten und ersuchte die Gemeinschaft, eine Abordnung zu ernennen, die am anderen Tage mit ihnen verhandeln könnte über die Lage der Deutschen unter diesem neuen Regierungssystem. Wegen meiner sprachlichen Kenntnisse wurde ich dazu ausersehen.Mit bangem Herzen legte ich mich schlafen.

In aller Frühe wurde ich geweckt durch ein deutsches Kommando:"Frau Bode,kommen Sie sofort heraus." Hatte ich geträumt? Ich rieb mir die Augen,sprang aus dem Bett und schaute vorsichtig durchs Fenster. .... Mir schlug der Schrecken ums Herz: Stahlhelme und Gewehrläufe! Glücklich entdeckte ich bald unter einem der Stahlhelme das Gesicht des SORA-Direktors. Er machte mir deutlich,daß ich sofort die Tür öffnen sollte und ihm dann möglichst schnell unsere rot-weiße Schulflagge aushändigen.In den SORA-Gebäuden seien alle Flaggen verbrannt worden und es sei doch die Flagge als Zeichen der Sicherheit vereinbart.Er hängte die Flagge um seinen Hals und stürmte davon. Beinah wäre er das Opfer eines Irrtums geworden. Seine Leute sahen in einem sich ergebenden Handgemenge nur das Rot und hätten ihn um ein Haar erschossen. Am Nachmittag wurden nach einem schnellen Standgericht die Hauptübeltäter erschossen. Es hat unsere Schüler gewaltig beeindruckt,daß das auf unserem Sportplatz geschah.

- 17 -

Dann kehrte wieder Ruhe ein und die Schule ging weiter. Mehrmals haben wir in den Nachmittagen und Abenden noch Unruhe gehabt. Immer neue Gerüchte gab es von durchziehenden Kommunisten.Aber auch das ging vorüber.

Das Vielerlei des Erlebens machte sich in der Schule stark bemerkbar. Sehr viel Lust zum Lernen hatten unsere Schüler nicht mehr.Die Konzentration ließ sehr zu wünschen übrig. Kleine Meinungsverschiedenheiten wirkten sich aus zu Streitfragen, sodaß es garnicht so einfach war,die Unterrichtsstunden nützlich zu füllen. Als dann Anfang Dezember ein kommunistischer Überfall von schwer bewaffneter, gut ausgerüsteter und durchorganisierter Truppenmacht erfolgte,kam der Unterricht nicht mehr zu seinem Recht. Kaum hatten wir uns erholt von allen Schrecken,sodaß wir noch einmal ans Sammeln der Schüler denken konnten, war es fast Weihnachten geworden. Da schlossen sich die Schultüren zunächst für die Ferien.

Aber das hätte niemand gedacht,daß sie sich nie wieder für die Schüler öffnen würden. Am 24.Dezember überfielen uns die holländischen Truppen und nahmen uns gefangen. Wir haben Ängste ausgestanden unter den Drohungen eines ganz brutalen Ambonesen. Es gab wieder Haussuchungen und auch die Schule wurde einer strengen Untersuchung unterzogen. Als die Schlüssel nicht schnell genug zur Stelle waren, wurden die Schlösser mit einer Maschinenpistole so zugerichtet,daß die Türen leicht öffen/zu/ zu öffnen waren. Kreidespuren auf den Wandtafeln sollten noch belastendes Material abgeben.

Nach Abzug der holländischen Truppen haben die Indonesier ihre "Verbrannte-Erde-Politik" zur Durchführung gebracht. Das letzte,was wir von der deutschen Schule sehen konnten, waren die angebrannten,aber nicht ganz verbrannten Wände. Dann wurden die letzten Deutschen weggebracht und interniert.

Das war das Ende der Schule. Nein, so endet eine Schule nicht.Nur das Gebäude kann vernichtet werden, nicht aber die Frucht der treuen Arbeit, die in diesem Gebäude geleistet wurde. Mit den einfachsten Mitteln mußte gearbeitet werden und die höchste Kraft mußte eingesetzt werden, um die gestellte Aufgabe:den deutschen Kindern in schwerer Zeit weiterzuhelfen,damit sie einst in der Heimat den Anschluß fänden an ihre Altersgenossen,zu erfüllen. Voll Freude können wir feststellen, daß die Arbeit nicht vergeblich war. Hat sie auch nie eine offizielle Anerkennung gefunden, so liegt der größte und schönste Lohn darin, daß sie Jungen und Mädchen den Weg zeigen durfte,sich eine Zukunft zu bauen und ihr/die/ ihnen die zu/ Ausrüstung/verschaffen, die diesen Weg leicht macht.

L. Bode

-.-.-.-.-.-.-.-.-.

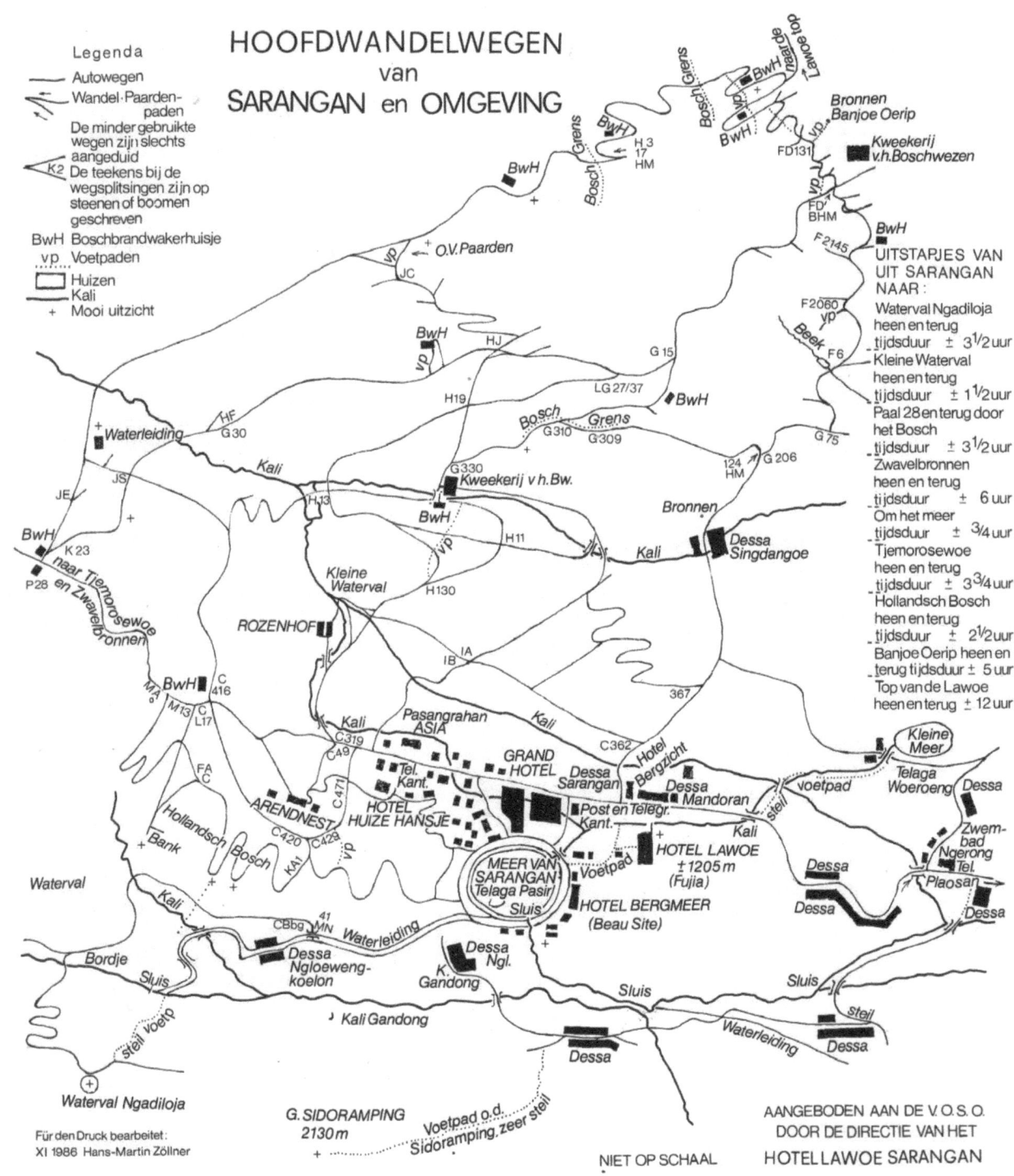

Abb. 92-19, Hauptwanderwege von Sarangan und Umgebung, vom Hotel Lawoe aus gesehen[18]

Nächste Seite: Abb. 92-20, Die Umgebung von Sarangan[19] *(G = Berg, K = Fluss, Bach)*

---

18 Ibid. Holländische Wanderkarte, S. 83
19 Ibid. S. 85, Auszug aus der topografischen Karte von 1926 und 1941

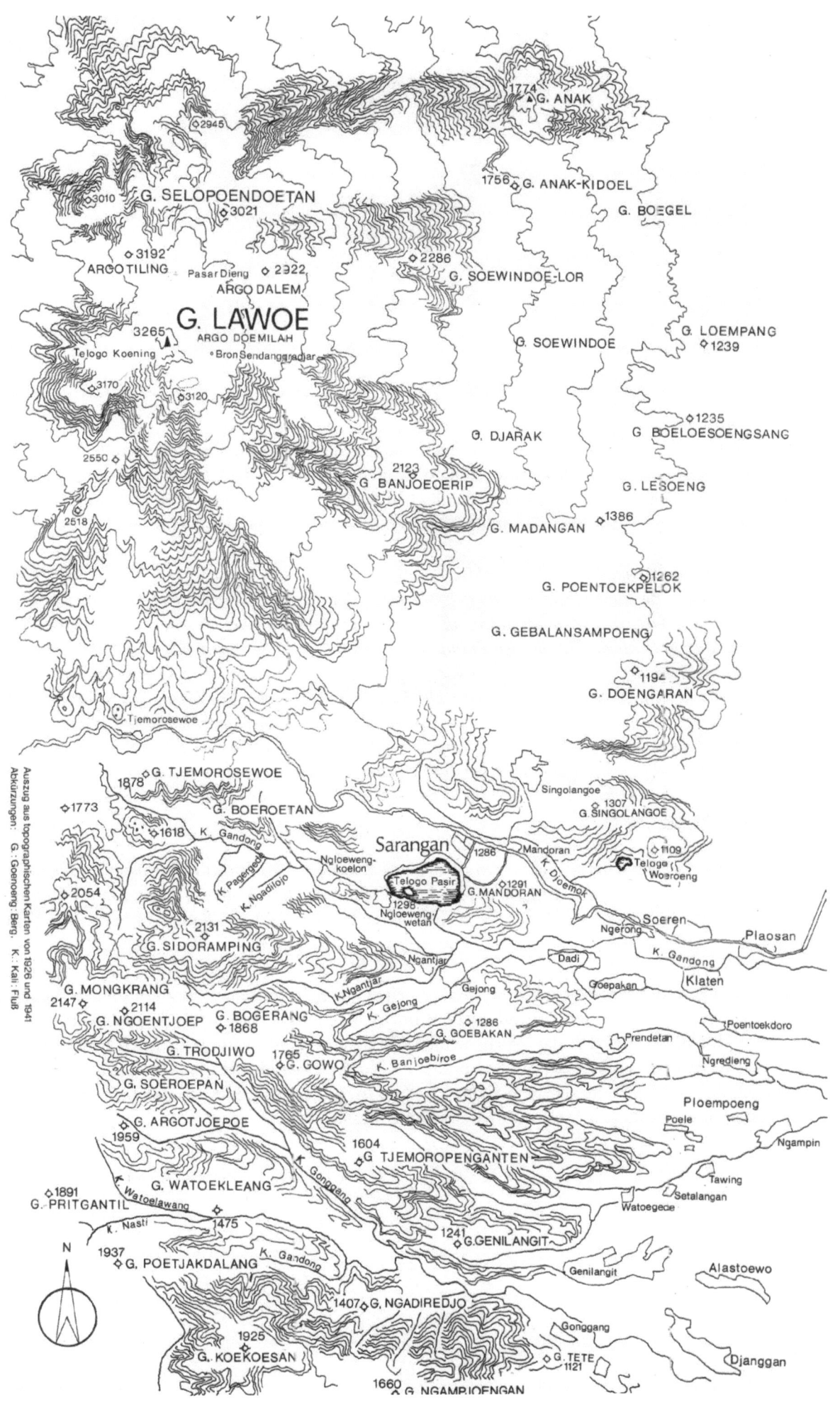

Abb. 92-21, Sarangan kurz vor Beginn des Zweiten Weltkriegs[20]

In Band 3 erwähnte ich, dass Präsident Sukarno mehrmals Sarangan und die Deutsche Schule besucht hatte. In den Aufzeichnungen von Lydia Bode konnte ich darüber nichts finden, da die Chronik schon zuvor abgebrochen wurde. Erich Gärtner, einer der wenigen niederländischen Schüler, der auch von Lydia Bode unterrichtet wurde, teilte mir eine nette Begebenheit mit, die ich hier in seinen Worten wiedergeben möchte:

Sukarno war oft in Sarangan.
[Anm. v. H.-G. Bode: Bei allen offiziellen Anlässen war meine Mutter die Dolmetscherin] Hier eine kleine Begebenheit mit ihm: Meine Schwester war in Sarangan, als es ihr wegen ihrer Diabetes besonders schlecht ging. Auch mein Vater war einige Tage in Sarangan. Er bat den Präsidenten, ihn und meine Schwester nach Yogyakarta mitzunehmen. Ohne seinen Schutz wäre die Reise ein zu großes Wagnis gewesen. Sukarno war sofort dazu bereit und am nächsten Tag ging es in einer langen Autokolonne hinunter nach Madiun, wo die große Gesellschaft mit Sukarno am Bahnhof auf den Zug wartete. Ein Adjutant gab meinem Vater zu verstehen, dass es angebracht wäre, dass sich meine Schwester beim Präsidenten bedanken würde. Es muss wohl ein besonderer Moment für meine Schwester gewesen sein, als das siebenjährige Mädchen auf dem ausgerollten roten Teppich zum Präsidenten ging und sich bei ihm bedankte. Sie sah ihr geliebtes Sarangan nie wieder, da sie durch ihre Krankheit im Krankenhaus Panti Rapih verbleiben musste bis zu unserer Evakuierung nach Jakarta.

Lydia Bode wurde als Schulleiterin und wegen ihrer guten indonesischen Sprachkenntnisse bei offiziellen Besuchen Sukarnos in Sarangan immer eingeladen, auch als Dolmetscherin. Auch der Sohn Hans-Günther wurde einmal von Präsident Sukarno begrüßt, als dieser ihn und andere Kinder beim Baden im See Telaga Pasir beobachtete.

Heute ist das ruhige verschlafene Bergdorf Sarangan zu einer lauten Touristenattraktion mit vielen neuen Hotels und einfachen Herbergen geworden. Es sind die Bewohner von Surabaya, Madiun und anderen Städten der Umgebung, die in der kühlen Bergluft das Wochenende verbringen wollen. Heute reihen sich Kiosk an Kiosk mit Souvenirs und Restaurants entlang der Straßen und laute Musik dröhnt durch alle Gassen. Wurden zur Zeit der Deutschen Schule noch die Boote gemächlich über den See *Telaga Pasir* gerudert, so rasen heute Schnellboote mit Wasserskiläufern und lautstarken Motoren über das kühle Wasser.

---

20   Collectie Tropenmuseum, Sarangan TMnr. 60026253

Abb. 92-22, Sarangan heute

Abb. 92-23, Lake Sarangan heute

93. Lehrpläne, Stundenverteilung und Ferienordnung
der Deutschen Schule in Sarangan

Die Lehrpläne wurden federführend von der Schulleiterin Lydia Bode mit dem Lehrerkollegium erstellt. Wie man an den Lehrplänen vom 16. August 1944 ersehen kann, war der Unterricht von der 1. Klasse bis zu den Oberstufen sehr anspruchsvoll. Neben der deutschen Sprache wurde auch noch Japanisch, Malaiisch und Französisch gelehrt. Die Schulausbildung in Sarangan war im Vergleich zu den Schulen in Deutschland mindestens genauso gut.

Abb. 93-1, Lehrerinnen und Lehrer der Deutschen Schule in Sarangan. Alle Lehrerinnen und Lehrer waren ehrenamtlich tätig. (Von links, obere Reihe: Fräulein Wagner, Herr Hoyer, Frau Eckert, Frau Peipe, Otto Coerper, Frau Steinhauer, Frau Wolff, Frau Drechsler, Frau Joustra
Von links, sitzend: Fräulein Kuckel, Frau Bode, Frau Braun, Frau Wisgrill, Frau Hachgenei)

Auf den folgenden Seiten zeige ich die Ferienordnung für das Jahr 1945 sowie die Lehrpläne der Deutschen Schule für die verschiedenen Klassen vom 16. August 1944.

Mit welchen Schwierigkeiten, besonders in der Anfangszeit, die Schule zu kämpfen hatte, zeigt im Anschluss daran das eindrucksvolle Referat von Frau Braun, das sie am ersten Mütterabend, am 10. Mai 1943, in Sarangan gehalten hat.[21]

Aber nach anfänglichen Schwierigkeiten halfen sich die Frauen und wenigen Männer selbst. Schon nach einigen Wochen gab es in Sarangan durch Eigeninitiative schon so gut wie alles. Es gab bereits verschiedene Geschäfte, wie:
- Toko Herm und Toko Niobe[22], für Lebensmittel und Haushaltswaren aller Art
- Konditorei Meiners, für Torten, Kuchen, Feingebäck und Speiseeis
- Harzen-Arendsnest, für Fleisch- und Wurstwaren
- Johanna Zöllner, für Feingebäck
- Kreis-Sunny Home war ein Damenfrisör
- Gebrüder Teichert waren Herrenfrisöre
- Norma Gertis gab Flötenunterricht usw.

---

21 Aus der Broschüre *Sarangan*, S. 21–31
22 Umgangssprachlich ‚Toko Obe'

Ferienordnung der Deutschen Schule in Sarangan.

Für das Jahr 1945.

Die Wehnachtsferien 1944-1945 beginnen am 22./12. nach Ablau:
des Unterrichts
Wiederbeginn des Unterrichts am 8.Januar 1945 9

Die Osterferien 1945 beginnen am 28,/3. nach Ablauf des Unter
richt:
Wiederbeginn des Unterrichts am 16.April

Die Pfingstferien beginnen am 18.Mai nach Ablauf des Unterricht:
Wiederbeginn des Unterrichts am 25.Mai

Die Sommerferien beginnen am 28.Juli nach Ablauf des Unterricht:
Wiederbeginn des Unterrichts am 1.September.

Die Herbstferien beginnen am 20./10. nach Ablauf des Unterrich:
Wiederbeginn des Unterrichts am 29.Oktober.

Die Weihnachtsferien 1945-46 beginnen am 22.Dezember 1945 (nach A
lauf des Unterrichts

Sarangan, den 20.November 1944   Die Schulleiterin:

Atoeran Liboeran oentoek Sekolah Djerman
di-Sarangan boeat tahoen 1945.

Liboeran Hari Raja Kelahiran T.J. (Weihnachten) moelaï 22 Dese
ber sehabisnja pengadjaran
Sekolah moelaï lagi 8 Djanoeari 2605

Liboeran Paska (Ostern) moelaï 28 Maret sehabisnja pengadjara
Sekolah moelaï lagi 16 April.

Liboeran Masa raja Roeh'eolkoedoes (Pfingsten) moelaï 18 Mei
sehabisnja pengadjaran
Sekolah moelaï lagi 25 Mei.

Liboeran besar moelaï 28 Djoeli sehabisnja pengadjaran
Sekolah moelaï lagi 1 September

Liboeran Oktober moelaï 20 Oktober sehabisnja pengadjaran
Sekolah moelaï lagi 29 Oktober.

Liboeran masa raja Kelahiran T.J. (Weihnachten moelaï 22 Deze
sehabisnja pengadjaran.

Sarangan, 20 hb.Nopember 2604

Kepala Sekolah:

Abb. 93-2, Ferienordnung für das Jahr 1945

1

Lehrplan für die 2.Klasse der Deutschen Schule in Sarangan.

Klasse 2:

Deutschunterricht: Schreiben: Erzielung einer grösseren Flüssigkeit und Sicherheit im Beherrschen der einzelnen Buchstaben und einfacher Wörter, in der 2.Hälfte /das Erlernen nicht selbstverständlicher / des Schuljahres / Lautverbindungen.
Lesen: Erzielen einer grösseren Fertigkeit im Lesen, wobei auf gute Aussprache und Betonung besonders zu achten ist.
Sprachlehre: Einfache Erklärung von Dingwort mit Mehrzahlbildungen, Geschlechtswort (bestimmt und unbestimmt), Tätigkeitswörtern. Einfache Satzdiktate.
Auswendiglernen kleiner Gedichte.

Rechenunterricht: Zuzählen und Abziehen im Zahlenraum von 1-100. Das kleine Einmaleins (Multiplizieren, Dividieren und Messen).

Anschauungsunterricht: Besprechung der näheren Umgebung des Kindes. Ereignisse Tiere und Pflanzen in ganz einfacher Form.

Musikerziehung: Das Singen einfacher Kinderlieder.

Nippomunterricht: Einprägen von weiteren Katakana-Zeichen, das Lernen kleiner Liedchen und Gedichte, Anwendung der japanischen Gruss- und Höflichkeitsformen.

Leibesübungen: Marschieren im Gleichschritt, Laufübungen auf kurzen Abstand, Bewegungs- und Ballspiele.

Handbetätigung: Zeichnen von einfachen Formen im Anschluss an den Anschauungsunterricht.

Klasse 3.

Deutschunterricht: Sprachlehre: Tätigkeitswort in den 3 Hauptzeiten. Beugung der Dingwörter. Steigerung der Eigenschaftswörter, Fürwort und Zahlwort
Diktat: möglichst 2 kleine Diktate wöchentlich.
Lesen: Erzielung grösserer Sicherheit im Lesen.
Schreiben: Einführung der Lateinschrift.

Rechenunterricht: Die 4 Grundrechnungsarten im Zahlenbereich bis 1000. Kenntnis der Uhr. Angewandte und praktische Aufgaben.

Anschauungsunterricht: Nähere Besprechung von Haustieren, Vögeln, Baumarten usw., dann als Heimatkunde: Häuser, Schule, Grundrisse, Sonne, Mond u. Sterne, Windrichtung, fliessende und stehende Gewässer.

Musikerziehung: Singen einfacher Kinder- und Marschlieder.

Nippomunterricht: Weitere Einführung in die Katakana-Schrift, einfache Wörter und kleine Lieder und Gedichte, mündlich und schriftlich.

Malaiisch: Einführung in einfache Begriffe aus dem täglichen Leben, ohne Behandlung der Grammatik.

Leibesübungen: Partnerspiele. Gymnastik ohne und mit Gerät. Bodenturnen (Rollen und Überschläge). Lauf und Sprung (Leichtathl. Übungen). Anfang von Ordnungsübungen.

Handbetätigung: Einfaches Zeichnen von Spielzeug, Haus-und Ackergeräten, Häuser usw..

Klasse 4.

Deutschunterricht: Sprachlehre: Einfache Satzlehre, Zeichensetzung, der einfache und erweiterte Satz. Umstandsbestimmungen.
Lesen: Übung im ausdrucksvollen Lesen.
Diktate: wöchentlich 1-2 mal.
Niederschriften: Kleine Niederschriften in der Schule und als Hausarbeit als Vorübung zum Aufsatz.
Schreiben: Im Lauf des Schuljahres Beherrschung der deutschen und der lateinischen Schrift.

Heimatkunde: Wiederholung des Grundrisses als Vorbereitung zum Kartenlesen, die ersten geographischen Begriffe. Erdkunde von Java in grossen Zügen mit Besprechung der Kulturen usw.

Abb. 93-3, Lehrpläne der Deutschen Schule für die verschiedenen Klassen vom 16. August 1944

Rechenunterricht: Rechnen im unbeschränkten Zahlenraum. Praktische Messung als Vorbereitung für den Begriff des Grundrisses und des Kartenlesens.

Nipponunterricht: Wiederholung und Erweiterung des bisherigen Lehrstoffes, weitere Katakana-Zeichen und Erweiterung des Wortschatzes. Märchen un Sagen aus Nippon.

Malaiisch: Kleine Lesestücke aus dem täglichen Leben. Erweiterung des Wortschatzes. Gewöhnung an richtige Aussprache und an richtige Schreibweise. Mündliche Übersetzungen Malaiisch-Deutsch, nicht umgekehrt.

Leibesübungen: Grundschulung in den Leibesübungen. Spiele. Gymnastik ohne u. mit Gerät. Bodenturnen. Hindernisturnen. Leichtathletischen Übungen. Ordnungsübungen.

Handbetätigung: Zeichnen: Blattformen, Rundformen und Ovalformen, Werkzeuge, Wagenrad, Tassen, Vasen, Rettungsring usw.

Handarbeit Mädchen: soweit Material zur Verfügung steht: üben von Kreuzstichrändchen, ferner verschiedene Zierstiche, erst nach Muster, später aus der Phantasie oder nach eigenem zeichnerischen Entwurf.

Handfertigkeit Jungen: Das Anfertigen von Schiffchen verschiedener Modelle aus Wildholz, Herstellen von Serviettenringen aus Bambus.

Musikerziehung: Das Lied der Heimat, der Landschaft und der Stände, Lieder des Tages-und Jahreskreises, Spiel-, Tanz- und Scherzlieder, Kanons Lieder der Bewegung.
Vorspielen leichtverständlicher Musikstücke; einfache Taktarten und Rythmen.

Deutsche Schule SARANGAN.

Stundenverteilung in den einzelnen Klassen auf die einzelnen Fächer.
Schuljahr 1944/45.

	Klasse 1	Klasse 2	Klasse 3	Klasse 4	Klasse 5
Deutsch		8	8	8	7 Anschauung
Heimatkunde		2	2	2	-
Erdkunde		-	-	-	2
Naturkunde		-	-	-	2
Rechnen		5	5	5	4
Schreiben	2	2	2	2	-
Nippon		2	2	2	3
Malaiisch		-	1	1	1
Leibesübungen	1	3	3	3	3
Singen		1	1	2	2
Zeichnen		1	1	2	2
Handarbeit		-	1	2	2
Religion	2	2	2	2	2
Geschichte		-	-	-	2
	18 Std.	24 Std.	26 Std.	28 Std.	29 Std.
Religion wahlfrei	2 "	2 "	2 "	2 "	2 "

(handschriftlich bei Klasse 1: 15 Std. Gesamt - Unterricht)

	Klasse 6	Klasse 7	Klasse 8	Klasse 9	Klasse 10
Deutsch	8	6	6	6	6
Geschichte	2	2	2	2	2
Erdkunde	2	2	2	2	1
Naturkunde	2	2	-	-	-
Physik	-	-	1	1	x1 2
Anthropologie	-	-	1	1	-
Kinderpsychologie	-	-	1	1	1
Mathematik	-	4	4	4	4
Rechnen	5	-	-	-	-
Nippon	3	3	3	3	3
Latein	-	3	3	3	4
Französisch	-	-	3	3	4
Malaiisch	1	1	1	1	1
Leibesübungen	3	3	3	3	3 + 2 Nachm.Std.
Zeichnen	1	1	-	-	-
Handarbeit	2	2	2	2	2
Singen	2	2	2	2	2
Religion	2	2	2	2	2
	31 Std.	34 Std.	33 Std.	34 Std.	34 Std.
Religion wahlfrei	2 "	2 "	2 "	2 "	x2 1 "

Sarangan, 16. August 1944
Die Schulleiterin:

(Unterschrift) Bode

STUNDENVERTEILUNG.

Frau Bode:

Deutsch:	6 Std.	7.Kl.	≠	6 Std.
Geschichte:	2 "	6. "		
	2 "	7. "		
	2 "	8. "		
	2 "	9. "	= 10 "	
	2 "	10. "		
Malaiisch:	1 "	3. "		
	1 "	4. "		
	1 "	5. "		
	1 "	6. "	= 7 "	
	1 "	7. "		
	1 "	8. "		
	1 "	9.+10. "		
Religion:	1 "	1. "		
(evangelisch)	2 "	2.+ 3. "		
	2 "	6. "	= 8 "	
	2 "	7.+ 8. "		
	1 "	9.+10. "		
Anthropologie	1 "	8. "	= 2 "	
	1 "	9. "		

zusammen 33 Stunden.

Frau Peipe:

Rechnen:	5 Std.	3.Kl.	= 10 Std.
	5 "	6. "	
Mathematik:	4 "	7. "	
	5 "	8. "	= 13 Std.
	4 "	9. "	

zusammen 23 Stunden

Frau Hachgenei:

Latein	3 Std.	7.Kl.	
	3 "	9. "	= 10 Std.
	4 "	10. "	
Französisch	3 "	8. "	
	4 "	9. "	= 11 Std.
	4 "	10. "	
Handarbeit	2 "	7.+8. "	= 4 Std.
	2 "	9.+10. "	

zusammen 25 Stunden

Frl. Kuckel :

21 Std. in der 5.Kl.
8 " Deutsch 6.Kl.
zusammen 29 Stunden

Frau Drechsler:

21 Std. in der 2.Kl.

Frau Bormann :

17 Std. in der 1.Kl.
2 " Handarbeit 6.Kl.
zusammen 22 Stunden
19

Herr Coerper

Nippon	3 Std.	7.Kl.	
	3 "	8. "	
	3 "	9. "	= 12 Std.
	3 "	10. "	
Mathematik	4 "	10. "	= 4
Kosmografie	1 "	9. "	= 3 "
	2 "	10. "	
Physik	1 "	8. "	
	1 "	9. "	= 3 "
	1 "	10. "	
Latein	3 "	8. "	= 3 "

zusammen 25 Stunden

Frau Wisgrill

Deutsch	6 Std.	8.Kl.	
	6 "	9. "	= 21 Std.
	6 "	10. "	
	3 "	extra-Unterricht für die Nichtteilnehmer am Lateinunterricht	
Kinder-Psychologie	1 Std.	9.+10.Kl.	= 1 "

zusammen 22 Stunden

Frau Brulez

Französisch	3 Std.	7.Kl.	= 3 Std.
Erdkunde	2 "	6.Kl.	
	2 "	7. "	= 8 Std.
	2 "	8. "	
	2 "	9. "	
Zeichnen	1 Std.	6.Kl.	= 1 Std.
Religion	2 "	1.,2.,3. Kl.	= 6 Std.
(kath.)	2 "	4.,5.,6. "	
	2 "	7.,8. Kl.	

zusammen 18 Stunden

Frau Eckert:

16 Std. in der 3.Klasse
1 Std. Zeichnen 5.Klasse
1 " Zeichnen 7.Kl.
1 " Aufsicht 5.Kl.
2 " Handarbeit 4.+ 5.Kl.
1 " Handarbeit 3. Kl.
zusammen 22 Stunden

Frau Ahrens:

21 Std. in der 4.Klasse

Frau Schut:

Turnen:	3 Std.	2.+ 3.Kl.	
	3 "	4.+ 5.Kl.	
	3 "	6.+ 7.Kl.	
	3 "	8.,9.+10.Kl.	siehe Ums.

Frau Schut:
umseitig vermeldet 12 Std.
dazu 2 Nachm.Std. und eine
grössere Anzahl Heilgymnastik-
stunden, erst nach Untersuchung
genauer festzustellen.

Frau Joustra:
Mädchenturnen: 3 Std. 4.+5.Kl.
              3 " 2.+3. "
              3 " 6.+7. " = 12 Std.
              3 Std.8.9.+10.Kl.
Nippon: 3 " 5.Kl.
       3 " 6. " = 6 Std.

      zusammen 18 Stunden

Klaus Brulez:
Jungenturnen: 3 Std. 2.+3.Kl.
             3 " 4.+5. "
             3 " 6.+7. " = 12 Std.
             3 " 8.,9.,10. "
Handfertigkeit1 Std. 5.Kl.
           2 " 4.+5. "
           2 " 6. " = 9 Std.
           2 " 7.+8. "
           2 " 9.+10.Kl.

      zusammen 21 Stunden

Frau Gothein:
Naturkunde: 2 Std. 6.Kl.
          2 " 7.Kl.

      zusammen 4 Stunden

Frau Külsen:
Musikunterricht: 2 Std. 4.+5.Kl.
              2 " 6. "
              2 " 7.+8. "
              2 " 9.+10.Kl.
      zusammen 8 Stunden

Zusammengestellt nach dem Stundenplan für das
Schuljahr 1944/45.
Sarangan, den 15.August 1944
Die Schulleiterin:

DEUTSCHE SCHULE SARANGAN.
Lehrplan für das Schuljahr 1944/45.

Klasse 1: Im Rahmen des Gesamtunterrichtes ist zu erreichen die Kenntnis aller grossen u.kleinen Buchstaben des Alfabetes. Geübt wird die Sütterlin-Schrift.

Hand in Hand mit Schreibübungen gehen die Leseübungen, in denen Lautverbindungen geübt werden.

Als Wiederholung des Gelernten empfiehlt sich das Diktieren einfacher Silben von Anfang an, damit sich die Wortbilder einprägen. Am Ende des 1.Schuljahres müssen die Schüler kleine Lesestücke aus der Fibel langsam lesen können.

Der Rechenunterricht beginnt zunächst unter Zuhilfenahme von Stäbchen zur Erarbeitung der Zahlenbegriffe. Schriftlich wird zunächst gearbeitet mit Strichen und Kreisen. Das Unterrichtsziel ist die Beherrschung des Zahlenraumes von 1-20, wenn möglich mit Überschreiten des Zehners. Gegen Ende des Schuljahres ist die Zehnerreihe bis 100 zu üben, jedoch ohne Überschreiten des Zehners.

Im Anschauungsunterricht ist zu besprechen die nächste Umgebung des Kindes. Dabei ist die Beobachtungsgabe des Kindes wie auch der Wortschatz zu entwickeln.

Die Leibesübungen beschränken sich auf Gehen, Laufen, Marschieren, Kreisspiele.

Die Musikerziehung beschränkt sich auf das Singen einfacher Kinderlieder.

Im Nipponunterricht werden einzelne Katakana-Zeichen eingeprägt als Erklärung zu einfachen Bildern, mündlich wird die Aussprache einiger Höflichkeitsformen geübt und 2-3 kleine japanische Liedchen gelernt.

Als Handbetätigung sind jeweilig im Sachunterricht besprochene Dinge zu zeichnen oder zu formen.

Klasse 2: Deutschunterricht: Schreiben: Erzielung einer grösseren Flüssigkeit und Sicherheit im Beherrschen der einzelnen Buchstaben und einfacher Wörter, in der 2. Hälfte des Schuljahres das Erlernen nicht selbstverständlicher Lautverbindungen.

Lesen: Erzielen einer grösseren Fertigkeit im Lesen, wobei auf gute Aussprache und Betonung besonders zu achten ist.

Sprachlehre: Einfache Erklärungen von Dingwort mit Mehrzahlbildungen, Geschlechtswort (bestimmt und unbestimmt),Tätigkeitswörter. Einfache Satzdiktate.

Auswendiglernen kleiner Gedichte.

Rechenunterricht: Zuzählen und Abziehen im Zahlenraum von 1-100. Das kleine Einmaleins (Multiplizieren, Dividieren und Messen).

Anschauungsunterricht: Besprechung der näheren Umgebung des Kindes - Ereignisse, Tiere und Pflanzen in ganz einfacher Form.

Musikerziehung: Das Singen einfacher Kinderlieder.

Nipponunterricht: Einprägen von weiteren Katakana-Zeichen , das Lernen kleiner Liedchen und Gedichte, Anwendung der japanischen Gruss- und Höflichkeitsformen.

Leibesübungen: Marschieren im Gleichschritt, Laufübungen auf kurzen Abstand, Bewegungs- und Ballspiele.

Handbetätigung: Zeichnen von einfachen Formen im Anschluss an den Anschauungsunterricht.

Klasse 3: Deutschunterricht: Sprachlehre: Tätigkeitswort in den 3 Hauptzeiten. Beugung der Dingwörter. Steigerung der Eigenschaftswörter, Fürwort und Zahlwort.

Diktat: möglichst 2 kleine Diktate wöchentlich.

Fortsetzung Lehrplan.   2

3.Klasse: Schreiben: Einführung der Lateinschrift.
    Lesen: Erzielung grösserer Sicherheit im Lesen.
    Rechenunterricht: Die 4 Grundrechnungsarten im Zahlenbereich bis 1000.
    Kenntnis der Uhr. Angewandte und praktische Aufgaben.
    Anschauungsunterricht: nähere Besprechung von Haustieren,Vögeln,Baum-
    arten usw., dann als Heimatkunde: Häuser, Schule,Grundriss,Sonne,
    Mond u.Sterne, Windrichtung, fliessende u.stehende Gewässer.
    Musikerziehung: Singen einfacher Kinder-und Marschlieder.
    Nipponunterricht: Weitere Einführung in die Katakana-Schrift, einfache
    Wörter und kleine Lieder und Gedichte mündlich und schriftlich.
    Malaiisch: Einführung in einfache Begriffe aus dem täglichen Leben
    ohne Behandlung der Grammatik.
    Leibesübungen: Partnerspiele. Gymnastik ohne und mit Gerät. Bodentur-
    nen (Rollen und Überschläge). Lauf und Sprung (Leichtathl.Übungen)
    Anfang von Ordnungsübungen.
    Handbetätigung: Einfaches Zeichnen von Spielzeug, Haus-und Ackergeräte,
    Häuser usw.

4.Klasse: Deutschunterricht: Sprachlehre: Einfache Satzlehre, Zeichensetzung,
    der einfache, erweiterte Satz. Umstandsbestimmungen.
    Lesen: Übung im ausdrucksvollen Lesen.
    Diktate: wöchentlich 1-2 mal.
    Niederschriften: kleine Niederschriften in der Schule und als Hausar-
    beit als Vorübung zum Aufsatz.
    Schreiben: Im Lauf des Schuljahres Beherrschung der deutschen und der
    lateinischen Schrift.
    Heimatkunde: Wiederholung des Grundrisses als Vorbereitung zum Karten-
    lesen, die ersten geographischen Begriffe, Erdkunde von Java in
    grossen Zügen mit Besprechung der Kulturen usw.
    Rechenunterricht: Rechnen im unbeschränkten Zahlenraum. Praktische Mes-
    sung als Vorbereitung für den Begriff des Grundrisses und des
    Kartenlesens.
    Leibesübungen: Grundschulung in den Leibesübungen. Spiele. Gymnastik
    ohne und mit Gerät. Bodenturnen, Hindernisturnen. Leichtathleti-
    sche Übungen. Ordnungsübungen.
    Handbetätigung: Zeichnen: Blattformen, Rundformen und Ovalformen, Werk-
    zeuge, Wagenrad, Tassen, Vasen, Rettungsring usw.
    Handarbeit Mädchen: soweit Material zur Verfügung steht, Üben von
    Kreuzstichrändchen, ferner verschiedene Zierstiche, erst nach Mu-
    ster, später aus der Fantasie oder nach eigenem zeichnerischen
    Entwurf.
    Handfertigkeit Jungen: Das Anfertigen von Schiffchen verschiede-
    nen Modelle aus Wildholz, Herstellen von Serviettenringen aus
    Bambus.
    Musikerziehung: Das Lied der Heimat,der Landschaft und der Stände,
    Lieder des Tages-und Jahreskreises, Spiel-,Tanz- und Scherzlieder
    Kanons, Lieder der Bewegung.
    Vorspielen leichtverständlicher Musikstücke; einfache Takt-
    arten und Rythmen.
    Nipponunterricht: Wiederholung und Erweiterung des bisherigen Lehrstof-
    fes, weitere Katakana-Zeichen und Erweiterung des Wortschatzes.
    Märchen und Sagen aus Nippon.
    Malaiisch: Kleine Lesestücke aus dem täglichen Leben. Erweiterung des
    Wortschatzes. Gewöhnung an richtige Aussprache und an richtige
    Schreibweise. Mündliche Übersetzungen Malaiisch-Deutsch, nicht
    umgekehrt.

Klasse 5: Deutschunterricht: Sprachlehre: Die Wortarten und die wichtigsten Satz-
    teile, besonders Zeitwort und Satzaussage.Formenlehre: Wörtliche
    Rede,Tatform, Leideform,Befohlsform. Arten der Hauptsätze.
    Lesen: Das sinngemässe Lesen, Einschnitte und Pausen.
    Vortragen von kleinen Gedichten oder Prosastücken. Frei gesproche
    ne Berichte über persönliches Erleben. Nacherzählungen.
    Rechtschreibung: Übungen in Form von Diktaten und Nachschreiben.
    Ausdrucksübungen.
    Aufsatzlehre: Niederschriften eigener Beobachtungen, kleine Er-
    lebnis-oder Fantasieerzählungen.

Fortsetzung Lehrplan. **3**

Klasse 5. <u>Geschichte</u>: Geschichtserzählungen in Form von Lebensbeschreibungen grosser Persönlichkeiten ohne ursächlichen Zusammenhang aus der Neuzeit und aus der alten Geschichte: Adolf Hitler, Hindenburg, Bismarck, Königin Luise, Friedrich der Grosse, Friedrich Wilhelm I der Grosse Kurfürst, Friedrich Rotbart usw.

<u>Erdkunde</u>: Übergang von Java nach Europa, Beschreibung des Seeweges. Danach lebendige Einzelbilder vom Wesen und Schaffen deutscher Menschen in ihren Landschaften. Einprägung der wichtigsten Gebirge, Flüsse und Städte Deutschlands.

<u>Rechenunterricht</u>: Wiederholung und Zusammenfassung des Rechnens mit ganzen Zahlen. Zehnerbruchschreibweise. Brüche des täglichen Lebens. Erweitern und Kürzen.

<u>Nipponunterricht</u>: Erweiterung der Kenntnisse im Lesen der Katakanaschrift. Einiges aus der Umgangssprache. Kleine Wortdiktate in Lateinschrift und Katakanaschrift. Erzählungen über Land u.Volk.

<u>Malaiisch</u>: An Hand kleiner Lesestücke über Dinge des täglichen Lebens Einprägung von Wortformen, Erweiterung des Wortschatzes ohne näheres Eingehen auf die Grammatik.

<u>Naturkunde</u>: Einzelbeschreibungen einfach gebauter Blütenpflanzen.Aus der Arbeit des Bauern und Gärtners. Naturschutz. Tierliebe und Tierschutz.

<u>Leibesübungen</u>: Unterricht gemeinsam mit der 4.Klasse.Lehrplan dort.

<u>Handbetätigung</u>: Zeichnen von Gebrauchsgegenständen, Blattformen nach der Natur, Blumen. Fantasiezeichnungen. Handarbeit Mädchen: Hohlsäume, allerlei Ziersticke angewendet, soweit Material vorhanden,Anfertigen kleiner Gebrauchsgegenstände. Handfertigkeit Jungen: Einfache Holzarbeiten aus Wildholz mit primitiven Werkzeugen bearbeitet, Bambusarbeiten, erste Versuche im Korbflechten.

<u>Musikerziehung</u>: Unterricht gemeinsam mit der 4.Klasse.Lehrplan dort.

Klasse 6. <u>Deutschunterricht</u>: Sprachlehre: Die Satzverbindung.Das Satzgefüge:die Nebensätze als Satzteile. Umstandsbestimmungen des Ortes,der Zeit, der Art und Weise, des Grundes. Hilfszeitwörter. Handlungsarten. Wortfamilien(Beispiele aus der Sprache des täglichen Lebens. Aufsatzlehre: Einführung in die Stilformen. Lebendigkeit und Spannung in der Darstellung. Einfache Berichte und Erzählungen. Rechtschreibung: Diktate und Einsetzübungen. Schriftliche Ausdrucksübungen unter Beachtung der Zeichensetzung. Lesen: Einführung in deutsches Schrifttum (abhängig von der hier zur Verfügung stehenden Bücherauswahl).

<u>Geschichte</u>: Geschichte des deutschen Volkes und seiner Vorfahren. Wiederholung der alten Geschichte als Vorbereitung zu der Darstellung des Ersten Reiches der Deutschen von der Gründung bis zum Untergang.

<u>Erdkunde</u>: Fortsetzung der Behandlung von Deutschland.Gebirge u.Staaten im Gebiet von Rhein u.Nebenflüssen zwischen Basel u.Mainz. Das Hessenland.Harz und Thüringerwald.Elbe und Nebenflüsse. Oder u. Nebenflüsse.Die Sudeten, Schlesien.Die Donau u.Nebenflüsse.Alpen u.Ostmark. Übersicht über die wichtigsten Verkehrsmittel u.-wege. Staatl.Gliederung des deutschen Reiches, Wetterkunde.Topogr.Karte 1:25000. Die ausserdeutschen Länder Europas:Schweiz,die Länder im Raum von Nord-u.Ostsee, des mittleren u.westlichen Mittelmeers, Sowjetunion, Grenz-und Auslanddeutschtum, Verkehrsgeographische Betrachtungen.

<u>Naturkunde</u>: Allgemeine übersicht über das natürliche Pflanzensystem insbesondere: die Nacktsamigen Pflanzen und einige Familien der Einkeimblättrigen Pflanzen, wie Gräser,Liliengewächse und Orchideen. Einführung in die Tierkunde. Allgemeines über den Bau und das Leben der Säugetiere,Vögel, Kriechtiere (Reptilien) Lurche (Amphibien) Fische.

Fortsetzung Lehrplan.

4

Klasse 6: Rechenunterricht: Vorbereitung des Verhältnisbegriffs im Zusammenhang mit der Einführung des Dreisatzes. Angewandtes Rechnen.

Nipponunterricht: Weitere Übungen im Lesen der Katakana-Schrift; Ausbreitung des Wortschatzes. Einführung in die einfachen Formen der Grammatik. Erzählungen über Land und Leute. Japanische Sagen u.Märchen.

Malaiisch: Kleine Lesestükke mündlich und schriftlich in gutem Schriftmalaiisch. Einprägung einfacher Grammatikformen. Beachtung richtiger Aussprache,(Vermeidung des dialektischen Gebrauches einiger Formen) und richtiger Schreibweise.

Leibesübungen: Ordnungsübungen. Geländesport.Mannschaftsausbildung im Gelände. Bodenturnen. Hindernisturnen.Geräteturnen. Leichtathletische Übungen. Übungen aller Bedingungen der späteren Leistungsprüfung (ausser Kleinkaliberschiessen) Stufe A
Schwimmen wird, soweit nötig, in einem besonderen Kursus gelernt.

Handbetätigung: Zeichnen nach der Natur:Schmetterlinge,Blumen,Bäume,Tiere. Fantasiezeichnungen. Entwerfen von Randverzierungen u.Handarbeitsmustern.Einführung in das perspektivische Zeichnen.
Handarbeit für Mädchen: Übung aller gebräuchlichen u.einiger Ziernähte an einem Übungslappen.
Handfertigkeit für Jungen: Korbflechten und das Herstellen von Gebrauchsgegenstanden aus gespaltetem Bambus.

Musikerziehung: Erweiterung des Liedgutes der vorigen Gruppe.Veranschaulichen des Musikgutes durch Geschichten aus dem Jugendleben bekannter Musiker.

Klasse 7: Deutschunterricht: Sprachlehre:Wiederholung und Vertiefung der Wort-, Formen-und Satzlehre der Unterstufe. Übungen zur Satzverbindung. Satzverkürzungen. Redensarten und Sprichwörter.
Rechtschreibübungen unter Einschluss der für die Fachsprache unentbehrlichen Fremdwörter. Besondere Übungen für schwierige Fälle. Einsetzübungen zur Zeichensetzung bis zur Beherrschung.
Aufsatzlehre: Einführung in die Stilform der Schilderung. Gesichtspunkte für die Gestaltung: Vergleich und Steigerung. Kampf gegen die Phrase, Sprachbereicherung, Klangschönheit.
Lesen: Das erzählende und belehrende Lesen als plastisches Lesen. (Schrifttum abhängig von der Möglichkeit der Beschaffung).
Geschichte: Deutsche Geschichte von 1648 bis zum 1.Weltkrieg. Wiederholung der Geschichte von der Gründung des Ersten Reiches der Deutschen zwecks Erarbeitung eines einheitlichen Bildes über das Erste Reich. Preussens Wiedergeburt.Freiheitskriege. Wiener Kongress. Liberalistische Revolution. Bismarck. Gründung des Zweiten Reiches. Kurze Besprechung der Ereignisse bis zum Weltkrieg.

Erdkunde: Lehrplan wie für die 6.Klasse, nur ausführlicher.

Naturkunde: Vom inneren Bau und vom Leben der Pflanzen. (Anschauung am Mikroskop). Zellen und Gewebe. Assimilation und Atmung. Wachstum der Pflanze. (Ausflüge in die Natur zur Pflanzenbestimmung.) Einführung in die Tierkunde unter besonderer Berücksichtigung der Wirbeltiere. Allgemeines über den Bau und das Leben der Säugetiere Vögel, Kriechtiere (Reptilien), Lurche (Amphibien),Fische.

Nipponunterricht: Wiederholung der Volksschullesebücher (Shogaku-Tokuhon) No.1 u.2 bis Lesestück 5.Behandlung des Lesebuchs No.2 bis zu Ende, und des Lesebuchs „Yomikata" No.2.Weitere Übungen im Lesen der Katakana-Schrift,Aneignung der Hiragana-Schrift und allererste Gebrauch von Kanji-Zeichen. Einführung in die Grammatik der Umgangssprache:Substantiv,Adjektiv,Aussagesatz,Fragesatz,Verneinung, die wichtigsten Verbalformen,Gebrauch der Subordinationsform,das Adverbium. Einiges über Land und Volk.

Latein: Als Lehrbuch wird in Klasse 7.9 und 10 gebraucht:Lateinische Vorschule von K.Ploetz und Lateinisches Übungsbuch von Ostermann —

Fortsetzung Lehrplan.

5

Klasse 7: Müller,beide in nur einem Exemplar vorhanden.
Behandelt und beherrscht sollen werden: die 1.,2. und 3.Deklination
mit ihren Abweichungen und Genusregeln. Die Hauptzeiten der 1.Konju-
gation in Aktiv und Passiv. Das Hilfszeitwort esse in allen Zeiten.
Das Adjektiv. Anwendung der erlernten Grammatik und des Wortschatzes
durch Übersetzen lateinischer und deutscher Texte.
  Vorläufig soll eine Stunde in der Woche dazu verwendet werden,die
Schüler mit der Geschichte der alten Griechen und Römer vertraut zu
machen.

Französisch: Sprachlehre:Ausnahmen in der Anwendung vom Teilungsartikel.
Grund-und Ornungszahlwörter. Rückbezügliche Verben. Steigerungsformen.
Persönl.Fürwörter als Akkusativ- u.Dativobjekt. Namen von Ländern.
Passé Indefini,Futur,Conditionnel,Passé Defini,Imperatif,Subjonctif.
Unbestimmte Fürwörter, Fragende Fürwörter, unpersönliche Fürwörter.
Participe passé mit avoir u.mit être konjugiert.Eine Anzahl unregel-
mässiger Verben.
Lese-und Übersetzungsstoff über diese Sprachlehre. Einige Fabeln von
La Fontaine, einfache Gedichte und Lieder.
Konversationsübungen über Familie,Haus, Kleidung,Nahrung,Wetter,Jah-
reszeiten, Stadt, Land, Frankreich: Land,Leute,Geschichte.

Malaiisch: Einführung in Satzbau und Grammatik. Familienbeziehungen,Be-
jahung und Verneinung,Fragesätze, Namen , Aussprache. Die Vorsilben
ber- , ter- und me-. Rätsel, Sprichwörter, einfacher Lesestoff.

Rechenunterricht: Rechnen: Angewandtes Rechnen in den 4 Grundrechnungsarten. Algebra: Die 4 Grundrechnungsarten. Einfache Gleichungen mit
einer Unbekannten.

Planimetrie: Parallelismus. Lehre vom Dreieck,Kongruenz, Seiten und
Winkel im Dreieck.

Leibesübungen: Übungen für spätere Leistungsabzeichen Stufe A wie im
Lehrplan der 6.Klasse. (Gemeinsamer Unterricht).

Handbetätigung: Perspektivisches Zeichnen.Zierschrift.
Weibliche Handarbeit: Übung in Näharbeit. Geübt wird an einem Näh-
lappen. Alle gebräuchlichen Nähte und Ziernähte, Knopflöcher,Tren-
sen werden gemacht. Verzierungen mit Durchbrucharbeit.
Handfertigkeit für Jungen: Korbflechten,verschiedene Modelle.

Musikerziehung: Erweiterung des Liedgutes der vorigen Gruppe (Landknechts-
und Soldaten-Fahrtenlieder). Notenschrift, Hauptdreiklänge, Ton-
leitern in C-,G- und F-dur. Vorspielen geeigneter Musikstücke.

Klasse 8: Deutschunterricht: Sprachlehre: Untersuchung geeigneter Sprachstücke auf
Wortformen und Satzlehre.
  Sprachkunde: Die deutsche Sprache als Spiegel der Kulturentwick-
lung: Erbwort-Lehnwort-Fremdwort. Berufs-und Standessprachen.
Schlag- und Modewörter und ihre Benutzer. Redensartliche Ausdrücke.
Aufsatzlehre: Gesichtspunkte für die Gestaltung:Scharfe u.tiefe
Beobachtung. Klang,Bildkraft der Sprache. Übereinstimmung von Ge-
halt und Ausdruck. Einheitlichkeit der Stimmung.
Selbstgestaltendes Sprechen: Mündliche Ausdrucksübungen. Freie
Redeübungen.
Schrifttum: Einführung in die deutsche Literaturgeschichte.
Das Lesen von Ganzschriften ist abhängig von der Beschaffungsmög-
lichkeit.

Nipponunterricht: Wiederholung der Volksschullesebücher (Shogaku-Tokuhon)
No.1 und No.2 bis Lesestück 6. Behandlung des Lesebuchs No.2 bis
zu Ende und des Lesebuchs „Yomikata" No.2. Übungen im Lesen der
Katakana und Hiraganaschrift und erster Gebrauch von Kanji-Zeichen.
Weitere Behandlung der Grammatik der Umgangssprache:Befehl und
Verbot, Verben verschiedener Höflichkeit, Konditionalsätze,Wunsch-
form, gebräuchlichsten Redensarten, Relativsätze, Zahlen. Erd-
kunde und einiges aus Sage u.Geschichte des Landes.

Fortsetzung Lehrplan.   6

Klasse 8. Latein: Die dritte Deklination, Hauptformen der vierten Konjugation,
  Adjektive, Komparative, Pronomina.

  Französisch: In den Klassen 8,9 und 10 folgt der Lehrgang den Lehrbüchern „Cours Pratique de Francais" von Kingma, I.II. u.III.Teil.
  Behandelt und beherrscht sollen werden: Die 3.und 4. Konjugation,
  die Stellung des Akkusativpronomens, das pers.Pronomen im Dativ,
  das reflexive Verbum, die gebräuchlichsten unregelmässigen Verben,
  die Anwendung von „en" und „y",die Bildung des Adverbs, das Pronomen interrog.,das Relativpronomen,die Veränderlichkeit des Partizips
  beim reflexivem Verbum,der „Articel partitif", das Passé défini u.
  seine Anwendung. Neben dem Übungstoff des Lehrbuches Sprech-u.Con-
  versationsübungen und Übersetzungen leichter Lektüre.

  Malaiisch: Grammatik: Vorsilben me- und di-, auch in Vergleichung miteinander, Nachsilben -i und -kan, Gebrauch von -an und pe-. Litera-
  tursprache, einige Lektüre und Ausbreitung des Wortschatzes.

  Geschichte: Zusammenfassung und Wiederholung der Geschichte des Ersten
  Reiches. Preussens Wiedergeburt und Erneuerung als völkischer Durch-
  bruch. Freiherr vom Stein u.seine Gesetzgebung, nationale Erhebung,
  Friedrich List, Liberalistische Revolution 1848, Bismarck und Reichs-
  gründung, Wilhelm I., Aufbau Industrie und Seefahrt,Deutschlands
  Weltgeltung, Weltpolitik ohne Volksgemeinschaft,Einkreisung Deutschlands, Weltkrieg.

  Erdkunde: Fortsetzung der Behandlung Deutschlands: Thüringen Sachsen,
  Provinz Sachsen, Oder mit Nebenflüssen ausser Warthe u.Netze, Sude-
  ten,Schlesien, Donau mit Nebenflüssen (Bayern), Alpen (Ostmark),
  Einführung in Wetter-u.Himmelskunde, Kartenlesen.
      Die ausserdeutschen Länder Europas: Schweiz,Länder im Raum von
  Nord-u.Ostsee.Länder Europas im Mittelmeerraum,dazu die nordafrika-
  nischen Kolonien von Italien,Frankreich,Spanien.Osteuropa.Verkehrs-
  geographische Betrachtungen.Fortführung von Wetter-u.Himmelskunde
  (scheinbare Sonnen- u.Sternenbahnen, mittel- u.westeurop.Zeit.

  Physik. Messkunde. Die mechanische Eigenschaften der festen,flüssigen
  und gasförmigen Körper; Wärme (Aggregatzustand, Dampf oder Dampfspannung; Schall, Licht).

  Mathematik: Algebra: Fortsetzung der Gleichungen ersten Grades mit einer
  Unbekannten. Verhältnisse und Verhaltnisgleichungen. Brüche.
  Planimetrie: Fortsetzung der Lehre vom Dreieck, Kongruenz,Konstruk-
  tionen, Vierecksllehre, Vielecke.

  Leibesübungen: Die Klassen 8,9 und 10 turnen gemeinsam. Übungen aller
  Bedingungen der späteren Leistungsprüfung Stufe B und Stufe C.
  (kein Kleinkaliberschiessen).

  Musikerziehung: Gemeinsamer Unterricht mit Klasse 7. Lehrplan dort.

  Handbetätigung: Gemeinsam mit Klasse 7. Lehrplan siehe dort.

  Anthropologie: Lehre vom Bau und von den Verrichtungen des menschlichen
  Körpers und im Anschluss daran einiges aus der Nahrungslehre und
  die Kennzeichen der meist vorkommenden Krankheiten.

Klasse 9. Deutschunterricht: Sprachkunde: Bedeutungsentwicklung und Bedeutungswandel in Hochsprache, Umgangssprache und Mundart. Kanzleideutsch,
  Zweck- und Fachsprache. Anleitung zur Beobachtung arteigener Sprach-
  formen.Lehn-und Fremdwörter deutscher Herkunft in fremden Sprachen.
  Volksethymologien.
  Aufsatzlehre: Das sachliche Schreiben. Das Erlebnisbild als Stim-
  mungsskizze. Schriftliche Ausdrucksübungen zur Unterscheidung der
  begrifflich sachlichen und der bildhaften Sprache. Angemessenheit
  und Übereinstimmung in Wortwahl und Stil.
  Schrifttum: Lesen mehrerer Ganzschriften (Auswahl abhängig von Be-
  schaffungsmöglichkeit). Freie Redeübungen.

  Geschichte: Wirtschaftsrevolution nach den Freiheitskriegen. Friedrich
  List als Vorkämpfer für politische u.wirtschaftliche Einheit. Die
  liberalistische Revolution 1848.Wilhelm I. und Bismarck.

Fortsetzung Lehrplan.   7

Klasse 9. **Geschichte.** Einigungskriege. Gründung des Zweiten Reiches. Aufbau der deutschen Industrie und Seefahrt. Entstehung des Proletariats. Marxismus. Sozialistengesetz, soziale Gesetzgebung. Die deutsche Aussenpolitik von 1890-1914. Der Weltkrieg. Versailler Diktat.

Erdkunde: Die Ostmark. Die ausserdeutschen Länder (siehe Klasse 8). Deutschland in allgemeinen Betrachtungen in Beziehung zum übrigen Europa: u.a. Selbstversorgung Deutschlands, Ein-u.Ausfuhr,Rückkehr zur Scholle, Tätigkeit des Arbeitsdienstes, Verkehrsbauten (Autobahnen, Kraftwerke) Luftschutz, Recht Deutschlands auf Kolonien.

Anthropologie: Lehre vom Bau u.von den Verrichtungen des menschlichen Körpers, Gesundheitslehre und Kenntnis häufig vorkommender Krankheitserscheinungen.

Nipponunterricht: Wiederholung der Volksschullesebücher(Shogaku-Tokuhon) No.1 u.No.2 bis Lesestück 8. Behandlung des Lesebuchs No.2 zu Ende, und des Lesebuchs „Yomikata" No.2. Übungen im Lesen der Katakana und Hiragana-Schrift und erster Gebrauch von Kanji-Zeichen. Fortsetzung des Sprachunterrichts auf Grund des Lehrbuches:„Unterricht in der japanischen Umgangssprache" von K.Meissner,Tokyo.Lektion 18 und folgende. Einführung in Kultur,Geschichte und Erdkunde Japans.

Latein: Den Lehrbüchern weiter folgend, sollen behandelt und beherrscht werden: Das Adjektiv u.seine Steigerung, Das Adverb u.seine Steigerung. Die 4.u.5.Deklination. Die Numeralia. Das Pronomen demonstrativum.Die Pronomina personalia,relativa, determinativa,interrogativa und indefinita. Die Propositionen.Die 1.,2.,3. und 4. Konjugation. Übersetzungsübungen ins Lateinische u.Übersetzungen lateinischer Texte in möglichster Anlehnung an die latein.Klassiker.Gegen Ende des Schuljahres lateinische Lektüre (Cornelius Nepos oder Caesar.)

Französisch: Alle unregelmässigen Verben. Die Veränderlichkeit des Partizips beim reflexiven Verbum. Das Passé défini und seine Anwendung. Der Subjonctif und seine Anwendung. Aller, devoir venir de als Hilfszeitwort, être als Hilfszeitwort des Passivs. Unregelmässigkeiten des Adjektivs. Die Folge von Dativ u.Akkusativ des pers,Fürworts in Verbindung mit dem Verbum. Neben dem Übungsstoff des Lehrbuches Sprech-und Conversationsübungen und Lesen französischer Lektüre.

Malaiisch: Erweiterung der grammatischen Kenntnisse. Übersetzungs-und Stilübungen. Lektüre.

Mathematik: Algebra: Verhältnisse und Verhältnisgleichungen. Gleichungen mit zwei und mehr Unbekannten. Wurzelformen. Planimetrie: Vierecksichtlehre, Vielecke, Ähnlichkeitslehre, Verhältnisgleichheit.

Physik: Der bisherige Unterricht in Kosmographie soll mit der Behandlung des Sonnensystems zu einem vorläufigen Abschluss gebracht werden; danach: Messkunde, die mechanischen Eigenschaften der festen, flüssigen und gasförmigen Körper; Wärme, Aggregatzustand, Dampf und Dampfspannung (Schall, Licht).

Leibesübungen: Gemeinsamer Unterricht mit Klasse 8.Lehrplan dort.

Musikerziehung: Erweiterung des Liedgutes der vorigen Gruppe.Einiges aus dem Leben grosser Musiker(Haydn, Mozart,Beethoven). Notenschrift, Hauptdreiklänge, Durtonleitern in C,G,F.

Handbetätigung: für Jungen: Anleitung zum Bau von Segelflugzeugen, Konstruktionslehre und praktische Ausführung an kleinen Modellen. Für Mädchen: Anleitung im Flicken und Stopfen auf einem Übungslappen mit dem vorhandenen alten Material. Bei Materialmangel Anleitung im Korbflechten.

10.Klasse. **Deutschunterricht:** Erweiterung des Sprachbewusstseins;Bereicherung des Wortschatzes. Aufsatzlehre: Übungen im Sammeln des Stoffes zu einem Thema, Hilfsmittel zur Aufschliessung eines Themas. Übungen im Ordnen des Stoffes. Grundgesetze für den Aufbau eines Aufsatzes. Freie Redeübungen. Sprachkunde: Untersuchung des mannigfachen Bedeutungsgehaltes einzelner Worte. Sprachgeschichte: Lautlehre: Einführung ins Mittelhochdeutsche. Bedeutungswandel. Stilkunde: Die gebräuchlichsten Stilformen als zweckbestimmte Werkformen.
Literatur abhängig von Schlußteilungsmöglichkeit.

Fortsetzung Lehrplan.   8

Klasse 10. **Geschichte:** Wilhelm I. und Bismarck. Marxismus, Klassenkampf. Die Arbeiterschutzgesetze. Bismarcks Bündnisse. Bismarcks Kolonialpolitik. Weltpolitik ohne Volksgemeinschaft. Weltkrieg 1914 – 1918. Versailler Diktat. Das Zwischenreich 1918-1933. Ruhrkampf. Youngplan. Die Kampfzeit des Nationalsozialismus. Die Machtergreifung durch Adolf Hitler. Aufbauarbeit. Rassische Bevölkerungspolitik. Sozialistische Volksgemeinschaft. Völkische Kulturpolitik. Deutschland als Vorkämpfer gegen die bolschewistische Weltgefahr.

Erdkunde: Der bisherige Unterricht in Kosmographie soll nach der Behandlung des Sonnensystems zu einem Abschluss gebracht werden. Danach: Darstellung der Erde auf Globus und Karten. Erdkunde Deutschlands.

Nipponunterricht: Wiederholung der Volksschullesebücher (Shogaku Tokuhon) No. 1 und No.2 bis Lesestück 10. Behandlung des Lesebuchs No.2 zu Ende und des Lesebuchs „Yomikata" No.2. Lesen von Übungsstücken in Katakana und Hiraganaschrift und Gebrauch von Kanji-Zeichen. Fortsetzung des Sprachunterrichtes auf Grund des Lehrbuches „Unterricht in der japanischen Umgangssprache" von K.Meissner, Tokyo. Lektion 24 und folgende. Einführung in Kultur, Geschichte und Erdkunde Japans.

Latein: Klasse 10 hat im vorigen Jahr zugleich mit Klasse 9 begonnen, hat aber wesentlich mehr Lehrstoff verarbeitet. Zu dem für dieses Schuljahr in Klasse 9 durchzuarbeitenden Lehrstoff kommt noch Die Deponentien. Die Anwendung der Konstruktionen des Accusativus cum infinitivo und des Ablativus absolutus.
Ausser den Übungen des Lehrbuches übersetzen lateinischer Texte möglichst unmittelbar aus den Klassikern. (Cornelius Nepos, Caesar, Ovid).

Französisch: Wiederholung und Vertiefung des behandelten Grammatikstoffes, an Hand des 2.Teiles des 2.und des 3.Lehrbuches mit besonderem Nachdruck auf das Verbum und die Pronomina.
Nebem dem Übungsstoff des Lehrbuches kleinere Aufsätze, Conversationsübungen. Lesen französischer Lektüre und Einführung in die französische Literatur.

Malaiisch: Unterricht gemeinsam mit Klasse 9. Lehrplan dort.

Physik: Messkunde. Die mechanischen Eigenschaften der festen, flüssigen und gasförmigen Körper; einfachste Maschinen; der luftleere Raum; Wärme, Schall, Licht.

Mathematik. Algebra: Quadratische Gleichungen. Graphische Darstellungen. Potenzen mit negativen und gebrochenen Hochzahlen. Arithmetische und geometrische Reihen; die unendliche geometrische Reihe. Logarithmen.
Planimetrie: Sinus- und Kosinussatz; Oberflächen; der Kreis; Umfang, Inhalt, die Linien im Kreise, regelmässige Vielecke.

Leibesübungen: Gemeinsamer Unterricht mit 8,9. Lehrplan dort.

Handbetätigung: Gemeinsamer Unterricht mit 9. Lehrplan dort.

Musikerziehung: Gemeinsamer Unterricht mit 9. Lehrplan dort.

Sarangan, 16. August 1944

L. Bode

Mit Hochachtung vor einer aufrechten Lehrerin und Mutter, die nicht in Sarangan bleiben konnte:

Frau Braun

Sarangan, den 10. Mai 1943

Referat am ersten Mütterabend, gehalten von Frau Braun

Liebe Mütter! Für uns alle geht jetzt der erste Monat in Sarangan zu Ende. Der erste Sturm hat sich gelegt, man ist etwas zur Ruhe gekommen, man hat sich ein bißchen gewöhnt, man hat sich mehr oder weniger in das Unvermeidliche gefügt. Und die Hauptsache ist: Seit einer Woche läuft die Schule, so gut es erst einmal geht!
Wir, das Lehrerkollegium, sind uns darüber klar, daß Sie noch mit einem begreiflichen Mißtrauen warten, was da nun aus allem - und vielem Negativen - an Positivem zustande kommen

wird, daß Sie allerlei Fragen an uns haben, daß Sie vieles verbesserungsbedürftig finden und manches vielleicht falsch, und daß Sie - genau wie wir - noch einen Zeitraum des Wartens, des Versuchens und des Einlebens voraussehen, ehe die Schule i s t , was sie unter gegebenen Umständen sein k a n n .
Wir Frauen alle sind in diesen drei Jahren des Alleinseins selbständiger geworden und haben manches zugelernt, was uns früher vielleicht nichts anzugehen schien. Wir haben die erzieherischen Arbeiten des Vaters und der Schule mitleisten müssen, die meisten haben sich auch mit Unterrichten versucht, und Sie alle bringen so eigentlich zu solcher Besprechung bei einer Mütterzusammenkunft viel mehr Erfahrungen und eigene Meinungen mit, als es sonst wohl früher in Friedenszeiten bei

Ich betrachte es als die Aufgabe meines heutigen Referats, Ihnen zu berichten
1) über die materiellen Grundlagen unserer Schule in Sarangan,
2) über das Schülermaterial, wie es uns hier zusammengekommen ist, und die Lehrer,
3) über das, was wir bisher daraus aufgebaut haben.

Zu den materiellen Grundlagen einer Schule rechnet man das Schulgebäude samt seiner Inneneinrichtung, seinen Lehrmitteln: Bildern, Büchern, Karten, physikalischen und chemischen Apparaten für die Oberklassen, seinen Turngeräten, seinen Spiel- und Sportplätzen und seinen sanitären Anlagen.
Es erübrigt sich darauf hinzuweisen, wie wenig und in welch primitivem Zustand wir das wenige vorgefunden haben, als wir kamen. Es darf aber nicht unterlassen werden, darauf hinzuweisen und fortan immer unter Augen zu behalten, daß nicht die normale Arbeit und die normalen Erfolge einer deutschen Schule

dergleichen Veranstaltungen üblich war.
Aber nicht nur Sie kommen mit Fragen zu uns, sondern auch wir, die Lehrer, haben das Bedürfnis, uns ihnen mitzuteilen über das, was bisher an Vorarbeit getan ist, Sie über alle Beweggründe zu den notwendigen Maßnahmen aufzuklären, Mißverständnisse endgültig zu beseitigen und eine gemeinsame Basis zu schaffen, auf der wir zum Nutzen unserer Kinder arbeiten können.
Wir bitten Sie um Ihr Verständnis und Ihre Mitarbeit. Bei unserer Schule in Sarangan sind die Vorbedingungen dazu besonders günstig. Denn wir haben nicht zwei sich gegenüberstehende Parteien: Eltern und Schüler. Nein, wir Lehrer sind ja doch auch Mütter. Wir kamen unserer Kinder wegen hierher wie Sie, wir hatten dieselben Erwartungen und dieselben Enttäuschungen wie Sie, und wir möchten genau wie Sie für die Ihren auch für unsere Kinder das beste aus dem holen, was uns hier an Schule geboten wird. Lassen Sie uns uns gegenseitig dabei helfen!

erwartet werden können, wenn die einfachsten dafür notwendigen äußeren Grundbedingungen nicht vorhanden sind.
Selbstverständlich haben wir in den ersten Konferenzen und zum Vortrag für Herrn Mewes und Nippon sofort das Allernötigste an Anschaffungen und Reparaturen zusammengestellt, was zum Schulbeginn fertig sein müßte. Wir haben auch Vorschläge gemacht, wie alles möglichst billig zu beschaffen sei. So baten wir zum Beispiel, uns das in den geschlossenen Schulen nutzlos stehende und liegende Mobilar, Lehr- und Schreibmaterial zur Verfügung zu stellen. Wir baten um ordentliche WCs für Jungen und Mädchen, wir baten um Platz und um Aufräumungsarbeiten rund um die Schule. Von all diesen dringenden Notwendigkeiten ist so gut wie nichts unserm Wunsche gemäß geregelt worden. Ja, wir haben jetzt - statt gebrauchter oder neu vom toekang billig in Rohholz angefertigter Möbel - entsetzlich teure, polierte Tische und Stühle und Tafeln und etwas Schreibmaterial bekommen, was nun eine Riesenrechnung nach Batavia bedeutet. Wir bangen geradezu um die fünf Schränke, die wir uns auch

Abb. 92-16 bis 92-27, Referat von Frau Braun am ersten Mütterabend, am 10. Mai 1943

Haus Heimatstraum von Haus Jachar aus gesehen

noch gewünscht hatten, und wir wagen gar nicht mehr davon zu reden, daß die Hälfte unserer Schüler auf Bänken sitzt, die ihnen viel zu klein sind. Daß aber die Klassen nicht abschließbar sind, weil die Schlüssel fehlen oder die Schlösser entzwei sind, daß bei starkem Regen das Wasser vor den Klassentüren so hoch steht, daß man nicht hinaus gehen kann, daß wir nicht einfache Bücherborde anbringen lassen können, um die von allen zusammengetragenen Bücher - kostbarer Besitz für den Eigentümer und für alle! - ordnungsgemäß aufbewahren können, daß wir die großen Leckagen nicht beseitigen lassen können, daß die zwei kleinen Plätze für Sport und Turnen im jetzigen Zustand beinahe nicht zu gebrauchen sind, und daß die schlimmen Treppen, wenn sie nicht ständig repariert werden, immer gefährlicher werden, darüber , über all diese kleinen, einzelnen Ausgaben muß geredet werden. Wir haben als Lehrer Ihnen, den Müttern gegenüber, die Verantwortung, und wir müssen heute einmal aussprechen, daß wir sie unter derartig ungünstigen Verhältnissen eigentlich gar nicht auf uns nehmen können.

Das Lehrerkollegium hat sich jetzt nochmals mit einem Schreiben an Herrn Mewes gewandt und ihn dringend gebeten, einen Schulfonds zu bewilligen, geregelt monatlich eine Summe zur Verfügung zu stellen, aus der schnell notwendige und doch meist kleinere Ausgaben bezahlt werden können. Denn der Grund, warum alles nicht hat gemacht werden können, ist, daß kein Cent Geld für die Schule bereitliegt. Der Grund, daß uns die Häuser bei der Schule zur Verfügung gestellt sind, d.h. von den Japanern freigegeben wurden, sodaß wir damit dann doch so etwas wie Spiel- und Sportplätze, ein Lehrerzimmer, Aufbewahrungsräume für Bücher und Lehrmaterial, WCs und

einen Trink- und Waschraum dazu bekommen haben, ist der, daß es die Kasse gar nichts kostet. Wir, die da wohnen, bezahlen die Miete und stellen die Räume zur Verfügung. Die Schule hat die Mitbenutzung und Abnutzung gratis.

Es ist scheinbar von Beginn an so gerechnet worden, als stehe die Schule fix und fertig da und könne sich selbst ohne Geld erhalten. Notwendig wären aber zunächst erst einmal mindestens einige hundert Gulden. Wenn erwartet wird, daß die notwendigen Mittel in Sarangan aufgebracht werden können oder sollen, so wissen wir jetzt schon, daß das unmöglich ist. Auch freiwillige Spenden können das Loch nicht stopfen. Unsere anfängliche Hoffnung, daß die Frauen draußen, die zum Teil auch keine Kinder haben und ihr Geld in der Freiheit ganz, und ganz nach eigenem Ermessen verbrauchen können, unsere Schule durch Beiträge stützen könnten, ist wohl vergeblich; denn es wird jetzt schon aus verschiedenen Orten nach hier die Bitte ausgesprochen, man möge doch von hier aus in die dortige Hilfskasse etwas stiften, weil die zurückgebliebenen

Vollunterstützten nicht mehr genügend Geld aufbringen können für die, die weniger oder nichts bekommen. Man kennt natürlich draußen unsere Lage nicht und weiß nicht, daß für die Schule, derentwegen wir hierher gekommen sind, keine Mittel da sind.

Niemand hier darf annehmen, daß die Summe, die ihm nach Abzug von f 22,50 oder f 30,- Verpflegungsgeld für das Kind zusätzlich abgezogen wird, nun der Schule zugute kommt, und er vielleicht deshalb beispielsweise von weiteren Unkosten (für Schreibmaterial usw.) befreit wäre.

Es fehlt also an jedem Instandsetzungsgeld sowie an jedem Betriebskapital. Ich halte es für dringend notwendig, daß Sie alle in diesen Dingen ganz klar sehen. Das muß Ihnen manches erklären, was wir Lehrer nicht besser machen können als es ist, und warum wir so weiterwursteln.

Wir wollen aber nicht aufhören zu hoffen, daß das noch geändert wird. Es wäre allein schon aus erzieherischen Gründen zu wünschen, daß die Kinder endlich in ein geordnetes Schuldasein hineinkämen, statt nun noch immer weiter wie bisher schon drei Jahre lang in einem Behelf zu bleiben.

Das färbt auf die ganze Arbeit ab und setzt die Ansprüche herab, die sie an sich selber stellen.

Die Schüler. Das ist das zweite, was wir hier als Gegebenes vorfanden. Welche Schwierigkeiten da vorliegen, ist Ihnen allen im Laufe der ersten Woche schon deutlich geworden. Da ist das eine, daß sie drei Jahre lang keinen oder nur wenig Unterricht gehabt haben, dann, daß sie zum Teil schon dem eigentlichen Schulleben entwachsen sind, sowohl im Alter als auch in der Lebensführung. Und dazu kommt nun, daß mehr als die Hälfte, vielleicht 80% bis 85% kein gutes Deutsch spricht, geschweige denn schreibt, weil sie es entweder zu Hause nicht gelernt haben oder früher auf andderssprachigen Schulen waren. Und das soll nun alles gleichmäßig in ungefähr gleich großen Klassenzügen gefördert werden, und bitte, ohne daß die richtigen deutschen Lehrbücher auch nur in einer Mindestzahl vorhanden wären, ohne jedes andere Lehrmaterial.

Die Kinder, die wirklich Deutsch als ihre Muttersprache sprechen, sind von vornherein im Nachteil: Ihr Weiterkommen wird ständig durch all die weniger guten gehindert. Und das geht ihnen natürlich nicht nur in den Deutschstunden so, sondern in allen Fächern: Deutsch ist die Unterrichtssprache. Die Kinder, die vorerst nur wenig Deutsch sprechen oder doch noch viele Fehler machen, können selbstverständlich eigentlich nicht in den ihrem Alter entsprechenden Klassen sitzen. Sie verstehen dort zu langsam, sie können nicht in Französisch, Englisch und Nippon viel eingespannt werden, wenn es mit dem Deutschen noch nicht einmal flott geht. Wir haben in der Unterstufe vor allem die Schüler so zu werten, als ob Deutsch eine Fremdsprache ist und als erstes fließend gesprochen werden muß. Sie müssen sich vergegenwärtigen, daß die Kinder in der 5. Klasse sozusagen drei (Englisch, Deutsch, Nippon), in der 6. Klasse vier (Französisch dazu), von der 7. Klasse an mit Latein fünf fremde Sprachen zu lernen haben. Das ist viel. Und wenn dann für manche von ihnen die Mathematik auch noch als so etwas wie eine 6. fremde Sprache dazukommt, können Sie sich ein Bild machen, was von den Kindern verlangt werden muß. Vergessen Sie auch nicht, daß es bei den Schülern verschiedene Begabungstypen gibt, solche, die Sprachen schwer lernen, und Rechnen leichter und umgekehrt, und daß in jeder einzelnen Gruppe, vorgebildet oder nicht, alt oder jung, Deutsch oder nicht Deutsch beherrschend, immer noch wieder allgemein Begabte oder Unbegabte sitzen wie in jeder anderen Schule auch. Das heißt: Es wird mit dem Ausfüllen der Lücken ganz verschieden gut und ganz verschieden schnell gehen.

Daß aber die Lücken ausgefüllt werden müssen, ist ganz selbstverständlich. Sonst haben wir kein Recht auf den Namen: Deutsche Schule. Sonst versündigen wir uns für alle Zeiten an den Kindern und Müttern, die sich trotz aller Schwierigkeiten in den drei Kriegsjahren gemüht haben, weiterzustreben, und die nun für die erste Zeit bei dem niedrigen Niveau, das wir anpassen müssen, leer ausgehen.

Wir haben schon bei den Prüfungen gesehen, wie wir unsere Ansprüche immer weiter zurückstecken mußten, besonders, je weiter wir nach oben kamen. Wir können also vorläufig die Leistungen in keiner einzigen Klasse mit denen der entsprechenden Schule in Deutschland vergleichen. Ob wir es je können werden, ist bei all den erschwerenden Umständen hier

fraglich und hängt natürlich auch von der uns gegebenen Zeit, also Dauer des Krieges ab.

Daß man später den auslandsdeutschen Kindern gegenüber nachsichtig sein wird, oder daß die Kinder in Deutschland augenblicklich während des totalen Krieges auch nicht viel lernen, ist ein erleichternder Gedanke, aber kein Trost und kein Ausgleich und darf uns in keiner Weise unsere Anforderungen erlahmen oder herunterschrauben lassen. Es ist schon schwach, wenn wir in einer 5. Klasse Deutsch unterrichten müssen wie in einer zweiten oder dritten Klasse, und daß Englisch nicht nur in der fünften, sondern von da ab aufwärts in jeder Klasse wieder als Anfangsunterricht gegeben werden muß, sodaß im Augenblick an Fächer wie Geschichte, Biologie, Zoologie, Physik, Chemie überhaupt noch nicht gedacht werden kann. Und die gehören auch zu den Anforderungen des deutschen Lehrplanes.

Diese Fächer können auch aus anderen Gründen noch nicht

unterrichtet werden, einmal, weil es auch an dem nötigsten Lehrmaterial fehlt - es ist unmöglich, Physik und Chemie rein theoretisch und ohne Experimente zu geben - zum andern, weil wir noch gar nicht genug Lehrkräfte oder doch für diese Fächer besonders vorgebildete Lehrkräfte haben.

Wenn hier von dem gesprochen wird, was uns an materiellen Grundlagen gegeben oder nicht gegeben ist, was an Schülern auf uns wartet, müssen wir auch von dem gegebenen Lehrerangebot sprechen. Wir sind außer den vier Hilfskräften: Frau Joustra, Frau Wallau, Fräulein Wagner und Herr Hoyer, bisher für neun bis zehn Klassen nur zwölf Lehrkräfte, alle mehr oder weniger geschult, mehr oder weniger lang aus der Übung, zum Teil sehr lange, und genau so wie Sie durch die Jahre verbraucht, besonders durch die letzten drei schweren Jahre. Außerdem sind wir ja noch zugleich Mütter. Bitte, wollen Sie das auch nicht aus den Augen verlieren und sich gegebenenfalls selbst einmal in unsere Situation versetzen. Sie könnten genau so wie wir in dieser Art Aufgaben aufgerufen worden sein, ob Sie sich dem nun gewachsen fühlen oder nicht. Helfen Sie uns nun als Mütter überall dort, wo sich die Schule mit

Wünschen und Anordnungen an Sie wendet.

Soviel für heute von dem, was uns für den Aufbau der Schule gegeben ist. Nun von dem, was wir bisher damit gemacht haben:

Angesichts all der vorgenannten Umstände und Schwierigkeiten ist es dem Lehrerkollegium gut erschienen, nicht jetzt sofort mit dem Schuljahr zu beginnen, sondern am 1. August - nach einer Ferienpause vom 16. bis 31. Juli - zum eigentlichen Schulanfang in Sarangan zu machen. Wir hoffen, daß in der Zwischenzeit

1.) die offiziellen deutschen Lehrpläne aus Tokio eintreffen,

2.) die nötigen Bücher dazu, sowohl für die Hand der Schüler wie für die der Lehrer,

3.) noch einige Lehrkräfte mehr nach hier kommen,

4.) noch eine ganze Reihe technischer Unvollkommenheiten unseres Schulgebäudes und seiner Umgebung verbessert werden.

Wir hoffen weiter, daß unsere Kinder inzwischen

1.) sich gesundheitlich akklimatisieren,

2.) sich in den Gemeinschafts- und Klassenbetrieb eingewöhnen, was für manche nach dem bisherigen Privatunterricht ein fühlbarer Übergang ist,

3.) möglichst Lücken ausfüllen,

4.) in den zweieinhalb Monaten mit dem Deutschen sehr viel weiter kommen.

Wir haben für diese Zeit einen besonderen Stundenplan aufgebaut und hoffen, daß die Schüler dann im August für das neue Schuljahr eine einheitlichere Grundlage bilden als bisher. Deshalb sind die jetzt vorläufig zusammengestellten Klassen nicht aufzufassen als das im August beginnende Lehrjahr voraufgehende Lehrjahr, also daß zum Beispiel V 4 dann in die 5. Klasse käme. V 4 bedeutet: Vorbereitungsklasse für Klasse 4, V 7a Vorbereitungsklasse für Klasse 7a.

Außerdem denken wir in diesen zweieinhalb Monaten daran, die Prüfungsarbeiten noch zu kontrollieren. Wir sind uns darüber klar, daß die gehetzte Prüfung nur ein sehr oberflächliches Bild hat geben können, daß die Schüler teilweise durch Nervosität - manchmal sogar durch die Nervosität und den Ehrgeiz der Mütter - gehemmt waren, wie es in jedem Examen vorkommt, und daß eine Reihe vor ihnen jetzt erst während der Arbeit zeigen wird, was sie wirklich können - oder nicht können. Deshalb behalten wir uns vor, die Kinder nach Bedarf noch hinauf - oder hinunter zu versetzen, je nachdem, was sie nun leisten. So haben wir zum Beispiel schon nach Ablauf der ersten Woche einige Änderungen vor und zwar in dem Sinne, daß einigen Kindern, die sich besonders hervorgetan haben, die Chance gegeben werden soll, ihre Fähigkeiten in einer höheren Klasse zu beweisen, falls sie im Alter entsprechen. Es handelt sich da um Kinder in Unterklassen. Bei den mittleren und oberen Klassen ist es natürlich viel schwieriger, das rechte Bild zu bekommen. Und wir wollen noch mindestens eine Woche, vielleicht noch einen Monat warten, bis wir mit den Änderungen beginnen, besonders da, wo es sich um Zurückversetzungen handeln wird. Etwas Endgültiges aber muß der Platz dann immer noch nicht bedeuten. Erst der Stand am 15. Juli entscheidet.

Inzwischen soll aber allen Kindern Gelegenheit gegeben werden, mit eigenen Kräften, mit Hilfe der Mutter oder mit Nachhilfeunterricht noch vorwärts zu kommen. Das Lehrerkollegium selbst und Frau Schüchner, Frau Joustra und Frau Wallau stellen sich für den Beiunterricht zur Verfügung. Morgen sollen die in Frage kommenden Kinder das Nähere hören.

Aufgabe der Mütter ist es, in weitgehendstem Maße Verständnis für alle diese Zwischenregelungen aufzubringen,

Die Häuser: Meer en Dal, Zonneheuvel, Panorama, Vita Brevis, Carpe Diem

die Kinder nicht aus falschem Ehrgeiz oder aus Kurzsichtigkeit in höhere Klassen treiben zu wollen, als in welche sie gehören, und mit dem eigenen Vertrauen, daß die Lehrer wirklich in jedem Fall das Beste mit dem Kinde vorhaben - genau wie sie es sich für ihre eigenen Kinder wünschen - auch das Vertrauen der Kinder in die Lehrkräfte und ihre eigenen Leistungskräfte zu stärken. Das ist sehr wichtig. Wir haben alle in diesen Wochen viel Kritik geübt und viel negative Kritik geübt; das muß - wenigstens vor den Ohren unserer

Kinder - aufhören. Wie können wir sonst auf die Dauer erwarten, daß die Kinder mit Freude zur Schule gehen und arbeiten, wenn wir sie ständig fühlen lassen, daß Sarangan ein Fiasko bedeutet, daß diese Schule eigentlich gar keine ordentliche Schule ist(?!), oder daß die Lehrkräfte nicht genügen!

Wenn Sie irgendwelche Fragen oder Abänderungsvorschläge haben, stehen wir ihnen auf Mütterabenden oder in den Sprechstunden, die wir uns wöchentlich einmal für Rücksprachen einrichten, zur Verfügung. Für die Ohren der Kinder aber oder als

Nipponunterricht: Wiederholung und Erweiterung des bisherigen Lehrstoffes, weitere Katakana-Zeichen und Erweiterung des Wortschatzes, Märchen und Sagen aus Nippon.

Malaiisch: Kleine Lesestücke aus dem täglichen Leben. Erweiterung des Wortschatzes. Gewöhnung an richtige Aussprache und an richtige Schreibweise. Mündliche Übersetzungen Malaiisch-Deutsch, nicht umgekehrt.

in welchem Rechenbuch man sich befindet. Hier geht es nach dem deutschen Lehrplan, und der ist anders.

§ 3. Zum Leiter der Schule ist Herr Dr. Johannsen bestimmt. Er wird auch alle Schüler auf ihre körperliche Verfassung untersuchen und ihren Gesundheitszustand beobachten.

Der ganze Schulbetrieb wird auf Grund gemeinsamer Beratungen des gesamten Lehrerkollegiums geregelt. Alle an der Schule und in der Nachhilfe Mitarbeitenden stellen sich freiwillig in den Dienst der gemeinsamen Sache und werden nach bestem Wissen und Können die Kinder unterrichten und erziehen. Es wird von den Schülern und Müttern gleiche Einsatzbereitschaft erwartet.

§ 4. Es sind Elternabende geplant, in denen den Müttern Gelegenheit gegeben werden soll, Anregungen, Wünsche oder Fragen zu äußern, die die Allgemeinheit der Schule oder doch größere Gruppen betreffen oder sonst die Zusammenarbeit zwischen Schule und Elternhaus fördern. Außerdem setzt jede Lehrkraft eine geregelte Wochenstunde als Sprechstunde an, in der sie den Müttern zum Gespräch über die einzelnen Kinder zur Verfügung steht. Außerhalb dieser festgesetzten Stunde sind die Lehrkräfte sowohl während des Schulmorgens als auch am Nachmittag nicht zu sprechen, es sei denn auf besondere Vereinbarung oder Nachfrage in dringenden Fällen.

In der Bewertung der Leistungen richten wir uns auch nach den in Deutschland üblichen Noten, die also nicht mehr von 1 bis 5 gehen und keine Zwischenzensuren haben. Man benotet von 1 bis 6.

§ 5. Die Schule steht in engster Zusammenarbeit mit den Internaten. Die Internatsleiter vertreten die Eltern gegenüber den Lehrern.

Es ist keine leichte Aufgabe, die die Internatsleiter übernommen haben, und wir wünschen uns von allen Müttern, daß sie die Internatsleiter unterstützen und daß sie sich bei der Erziehung der eigenen Kinder etwas an die Ge- und Verbote des Internats anlehnen. Bedenken Sie nur, in welchen Vorteil es Sie setzt, daß Sie Ihre Kinder bei sich behalten können! Da wird es doch so schwer nicht sein, zum Wohle der Internatskinder auch einmal auf einiges zu verzichten. Das bezieht sich vor allem auf die Freizeit. Internatskinder haben nicht genü-

Hotel Huize Hansje

gend Geld, um täglich zu paddeln oder zu reiten. Wir schlagen deshalb vor, daß dieses Vergnügen nur einmal in der Woche erlaubt wird. Der Mittwochnachmittag soll hausarbeitsfrei sein, außerdem eignen sich auch der Sonnabendnachmittag und der ganze Sonntag. Diese Tage werden unter die internen und die externen Kinder verteilt werden, da für alle gleichzeitig nicht genügend Boote vorhanden sind. Nichtschwimmer dürfen überhaupt nicht paddeln, sondern nur in Begleitung Erwachsener rudern. Herr Hoyer und Fräulein Wagner werden am Mittwochnachmittag in Ngerong Schwimmunterricht geben, sobald die ärztlichen Untersuchungen beendet sind.

Das Rauchen ist erst allen Kindern über 17 Jahren erlaubt.

Es wird gern gesehen, wenn die Mütter das eine oder andere Internatskind auch einmal zu sich einladen, aber nur an Sonntagen. Die Internatsleiter bitten darum, das Vergnügen dann auch einmal den Kindern zu verschaffen, die hier keine Bekannten haben, zu denen sie gehen können. So ein paar Stunden für sich und in einer ganz anderen Umgebung nett zu verbringen ist ein Gegengewicht gegen das Einerlei des Alltags, und die Kin-

der werden nach diesem besonderen, persönlichen Erlebnis in's Internat wie in's eigene zu Hause zurückkehren.

§ 6. Nur Krankheit befreit von Unterricht. Es ist eine schriftliche Entschuldigung von der Mutter oder vom Internatsleiter vorzulegen, und zwar spätestens am 2. Tage bei längerem Fehlen. Mündliche Entschuldigungen durch Kinder überbracht werden nicht akzeptiert.

§ 7. Für die allgemeinen Hausarbeiten sind bei den 3 Unterklassen ein halbe bis dreiviertel Stunde, bei den Mittelklassen eine bis anderthalb Stunden, bei den Oberklassen zwei Stunden und mehr üblich. Nachhilfestunden sind hier nicht mit eingerechnet. Die Hausarbeiten sind selbständig, also höchstens unter Aufsicht, nicht aber mit Hilfe zu machen.

§ 8. Das Schuljahr beginnt am 1. August. Feiertage und Ferien werden noch bekanntgegeben.

§ 9. Die Schule beginnt um 9 Uhr und endet bei 5 Stunden um 1.30 Uhr. Die Unterrichtsstunde dauert jetzt 45 Minuten. Vom 1. August an werden wir wahrscheinlich 6 Stunden à 40 Minuten haben.

§ 10. Die Schüler versammeln sich ab 8.45 Uhr in ihren Klassenräumen. Um 8.55 Uhr haben sie alle anwesend zu sein.

Es folgen nun eine Reihe Anordnungen, die den Betrieb innerhalb der Schule betreffen. Sie enden mit folgender Begründung:

Da die ganze Umgebung und alle Zugangswege unserer Schule außerordentlich gefährlich sind, müssen diese Anordnungen streng beachtet werden und Zuwiderhandlungen streng bestraft werden.

§ 11. Der Schuldiener bekommt seine Anweisungen ausschließlich von den Lehrkräften. Auch ihm müssen deshalb die Schüler gehorchen. Es ist den Kindern streng verboten, ihn mit Diensten oder Aufträgen in Anspruch zu nehmen.

§ 12. Nach der Schule haben sich alle Kinder schnellstens nach Hause zu begeben. Außerhalb der Schulzeit ist der Aufenthalt auf dem Gebiet um die Schule herum nicht erlaubt.

§ 13. Die an die Schüler ausgeliehenen Bücher und ausgegebenen Hefte, Griffel usw. sind mit allergrößter Sorgfalt und Sparsamkeit zu gebrauchen, da nur geringe und vorläufig kaum zu ergänzende Vorräte vorhanden sind.

Hier ist hinzuzufügen: Sie kennen jetzt die finanzielle Notlage unserer Schule. Es ist natürlich unmöglich, daß die Kinder Schreibmaterial umsonst ausgehändigt bekommen. Wir haben

einen festen Beitrag pro Schulkind bestimmt, der mit 15 cents monatlich in der untersten Klasse anfängt und dann pro Klasse um 15 cents steigt mit einem Maximum von 50 cents. Dafür werden Hefte, Tinte, Federn, Bleistifte, die Schultafeln und die Schulkreide geliefert. Eltern, die noch im Besitz von Heften sind, können diese der Schule verkaufen, damit sie nicht zweimal belastet werden. Frau Bode führt die Kasse. Das Geld ist monatlich an die Klassenlehrerin abzugeben. Es muß damit sofort begonnen werden.

§ 14. Die Klassenräume und die übrigen Schulgebäude, die zur Verfügung stehen, sowie alle Möbel und Geräte sind mit der erforderlichen Schonung und Ordnung zu behandeln.

§ 15. Gefundene Gegenstände sollen in "Haus Sirene" abgeliefert werden.

Ferner: Die Schulkinder grüßen Japaner nicht mit dem deutschen Gruß und nicht mit einer Verbeugung, sondern sagen den Tagesgruß.

Zum Schluß möchte ich noch auf den Punkt hinweisen, der als Leitsatz über unserer ganzen Schulordnung und vor allen Paragraphen steht:

Die Schule ist in Sarangan der zentrale Punkt, von dem aus sich das ganze Leben regelt.

Wir sind alle ihretwegen hierher gekommen, sie ist der Sinn unseres Hierseins überhaupt. Manche von uns haben vieles dafür aufgegeben und stehen nun und fragen, ob das, was sie eingetauscht haben, all die Opfer wert ist. Das hat wohl seine Berechtigung, aber wir dürfen dabei nicht stehen bleiben. Wenn wir bisher nur den kümmerlichen Anfang einer Schule haben, dann müssen wir eben selber anfassen und daran zurechtbauen, was wir im Geiste als eine deutsche Schule vor uns sehen. Herr von Ott hat recht, daß wir mit den Menschen in andern Ländern verglichen hier noch wie in einem Paradies leben und daß wir das würdigen müssen. Das darf aber nicht heißen, daß wir uns in den Ansprüchen in bezug auf unsere Schule bescheiden müssen. Sie sind nicht unberechtigt: Wir verlangen keinen Luxus, wenn wir für unsere Kinder das Beste haben möchten, was ihnen unter den gegenwärtigen Bedingungen gegeben werden kann. Das ist keine Unbescheidenheit, sondern das gute Recht einer jeden guten Mutter auf der ganzen Welt. Für unsere Kinder ist das Beste gerade gut genug.

In Zeiten wie diesen kommt es so leicht, daß alles mit einem Achselzucken erledigt wird: Das ist nun mal so, dafür ist eben

Krieg. Aber wir müssen uns darüber klar sein, daß hier in unserm Fall gar nicht der Krieg für alles verantwortlich ist, was nicht ist oder nicht gut ist. Es liegt an der Organisation! Es läßt sich noch vieles verbessern! Wäre es nicht wirklich der Mühe wert, daß wir hier in diesem entlegenen Stück Welt, wo wir wirklich weit ab vom Weltgeschehen sind, unsern Kindern ein Leben herrichten, als wären wir im Frieden?

Dazu müssen wir selbst eine andere Einstellung zu Sarangan einnehmen als bisher:

Wir wollen uns nicht mehr als hierher Transportierte ansehen, wir wollen hier nicht wie eine zusammengetriebene Herde leben, die kommandiert wird;

wir wollen nicht mehr zuschauen - nach dem alten Schnack: 'Es geschieht meinem Vater schon ganz recht, wenn mir die Hände erfrieren, warum kauft er mir keine Handschuhe!' -

Nein, wir wollen uns mit beiden Beinen auf den Boden der Tatsachen stellen und unser Schicksal hier selbst in die Hand nehmen! Das heißt: Jeder einzelne muß an seinem Platz - als Lehrer oder als Mutter - daran mitarbeiten, daß unser Aufenthalt hier seinen vollen Sinn bekommt, daß Sarangan die deutsche Schule wirklich bringt, so wie sie sein muß: Ihre Interessen gehen allen persönlichen Interessen vor und ihre Anordnungen haben überall Vorrang.

Wenn wir uns diesem Leitsatz gerne unterwerfen, wächst uns das zu, was wir alle brauchen. Wir bilden dann eine gesunde, große Gemeinschaft und tragen die Schule. Aus allem Negativen wird etwas Postives.

Und dann:

werden unsere Kinder hier gedeihen.

In der Deutschen Schule wurde nicht nur gepaukt, es wurden auch Feste gefeiert, selbst in schwierigen Zeiten. Das beweist das Programm eines ‚Bunten Abends‘ mit Tanz vom 22. März 1947, mitten im Krieg der Indonesier gegen die wiederkehrenden Niederländer. Aber weshalb man Zahnstocher mitbringen sollte, kann ich leider nicht erklären.

Abb. 93-4, Der ‚Bunte Abend‘ vom 22. März 1947

94. Chronik der Deutschen Schule in Sarangan[23]

Diese Chronik wurde vom Autor aus handschriftlichen Unterlagen von Dr. P. Johannsen und der Schulleiterin Lydia Bode zusammengestellt, wobei ich – wenn möglich – den Originaltext übernommen habe. Die Manuskripte von Lydia Bode beginnen mit der Eröffnung der Deutschen Schule am 20. April 1943, Hitlers 54. Geburtstag und enden am 28. Juli 1945 abrupt mit den Worten: *Eine merkwürdige gedrückte Stimmung hängt in der Luft ...*

Namen, besonders von japanischen Besuchern, sind sehr klein, teilweise in Sütterlin geschrieben und sehr schlecht zu entziffern. Eine korrekte Wiedergabe der Namen kann somit nicht garantiert werden. Wie in den Unterlagen der beiden festgehalten, verwende ich für Ortsnamen die alte Schreibweise.

Von Frau Lydia Bode ist ein Schreibheft mit der Chronik erhalten geblieben. Im Vergleich zu den Dokumenten von Dr. Johannsen gibt es einige Abweichungen des Datums, wie auch in der Chronik im Büchlein *Sarangan* von 1989 ersichtlich wird. Meine hier genannten Daten habe ich den Originalaufzeichnungen von Lydia Bode entnommen. Allerdings stammen die Einträge nicht ausschließlich von ihr. In dem Schreibheft sind verschiedene Schriftbilder zu erkennen.

Die Chronik zeigt, wie die Zusammenarbeit mit der Achsenmacht Japan funktionierte und wie die Deutschen in Sarangan das Ende des Dritten Reichs erlebten. Auch Besuche von deutschen Diplomaten und Offizieren der deutschen Marinestützpunkte werden beschrieben. In diesem Bericht konnte allerdings mit keinem Wort die Zusammenarbeit mit der indonesischen Militärakademie in Yogyakarta und der dazu gehörenden Sporthochschule SORA erwähnt werden, da die Aufzeichnungen im August 1945 endeten und die Schulung der Kadetten erst danach begann. Darüber gibt es jedoch andere Dokumente.[24]

19.04.1943: Erste Vorkonferenz des Lehrerkollegiums.
20.04.1943: Eröffnung der Schule an Hitlers Geburtstag. Anwesend waren:
- Der Gouverneur Takemasa;
- Der Polizei-Chef Herr Misumi;
- Der Chef der Kempeitai[25] Herr Kaso;
- Ein Mitglied der Kempeitai, Herr Kikutake;
- Herr Mewes als Vertreter der Deutschen Botschaft in Tokyo;
- Herr Asada, japanischer, für Sarangan zuständiger Verwaltungsbeamter;
- Das Lehrer Kollegium mit Schulkindern, Müttern und Frauen.
Programm zur Eröffnung der Deutschen Schule
- Eröffnungsrede in Deutsch von Herrn Asada.
- Begrüßungsrede von Herrn Mewes, vorgelesen durch Herrn Bier.
- Begrüßungsrede von Herrn Mewes in Japanisch, vorgelesen durch Otto Coerper.
- Vortrag *Der Führer zur Jugenderziehung* von Dr. Johannsen.
- Festrede des Nippon-Marine-Propaganda Ministers auf Französisch, übersetzt von Frau Brulez.
- Deutschland-Lied
- Horst-Wessel-Lied
- Anschließend Festessen im Hotel Fujiya[26] und Geburtstagsfeier für den Führer.
21.04.1943: Konferenz des Lehrerkollegiums mit Herrn Mewes.
22.04.1943: Vorprüfungen und Testen der Schüler, um zu einer Klasseneinteilung zu kommen, von der 1. Klasse beginnend. Die Prüfungen dauern bis zum 30. April.
28.04.1943: Besuch Seiner Exzellenz Generalmajor Ott (Deutscher Botschafter Tokyo[27]) mit Oberst Niemöller und Major Märkel. Besprechung über Probleme der Deutschen auf Java und gemeinsame Schulferien.
29.04.1943: Geburtstagsfeier Seiner Majestät Tenno Heika Nippon, in der Schule.
Programm:
- Vortrag von Dr. Johannsen: *Wie kam es zum Bündnis mit Nippon?*
- Kinderchor: 2 Lieder in japanischer Sprache.

---

23 In diesem Kapitel habe ich den Originaltext aus verschiedenen Dokumenten übernommen, weshalb an manchen Stellen die Zeiten nicht zusammenpassen.
24 Siehe Horst H. Geerken, *Hitlers Griff nach Asien,* Band 1, 3 und 5
25 Militärpolizei der Kaiserlich Japanischen Armee
26 Früher Hotel Lawoe
27 Siehe dazu Band 2, S. 96ff

- Vortrag Otto Coerper: *Was bedeutet der Kaiser für jeden Japaner?*
- Otto Coerper, Vortrag auf Japanisch: *Kimigajo Tenno Heika Kampai.* (Kampai ist ein japanischer Trinkspruch und bedeutet ‚Leere dein Glas').

01.05.1943: Maifeier, (Tag der Arbeit) Gemeinsamer Marsch der Schulkinder um den See. Maibaum, Gesänge und Spiele im Freien.

03.05.1943: 1. Schultag und Besprechung der Schulordnung, Stundenplan etc. Anschließend Lehrerkonferenz.

10.05.1943: Erster Mütterabend in Hotel Fuijya. Einleitung von Dr. Johannsen und ein Referat von Frau Braun.

23.05.1943: Großes Sportfest für die Polizei und für die deutsche Schule. Jungen und Mädchen beteiligten sich an vielen Wettspielen und errangen zahlreiche Preise.

29.05.1943: Lehrerkonferenz. Nach Verlesen einer Nachricht von Herrn Mewes, die die Ernennung von Frau Wisgrill zur Schulleiterin enthält, werden zwar die Besprechungen fortgesetzt, wichtige Beschlüsse werden jedoch bis zur nächsten Konferenz vertagt.

01.06.1943: Lehrerkonferenz. Erste Sitzung unter dem Vorsitz von Frau Wisgrill.

17.06.1943: Lehrerkonferenz. Besprechung des neuen Stundenplanes, der nach den Ferien gelten soll. Fächerverteilung, Feststellung der Stundenzahl.

28.06.1943: Lehrerkonferenz: Neue Klasseneinteilung. Aufteilung in Hauptschule (H I bis H VIII) und Oberschule (O I bis O VI).

04.07.1943: Besuch eines hohen japanischen Arztes zur Besichtigung der Schule und des Mädchen- und Jungeninternats. (Anm. d. A.: Im Internat waren Mädchen und Jungen getrennt untergebracht. Es waren die Kinder, die ohne ihre Mütter nach Sarangan kamen.)

17.07.1943: Besuch des Generalkonsuls Ramm aus Mukden in China und des Herrn Dr. Bräunert aus Tokyo. Besucht werden die Klassen 1 bis 3 und 4 bis 6, jeweils zusammen in einer Gruppe. Jedes einzelne Kind wurde begrüßt und nach dem Namen befragt. Die Kinder sangen einige Lieder und trugen Gedichte vor. In Klassen 7 bis 8 beantwortet der hohe Gast schon zuvor gestellte Fragen und redet dann ausführlich über den Krieg.

24.07.1943: Die Schule wird geschlossen. Ferien auf unbestimmte Zeit. Frau Braun muss die Schule wegen der jüdischen Wurzeln ihres Ehemannes verlassen und auch Frau Wolff verlässt die Schule. Schüler und Schülerinnen über 16 Jahren werden nach Hause geschickt.

20.09.1943: Frau Lydia Bode wird zur Schulleiterin ernannt. Wiederaufnahme des Unterrichts. Für die ausgeschiedenen Lehrkräfte wird kein Ersatz eingestellt. Die Fächer: Geschichte, Erdkunde und Naturkunde werden neu in den Lehrplan aufgenommen, Erweiterung des Unterrichts mit der japanischen Sprache, jetzt von der ersten Klasse an.

01.10.1943: Erntedankfest. Die Schule feiert mit der gesamten deutschen Gemeinschaft. Gemeinsamer Marsch um den See bis zum Hügel gegenüber der Schule. Der Platz war mit Reisstroh und Strohblumen geschmückt. Auf einer Reisgarbe prangte der Erntekranz.

25.10.1943: Der indonesische Zivilgouverneur von Java besucht Sarangan. Die deutschen Schulkinder bilden Spalier.

02.11.1943: Fräulein Weyer verlässt Sarangan; Frau Peipe und Otto Coerper geben nun Mathematikunterricht.

05.11.1943: Der japanische Unterrichtsminister aus Tokyo besucht die Schule.

09.11.1943: Gedenkfeier für die im Krieg bisher gefallenen deutschen Soldaten im Hotel Fuijya. Deklamationen und Gesänge der Schüler. Ansprache von Dr. Johannsen. Gefallenen-Ehrung mit Deutschem Gruß bei Orgelmusik. Lied: *Ich hatt' einen Kameraden.*

15.11.1943: Eröffnung der Fröbelschule[28] unter Leitung von Frau Flick und Frau Tietze.

27.11.1943: Der japanische Oberbefehlshaber der Pazifiktruppen, General Umezu Yoshijiro, ein Mitglied des kaiserlichen Hauses, besucht Sarangan. Die Schulkinder bilden Spalier. Der hohe Gast richtet freundliche Worte an die Kinder und verteilt Schokolade. Weil die mitgebrachte Schokolade nicht für alle Kinder ausreicht, verspricht er eine Kuchensendung. Es kommen elf Torten!

04.12.1943: Die Schule bekommt neue Turngeräte, angefertigt auf Java. Sie wurden gleich unterhalb der Schule von Herrn Schmidt aufgestellt.

21.12.1943: Gemeinsame Weihnachtsfeier der Schule mit der gesamten deutschen Gemeinschaft im Hotel Asia. Das Weihnachtsgeschehen wird in fünf Bildern von Schulkindern dargestellt. Gesänge und Deklamationen. Alle Kinder können beschenkt werden mit Spielzeug oder Büchern, die von den verschiedensten Geschäftsstellen gestiftet wurden.

---

28 Die Bezeichnung Fröbelschule wird noch mehrfach genannt werden. Friedrich Fröbel hat eine eigene Schulpädagogik entwickelt, die auf einem frühpädagogischen Konzept beruht. Ziel ist die Entwicklung des Menschen von Geburt an. Vermutlich wird hier ein Kindergarten als Fröbelschule bezeichnet.

22.12.1943: Die ersten Zeugnisse werden verteilt. Beginn der Weihnachtsferien, die bis einschließlich 6. Januar 1944 gehen.

07.01.1944: Wiederbeginn des Unterrichtes. Der Unterricht begann zunächst mit der Sütterlinschrift. Erst später wurde auf lateinische Schrift umgestellt. Nach mehreren Besprechungen mit indonesischen Schulbehörden in Djakarta und Madioen muss ab sofort der Unterricht in Bahasa Indonesia aufgenommen werden. Der Plan, erst mit der 5. Klasse zu beginnen, wird abgelehnt. Die Deutsche Schule muss den javanischen Volksschulen gleichgestellt werden, die in der 3. Klasse mit dem Malaiisch-Unterricht beginnen.

21.01.1944: Besuch von Professor Mitsumota, der früher an der Universität in Bonn studierte und arbeitete. Noch nie hat ein fremder Besuch solche Freude bereitet wie dieser. Der Herr Professor Mitsumota erfreute sich ganz besonders an der großen Lebhaftigkeit der kleineren Kinder, die ihrerseits begeistert waren, dass ihnen solche große Beachtung in fließendem Deutsch von einem Japaner geschenkt wurde. Die von dem Besucher gestiftete Schokolade wurde jubelnd in Empfang genommen und sicherte dem ‚Schokoladen-Professor‘ ein gutes Andenken.

22.01.1944: Die Schule bekommt ein Klavier.

30.01.1944: Gedenkfeier zur Machtergreifung der NSDAP im Hotel Fuijya. Nach Gesängen und Deklamationen folgte eine Rede von Dr. Johannsen, die den Schülerinnen und Schülern die Bedeutung dieses Tages groß und eindrucksvoll näherbrachte.

05.02.1944: Eine Windpocken-Epidemie ist unter den Schulkindern ausgebrochen. Die Schulversäumnisse sind besonders in den unteren Klassen enorm hoch. Auch einzelne Lehrkräfte werden angesteckt.

11.02.1944: Der Deutsche Botschafter, Herr Dr. Stahmer[29] aus Tokyo, besucht die deutsche Gemeinschaft in Sarangan. Nach dem Empfang vor dem Hotel Hakone stellten sich die Kinder der Schule auf. Mit einem frischen Lied begrüßten sie den hohen Gast, der anschließend zu ihnen spricht. Alle sind begeistert von dem netten hohen deutschen Besuch.

15.02.1944: Die Schule wird erstmalig in den Hilfsdienst für die Landwirtschaft eingebunden.

17.02.1944: Herr Korvettenkapitän Kandeler, der Leiter der deutschen Marine Dienststelle Djakarta besucht die Schule und spricht zu den versammelten Schulkindern, die er für die Taten der deutschen Marine begeistert.

12.03.1944: Der Schule wird ein großes Stück unbebautes Land zur Verfügung gestellt, das gerodet und mit Djarak[30] bepflanzt werden soll.

21.03.1944: Wie die indonesischen Schulen muss nun auch die deutsche Schule als Mitglied von *Gakko Hookootai* Pflichtarbeit einführen: An jedem 15. des Monats wird nun einen ganzen Tag lang in der Landwirtschaft gearbeitet, zusätzlich arbeitet je eine Gruppe montags, dienstags, donnerstags und freitags von 15.30 Uhr bis 18.30 Uhr. Die Schüler der unteren Klassen (1-3) pflanzen je einen Djarakbaum auf dem Schulgelände.

24.03.1944: Herr Asada, der für Sarangan zuständige japanische Verwaltungsbeamte, feiert seinen Geburtstag im Kreise der Schulkinder. Die Kleinsten überreichen Blumen und der Schulchor singt ein Geburtstagslied, dessen Text ihm in schöner Abschrift überreicht wird.

26.03.1944: Heute findet eine Geburtstagsnachfeier in Form einer Gondelfahrt in geschmückten Kähnen auf dem See Telaga Pasir statt. Nach den ‚Großen‘ dürfen auch die ‚Kleinen‘ eine Rundfahrt in den schön verzierten Kähnen machen. Danach gibt es für alle Fruchtsaft und Kuchen.

30.03.1944: Heute gibt es zum zweiten Mal Zeugnisse. Danach sind Ferien und die Schule schließt bis zum 18. April.

19.04.1944: Wiederbeginn des Unterrichts.

20.04.1944: Feier zum Geburtstag des Führers mit der ganzen deutschen Gemeinschaft im Hotel Fuijya. Diesmal dürfen auch die ‚Kleinen‘ und sogar die Fröbelschüler teilnehmen und Gedichtchen vortragen. Auch der Schulchor trug mehrere Lieder vor. Eine Rede von Dr. Johannsen und ein ‚Sieg-Heil‘ auf den Führer beschlossen die schöne Feier.

29.04.1944: Geburtstagsfeier für den *Tenno Heika Banzai.* (Frei übersetzt: Lang lebe seine Majestät, der Kaiser. Oder: Seine Majestät, der himmlische Herrscher, möge zehntausend Jahre alt werden). Schulkinder und Eltern versammelten sich vor der Schule. Herr Otto Coerper hält eine Festrede. Eine Verbeugung nach Tokyo und ein *Banzai* für *Tenno Heika* und das Singen der japanischen Nationalhymne sind der Ausdruck der ehrerbietigen Verehrung des hohen Geburtstagsfeiernden. Im Laufe des Vormittags begab sich die Schulleiterin, Frau Lydia Bode, nach Madioen, um dem dortigen höchsten Nippon-Beamten, dem *Shuntyokan Kakka*, die Glückwünsche der Schulkinder und des Lehrpersonals zu überbringen.

---

29   Siehe dazu Band 2, S. 96ff

30   Heute ‚Jarak‘. Aus den Früchten der Jarakpflanze wird ein Öl gewonnen, das besonders für Anstriche von Flugzeugen benutzt wird.

01.05.1944: Maifest auf dem Sportplatz bei dem Hotel Beau-Site mit Maitanz um den geschmückten Maibaum. Einige Deklamationen und eine Rede von Dr. Johannsen brachten den nationalsozialistischen Gedanken des 1. Mais zum Ausdruck. Der *Shuntyokan Kakka* beehrte uns mit seiner Anwesenheit.

15.05.1944: Ein großes Stück Gemüseland wird der Schule für den Arbeitsdienst zur Verfügung gestellt. Heute wird mit dem Roden des Grundstücks begonnen.

28.05.1944: Eine erste große Sendung von Lehrmitteln ist aus Djakarta angekommen.

17.06.1944: In einer ‚Weihestunde in Kriegsnot‘ gedenken wir heute der großen Ereignisse in Westeuropa und unserer bedrohten Heimat, aber auch unseres Führers, der sie für uns neu erkämpfen will.

27.07.1944: Ende des Schuljahres: Die Schülerzahl beträgt: 152 Schüler (79 Jungen, 73 Mädchen) und 24 Fröbelschüler.

01.09.1944: Beginn des neuen Schuljahres 1944/1945 mit 173 Schülern, (92 Jungen und 81 Mädchen) und 12 Fröbelschülern. Zum Schulschluss wird erstmalig ein Sportfest auf dem Sportplatz beim Hotel Beau-Site veranstaltet. Die unteren Klassen einschließlich der Fröbelschule machen sehr nette Übungen und die ‚Großen‘ machen erstaunliche Kunststücke. Für die Schüler ist es ein großer Erfolg.

19.10.1944: Kapitänleutnant Gräser vom Marinestützpunkt Surabaya besuchte Sarangan mit zwei früheren Führern der Hitlerjugend, Leutnant Eberhardt und Unteroffizier Rabe. Kapitänleutnant Gräser hielt einen Vortrag über den Kriegseinsatz und die Situation in der Heimat. Seine Begleiter sammelten kleine Gruppen von Schülern um sich für Wanderungen, für Reitstunden oder zum Schwimmen im See.

09.11.1944: Gedenkfeier zu Ehren der deutschen Gefallenen, geleitet von Herrn Petersen.

20.11.1944: Leutnant Kiefer erzählt den höheren Klassen bei mehreren Gelegenheiten über deutsche U-Boot- und Fliegereinsätze, was ein lebendigeres Verständnis für den Riesenkampf des Vaterlandes weckte.

30.11.1944: Der Monat November stand im Zeichen von Krankheiten. Die Schülerliste meldet 13,46% Versäumnisse des Unterrichts wegen Krankheit.

03.12.1944: In der Frühe des Tages starb unerwartet unsere Schülerin Irmin Hachgenei an den Folgen einer schweren Halsentzündung. Der erste Todesfall in unserer Schule, es herrscht eine tiefe Betroffenheit.

04.12.1944: Schüler, Schülerinnen und Lehrer und die gesamte Sarangan-Gemeinschaft haben die Heimgegangene heute zur letzten Ruhestätte im Wald bei Modjosemi geleitet.

Abb. 94-1, Das Grab von Irmin Hachgenei, wie es Lydia Bode bei ihrer vierten und letzten Reise nach Indonesien in Sarangan vorfand, 1961

18.12.1944: Unser guter Kontakt mit der deutschen Marinestation Surabaya hat Früchte getragen. Wir haben heute für unsere Schule allerlei wichtige Lehrbücher für Geschichte, Erdkunde, Latein und dazu eine Sammlung neuer Kriegstagebücher von 1942 und 1943 mit einem U-Boot direkt aus Deutschland erhalten. Eine große, wertvolle Bereicherung unserer Schulbibliothek.

21.12.1944: Schulweihnachtsfest in Hotel Asia; eine stille, einfache, aber stimmungsvolle Feier, die das Zusammengehörigkeitsgefühl neu gestärkt hat.

22.12.1944: Ende des Schulhalbjahres; Verteilung der Zeugnisse und Abfahrt der Internatskinder nach Hause in die Weihnachtsferien.

08.01.1945: Schulbeginn mit 158 Schülern (83 Jungen und 75 Mädchen) und 13 Fröbelschülern. Am 1. Januar war eine Sondersendung von Schulbüchern aus Shanghai eingetroffen. Lesebücher für alle Klassen, wenn auch nicht in genügender Anzahl. Auch Bücher für Geschichte, Erdkunde, Naturkunde, Physik, Mathematik und für den lateinischen und französischen Sprachunterricht sind dabei. Dringend benötigte Hefte, Federn und Bleistifte sind nun auch endlich angekommen. Es war eine große Freude.

30.01.1945: Gedenkfeier zur Machtergreifung Hitlers.

08.02.1945: Die Jungen der 10. Klasse, die das 18. Lebensjahr bereits erreicht hatten, wurden in den Marinedienst in Surabaya einberufen. Zu ihnen gehören:
- Adolf Bergler
- Karl Brulez
- Jürgen von Berkholz
- Hans Hachgenei
- Dieter Buck
- Ernst Madlé
- Klaus Brulez
- Horst Paulsen

Die 10. Klasse wird aufgelöst.

13.02.1945: Die höheren Klassen begleiten die abziehenden Schüler, die nun junge Matrosen werden, bis nach Ngerong.

17.02.1945: Zum ersten Mal wird ein deutscher Film: ‚Reitet für Deutschland' mit Willy Birgel vorgeführt. Zwei deutsche Wochenschauen folgen.

28.03.1945: Ende des Schuljahres und Osterferien. Rückblickend sind wir nicht sehr zufrieden. Versorgungsschwierigkeiten haben einen größeren Einsatz der Schuljugend für den landwirtschaftlichen Hilfsdienst nötig gemacht. Jetzt gibt es auch noch eine ‚Grasschneideliste'. Abwechselnd schneiden Schüler der Klassen 7, 8 und 9 Gras für unsere eigenen Kühe. Das bringt Unregelmäßigkeiten für den Unterricht mit sich, die bedauerlich sind.

15.04.1945: Beginn des neuen Schuljahres mit 156 Schülern und 14 Fröbelschülern.

20.04.1945: Wir feiern den Geburtstag des Führers in stillem, ernsten Gedenken, verbunden mit der Frage im Herzen: Wie wird's werden? Wie wird es weitergehen?

29.04.1945: Der Geburtstag des japanischen Kaisers wird gefeiert.

01.05.1945: Feier zum 1. Mai, zum ersten Mal als stille Schulfeier.

03.05.1945: Radiomeldung: ‚Der Führer ist im Kampf um Berlin gefallen'. Unglaublich erschütternd! Der Arbeitsdienst verlief so schweigsam wie noch nie.

04.05.1945: Gedenkfeier zu Hitlers Tod in der Schule für Schüler und Lehrerschaft. Kurze Gedenkrede der Schulleiterin.

06.05.1945: Gemeinschaftliche Trauerfeier mit der ganzen reichsdeutschen Gemeinschaft.

10.05.1945: Gerüchte, die sich immer mehr verdichteten, sind Gewissheit geworden: Deutschland hat kapituliert. Wir können es nicht fassen! Was wird wohl aus uns? Einige Marineangehörige der deutschen Basis in Surabaya suchten Unterschlupf in Sarangan. Darunter waren Hans Lösche und Hans Weirich. Weirich war ein Funk-Obermaat, der dann die indonesischen Kadetten in Funktechnik und Morsezeichen unterrichtete.[31]

18.05.1945: Die ersten Internats-Kinder werden von den Müttern nach Hause geholt. Niemand weiß etwas über die Pläne der noch kämpfenden Japaner. Was machen sie mit uns?

31.05.1945: Der Unterricht geht vorläufig noch ungestört weiter. Die Haltung der Japaner der deutschen Schule gegenüber ist sehr unterschiedlich: Teilweise sind sie sentimental freundlich, beschenken uns und versuchen, uns zu trösten. Andererseits sind sie böse über das ‚Versagen' der Deutschen und tragen offene Verachtung zur Schau.

30.06.1945: Auch der Monat Juni ist vergangen ohne die geringste Entscheidung über das Schicksal der Schule. Der Unterricht wird im vollen Umfang weitergeführt.

27.07.1945: Wieder ein Sportfest: Die Vorbereitungen haben die angespannte Lage vergessen lassen. Der Erfolg war erfreulich.

28.07.1945: Ferienbeginn. Die Internatskinder reisen ab. Werden sie zurückkommen? Wird ein neues Schuljahr beginnen?

17.08.1945: An diesem Tag erklärte Präsident Sukarno die Unabhängigkeit Indonesiens. Endlich konnten die Menschen des Archipels das Joch der Kolonialherrschaft abwerfen. Dieser Tag wurde in den Jahren danach in Sarangan jedes Jahr ganz groß gefeiert. Die Kadetten schmückten die Häuser und Straßen mit Blumen und überall wehten die Rot/Weißen-Fahnen der noch jungen Republik Indonesien. Da Hans-Günther an diesem geschichtsträchtigen Tag auch seinen Geburtstag hat, neckten ihn die indonesischen Kadetten an diesem Tag regelmäßig mit den Worten: Das haben wir nur für dich gemacht!

August 1945: Eine merkwürdig gedrückte Stimmung hängt in der Luft. Der höchste japanische …

Hier enden die Eintragungen abrupt mitten im Satz. Der Schulunterricht ging jedoch weiter bis Ende Dezember 1948.

Am **21. Juli 1947** begann die erste sogenannte Polizeiaktion der Niederländischen Truppen unter Gouverneur-General Hubertus van Mock gegen die indonesischen Freiheitskämpfer. Die Niederländer kamen mit über 100.000 Bodentruppen, der Marine und Luftwaffe angerückt, um ihre ehemalige Kolonie – die jedoch schon seit dem 17. August 1945 unabhängig war – zurückzuerobern. Sie wollten den alten Kolonialstatus wiederherstellen. Schon bald wurde van Mock von dem noch brutaler agierenden Gouverneur Louis Beel abgelöst. Neue Hauptstadt der indonesischen Unabhängigkeitsbewegung wurde Yogyakarta.

---

31 Siehe Band 3, S. 285

Mitte 1947 besuchten Präsident Sukarno und Vizepräsident M. Hatta in Sarangan die Deutsche Schule.

17.08.1948: Zum letzten Mal wird in dem mit weiß/roten Fahnen geschmückten Sarangan – gemeinsam mit den Kadetten – der Tag der Unabhängigkeit Indonesiens gefeiert.

Am **18. September 1948** erklärten Kommunisten[32] den in der Nachbarschaft liegenden Distrikt Madiun zur ‚Sowjetischen Republik‘.[33] Es war ein Coup der linken Opposition gegen die Regierung von Präsident Sukarno. Der als ‚Madiun Affäre‘ in die Geschichte eingegangene Putsch war eigentlich eine Machtprobe zwischen den beiden Supermächten USA und der Sowjetunion. Am 21. Juli 1948 trafen sich auf Drängen der Niederländer Präsident Sukarno und Vizepräsident Hatta mit Vertretern der USA in Sarangan. Grund des Treffens war die Sicherung der enormen natürlichen Ressourcen Indonesiens für die westliche Welt. Vizepräsident Hatta hatte beschlossen, die bilateralen Beziehungen mit der Sowjetunion auszusetzen.

Als Drahtzieher der Madiun Affäre gilt der in Moskau ausgebildete hochrangige kommunistische Führer Moesso[34]. Moesso bezichtigte die indonesische Regierung als Helfer der amerikanischen Machtgier und erklärte ihr am 18. September 1948 den Krieg. Drei Monate später war der Aufstand durch Truppen der Nationalarmee niedergeschlagen. Am 31. Oktober wurde Moesso erschossen und alle leitenden Mitglieder der Kommunisten wurden hingerichtet. Man schätzt die bei diesem Aufstand zu beklagenden Opfer auf 24.000.

Bis heute hält sich in Indonesien das Gerücht, dass Moesso im Auftrag der niederländischen Regierung in Moskau angeworben und mit Geldmitteln ausgestattet wurde, um diesen Putsch gegen die jetzt unabhängige indonesische Regierung anzuzetteln. Ein Sturz der indonesischen Regierung wäre Den Haag sehr gelegen gewesen.

Über den Hafen Cilacap an der Südküste Javas soll Moesso eingeschleust worden sein. Unterlagen, um dies beweisen zu können, habe ich allerdings bis heute nicht gefunden. Möglich wäre eine damalige Einflussnahme schon gewesen, denn für einen Machterhalt in ihrer ehemaligen Kolonie war den Niederländern jedes Mittel recht.

Am **5. November 1948** wurde Sarangan zum zweiten Mal von den sich zurückziehenden Kommunisten besetzt. Das Haus Sirene, in dem Frau Bode mit ihrem Sohn neben der Schule lebte, wurde total demoliert. Sie mussten ins Hotel Beau-Site umziehen. Schon am darauf folgenden Tag wurden die Kommunisten unter heftigem Gefechtslärm von den indonesischen Kadetten und zusätzlichen Freiheitskämpfern wieder vertrieben. Auf dem Sportplatz neben Hotel Beau-Site wurde fünf der kommunistischen Anführer öffentlich erschossen. Die deutschen Mütter und Kinder kamen mit dem Schrecken davon, mussten sich aber nun Tag und Nacht gegen unerwartete Angriffe durch Wachen selbst schützen.

Am **18. Dezember 1948** begannen die Niederländer ihren zweiten Kolonialkrieg. Obwohl es ein zweiter ‚Eroberungskrieg‘ gegen die Republik Indonesien war, nannten sie ihn verniedlichend ‚Polizeiaktion‘[35]. Yogyakarta und Surakarta, beides große Städte in der näheren Umgebung Sarangans, wurden von den Niederländern mit ihrer Luftwaffe bombardiert und besetzt. Sukarno, der Präsident eines seit dem 17. August 1945 unabhängigen Landes, wurde erneut eingekerkert.

Am **23. Dezember 1948** feierten die in Sarangan verbliebenen deutschen Frauen und Kinder noch gemeinsam die Vorweihnachtszeit, allerdings in großer Ungewissheit und Unsicherheit. Zu der Zeit waren nur noch etwa 50 Deutsche in Sarangan.

Am **24. Dezember 1948** informierte der indonesische Standortkommandant und Leiter der SORA, Oberst Dr. Singgih, die Deutschen am frühen Vormittag, dass die niederländischen Truppen in großer Übermacht schnell näherkommen würden. Er und die indonesischen Kadetten könnten den Schutz der Deutschen nicht mehr gewährleisten. Sie würden sich im nahen Wald verstecken und die deutschen Frauen und Kinder könnten gerne dorthin mitkommen. Die Deutschen lehnten ab, sie wollten sich lieber den Holländern – wie sie dachten, zivilisierten Europäern – ergeben. Der Zweite Weltkrieg war ja nun schon lange vorbei. Der Standortkommandant informierte sie noch, dass auch in Sarangan die Aktion der ‚Verbrannten Erde‘ *(Bumi Hangus)* durchgeführt werden müsse. Die Wohnungen der noch verbleibenden Deutschen würden allerdings verschont bleiben. Den angreifenden Niederländern sollte kein bewohnbares Haus in die Hände fallen. Die meisten der 50 Deutschen wohnten zu der Zeit im Hotel Beau-Site. Kurz danach brach ein Inferno aus. Die Hotels Asia, Huize Hansje, Merdeka, Mary und Nelly, Lawoe, Caerleon und weitere Häuser brannten lichterloh.

Am **24. Dezember 1948** am Nachmittag kamen holländische Truppen in das noch qualmende Sarangan und nahmen die deutschen Frauen, Kinder und wenigen Männer gefangen und raubten alle wertvollen Gegenstände. Die deutschen Mütter und Kinder erwarteten zivilisierte Europäer, aber sie hatten sich getäuscht. Sie wurden von den Niederländern brutal ausgeraubt und erniedrigend behandelt. Darüber habe ich bereits in Band 5 berichtet. Der niederländische Standortkommandant war Leutnant Schiphuis. Von ihm werden wir

---

32 Pemberontakan Partai Komunis Indonesia
33 Madiun Affair. Indonesisch: *Pemberontakan Partai Komunis Indonesia.*
34 Neue Schreibweise: Musso
35 Niederländisch ‚ Politionele Actie‘

noch später[36] hören, wie er alle Gräueltaten ableugnete und sogar behauptete, die Niederländer hätten die Deutschen in Sarangan befreit. In der Nacht rollten größere niederländische Truppentransporte in Richtung Ngerong und Madiun.

Wie mir Hans-Günther Bode erzählte, traf er bei einem späteren Besuch Sarangans anlässlich des Treffens ehemaliger deutscher Schülerinnen und Schüler den damaligen Dienstboten von Dr. Johannsen. Dieser teilte ihm mit, dass bei diesem Überfall der niederländische Kommandant Leutnant Schiphuis seinen Vater ohne Grund erschossen habe. Vermutlich wollte sein Vater den Besitz von Dr. Johannsen vor der Plünderung durch die niederländischen Truppen schützen. Bei dem allgemeinen Chaos und der Festnahme durch die Niederländer hat dies Hans-Günther Bode allerdings nicht selbst sehen können.

Am **1. Januar 1949** wurden die deutschen gefangenen deutschen Frauen und Kinder in offenen Lastwagen nach Madiun abtransportiert. Nach zwei Tagen Aufenthalt ging es von Madiun mit einer alten Militärmaschine, bei der sogar die Tür fehlte, nach Semarang. Hier wurde der Zug nach Jakarta bestiegen. In einem besonderen Waggon wurden die Frauen und Kinder untergebracht. Hans-Günter Bode erinnert sich:

Wir durften nur einen Koffer mit dem Nötigsten mitnehmen. Alles Wertvolle wurde von den Niederländern konfisziert. Ich hatte einen Gürtel an, wie er auch vom deutschen ‚Jungvolk‘ mit der Aufschrift auf der Schnalle ‚Gott mit uns‘ getragen wurde. Es war der einzige Gürtel, den ich dabeihatte. Der niederländische Wachmann riss mir ohne vorherige Warnung den Gürtel vom Leibe und warf ihn aus den Zugfenster. Die ganze restliche Strecke musste ich meine nach unten rutschende Hose festhalten.

In den niederländischen Zeitungen Javas wurde die Ankunft der ‚Nazi Verbrecher‘ im Bahnhof Gambir von Jakarta angekündigt. Bei der Ankunft des Zuges hatte sich bereits eine große Menge von Journalisten und neugierigen Niederländern eingefunden. Einen Blick auf die Deutschen des nun ausgerotteten Nazi-Nestes wollte man sich nicht entgehen lassen. Zuerst stiegen die Omas aus dem Waggon, gefolgt von den Kindern und Frauen. ‚Das sollen die Schwerverbrecher aus Sarangan sein?‘ wurde in der Menge geraunt. Die Enttäuschung der sensationslustigen niederländischen Journalisten war groß. Sofort wurde wir in das Kriegsgefangenenlager Kamp Chassé gebracht.

Es waren die letzten Deutschen aus Sarangan: 40 Frauen und Kinder, sowie einige wenige Männer. Darunter waren auch Frau Lydia Bode und Sohn Hans-Günther, der inzwischen 18 Jahre alt geworden war. Hierzu schreibt Hans-Günther Bode:

Meine Mutter und ich waren von Januar bis September 1949 von den Niederländern im Kamp Chassé interniert. Das niederländische ‚Beheersinstituut (NBI)[37] unter Leitung von Herrn Yzerman hat meine Mutter mehrmals verhört. Die Anklagepunkte waren:
- Meine Mutter habe drei ihrer Kinder 1935 nach Deutschland zur Ausbildung gebracht, trotz des Naziregimes,
- Meine Mutter habe als Schulleiterin den Hitler Gruß eingeführt,
- Meine Mutter habe bei Inlandsreisen während der japanischen Besetzung ein Emblem mit einem Hakenkreuz getragen.
Urteil:
Totale Enteignung, Beschlagnahme aller Konten, Ausweisung nach Deutschland und Ernennung zum ‚Vijandelik onderdaan der Nederlanden‘. Sie wurde eine ‚feindliche Untertanin der Niederlande!‘

Natürlich musste in Sarangan, wie in allen deutschen Schulen, an hohen Feiertagen auch der Hitlergruß gezeigt werden. Die Schule wurde ja auch vom Deutschen Reich finanziell unterstützt. Und wenn Frau Bode außerhalb Sarangans unterwegs war, musste sie – wie jeder andere Deutsche – zu ihrer eigenen Sicherheit ein Hakenkreuz-Symbol tragen. Gegenüber den japanischen Besatzungstruppen und Indonesiern war dies das Erkennungszeichen, dass sie Deutsche und somit Achsenpartner waren.

Es geschah fast wöchentlich, dass Niederländer – die natürlich kein Hakenkreuz an sich hatten – auf offener Straße von den Indonesiern gelyncht wurden. Der Hass der Indonesier auf die Niederländer war unermesslich groß. Die niederländischen Kolonialherren waren nur auf kommerziellen Erfolg bedacht. Die Schätze der Natur und Landwirtschaft wurden zusammengerafft und die unterworfenen Indonesier wurden nicht am wirtschaftlichen Erfolg beteiligt. Sie verarmten.

Auch zwei deutsche Marinesoldaten wurden im Zug von Bandung nach Jakarta gelyncht, weil sie für Niederländer gehalten wurden. Sie hatten keine Uniform an und reisten in Freizeithemden. Daraufhin trennten alle deutschen Soldaten auf der U-Boot-Wiese den Reichadler von ihrer Uniform ab und nähten ihn an den Ärmel ihres Hemdes, um eindeutig als Deutsche erkannt zu werden. Es war wichtig, mit einem Hakenkreuz zu reisen. Wurde man von den Japanern ohne dieses erwischt, wurde man wegen Spionageverdacht eingesperrt. Nur sehr wenige Japaner verstanden europäische Sprachen und sie konnten somit deutsche Bürger nicht von andern Europäern unterscheiden.[38]

---

36 Kapitel 97
37 Sammlungen: Verwaltungsakten Niederländisches Verwaltungsinstitut (1945–1967)
38 Siehe Band 2, S. 236

Das oben genannte Urteil der Niederländer war nach internationalem Recht rechtswidrig, da die Beschlagnahme aller Geldbeträge und Wertsachen lange nach Ende des Zweiten Weltkriegs und in einem nun neutralen und unabhängigen Land erfolgte. Selbst die in Sarangan verdienten Gehälter in indonesischen Rupiahs wurden den deutschen Frauen abgenommen.

Im September 1949 wurden die Deutschen als ‚Deportierte in Haft‘ mit dem Schiff *Willem Ruyss* in die deutsche Heimat, in die Freiheit, abtransportiert. Vier Jahre nach Ende des Zweiten Weltkriege, als ‚Deportierte in Haft‘ der Niederländer! Durch die Niederländer gab es wieder und wieder Kontrollen, Schikanen und Wegnahme von Wertgegenständen. Männer und Jugendliche mussten in den Häfen Colombo und Aden unter Deck bleiben. Der Kontakt mit anderen Passagieren war streng verboten.

Die deutschen Staatsbürger, die sich in Indonesien aufhielten, waren alle *vijandelijk onderdaan der Nederlanden,* ‚feindliche Untertanen der Niederlande‘, und wurden ohne Ausnahme nach Deutschland deportiert. Die Deutschen, die bei indonesischen Familien untertauchen konnten, wurden nur drei Monate später – nach dem international erzwungenen Abzug der Niederländer – von den Indonesiern herzlich willkommen geheißen. Sie durften – wenn sie wollten – dauerhaft in Indonesien bleiben. Und das waren nicht wenige.

Die niederländische Kolonialmacht musste sich auf Druck der Vereinten Nationen aus Indonesien zurückziehen. Sie hatten die wirtschaftliche, geistige und soziale Revolution der indonesischen Gesellschaft unterschätzt, wie auch den kämpferischen Willen der Freiheitskämpfer unter der Führung von Präsident Sukarno. So konnte Indonesien endlich die Ketten der Unterdrückung sprengen. Zur Verstärkung einer nationalistischen und revolutionären indonesischen Bewegung hat auch der schnelle Sieg der Japaner – einer asiatischen Macht – gegen die eigentlich unschlagbaren westlichen Kolonialherren in Indochina, Birma, Malaya und Singapur beigetragen. Dies hat dem europäischen Ansehen in Ostasien zum ersten Mal unheimlich viel geschadet.

Hans-Günther Bode schrieb weiter:
Die niederländische Bibelgesellschaft beendete die Arbeit an der Fertigstellung der Übersetzung der letzten Teile des Alten Testaments durch Lydia Bode. Ab Oktober 1949 erhielt sie eine kleine Rente der Bibelgesellschaft, allerdings ohne Nachzahlung für die Zeit von 1940–1949.

*Im **Juni 1952** wurde von der ‚Commisie voor Rechtsherstell‘ der Status ‚vijandelijk onderdaan der Nederlanden‘ für meine Mutter und mich erneut bestätigt.*

*Bei einem weiteren Verfahren am **27. November 1953** in Amsterdam wurde dieser Status bis zu einem weiteren Prozess beibehalten. Wie dieser Prozess ausgegangen ist, ist bis jetzt nicht bekannt.*

Allerdings hatte die Bibelgesellschaft damals beschlossen, unabhängig vom Ausgang dieses Prozesses, meiner Mutter bis zu ihrem Lebensende eine Witwenrente in Höhe von DM 200 zu überweisen. Nach Aussagen meiner Mutter wurde die Witwenrente immer korrekt überwiesen.

Abb. 94-2, Das National-Monument Indonesiens in Jakarta auf dem ‚Medan Merdeka‘, dem ‚Platz der Freiheit‘, 2015[39]

---

39 Wikipedia Commons

95. Die Sarangan-Geschichte des Niederländers Harald de Haan

Um die Geschichte der Deutschen Schule auch von der niederländischen Seite aus betrachten zu können, erhielt ich die nachfolgende Geschichte des Niederländers Harald de Haan von Hans-Günther Bode. Es gab nur eine Handvoll niederländischer Kinder, die meist von 1943 bis 1946 auf der Deutschen Schule in Sarangan waren. Einer davon war Harald de Haan. Sein Vater war Niederländer, ein Sportlehrer, der in der niederländischen Salemba-Schule in Batavia und später in der Polizeihochschule in Sukabumi tätig war. Seine Mutter war Deutsche. Die Familien de Haan and Bode waren eng befreundet. Beide wohnten in Sukabumi in Westjava.

Nach der Einnahme Niederländisch-Indiens durch japanische Truppen wurden alle Niederländer in denselben unhygienischen und unvollkommenen niederländischen Lagern interniert, aus denen zuvor die Japaner die von den Niederländern internierten Deutschen befreit hatten. Die Japaner waren ja im Zweiten Weltkrieg mit Deutschland liiert, sogenannte *Comrades in Arms*. Sie machten keinen Unterschied, ob ein Niederländer in der Nazipartei NSB[40] war oder nicht, alle kamen hinter Stacheldraht und Gitter, Militär und Zivilisten. Eigentlich gehörte Harald de Haan – wie sein liberaler Vater, der nicht Mitglied der NSB war – als niederländischer Staatsbürger in ein japanisches Internierungslager. Aber mit den guten Kontakten zu den japanischen Besatzern und später zu den Behörden in dem seit dem 17. August 1945 unabhängigen Indonesien konnte Lydia Bode erreichen, dass Harald de Haan ab 1943 die Deutsche Schule in Sarangan besuchen durfte. Seine Mutter blieb mit der jüngeren Tochter in Sukabumi zurück. Harald kam daher im Jungeninternat in Sarangan unter, in dem es viele Schülerinnen, aber nur wenige Schüler gab. Er fühlte sich anfangs als einziger Niederländer in einer deutschen Schule allerdings *wie eine fremde Ente im Eisloch,* wie er in seinem Bericht schrieb.[41] Immer wieder plagten ihn Zweifel, ob er nun eher nach Holland oder nach Deutschland tendieren solle. Er schreibt, dass die Deutschen sehr unter den Kolonial-Niederländern leiden mussten, aber von den Deutschen wäre er wie einer von ihnen immer fair behandelt worden.[42]

Ein weiterer niederländischer Junge, der Schüler der Deutschen Schule in Sarangan war, war Erich Gärtner. In Kapitel 92 dieser Dokumentation habe ich aus seinem Brief zitiert, in dem er beschreibt, wie seine jüngere Schwester mit Präsident Sukarno zusammentraf. Herrn Gärtner, vermutlich einer der letzten noch lebenden ehemaligen niederländischen Sarangan-Schüler, traf ich 2017 in Amsterdam anlässlich der Premiere der niederländischen dreiteiligen TV-Dokumentation *De Ondergang van de Van Imhoff,* die mit meiner Mitarbeit gedreht wurde.

Ausführlich schrieb Harald de Haan über den Aufenthalt seines Vaters im japanischen Lager Cimahi bei Bandung. Genau die beschriebenen Probleme hatten auch die Deutschen, als sie von den Niederländern in diesen Lagern interniert waren. Nach der Kapitulation Japans und der Proklamation der Republik Indonesia gab es aus Rache für die Ausbeutung während der Kolonialzeit und den grausamen vierjährigen Kolonialkrieg gegen das bereits unabhängige Indonesien viele Ausschreitungen gegen die Niederländer. Jeder Niederländer, der sich in der Öffentlichkeit zeigte, war Freiwild und wurde gejagt und meist gelyncht. Die Internierungslager, in denen die Niederländer eingepfercht waren, mussten von britischen, japanischen und deutschen Soldaten vor marodierenden Indonesiern geschützt werden. Trotzdem war Vater de Haan so unvernünftig und verließ das Lager Cimahi, um mit dem Zug zu seiner Frau und der dort verbliebenen noch kleinen Tochter in Sukabumi zu reisen. Schon nach wenigen Kilometern wurde er von indonesischen Jugendlichen aus dem Zug gezerrt und halbtot geschlagen. Nur durch großes Glück überlebte er mit gebrochenen Knochen. Der Hass der Indonesier auf die Niederländer war beispiellos. Wie Harald de Haan beschreibt, wurden während dieser Zeit einige Tausend Niederländer ermordet.

Abb. 95-1, Erich Gärtner (rechts) mit dem Autor, 2017 in Amsterdam[43]

---

40 Nationaal-Socialistische Beweging
41 Seite 31
42 Seite 106
43 Foto von Hans-Günther Bode

Die Deutschen waren immer noch gut angesehen, sie hatten ja die Niederlande angegriffen und besetzt. Sie waren somit ihre Verbündeten und Freunde. Damit die Deutschen in der Öffentlichkeit nicht belästigt wurden, mussten sie als Erkennungszeichen – und das noch Jahre nach Kriegsende – ein Hakenkreuz an der Kleidung tragen.

In seiner Sarangan-Geschichte schreibt Harald de Haan viel und regelmäßig über die Schulleiterin Lydia Bode, weshalb dieser Bericht ausgezeichnet in diesen Kontext passt. Außerdem ist interessant zu erfahren, wie ein Niederländer über seine Zeit in Sarangan berichtet. Er beschreibt ausführlich den Schulbetrieb, das Lehrpersonal, die Tanzabende sowie Schülerinnen und Schüler. Interessant ist, wie er über die extrem steile Straße nach Sarangan berichtet.[44] Als ich 1963 das erste Mal Sarangan besuchte, fand ich diesen Weg nach oben immer noch genauso problematisch vor. Damals besaß ich einen Opel Admiral mit einem Hubraum von 2.5 Litern und sogar dieser leistungsstarke Wagen schaffte den steilen Weg nach oben nur im Rückwärtsgang.

Harald de Haan beschreibt auch detailliert die Besteigung des Vulkans Lawu, oder wie den Schülerinnen und Schülern zunächst die Sütterlinschrift beigebracht wurde, oder wie die Feier zu Hitlers Tod abgelaufen ist. Viele Begebenheiten in der Schule, die mir bisher nur mündlich berichtet worden waren, werden nun in seiner Sarangan-Geschichte bestätigt. So die Geschichte des Schweizer Kunstmalers Quidor[45], der einige Zeit bei Walter Spies auf Bali gewohnt hatte und nun mit Grammophon und seinen klassischen Schallplatten in Sarangan Zuflucht suchte, oder dass es in den Räumen der Deutschen Schule Funk- und Morseunterricht für indonesische Kadetten gab.

Harald de Haan, der leider schon vor einiger Zeit verstorben ist, schrieb diese Sarangan-Geschichte 2008 in deutscher Sprache nieder. Trotz seiner hervorragenden deutschen Sprachkenntnisse gibt es im Bericht immer wieder deutsch-niederländische oder deutsch-indonesisch verballhornte Wörter. Oft sind die Artikel und die Grammatik falsch, aber man muss trotzdem staunen, welch gute Deutschkenntnisse ihm in den wenigen Jahren in Sarangan beigebracht wurden. Auch nach seiner Rückkehr nach Holland besuchte er in alter Verbundenheit noch regelmäßig die Sarangan-Treffen der ehemaligen deutschen Schülerinnen und Schüler.

Um dem Leser den Bericht verständlicher zu machen, folgt hier eine Aufstellung der in dem Bericht vorkommenden indonesischen Wörter und Abkürzungen:

4711 = Eau de Cologne, ein Parfüm

Aloon-aloon = großer offener Platz in Dorf- oder Stadtmitte

B.d.M. = Bund deutscher Mädchen

Babu = weibliche Haushaltshilfe

Babu cuci = Wäscherin

Baleh-Baleh = bale (veraltet) ist ein Gebäude, auf Balinesisch ein erhöhter Sitzplatz

Barang = Ware, Gepäck

Bilik = geflochtene Bambusmatte

Cemara = eine Art Kiefer

Cikopo = dort lag die sogenannt U-Boot-Wiese

Cosmografie = Wissenschaft über alte geografische Werke

Djongos = Hausboy

F. = Führer (Adolf Hitler)

F.B. = vermutlich Frau Bormann

Fendel = holländisch für Wischmop

fendeln = holländisch-deutsche Verballhornung für mit einem Wischmop ,aufwischen'

Grote Postweg = Großer Postweg, Straße längs durch ganz Java

H.J. = Hitlerjugend

Indos = indonesische Mischlinge

Internacungen = Internatsjungen

Kali = Bach

Kebon = Gärtner, Garten

Kempetai = japanischer Geheimdienst

KNIL = Koninklijk Nederlandsch-Indische Leger, Niederländisch-Indonesische Armee

Kranjang = Korb

Kroncong = ein traditioneller indonesischer Musikstil mit portugiesischen Wurzeln

L.B.= Laucius Benninga (Lehrkraft in Sarangan)

P.G. = Parteigenosse (der NSDAP)

P.K. = Papa Kroncong = Spitzname von Otto Coerper

Pacol (Pacul) = ein Spaten zum Hacken

S.S. = Schleusenschmidt, Schmidt war Wärter der Schleuse am See[46]

Siramen = Deutsch-indonesisch verballhorntes Wort für ,gießen' (Garten gießen)

Tawaren, tawarten = Deutsch-indonesisch verballhorntes Wort für ,handeln', ,feilschen'

TNI = Tentara Nasional Indonesia (Streitkräfte Indonesiens)

Toko = Geschäft, Laden

Warung = Kiosk

WK = Weltkrieg

---

44 Siehe nachfolgenden Bericht S. 18

45 Siehe nachfolgenden Bericht S. 23

46 Er war ein Überlebender der *Van Imhoff*-Katastrophe.

Es ist interessant, zu sehen, wie ein Niederländer zurückblickend seine Zeit auf einer deutschen Schule und seine Ausbildung in Sarangan beurteilt. Insgesamt fällt es doch sehr positiv aus.

Meine Geschichte

Seite 1 von 1

I n h a l t:

Meine Geschichte

Meine Geschichte

SUKABUMI

EINLEITUNG

Am 7.Dezember 1941 hörten wir über Rundfunk, dass die *Japaner Pearl Harbour* angegriffen hatten und dass die Nederlandse Indische Regierung, oder die Niederländische Regierung in London den Japanern sofort den Krieg erklärt hatten. Papa regte sich ziemlich auf, dass wir (die Niederlanden) eher den Japanern den Krieg erklärt hatten als die Vereinten Staaten, doch weiss ich nicht ob dies wohl richtig ist. Ich könnte es unsern *G.G.* (Gouverneur Generaal) *van Starkenburg-Stachouwer* eigentlich schwer zumuten. Es wird wohl die Regierung in England gewesen sein, die sich so tapfer in den Streit stürzte. Also mussten wir uns in Nederlands Indië vorbereiten, dass auch der Krieg zu uns kam. Auf den Schulen wurden die Spielplätze umgegraben und Luftschutzgruben gemacht. Gruben von 1,70 m tief und 4 m lang, dann ein Knick, dann wieder 4 m. Darüber kam dann eine gebogene Bambusdecke die dann wieder abgedeckt wurde mit Rasenplaggen zur Tarnung.

Überall in *Sukabumi* wurden Sirenen angebracht und sofort starten schon die ersten Übungen. Wenn die Sirene kreischte mussten wir raus aus den Bänken und dann marschierte Reihe nach Reihe in die Luftschutzgrube. An den Wänden hatten man Bambusbänke gestellt, damit wir auch längerer Zeit verbleiben konnten. Wenn die Übung länger dauerte, machten wir natürlich Unfug.

Trotzdem war es eine spannende Zeit. Papa meldete sich sowie viele andere Männer in Sukabumi bei der "Stadswacht", die sofort gegründet war. Er bekam auch sofort eine Uniform und es ist eigentlich erstaunlich, dass die sofort vorhanden waren. Man hatte wohl gerechnet mit einer Verbreitung des Krieges. Es mussten auch Dienstgrade verteilt werden und da mein Vater im 1. Weltkrieg Unteroffizier war, machte man ihn auch jetzt sofort Unteroffizier. Schiessübungen fanden statt in einem Raum eines Gebäudes in der Nähe von Hotel Victoria. Wenn ich mir gut erinnere gebrauchte man dazu einen winzigen Karabiner (jachtkarabijn)

Statt hohe Stiefel wurden um die Waden Bandagen gewickelt. Bevor die richtig angebracht waren war man schon eine halbe Stunde weiter.

Über den Rundfunk hörten wir die Berichte vom Aufmarsch der Japaner. Der Krieg kam immer näher. Die Propagandamaschinen drehten. So hörten man u.a., dass die Japaner mit ihren Flugzeugen über Balikpapan flogen und dann Leichen aus den Flugzeugen warfen zur Abschreckung. Würde dies den Kampfgeist unseres Heeres heben? Nun, es hat jedenfalls nichts geholfen.

Das Nederlands Indisch Leger hat kaum Widerstand geleistet, trotz der viel besseren Ausrüstung nach meiner Ansicht. Man muss natürlich auch mit der Ausrüstung umgehen wissen. Man war schon schnell beschäftigt mit einem strategischen Rückzug. (ein anderer Ausdruck für: chaotische Flucht).

Ich weiss, dass anfangs Februar für die „gereformeerde" Interessenten in Sukabumi sich noch die Gelegenheit gab um mit einem Bus nach Bandung zu reisen um dort noch bei einem spezialen Abendmahlfeier in der Kirche anwesend zu sein. Auch mein Vater hatte sich für diese, vielleicht letzte Gelegenheit angemeldet, obwohl man ihn und meiner Mutter den Besuch an der Gereformeerde Kerk (Kwitangkerk) ab Mai 1940 verboten hatte. Offensichtlich reichte der lange Arm der Gereformeerde Kirche aber bis nach Sukabumi und Bandung. Obwohl ich in der Zeit noch keine Ahnung hatte was das Abendmahl beinhaltete, muss es meinen Vater wohl sehr bewegt haben, dass er nicht mitfahren durfte und hat er sich zuhause sehr darüber aufgeregt, sonst hätte ich es mir nicht erinnern können. Niemals hat Vater später noch darüber geredet.

Meine Geschichte

Am 27 Februar 1942 erschienen plötzlich Hunderte Panzerwagen, Weapon carriers und Tanks mit Niederländer, Engländer und Aussies kommend aus der Richtung von Buitenzorg über den „Grote Postweg" in Sukabumi. Auf dem ganzen Kebon Jatiweg (unsere Strasse) standen diese Fahrzeuge hintereinander geparkt und ich nehme an, dass es so ziemlich der Fall war in ganz Sukabumi, daher meine Meinung, dass es wohl Hunderte gewesen sind. Alle gehörten beim „Strategische Rückzug" nach Bandung. Später hörten wir, dass man „linea recta'weitergefahren war nach Cilacap, wo schon viele Boote sie erwarteten um diese Truppen nach Australien zu evakuieren.

Aber inzwischen stand ganz Sukabumi voll mit Kriegsmaterial und wir dachten alle, wenn die Japaner mit etliche Bomber kämen zur Vernichtung dieser Panzer, dann trifft das auch ganz Sukabumi und ihrer Bevölkerung. Man hätte dann nach Cilacap laufen müssen. Wir freuten uns deshalb gar nicht über die viele Panzer vor unserem Hause, obwohl es vielleicht wieder einen strategischen Streich war.

Zum Glück hatte man es eilig und am nächsten Tag zogen die Panzer wieder ab in Richtung Candjoer und wir haben sie nie wieder gesehen. Hinterher vernahmen wir, dass die Japaner auf Fahrräder auf diese „weapon carriers" jagten. Sicherlich wurde hier und dort auch bitter gekämpft, aber ich habe meine Erfahrung beschrieben. Es wurde nun auch Zeit für die höheren Beamten die Koffer zu packen, u.a. Van Mook, der von London geschickt wurde zur Mitverteidigung, nahm ein Flugzeug nach Australien und böse Zungen behaupteten, dass er auch gleichzeitig einige Balletttänzerinnen von der Ballettschule der Fee Wiebenga (diese wohnte in Sukabumi und war in Ned. Indië ziemlich bekannt) mit sich genommen hatte. Ob dies tatsächlich der Fall war? . Es zeigt aber deutlich die Stimmung der Bevölkerung, die sich mehr oder weniger im Stich gelassen fühlte, durch die Engländer und Aussies. Nur der G.G. van Starckenburg Stachouwer war auf seinem Posten geblieben und die Japaner haben ihn verhaftet und ihn nach Japan abgeführt.

Und mein Vater ist geblieben und hat als „Stadswacht" Wache gestanden auf dem „Groten Postweg" bei der Cipelangbrücke zur Verteidigung dieser Brücke mit seinem Jagdkarabiner gegen die heranrückende Japaner.

Am Montag 2. März gingen *Eelko*, *Marijke* und ich wie gewohnt zur Schule, die wie üblich 7.30 Uhr anfangen sollte. Doch um 7.45 Uhr hatte die Schulklingel noch immer nicht geläutet, weil noch immer zu wenig Kinder zur Schule gekommen waren. Wahrscheinlich hielten Eltern ihre Kinder zu Hause. Wir sassen also noch vor der Klasse in der offenen Galerie, von der man auf den Innenhof der Schule blicken konnte und warteten der Dinge. Plötzlich kamen etwa neun Flugzeuge angeflogen. Nichts Besonderes dachte ein jeder zuerst, bis da plötzlich Stichflammen sich zeigten an den Seiten der Flugzeuge und schwarze Pünktchen herunter fielen. Ohne Warnung der Lehrer rannte jeder zum Schutzgraben und zehn Sekunden später krachten die Bomben und schüttelte der Erdboden. Im Graben wurde nicht geschrieen, keiner macht Amok. Ruhig warteten die Kinder ab was passieren würde. Ein zweiter Anflug der Flugzeuge blieb aus und erleichtert hörten wir nun auch endlich die Warn-Sirene, die also versagt hatte als es darauf ankam.

Eine halbe Stunde haben wir im Graben gewartet auf die Entwarnung, die nie gekommen ist. Der dafür Verantwortliche war wahrscheinlich nach Hause geflüchtet. Vollkommen aufgeregt kam meine Mutter uns von der Schule holen. Gegenüber der Schule war ein Rundfunkhaus der NIROM (Ned. Ind. Radio Omroep) Sowohl links als rechts war davon war eine Bombe eingeschlagen. Man konnte quer durch das Haus sehen. Beim Vorbeigehen sahen wir einen toten Hund. Wahrscheinlich sind keine Menschen dabei umgekommen. Später hörten wir jedoch, dass in Sukabumi etwa 60 bis 70 Menschen umgekommen waren, wobei einige Kinder von einer getroffenen Schule. Aber sicher war

Meine Geschichte

es nicht. Schon eher waren Gerüchte verbreitet, und später stellte sich heraus, dass sie schwer übertrieben wurden. (Rotterdam).

Es könnte gewesen sein, dass die Japaner wussten, dass Sukabumi vollbesetzt war mit Militär-Fahrzeuge.. Oder der Angriff hatte nur den Zweck die Bevölkerung und Soldaten (Stadswacht) zu demoralisieren, denn er hatte weiter kein einziger Zweck. Die japanische Truppen sind nicht über Sukabumi, sondern über den Puncak nach Bandung gezogen, also nördlich von der Gedeh. Das ist auch der kürzeste Weg von Batavia nach Bandung. Und deshalb haben wir erst nach etwa 4 Tage nach der Kapitulation die ersten Japaner gesehen.

Papa hatte in der Nacht vor dem Luftangriff die ganze Nacht Wache gestanden an der Cipelangbrücke, kam aber trotzdem noch am Morgen mit dem Auto nach Hause gefahren. Auch er war sehr besorgt. Sofort hat er uns die Koffer packen lassen und ist dann mit uns nach unserem neuen Haus gefahren, etwa 7 Km nördlich von Sukabumi bei Wanasari, den Berg Gedé hinauf. . Nach seiner Meinung wären wir dort viel sicherer, denn wenn man Sukabumi bombardierte, dann würde da wohl ein strategischer Ursache sein und wahrscheinlich erwartete die Japaner beim Einzug schwere Strassenkämpfe. Die Brücke sollte gesprengt werden, damit die japanische Panzer nicht Sukabumi erreichen konnten. Bei Cibadak, etwa 20 Km westlich von Sukabumi war die Brücke von der Grote Postweg tatsächlich schon gesprengt worden. .

Vater ist sicher noch ein oder zweimal hin und hergefahren um Matratzen zu holen. Der Bau des Haus war nämlich gerade fertig, Möbel und Küchengeräte waren noch nicht vorhanden, kein Essen, kein Telefon und Papa erwartete, dass wir vielleicht zwei Monate oder noch länger bleiben mussten.

Es müsste an diesem Tag in Sukabumi sicher eine enorme Panik gegeben haben, denn viele sind Sukabumi entflohen. Niemand war mehr auf seinem Posten. Und als am 9. März die Kapitulation eine vollendete Tatsache war, waren alle Beamten, ausser der Polizei schon überhaupt nicht mehr da.. Das müssen die Indonesier in Sukabumi und Umgebung deutlich gemerkt haben, denn die zwei Nächte darauf fingen die an überall zu rampokken, rauben, stehlen, Häuser, die verlassen waren, zu plündern und wo noch Holländer zufällig da waren, wurden sie in vielen Fallen ermordet. Vor allem in der Nähe von Wanasari und Selabintana passierte das, weil die Häuser weit von Sukabumi entfernt waren und die Polizei also nicht sofort eingreifen konnte. Es gingen viele Gerüchte herum von Blutbäder, Morde mit goloks auf holländische Frauen ausgeführt von Meuten Indonesier. Vater hatte nach Bekanntgebung der Kapitulation seine Waffe abgegeben auf dem Polizeiamt in Sukabumi und seine Uniform irgendwo eingegraben. Er war also in dem Haus auf dem Berg nicht mehr bewaffnet und wir hätten uns kaum verteidigen können. Also ist er wieder nach Sukabumi gefahren und ich durfte mitkommen.. Bei der Polizei (die kannten meinen Vater von der Polizeischule in Sukabumi, wo er der Sportlehrer war) und erklärte die heikle Situation von den Familien in Selabintana und Wanasari und dass er sich schon mit denen verabredet hatte Wache zu laufen (u.a. mit Biselski). Doch die Polizei (hauptsächlich nur noch Indonesier und Indos) wollten keine Pistole mehr abgeben, hatten Angst dass die Japaner das nicht billigen würden, obwohl bis dahin noch kein einziger einen Japaner gesehen hatte. Papa und ich mussten also wieder unverrichteter Sache zurück zu unserem Berghaus und für Papa stand fest, dass wir wieder umziehen mussten nach Sukabumi zum Haus am Kebon Jatiweg.

Aber als wir halbwegs den Selabintanaweg bergauf waren musste Papa anhalten, als wir durch einen Dessa kamen.. Eine Menge von 150 bis 200 Indonesier, Männer, aber auch Kinder und Frauen, die alle durcheinander auf der Strasse liefen. Jeder schleppte mit einen oder zwei Kanister von etwa 18 Liter. Papa und ich stiegen aus und Papa lief in die Baleh Dessa etwa 20 M von der Strasse, wo der Lurah stand. Ich blieb selber

Meine Geschichte

beim Auto. Plötzlich sah ich Vater wieder aus dem Baleh Dessa kommen, schreiend und kreischend mit in der Rechten einen Tischbein schwingend lief er in die Menge. Ich hörte später vom Vater, dass er den Lurah (Dorfshaupt) gefragt hatte was los war. Der war der Verzweiflung nahe, denn er hatte von „weiss ich nicht" die Printa bekommen um die Kanister mit Petroleum (für die Kochapparate) unter den Bewohnern seines Dorfes ehrlich zu verteilen. Doch er kam erst gar nicht zum Zuge, denn jeder klaute was er tragen konnte. Anscheins ist meinem Vater da der Kragen geplatzt wegen der undisziplinierte und unehrliche Verteilung. Die Weitwohnenden wussten noch überhaupt nichts von dieser Verteilung - eigentlich war es einfach eine Plünderung. Wütend hat Papa vom einem Tisch ein Bein abgerissen.

Das Schreien meines Vaters und dazu das schwingende Tischbein (mancher hat auf seinem Rücken wohl unabsichtlich, etwas davon abgekriegt) müsste die Menge in Panik gebracht haben (tuan mata gelap) und alle Kanister wurden hingeschmissen und alle flüchteten in die Häuser des Dorfes. Innerhalb einer Minute war schon kein Bewohner mehr zusehen. Da der Lurah nicht zum Vorschein kam, fing mein Vater an auf eigene Faust zu unterhandeln. Er stand in der Mitte vom Weg neben dem Auto, und hat laut schreiend verkündet, er würde jeden „ampun" garantieren (Gnade), wenn alle Kanist die schon im Hause waren und auch die auf der Strasse herumlagen wieder in die „baleh dessa" zurückgebracht würden, damit der Lurah eine ehrliche Verteilung machen konnte.

Allmählich kamen die Männer und Jungen wieder aus dem Kampong hervor, guckten etwas scheu zu meinem Vater und fingen an die Kanister wieder zu sammeln und zurückzubringen. Man war erst eine Minute damit beschäftigt, als zwei Polizisten auf einem Motorrad mit Beiwagen ankamen aus der Richtung von Sukabumi. Wahrscheinlich hatte das Gerücht dieser Plünderung schon das 3 Km weiter liegende Sukabumi erreicht und hatten die Polizisten sich nun wohl sehr aktiv, sich in den Sattel geschwungen und würden diese Angelegenheit schon schnell lösen. Selbstverständlich sahen die beide sofort die viele Leute mit den Kanistern schleppen und dachten, das Gerücht wird hiermit bestätigt.. Ohne sich bei meinem Vater zu informieren, der ja auf der Strasse stand um die Angelegenheit unter Kontrolle zu halten, sprang der Polizist aus dem Beiwagen, griff seine Pistole en schoss sofort ein paar Mal in die Luft. Im Nu schmissen alle Dorfbewohner die Kanister wieder hin und verschwanden wieder in die Häuser. Also ein Wiederholung von dem was vor zehn Minuten passierte. Nachdem mein Vater sich nach dem ersten Vorfall wieder einigermassen beruhigt hatte, fing er wieder an vor Wut zu kochen und hat die Polizisten ausgeschimpft und dann erklärt, dass er die Situation gerade im Griff hatte, dass die Kanister zurück gebracht wurden und dass nun durch ihren Auftritt alle seine Mühe umsonst gewesen war. Sie, vielleicht waren es auch Schüler der Polizeischule gewesen, mussten dann weiter alleine die Sache klären. Papa und ich stiegen wieder ins Auto und fuhren in Richtung Selabintana den Berg hinauf. Ich weiss nicht wie sich das ganze weiter entwickelt hat. Doch als wir gegen Abend vollgepackt von unserem Berghaus nach Sukabumi fuhren und wieder dort vorbeikamen war gar nichts mehr zu bemerken was sich am Morgen abgespielt hatte.

Mir ist dieser Vorfall wie ein Film im Gedächtnis geblieben, vielleicht schon durch die Tatsache, dass ich dadurch eine grosse Achtung bekam vor meinem Vater (so ich die noch nicht hatte). Wir waren also wieder im Hause auf der Kebon Jati und warteten der Dinge die jetzt kommen mussten..

Für uns alle war es das letzte Mal, dass wir das Haus bei Wanasari gesehen haben . Papa und Mama sind niemals mehr da gewesen. Ich war noch zweimal da, 1970 und 1990, aber vom Haus war nichts mehr zu finden..

Meine Geschichte

EINZUG DER JAPANER IN SUKABUMI

Ein Zeitungsbericht zur niederländisch-indischen Kapitulation:

Op Maandag 9 Maart 1942 publiceerde „de Preangerbode", dat „de strijd was gestaakt".

Staking van den strijd

Het Japansche leger slaagde er in door te breken in de Bandoengsche hoogvlakte. Het volstrekte luchtoverwicht van den tegenstander maakte in de Bandoengse hoogvlakte verderen weerstand onzerzijds onmogelijk, weshalve onderhandelingen tot staking van de strijd moesten worden geopend.

De tegeeenstander eischte onmiddelijke bespreking met den Gouverneur-Generaal en met mij. Bij deze besprekingen, gevoerd op 8 Maart, moesten de volgende eischen van den Japanschen legerbevelhebber worden aanvaard:

1. Onvoorwaardelijke capitulatie

2. Alle vijandelijkheden onmiddellijk staken.

3. Als teeken van de onvoorwaardelijke capitulatie het hijschen van de witte vlag.

4. Alle troepen onmiddellijk ontwapenen en verzamelen voor overgave, troepen in stellingen of vestingwerken na ontwapening op zeer goed zichtbare plaatsen verzamelen, overige troepen verzamelen in kampement of kantonnement, ingenomen wapens en munitie opbergen onder bewaking.

5. De ad 1e t/m. 4e genoemde maatregelen eindigen voor 9 Maart te 12 uur,

6. Gevonden lijken van Japansche militairen en goederen van krijgsgevangenen en van Japansche ingezetenen zoo spoedig mogelijk uitleveren.

7. Alle vernielingen, zoowel van oorlogsmateriaal, wapening, munitie enz. als van gronden, verkeersinrichtingen, gebouwen enz. verboden

8. Communicatie met het buitenland is verboden.

9. De militaire bewegingen van het Japansche leger worden voortgezet

10. Indien geen gevolg wordt gegeven aan de voorwaarden worden de vijandelijkheden dadelijk heropend. Voor de verzekering van de uitvoering van de genoemde eischen, alsmede van handhaving van orde en rust noodige maatregelen nemen, o.a. door instellen van gewapende wachten, waarvoor beperkte beperkte wapening en munitie kan worden uitgegeven. Deze wachten, voor zoover mogelijk en noodig onder commando van een officier, wachten voorzien van een witte band om arm en witte vlag.

Ben na ernstige overweging met diepst leedwezen tot besluit moeten komen, in het belang van land en volk, gevolg te moeten geven aan de gestelde eischen.

Ik draag u op den strijd thans te staken en te voldoen aan genoemde voorwaarden, u daartoe in verbinding stellend met den hoogsten Japanschen bevelhebber in of nabij uw resort.

Wij verzoeken u, aanvangende 9 uur, en voorts elk heel en half uur tot 12 uur, met beschikbare radio-telegraaf, c.q. omroepzenders te seinen of te doen omroepen de ontvangst van dit bevel, alsmede wanneer contact verkregen met hoogsten Japanschen bevelhebber.

Dit bevel geldt ook voor de Koninklijke Marine, de Gouvernementsmarine, en alle havenmeesters.

De Opperbevelhebber,

Meine Geschichte

Op last van de sous-chef van den Generalen Staf

Von dem Einzug der Japaner in Sukabumi kann ich mir nur wenig erinnern. Ich vermute, dass es nur einige Soldaten waren und weiter nur hauptsächlich Japaner für die Verwaltung in Uniform. Zu kämpfen brauchte man nicht und Sukabumi war ja nur ein unwichtiges Städchen. Wir gingen auch nicht mehr zur Schule und blieben in der Nähe unserer Wohnung.

Es passierte wohl Einiges, das auf die Einwohner einen grossen Eindruck machte. Vorfälle die den Zweck hatten zu zeigen wer es nun zu sagen hatte und das keine Toleranz war für Ungehorsam.. So wurde sofort eingeführt, dass man jeden Japaner beim vorbeigehen grüssen musste. Dieses sogenannte „kiri" war ein Knicken in den Hüften vom Oberkörper, wobei der Oberkörper mit geraden Rücken mindestens 45° nach vorne kommen sollte. So kann ich es am Besten umschreiben. War diese Verbeugung nach Urteil des Japaners nicht richtig, dann wurde man angeschnautzt und konnte man es nochmals probieren.

Ein Zwischenfall passierte am Beginn der Dr. De Vogelweg. Dort wurde ein Holländer mit einem Offizierschwert (Samurai) enthauptet. Man behauptete er hätte nach der Kapitulation über das Radio das Wilhelmus (holl. National Hymne) spielen lassen, aber sicher bin ich nicht von dieser Behauptung. Dieses passierte nämlich mindestens vier Tage nach der Kapitulation, denn eher waren die Japaner nicht in Sukabumi und wie sollten die Japaner das wissen?. Vielleicht aber hatte man ihn verraten. Drei Tage musste die Leiche an der Stelle bleiben zur Abschreckung der Einwohner, die dort vorbei kamen. Doch durch die tropische Hitze wurde sie schon am zweiten Tag enträumt.

Vater hatte sich in diesen Tagen einen schriftliches Zeugnis in Indonesisch besorgt, dass er an der Polizeischule als Sportlehrer beschäftig war, damit man feststellen konnte, dass er nicht beim KNIL (Koninklijk Nederlandsch Indisch Leger) war und also nicht als Kriegsgefangener interniert wurde. (sieh Fotokopie). Vielleicht hatten noch viele die Hoffnung, dass man als Bürger keine Gefangenschaft zu fürchten hatte. Es kam jedoch ganz anders.. Ausserdem musste jeder Erwachsene einen Japanischen Personalausweis haben, was natürlich ein Blödsinn war, weil zwei Wochen später schon alle Männer interniert wurden und später auch die Frauen und Kinder. Es war nur Geldgier.

Auch ist unsere treue Fiat Balila beschlagnahmt worden. Niemals hatte dieser Fiat uns im Stich gelassen. Wohl hatte er sämtliche Hühner und Hähne auf dem Gewissen. Für den Tausch der Besitzer bekam Papa sogar eine Quittung, Ist eigentlich wohl toll sowas.

Eines Tages, noch im März, bekamen alle Männer in Sukabumi den Befehl, dass man sich am nächsten Tag melden musste bei der Polizeischule an der Dr de Vogelweg. Man durfte nur das mitnehmen was man selber tragen konnte.

Wir wussten schon schnell, dass die Männer denselben Tag noch abgeführt werden sollten nach Bogor in ein Lager. An der Ecke Selabatuweg und Dr. De Vogelweg haben wir gewartet bis die Kolonne Männer, die von der Polizeischule kamen an uns vorbei marschierten. Stehend auf einer Mauer vor dem Hause von Frau Steudel, habe ich dann mit Mama, Eelko und Hedi nach Papa gewinkt als sie vorbeikamen mit einem Köfferchen oder einen Seesack über der Schulter. Vom Bahnhof ging der Transport dann nach Bogor.

Es wird wohl ein trauriger Haufen Männer gewesen sein, aber wir Kinder kapierten noch nicht, welche furchtbare Zustände noch kamen. Wahrscheinlich waren in diesem Lager

Meine Geschichte

auch die Männer von Batavia und Bogor interniert, denn es war ein ziemlich grosses Lager.

Die nächsten Tage sind für mich ein dunkles Loch, obwohl sie sicher sehr eindrucksvoll gewesen sein müssten. Die indonesische Bevölkerung fing sofort an mit den Japanern zusammenzuarbeiten und übernahmen die ganze Verwaltung. Die Japaner regten bei ihnen auch anti-niederländische Gefühle. Jedoch die eigene Dienerschaft, Babu, Jongos, die hielten zu den holländischen Familien, also die hinterbliebenen Frauen. Die wollten auch nicht ihren Arbeitgeber verlieren, da sie keine andere Einkünfte hatten.. Doch innerhalb kürzester Zeit mussten die Familien doch die Dienerschaft entlassen, da das Geld ausging. Es entstand wohl ein sehr reger Tauschhandel und Radios, Hauswaren, u.s.w. wechselten von Besitzer. Weiter war natürlich sofort Mangel an sämtliche Sachen.

Wir haben meinen Vater im Lager zwei oder dreimal besuchen können, bis die holländischen Frauen und Kinder auch interniert wurden. Dazu mussten wir erst mit dem Zug nach Bogor. Vom Weg aus konnte man nicht ins Lager sehen, denn ausser Stacheldraht war auch eine Umzäunung von Gedek gemacht worden. Vor dem Eingang stand ein Japaner Wache. Am ersten Besuchtag (der zwanzigste April 1942 stellte sich später heraus) hatte Mama vom wenigen Mehl noch einen Kuchen backen können um im Lager den Hochzeitstag zusammen zu feiern..

Ich schreibe jetzt Bogor statt Buitenzorg, denn die meisten Städte mit einem holländischen Namen bekamen in diesen Monaten einen indonesischen Namen. Bogor war immer schon der zweite Name für Buitenzorg. Batavia war inzwischen Jakarta oder jetzt Jakarta. Nun, vom Bahnhof in Bogor mussten wir zum Lager laufen und dort in einer Reihe am Wachtposten vorbei. Dort mussten wir dann „Front" machen und dann „kiri". Das konnten wir schon ziemlich gut. Wenn man es bei dem Wachtposten nicht vorschriftgemäss machte oder etwas zu schlapp, dann wurde man zurückgerufen und durfte es noch mal probieren.. Folge: die ganze Reihe musste dann extra warten. Frauen, die es nicht richtig machten, bekamen auch manchmal Schläge.. Man kann sich jetzt wundern, dass man sich nicht ausweisen musste um ins Lager zu kommen.

Papa sah uns durch die Pforte kommen und begrüsste uns mit Handdruck. Küssen und Umarmungen waren verboten. Papa hatte auf den Rasen vor den Baracken einen Platz für uns gesucht und dort haben wir so gemütlich wie nur möglich gequatscht und den Heiratstag gefeiert. Der Kuchen wurde gut angesprochen und was übrig blieb liessen wir für Papa zurück. Auch auf dem Rasen durften die Männer ihre Frauen nicht anfassen und das muss wohl eine Tantalusqual gewesen sein.

Nachmittags liefen alle Besucher wieder zum Bahnhof in Bogor und viele wie wir fuhren mit dem Zug nach Sukabumi zurück. Ich bin der Meinung, dass es im Zug keine japanische Bewachung gab, wohl müssten bei jedem Bahnhof an die wir vorbei fuhren die Fensterladen geschlossen werden, hatte man uns eingeprägt. (dass dieser Besuch an dem Lager am 20. April gewesen sein muss, haben wir viel später erfahren.)

UNSERE DEUTSCHE BEKANNTEN

Es ist mir vollkommen unklar wie wir in Sukabumi die Familie Bode haben kennengelernt. Diese Woche (26-3-2002) habe ich Hans-Günther Bode einen Brief geschrieben in der Hoffnung, dass er das klären könnte. Er weiss aber auch nicht wie seine Mutter und meine Eltern einander kennengelernt haben. Ich vermute jedoch, dass dieses passiert ist bei der Beerdigung von Renate Quack und das war Juni 1940. Bei einer schriftlichen Zeugenerklärung meines Vaters über Frau Bode einige Jahre nach dem Kriege erwähn-

Meine Geschichte

te mein Vater dasselbe, aber er war sich auch nicht sicher.. Wir wohnten 1940 also noch nicht in Sukabumi und wahrscheinlich ist der Kontakt mit Frau Bode erst richtig zustande gekommen als wir Januar 1941 von Batavia nach Sukabumi zogen. Herr Bode haben wir nie gekannt. Herr Bode ist Ende Dezember 1941 mit etwa 450 andere deutsche Zivilinternierte umgekommen beim Untergang von der van Imhoff. Weitere Daten über den Untergang dieses Schiffes stehen im Buch „Batavia seint Berlijn" von dem Autor van Heekeren und zum Teil auch in „ Het Koninkrijk der Nederlanden in de Tweede Wereldoorlog" von Herrn L. de Jong.

Frau Bode wohnte an der Ostseite Sukabumis, am Stadtrande an der Groten Postweg in Richtung Cibadak, direkt über die Brücke über den Cipelang-Fluss. Im selben Hause wohnten sämtliche Familien, sowie Frau Hering, Frau Zöllner mit Kinder, Hans Martin, Gisela, Paul Gerhard und Siegfried und ein ambonesisches Mädchen, Martha und weiter die Familie Drechsler. mit zwei Kinder.

Nach meiner Meinung waren alle diese Familien von Frau Bode in ihrem Haus aufgenommen. Sie gehörten zur Rheinischen Mission, die in Niederländisch Indien sehr aktiv war und vor allem in Ambon, wo die Familie Zöllner herkam, daher dann auch das ambonesische Mädchen. Sie werden einander wohl schon viel eher als Missionare kennengelernt haben. . Frau Bode war noch immer beschäftigt mit der Übersetzung der Bibel (Neues Testament) in die indonesische Sprache, eine Arbeit die ihr Mann schon angefangen hatte.

Es waren also eine Menge Kinder im Hause, daher dass meine Eltern öfters mit uns Kindern dort zu Besuch waren. Sie hatten dort einen grossen Garten mit viele Bäume und Sträucher und Versteck spielen konnte man dort ausgezeichnet..

Weiter wohnten an der Groten Postweg, jedoch an der Stadtseite der Brücke eine Familie Fischer und ich denke auch Frau Braun mit Sohn Martin wohnten dort. Wir hatten mit diesen Familien wenig Kontakt.

Vorbei der Cipelang-Brücke war noch ein Seitenweg der den Berg Panggorango hinauf führte. . Dieser Weg lief etwa parallel mit dem Weg nach Selabintana. Am Ende dieses Bergweges war ein Bergsee (Situ Gunung) und einige hundert Meter davor war ein schönes Haus, wo zwei deutsche Frauen wohnten: Frau Miksch und Frau Binke. Wir hatten die erst kennengelernt nach Mai 1940, wahrscheinlich sogar nach Januar 194 denn die Männer dieser Frauen habe ich nie gesehen. Von Papa wusste ich, dass H. Miksch eine gute Stellung hatte bei der Firma 4711 (eau de cologne). Der See lag sehr schön im einem dichten Wald ringsum. Frau Miksch hatte gerade einen Sohn bekommen, Hans (oder Hannes) Miksch. . Frau Miksch war eine sehr hübsche Frau, sah aber sehr blass und krank aus . Hörte auch einige Monate später, das sie gestorben war.

DR DE VOGELWEG.

Einige Monate nach der Internierung von Papa bekamen alle holländische Frauen von Sukabumi mit Kinder, also auch meine Mutter einen Aufruf um uns morgens früh beim Rathaus von Sukabumi zu melden. Wir durften ein kleines Köfferchen mitnehmen mit Sachen, die wir am Meisten nötig hatten und wir wussten, dass uns nun auch jetzt die Internierung bevorstand.. Während wir noch vor dem Eingang des Rathauses standen und warteten bis wir an der Reihe kamen zum Einschreiben, Mama, Eelko, Marijke, Hedi und ich, ein jeder mit seinem Köfferchen, kam Frau Bode. Sie hatte ein langes Gespräch mit dem japanischen Militär-Beamten und den indonesischen Beamten über ihre Beziehung zu uns und über die Tatsache, dass Mama als eine „Deutsche" betrachtet werden

Meine Geschichte

konnte, weil sie als Deutsche geboren war. Spät am Nachmittag durften wir darauf wieder zurück nach Hause.

(Von Marijke weiss ich, dass sie noch zwei Mal mit den Köfferchen erscheinen mussten auf dem Rathaus, doch dass sie dort von einer Frau Göpfert, eine Deutsche die ziemlich gut Japanisch sprach, jedes mal nach einer regen Verhandlung wieder nach Hause durften. Ich habe das jedoch nicht erlebt, denn zu der Zeit war ich schon in Sarangan).

Am Selabatuweg wohnten auch noch Bekannte von Papa und Mama, die Familie Reké. Diese Familie, wovon der Mann gleichzeitig mit Papa interniert wurde und also auch nach Bogor kam war am selben Tag als wir aufgerufen um im Rathaus zu erscheinen. Die Schule am Anfang vom Selebatuweg, ich meine das es eine katholische Schule war, war das erste Lager für die Frauen und Kinder von Sukabumi. Mama und ich haben noch am Gitterzaun der Schule gestanden und mit Frau Reké gesprochen, die mit ihren Kindern im Lager war. Wir haben noch einige Sachen für sie aus ihrem Hause holen können und es ihr durch den Zaun überreichen können. Jedoch nach ein paar Tage sind alle diese Frauen und Kinder abgeführt worden, wahrscheinlich nach Jakarta.

Einige Häuser weiter von unserm Haus kam eine deutsch-indische Familie wohnen, die Reinickes. Ich freundete mich an mit den zwei Jungen, Rudi und Frits. Rudi war zwei Jahre älter als ich und Frits war etwa von meinem Alter. Frits hatte den Spitznamen „Opa", mir ist nicht ganz klar wieso. Manchmal nannten wir ihn später auch „strontduiker", weil er im Schwimmbad vom Selabatu-Hotel beim Tauchen merkte, dass auf dem Bodem vom Schwimmbad eine Kacke lag.. Jemand hatte also sitzend auf einer Treppe vom Bad seine Notdurf verrichtet. Wir haben jedoch niemals Probleme damit gemacht, obwohl das Wasser nie gewechselt wurde und immer dreckiger wurde.

Mit Frits zog ich manchmal auf Streifzug. So war auf der Aloon² ein leerstehender Festsaal wo die Glühbirnen noch anwesend waren. An Glühbirnen hatte man in Sukabumi schon schnell Bedürfnis. Von Frits lernte ich das reparieren einer Birne, wenn sie nicht mehr brannte. Setzte man die Birne unter Strom und drehte man sie so, dass die Drähte einander berührten dann laschten diese wieder aneinander und die Birne leuchtete sicher noch einen Monat. Auch jetzt noch repariere ich Glühbirnen mit dieser Methode.

Mit der indonesischen Jugend bekam ich immer mehr Probleme. Wenn man mich befragte , welche Nationalität ich hatte, dann antwortete ich nach Wahrheit: die „holländische" und wenn dann gefragt wurde, wieso ich denn nicht interniert war gab ich an, dass meine Mutter Deutsche war, doch war ich für sie einen „orang belanda" und also ein „Musuh" (Feind), sowie es auf Plakkate war angegeben.

Einmal führte diese Diskusion so weit, dass eine Gruppe Kacongs, etwa alle von meinem Alter, mit mir auf die Faust wollte. Denn ich war doch nur ein „dreckiger Belanda". Opa (Frits Reinicke) und ich schlugen vor, dass sie dann ihren besten Kämpfer wählen sollten, der dann mit mir auf die Faust gehen sollte. Ein Palaver folgte und schliesslich hatte man den grössten und stärksten Jungen gewählt. Opa würde darauf zusehen, dass alles zum Rechten ginge. Es war auf dem Rasenplatz Ecke Cikolé- Kebon Jati. Die Hemden wurden ausgezogen und es formte sich einen Kreis Jungens um uns. Eelko war auch unter den Zuschauern. Es wurden einige kräftige Schläge gewechselt, doch plötzlich wurde die Gruppe ungeduldig und der Kreis schloss sich fester. Ich tat ein paar Schritte rückwärts, wobei ich aber hinter mir über ein Zuschauerbein fiel. Auf meinem Rücken liegend besprang mein Gegner mich, aber ich war inzwischen ausser mir vor Wut und hatte ihn nun im Nu auf den Boden und sass rittlings auf seinem Bauch. Eelko behauptet jetzt, dass ich ihm die Kehle zugekniffen hatte und er schon kaum noch atmen konnte. Ich kann mir das nicht mehr erinnern, wohl jedoch, dass plötzlich ein Erwachsener Indonesier da war und uns beiden trennte. Er beschimpfte uns alle und zog dann mit der Gruppe indonesische Jungen ab. Zu Hause haben wir meiner Mutter nichts

Meine Geschichte

davon erzählt. Ich habe niemals mehr den Gegner gesehen und habe auch nie mehr Probleme gehabt mit den indonesischen Jungen.

Wir haben nicht mehr lange gewohnt am Kebon Jatiweg. Frau Steudel wohnte in einem Pavillon neben der Schule an der Ecke Dr. De Vogelweg und Selabatuweg. Die Hauptwohnung stand leer und wir sind dann dort eingezogen.. Diese Schule war nun eine Kaserne der Japaner (tangsi). Wie lange meine Mutter dort gewohnt hat weiss ich nicht, denn als ich nach einem Jahr wieder aus Sarangan kam wohnte sie wieder irgendwo anders.

Auf jeden Fall habe ich noch viele Erinnerungen an diesem Hause bei der Kreuzung. Etwa gegenüber uns, Ecke Selabatuweg und Kliniekweg, wohnte die Familie Coerper, Herr und Frau C. Otto und Gertrud. Otto war etwas älter, doch wir konnten gut miteinander auskommen.. Doch auch hier sind wieder einige Gehirnzellen bei mir abgestorben, denn ich weiss nicht mehr , wie und wann ich Otto und Familie kennengelernt habe. Neben dem Hause Coerpers war das Krankenhaus an der Kliniekweg. Otto und ich waren in der Zeit viel zusammen. Opa Reinicke ist dadurch etwas mehr in den Hintergrund gekommen.

Kurz vorbei dem Hause von Coerpers führte der Selabatuweg ein 200 m ziemlich ste.. den Berg in der Richtung Selabintana hinauf. Wir hatten irgendwoher noch einige Rollschuhe gefunden. Auf einem Brett von 1 m Länge und etwa 20 cm Breite schraubten wir einen Klotz Holz und klemmten einen Rollschuh an dem Klotz. An einem Ende befestigten wir noch einen kurze Querlatte. Der Zweck war, sitzend auf dem langen Brett und die Füsse auf der Querlatte musste der Schwerpunkt genau über den Rollschuh sein. In der linken und rechten Hand dann noch ein Klotz und sitzend auf dem Brett rollten wir mit einer grossen Geschwindigkeit den Abschuss vom Selabatuweg hinunter. Ik weiss im Moment nicht mehr wie wir auf diesen Gedanken kamen, auf diese Konstruktion, doch es war tatsächlich der Vorläufer vom „Skateboard" womit die Jugend heutzutage sich amüsiert. Wir haben in Sukabumi viel Spass damit gehabt, bis schliesslich die Laufflächen der Roller soweit verschlissen waren, dass die Kugellager auseinander fielen.

SCHWIMMBAD HOTEL SELABATU

Frits Reinicke , Otto, Eelko und ich waren öfters Schwimmen im Schwimmbad von Hotel Selabatu am Dr. De Vogelweg. Das Hotel hatte keine Gäste und nur noch vom früheren Personal lungerte dort herum. Wir brauchten auch nichts mehr zu zahlen fürs Schwimmen en liefen einfach zum Schwimmbad, hinten im grossen Hotelgarten, wo man gut Versteck-spielen konnte. Das Bad hatte auch einen Spielbad für kleine Kinder oder Nicht-Schwimmer. Die Tiefe vom grossen Bad verlief von etwa 1.50 m bis zu 3 m. Beim tiefen Teil war ein dreimeter Sprungbrett, dass wir immer gründlich benutzten. Auch spielten wir Hasche ums Bad, wobei man bei jeder Ecke ins Wasser springen musste und also wieder schnellstens auf die Kante klettern musste. Meistens waren wir die Einzigen im Bad. Es passierte oft, dass wir den ganzen Tag im Schwimmbad waren und so kam es, dass ich von der Sonne einmal so schwere Verbrandungen hatte, dass es Blasen auf meinem Rücken gab. Zwei Tage habe ich vor Schmerzen nicht schlafen können, und in der Zukunft habe ich mich nie mehr so verbrennen lassen.

Das Schwimmbad wurde nicht gesäubert und dadurch wurde das Wasser immer grüner und grüner und dreckiger, aber uns Kinder war das egal.

So passierte es einmal, dass Eelko Otto und ich im Bad waren als auch ein Indo-Junge mit seiner Freundin und wahrscheinlich sein kleineres Brüderchen im Bad waren. Dieser

Meine Geschichte

müsste so 7 Jahre gewesen sein und er spielte die ganze Zeit im Kinderbad. Der grössere Junge von etwa 17 Jahre und das Mädchen kümmerten sich nicht um ihn, weil sie mehr für Einander Interesse hatten und sich dann auch auf dem Rasen unweit vom Bad aufhielten. So ergab sich, dass als Otto und ich um das Bad schlenderten, dass wir den kleinen Jungen im Wasser im tiefen Teil des grossen Bades sahen, ziemlich nahe an der Kante. Man konnte nur seinen Scheitel mit schwarzem Haar an der Wasseroberfläche erkennen und seine Hände, die neben seinen Kopf auf dem Wasser klatschten. Ich kann mir noch erinnern, dass ich dachte, der spielt und macht Jux im Wasser. Otto und ich waren schon wieder an der anderen Seite vom Bad, als das Mädchen anfing zu schreien: „Wo ist Boy, wo ist denn Boy". Ich zeigte nach der anderen Seite und sagte: „Gerade war er eben noch dort", aber an der Stelle des tiefen Bades war nichts mehr sichtbar. „Er kann ja überhaupt nicht schwimmen" . Erst dann verstand ich eigentlich, dass er kurz zuvor nicht lustig im Wasser spielte, doch er war am Ertrinken und versuchte den Kopf über Wasser zu bekommen. Otto und ich rannten sofort nach der andern Seite, und wo ich ihn zuletzt gesehen hatte tauchte ich ins Wasser. Das Wasser war aber so trübe, dass man nur 30 cm weit sehen konnte und deshalb fand ich ihn nicht sofort, musste wieder oben nach Luft schnappen und tauchte wieder. Jetzt fand ich ihn bewegungslos auf dem Boden liegen dicht an der Wand. Ich faste ihn unter die Arme und setzte mich ab nach oben. Er war aber so schwer, dass ich ihn beim letzte halben Meter nach oben stiess in der Hoffnung, dass die Andern auf der Kante ihn greifen würden. War aber nicht der Fall und als ich schon versuchte selber wieder nach oben zu kommen, sah ich ihn wieder an mir vorbei absinken. Nochmals fasste ich ihn und schwam dann ganz nach oben, obwohl mir die Puste schon fast ausgegangen war. . Nun wurde wohl angefasst und der Kleine wurde von dem grossen Jungen und das Mädchen aus dem Wasser gezogen. Wahrscheinlich habe ich noch eine Minute an der Kante festgehalten bevor ich mich aus dem Wasser ziehen konnte. Boy lag auf dem Rücken, das Mädchen weinte und der Grosse schüttelte den Kleinen. Nach einige Minuten fing der Kleine Wasser aus zu kotzen, und etwas später tat er dann die Augen auf. Otto und ich hatten im Abstand dieses still betrachtet und als wir sahen das alles nun gut verlaufen war und der Kleine auch wieder stehen konnte, sind Otto und ich zu den Ankleidekabinen gewandert und haben uns angezogen. Uns war die Lust zum Schwimmen vergangen. Wir bekamen auch kein Dankeschön und haben die Drei nie mehr gesehen. Wenn Otto und ich nicht zufällig gesehen hatten an welcher Stelle der Junge im Bad sich befand, dann hätte man ihn vielleicht erst nach einigen Stunden gefunden.

Es ist verwunderlich, dass ich dies Alles noch fast in Detail mich erinnere.

Das Bad war auch inzwischen von den Japanern in der Tangsi entdeckt worden und öfters waren dann 5 bis 10 Japaner da. Einen ordentliche Schwimmhose hatte man jedoch nicht, statt dessen gebrauchten sie ihre Unterhose oder eigentlich nur einen „Schamlappen". Es war ein länglicher Lappen mit einem Bindeband an der kurze Seite des Lappens. Das Band wurde um die Taille geknotet und der Lappen wurde dann von hinten durch die Beine nach vorne gezogen und dann unter das Band durch gezogen. Der lose Teil vom Lappen hing dann etwas beliebig über die Stelle, die wichtig war zu verdecken. Doch wenn die Japaner aus dem Wasser kamen, dann blieb von dieser Tarnung nichts mehr da. (später nannten wir diese Lappen : Japuni koto's)

OTTO COERPER

Wie ich schon eher meldete, weiss ich nicht mehr wie wir uns kennengelernt haben. Otto war etwas grösser als ich und hatte einen Krauskopf, dagegen hatte ich das steile „Melkboerenhondehaar". Sein Vater war früher Direktor an der Polizeischule in Suka-

Meine Geschichte

bumi, doch am 10 Mai 1940 wurde auch er als gebürtiger Deutscher, trotz seiner jetzigen holländische Nationalität, von der ich nicht wusste, interniert. Ich darf auch annehmen, dass mein Vater, als er in März 1941 auf die Polizeischule kam als Sportlehrer, ihn nicht kennengelernt hat und ihn auch wahrscheinlich hinterher nie ist begegnet. Im März 1942, nach der Kapitulation vom KNIL, kam Herr Coerper zurück aus Ngawi, wo ein Teil der neutralisierten Deutschen und viele NSB-er interniert waren. Die holländische NSB'er wurden von den Japanern auch wieder interniert, sowie alle andere Holländer, und konnten also nur einige Wochen ihrer Freiheit geniessen.

Im Vordergarten vom Hause Ottos stand ein japanischer Kirschbaum (?) . Mit Holzbretter haben wir versucht eine Baumhütte zu bauen, aber halbwegs ist uns die Lust dazu ausgegangen. Die kleine Früchte vom Baum waren zu flau zum Essen und wir warfen deshalb ab und zu auf die Sados und Delemans die auf der Kliniekweg vorbeikamen. . Am Meisten amusierten wir uns mit einem Plattenspieler, die Otto irgendwo her hatte. Einer von den vier Fluggewichte, die die Drehgeschwindigkeit im Zaume hielten, war kaputt, aber nachdem wir dies repariert hatten, funktionierte es wieder einwandfrei.. Viele Schallplatten hatten wir aber nicht. Deshalb drehten wir meistens die Sheheras de von Rimsky Korsakov stundenlang mit wachsender Begeisterung so lange bis sie grau war. Ich muss jetzt an den grossen Unterschied mit der heutigen Jugend denken, die sich lieber „pop" , „heavy metal", und „punk" anhören. Andere Zeiten, anderer Geschmack.

In der Tangsi neben unserm Haus waren also japanische Soldaten einquartiert. Von unserem höher gelegenem Hause hatten wir einen guten Blick in die Schlafzimmer. Vor den Fenstern trockneten sie ihre „Japuni koto's" nach der Wäsche. Sie hatten auch einen Affen (Makaken) an einer Kette in der Fensteröffnung. Ab und zu wurde der Affe von der Kette befreit, und spielten oder quälten sie das Tier. Aber es passierte auch mal das der Affe die Beine nahm (sorry ist niederländisch). Frau Steudel war gewohnt mit diesen Tieren um zu gehen und hatte ihn meistens im Nu wieder gefangen. Die Japanner wieder froh. Es muss gesagt werden, dass die Japaner nie bei uns im Hause kamen.

Frau Steudel hatte uns vor dem Affen gewarnt, denn ein Biss konnte sich stark entzünden und hohes Fieber auslösen. Und so passierte es an einem Nachmittag, dass der Affe plötzlich bei mir durch das offene Schlafzimmerfenster hereingekommen war. Neugierig untersuchte er unsern Kleiderschrank, fand meine Sparbüchse aus Holz mit einem komplizierten Verriegeling. Aber der Affe hatte da kein Problem, durch Beissen zerspänte er die Büchse und die Münzen verschwanden in seine Backentaschen. Dann kam er auf meiner Schulter sitzen und fing an die kurze Haare aus meinen Armen zu ziehen. Das tat nicht nur weh, aber ich hatte Todesangst, dass er mich beissen würde mit allen Konsequenzen. Eelko war aber inzwischen zu Frau Steudel gerannt und die hat den Affen von meiner Schulter genommen und sogar die Münzen wieder aus den Backentaschen geholt. Wahrscheinlich hat sie auch in der Tangsi ein ernstes Wort mit den Japanern gehabt, denn der Affe war danach in kurzester Zeit verschwunden.

Obwohl es viele Soldaten in der Tangsi neben uns wohnten, kann ich mich nicht erinnern, dass wir sie viel auf der Strasse begegneten. Ich nehme an, dass die Japaner inzwischen die öffentliche Ordnung den indonesischen Beamten und Polizei übergeben hatten. Ausserdem war Sukabumi natürlich eine Stadt, die strategisch unwichtig war. Die Transporte von Jakarta nach Bandung nahmen den Weg über Bogor und den Puncak-pass, also die Nordseite vom Pangranggo (Gedeh).

Eine Begegnung mit einem japanischen Offizier kann ich mich noch erinnern. Otto und ich wurden von ihm angesprochen und eingeladen um in seine Wohnung zu kommen. - Das Haus am oberen Ende vom Bunutweg, wo der Weg nach Selabintana begann wurde

Meine Geschichte

später die Wohnung von Frau Steudel.- Wir bekamen einige kleine Häpchen und sogar eine Flasche Bier mussten wir austrinken. Eigentlich erinnere ich mich nur diesen Besuch, weil ich das Bier scheusslich fand. Es schmeckte irgendwie nicht, und das ist auch der Grund, dass ich bis zu meinem 19 Jahr kein Bier getrunken habe. Sogar jetzt noch trinke ich Bier nur wenn es sehr warmes Wetter ist und man einen richtigen Durst bekommt. Dann schmeckt ein kühles Glas Bier erst richtig.

Eigentlich ist es irgendwie unverständlich, dass die Japaner die Chinesen unberührt liessen. . Sie wurden nicht interniert und durften alles behalten. Am „Grote Postweg" wimmelte es von chinesische Toko's. Keine Einzige wurde geschlossen, alles Handeln blieb sowie es war, obwohl Japan auch mit China Krieg führte. Ich glaube es waren einfach zufiel Chinesen um sie alle in Lager unter zu bringen. Zweitens war es oft schwer fest zu stellen, wer Indonesier und wer Chinese war, denn es waren schon seit Jahrhunderte viele Mischlinge. Zum Schluss waren die Chinesen ausserdem diejenigen die den Handel in Indonesien aufrecht hielten. Und nicht soll vergessen werden, dass es viele chinesische Ärzte und Zahnärzte (Tukan Gigi) gab, die sicher notwendig waren nun die holländische Ärzte nicht mehr da waren.

Da ich oft mit Otto unterwegs war und auch „Indo's" besuchte, wie Dick Tempelaar hatte ich in der Zeit wenig Kontakt mit der Familie Bode. Wohl bin ich mal mit Hans Günter B. auf dem Fahrrad nach Cibadak gefahren, etwa 20 Kilomater westlich von Sukabumi, um uns dort die gesprengte Autobrücke und die neue Brücke anzusehen. Die Holländer hatten die Brücke gesprengt, weil man dachte die Japaner dann auf zu halten mit ihrem Marsch nach Bandung. Die sind aber über den Puncak-pass nach Bandung marschiert und die Sprengung war also nutzlos.

Wenn ich so zurückdenke, dann muss ich mir gestehen, dass ich keine einzige Sorge gemacht habe wie Mama in der Zeit immer noch Essen auf den Tisch bekam, denn einen Einkommen hatte sie nicht. Keine Unterstützung von der deutschen Dienststelle in Jakarta. Wir hatten wohl einige wertvolle Sachen zum verkaufen, wie Radio, Klavier und vielleicht Kleider von Papa, die er nicht mitnehmen konnte ins Lager. Auch hat Mama oft Kuchen und Kekse gebacken, die Marijke dann im Zentrum von Sukabumi verkaufte an Chinesen. Wohl habe ich für Mama mal einen Scheck bei der Bank einwechseln müssen, aber auch hier weiss ich nicht wo der Cheque herkam, einfach weil ich mich dafür nicht interessierte.

Es war schon Januar 1942 und Otto und ich hatten seit Februar 1941 schon keinen Unterricht mehr gehabt. Doch Herr Coerper fand es endlich Zeit, dass wir beide Faulenzer wieder was lernen sollten. Da auch Otto fast nur die holländische Sprache gebrauchte, auch zuhause, hat Herr Coerper uns beiden Deutsch unterrichtet. Soweit ich mich erinnere sprachen da fast alle Deutsche Holländisch, auch bei Frau Bode. Ich hätte sie doch sonst gar nicht verstanden. Auch Frau Steudel redete mit uns nur holländisch. Deshalb fand ich den Unterricht von Herrn Coerper eigentlich nutzlos und ausserdem furchtbar schwierig. Schon das Schreiben der Wörter war für mich fast unmöglich, da Buchstaben anders ausgesprochen wurden. Das deutsche „eu" (Leute) war gleich das holländische „ui" (luid) und das deutsche „ö" (schön)war eher das holländische „eu" (leuk) . Und das es männiche, weibliche und sächliche Substantive gibt und erster, zweiter, dritter und vierter Fall. Unmöglich solche schwierige Sprache zu lernen, dachte ich mir. Ich meine auch, dass er versucht hat uns das Sütterlin bei zu bringen, doch das war vollkommen vergebliche Mühe. Später in Sarangan hatte man uns auch kurz damit belastet.. Wir haben es aber weiter niemals mehr gebraucht und eigentlich macht es nur etwas Spass, dass man es kann. Jetzt in Deutschland ist keiner unter 65 Jahr der diese Schrift überhaupt noch kennt, geschweige schreiben kann.

Meine Geschichte

Von Herrn Coerper habe ich auch meine ersten Lateinstunden gehabt. Der aller erste Satz war: ‚mensa ronda est.'

SARANGAN

Jetzt folgt eine vollkommen andere Episode aus meinem Leben. Diese unterscheidet sich so stark von meinen bisherigen Erlebnisse und Erfahrungen, dass ich es nützlich finde die Zeit zwischen Februar 1943 und Februar 1947 auch einzuteilen in verschiedene Kapitel.

Wodurch unterscheidet diese Zeit sich so?

Erstens weil ich während dieser Zeit fast ausschliesslich Deutsch als Umgangssprache geredet habe und zweitens weil ich von 1943 bis Januar 1946 in einem Internat war, bis Juli 1945 in einem Jungeninternat und danach in einem Jungen-Mädcheninterna Doch lass mich von vorne an beginnen, denn sonst muss ich mich wiederholen

EINLEITUNG

Nach der Kapitulation vom KNIL, die Gefangennahme von den KNIL-Soldaten und die Internierung der niederländischen Männer war der Zustand ziemlich chaotisch. Als nachher im August 1942 auch die niederländische Frauen und Kinder interniert wurden, waren in den Städten, also auch in Sukabumi, kaum noch Europäer auf der Strasse zu sehen. Wenn man einen Europäer sah, dann war es ein Deutscher, ein Österreicher, ein Schweizer, ein Italiener, oder ein Tscheche. In Sukabumi gab es auch keine deutschen Männer, ausser Herrn Coerper, der nach Februar 1942 wieder nach Sukabumi kam, wo seine übrige Familie war. Von den holländischen Familien waren nur meine Mutter (geborene Deutsche) und wir Kinder die Einzigen Europäer in ganz Sukabumi. Wohl waren „Indische Nederlanders", Indo's, nicht interniert worden. Es waren hauptsächlich die Frauen und ihre Kinder. Dies war der Fall mit der Familie Tempelaar. Herr Tempelaar war wohl, als Holländer interniert worden, doch Frau Tempelaar war eine indonesisc Frau und die Kinder also Indo. (Mischlinge). Um nicht ins Lager zu kommen mussten Indo's wenigstens 60 % indonesisches Blut in sich haben.

Wir kannten schon seit 1941 die Familien (nur die Frauen und Kinder) Bode, Hering und Zöllner, von der Rheinischen Mission, die schon viele Jahre in Indonesien wohnten. Besonders Frau Bode sprach fliessend Malaiisch, oder eigentlich soll ich sagen Bahasa. Herr Bode hatte angefangen die Bibel, das Neue Testament, zu übersetzen in Bahasa und Frau Bode hat nach der Internierung ihres Mannes seine Arbeit fortgesetzt. In 1941 war sie wahrscheinlich schon mit dieser Arbeit fertig, denn meine Mutter bekam von ihr ein gedrucktes Exemplar des Neuen Testamentes in Bahasa. Herr Bode ist später mit der van Imhoff umgekommen.

Es waren selbstverständlich auch in Bandung, Surabaja, Semarang Jakarta, und noch viele andere Orte deutsche Frauen und Kinder,, die zum Teil auch von den Holländern interniert waren, aber nach der Kapitulation sich wieder frei bewegen konnten.

Seit August 1942 wurden durch die Japaner und die Deutsche Dienststelle in Jakarta Versuche unternommen um die deutschsprachige Kinder wieder auf eine Schule zu schicken. Alle Kinder sollten dann untergebracht werden in ein Internat und die Frauen blieben dann zurück. Die Frauen lehnten diesen Plan ab und nach viele Gespräche mit

Meine Geschichte

einem herrn Mewes in Jakarta wurde beschlossen, dass alle deutsche Frauen und Kinder nach Sarangan kommen konnten, wo dann eine Schule errichtet werden sollte. (Einiges von diesem habe ich der Geschichte von Coerper entnommen)

Ich zweifle ob viele wussten wo Sarangan auf Java lag. Ich hatte in der holländischen Schule mit Erdkunde jedenfalls noch nie davon gehört.

Nun war eigentlich der Fall, dass wir, meine Familie, als Holländer nichts mit dieser Schule und Sarangan zu tun hatten. Es war jedoch wahrscheinlich das gute Verhältnis zwischen meine Eltern und Frau Bode, dass Frau Bode befürwortet hat, dass eines der Kinder mit nach Sarangan durfte um dort auf die deutsche Schule zu kommen.. Wie dabei die Verabredungen waren für in Bezug der finanzielle Konsequenzen, denn ich musste doch Unterkunft und Verpflegung bekommen, kann ich jetzt nur noch ahnen. . Vor Kurzem habe ich hierüber noch mit einigen Alt-Saranganern gesprochen und bin zu dem Schluss gekommen, dass ich wahrscheinlich unterstützt wurde von einigen Frauen, vielleicht wohl Frau Bode oder/und Frau Goepfert. Letztere war eine sehr würdige Frau, die ausserdem gut die japanische Sprache beherrschte und deshalb bei den Japanern in Ansehen stand. Selber habe ich sie fast nicht gekannt, aber Marijke hat mir schon Einiges von ihr erzählt.

DIE REISE NACH SARANGAN

Und so passierte es, dass meine Mutter die Kleider fertig legte, die ich mitnehmen sollte nach Sarangan. Sie strickte sogar noch schnell einen Pullover für mich (siehe Bild mit Bauernfeind), denn sie hatte gehört, Sarangan lag in ziemlicher Höhe und es könnte wohl sehr kalt sein.

Vorläufig sollte ich in das Jungeninternat kommen. Ein Koffer wurde gepackt und am 12 April 1943 (?) fuhr die Familie mit einem Deleman (Pferdetaxi) zum Bahnhof Sukabumi. Dort standen schon viele Bekannte zur Abreise auf dem Bahnsteig, sowie die Familien Bode, Zöllner, Hering und Coerper, doch es mussten noch mehrere gewesen sein, die ich nicht kannte und doch in Sukabumi waren. Sowie der 9-jährige Schmitberger und die Bergler-Jungen, Hans und Adolf. Selber war ich gerade 12 Jahre geworden und obwohl ich mich bemühte um mich anzuschliessen bei Bodes oder Coerper war mir das nicht gelungen. Der Zug war ziemlich voll und ich sass zwischen Fremden. Es war eigentlich auch selbstverständlich, dass keiner sich um mich kümmerte, denn jeder hatte ja seine eigene Probleme. Schliesslich hinterliessen alle doch Vieles in Sukabumi, aber hatten doch soviel Gepäck, dass man das doch gut im Auge behalten musste. Später hörte ich aber, dass auch noch ein Wagon mit Möbel und andere grossen Sachen.am Zug angehängt war. Jeder erkannte , dass was man jetzt zurückliess, wohl nie mehr sehen würde.

Also kam ich irgendwo in einem Wagon mit anderen Kindern und Deutsche Frauen, Mütter, die ich überhaupt nicht kannte und da mein Deutsch noch schlecht war, habe ich während der Reise meine Schnauze gehalten. . War ich doch eigentlich Holländer und gehörte also gar nicht zwischen diesen Leuten. Wenn sie fragen würden, wie heisst du denn und sagen würde Harald de Haan, dann wüsste doch jedermann, dass ich Holländer war und eigentlich gar nicht dahin gehörte wo ich im Moment war.. Ich muss jedoch sagen, dass ich niemals deswegen diskriminiert worden bin. Erst 50 Jahre später erfuhr ich, dass eine grosse Anzahl von diesen Deutschen auch die holländische Nationalität hatte.

Der Abschied von meiner Familie erinnere ich mich nicht mehr. Folgerung, ich fand es wohl sehr spannend um alleine auf Reisen zu gehen und ich werde dann auch wohl

Meine Geschichte

nicht geheult haben. Mama werden wohl die Tränen aus den Augen geflossen sein, sowie ich sie kenne. Ich aber weiss nicht mal mehr ob Eelko, Marijke und Hedi auch auf
dem Bahnhof Abschied genommen haben.

Der Zug fuhr Richtung Jakarta und unterwegs in Bogor stiegen noch einige deutsche
Familien dazu. In Jakarta mussten wir umsteigen in den Zug der über Bandung nach
Jogja und Madiun nach Surabaja fuhr, eine Fahrt von etwa 1000 Km. Früher war das
der Nachtzug Batavia nach Surabaja. In Jakarta und Bandung kamen wieder Deutsche
Familien in den Zug, von denen ich aber keine kannte..

Weiter kann ich mir von der Reise nichts mehr erinnern, wohl aber, dass sie unendlich
lange dauerte. Wir waren morgens aus Sukabumi fortgefahren, waren gegen die Mittagstunde in Jakarta und gegen Abend in Bandung. Die ganze Nacht nur das Keceblung,
keceblung von den Rädern des Wagons. Dieses blieb auch noch eine Zeit in den Ohren
nach Ankunft in Madiun. Geschlafen hatte ich nicht. Ich sah, dass jeder ausstieg, also
schloss ich mich auch hier an einer Gruppe. Ich hatte natürlich schon längst heraus wer
nach Sarangan musste und es waren ja nur Deutsche, denn andere Europäer gab es
nicht. Meinen Koffer schleppte ich nach einem der Busse, die für die Gruppen auf dem
Bahnhofgelände standen.. Das meiste Gepäck wurde auf dem Dach des Busses festgebunden. Met dem Bus über Magetan (20 Km) und Plaosan nach Ngerong (25 Km). Der
letzte Teil war so steil, dass nur im ersten Gang gefahren werden konnte. .
Kurz vor Mittag waren wir in Ngerong.

Von Ngerong nach Sarangan war der Weg so steil hinauf, dass der Bus es nicht schaffen konnte. Also mussten wir aussteigen, unsern Barang vom Dach des Busses holen
und den Rest des Weges nach Sarangan laufen. Wohl war da noch ein neuer Weg, weniger steil, aber der war noch nicht fertig.

Und dann jetzt die letzten, schätze drei Km, laufen, oder wer sich das erlauben konnte
zu Pferd oder mit Tandu (Tragstuhl mit 4 starken javanische Trägern). Ich hatte kein
Geld, also war es laufen und schleppen mit dem Koffer den Berg Lawu hoch. Trotzdem
wir hier schon auf etwa 1300 Meter Höhe waren und es doch kühl hätte sein müssen,
war es an diesem Mittag scheusslich heiss..

Der erste Teil des Weges lief noch durch ein Bambuswäldchen vom Kampung Ngero'.
Von der Haltestelle des Busses erst etwa 40 m geradeaus steil hoch, dann eine Kurve
nach links und nach 50 M eine Kurve nach rechts und dann waren wir aus dem Kampong und den Bambuswald. Die Sonne brannte und stach. Der Weg war Kopfpflaster mit
seitlich zwei untiefe Gräben. Sogar das Pflaster strahlte die Hitze der Sonne wieder zurück und der Weg war so steil, dass man am Besten Zigzack-laufen konnte um nicht
ausser Atem zu geraten. Und dann schleppte ich auch noch den Koffer. Jedem stand
der Schweiss auf die Stirne und die Pullover, die man etwa anhatte wurden schon
schnell ausgezogen. Nach 200 M überholte mich eine Frau in einem Tandu, Frau Peipe, wie ich einen Monat später feststellen konnte. Ich muss als Knirps mit Koffer wohl
einen sehr bemitleidenswerten Eindruck auf sie gemacht haben. „Ga jij ook naar Sarangan?" „Ja" sagte ich. Sie liess die Träger den Stuhl abstellen und nahm mir meinen
Koffer ab und zu sich in den Tandu. Ich war froh von dieser Last befreit zu sein, die
Träger waren allerdings weniger froh. Ungeachtet dass ich den Koffer nicht mehr zu
tragen hatte, war es doch noch schwierig die Träger zu folgen. Als ich nach links den
Hang hinauf schaute, sah ich schon die ersten Häuser von Sarangan, und der Mut sank
mir noch tiefer in den Schuhen, so weit und so steil war es noch. Der letzte Teil des
Weges war aber beinahe flach und so kam auch ich oben an der Sammelstelle..

Meine Geschichte

Die Sammelstelle war an der ersten Kreuzung mit rechts Hotel Bergzicht. Dort hielt das Tandu an und ich bekam meinen Koffer zurück. Ich sollte an der Stelle warten bis die Gruppe Jungen, die ins Internat kamen vollständig war. Als es soweit war, bestieg ein kleiner Mann einen Stuhl, der mitten auf dem Weg gestellt war. Er wollte sicherlich uns imponieren. Er machte sich bekannt als Herr Bier. Jeden fragte er nach dem Namen und nach konsultieren einer Liste verwies er jeden nach sein Quartier, sei es ein Hotel oder eine Wohnung. Die Jungen für das Internat kamen zuletzt an der Reihe. Aber bevor wir hörten wohin wir mussten, bekamen wir Jungen (alle so zwischen 11 und 18 Jahre, jüngere mussten ins Pimpfeninternat) eine Paukrede von Herrn Bier. Wer seinen Mund auftat während seiner Ansprache wurde sofort angeschnauzt. Er erklärte uns mit einer Kommandostimme, wie wir uns als Deutsche zu verhalten hatten, was unsere Pflichten waren, wir so alles nicht sagen oder tun durften, dass wir uns vorbildlich für die andere verhalten sollten, u.s.w.. Dann kam was wir wohl durften und damit konnte er sich kurz fassen.

Jahrelang hiess es im Jungeninternat dann auch, wenn einer was Böses im Sinne hatte: denket daran, „ Herr Bier hat gesagt" . Nach diesem für uns so freundlichen Empfang haben wir den Mann nie mehr gesehen. Er hat sich nie mehr gezeigt um sich zu vergewissern, ob wir Internat-Jungen uns wohl benahmen, sowie er es befohlen hatte. Doch auf dem Stuhl vor Bergzicht hatte er gezeigt wer der Boss war.

Das Jungeninternat wurde in Carleon einquartiert Wieder den Koffer auf der Schulter und von Bergzicht einen Hügel hoch. Oben angelangt sahen wir dann zum ersten Mal den Sido Ramping und den Sarangan-See, mit davor Carleon und Beau Site. Rechts vom See ging der breite Hang hinauf zum breiten Lawu-Gipfel, mit links davon noch einen kleineren Gipfel.

Von dem Hügel leitete der Weg wieder etwas runter mit links und rechts Maisfelder. Schliesslich erreichten wir das Ufer des Sees und mussten nach Links. 80 Meter noch und wir waren endlich am Ziel, das Gebäude Carleon.

Carleon war ein langgezogenes Gebäude. Vom Haupteingang nach rechts reihten sich die Schlafzimmer .an einem Korridor und nach links war ein grosser Aufenthaltsraum mit noch einem kleinen Eckraum. Der Vordergarten war gross und links war ein kleines, aber dichtes Tannenwäldchen. Rechts von Carleon begann das Hotel Beau Site

Die ältere Jungen hatten schon schnell die Rangordnung festgelegt und zeigten wo wir Kleinen schlafen durften, in welchem Zimmer, in welchem Bett, oben oder unterem Bett. Wenn ich mich richtig entsinne war es eine Gruppe mit ziemlich freie Auffassungen, gar nicht sowie Herr Bier es beabsichtigt hatte. Alex Fischer aus Sukabumi und Harold Lepp Bandung hatten es zu sagen.

Das Hotel Beau Site bestand aus einem Hauptgebäude mit Küche Essraum, Aufenthaltsraum und eine kleine Wohnung wo der Besitzer (Herr Quidor) ein Schweizer wohnte. Um dieses Hauptgebäude waren vier Wohnungblocks, je vier oder fünf Wohnungen nebeneinander, je ein Vorderzimmer und dann zwei Schlafzimmer mit Badezimmer und WC.

Durch einen Gong wurden wir zum Essen geladen und die Internat-jungen assen mit den übrigen Bewohnern von Beau Site im selben Saal. Wir latschten dann von Carleon zum Esssaal. Da es dann oft dauerte bis der letzte Internat-Junge auch im Saal war wurde schon bald eingestellt, dass wir geschlossen zum Essen liefen. Nach einigen

Meine Geschichte

Wochen bekamen wir einen Manager (Internatsleiter), der Herr Schäfer, ein netter Mensch, der sich sehr wenig mit uns abgab. Er wohnte auch mit seiner Frau und Tochter in einer Wohnung, die ganz an der anderen Seite von Beau Site war und konnte uns meistens nicht im Auge behalten .

BESCHREIBUNG VON SARANGAN

Das Bergdorf Sarangan war ein Sammelsurium von einigen Hotels, eine grössere Anzahl selbständige Wohnungen und zwei oder drei Kampongs. Die Hotels hatten ein zentrales Gebäude und darum herum mehrere Wohnungseinheiten. . Jede Einheit bestand dann aus drei, vier oder fünf Wohnungen, eigentlich Ferienwohnungen. Diese Ferienwohnungen hatten meistens ein Sitzzimmer , zwei Schlafzimmer und Badezimmer und Toilette.. Im Zentralen Teil war dann die Küche und das Esszimmer, wo die Feriengäste dann ihre Mahlzeiten hatten. . Manche Hotels hatten auch noch einen Tennisplatz, doch soviel ich mich erinnere haben wir keinen Tennis gespielt , da es uns an Schläger fehlte.

Die Hotels hatten alle Namen, die die Japaner inzwischen geändert hatten und so hatte man: Hotel Fujiya (Hotel Lawu), im unteren Teil von Sarangan, Hotel Hakone, (die beste Aussicht auf dem See) für die Japaner reserviert, Hotel Asia. Doch einige Hotels hatten ihren niederländischen Namen behalten: Hotel „Bergzicht, wo Oma Petsch das Zepter schwang hauptsächlich in der Küche, Hotel Hansje, Hotel Arendsnest, und Beau Site mit Carleon. Übrigens die Funktion von Carleon war mir nicht klar, vielleicht war es eine Dependance von Beau Site.

Bezüglich die Lage der Wohnungen und der Hotels möchte ich verweisen nach der Skizze von Sarangan.

Die Gärten der Hotels sahen schön und sehr versorgt aus und es lag kein Müll auf den Wegen und Pfäde zwischen den Hotels und um den See von Sarangan. Hotel Arendsnest lag weit oben, eigentlich ausserhalb der Grenze von Sarangan. Vom See aus war es sicher zwanzig Minuten laufen den Berghang hinauf. Der letzte Teil des Weges lief durch einen kleinen Kieferwald, wo es immer herrlich roch nach frischen Harz, dass an den Stämmen abtropfte.

Der See liegt am Süd-Osthang vom Lawu und ist ein alter Kratersee, welcher jetzt aber diente als Stausee für die Bewässerung der Gemüse- und Reisfelder bei Plaosan und Magetan. Als Gemüse wurde hauptsächlich Mais gepflanzt. Ab Sarangan und höher den Berg hinauf waren fast nur Waldparzellen, und noch weiter hinauf Urwald bis zur Baumgrenze. Zwischen Ngerong und Sarangan waren Ketelafelder (Cassave) Ubifelder (Süsskartoffel) und Mais.

Der Umriss des Sees war etwa 2 ½ Kilometer und an der Nord- und Ostseite waren die Wohnungen. Dorth führte ein 5 Meter breiter Weg mit Kopfpflaster bis zur Schleuse. Weiter war der Weg um den See ein breiter Wanderweg mit fester Lehmdecke und teilweise mit Kies bestreut.. Im Südwesten des Sees lag eine kleine dichtbebüschte Insel.

Die Schleuse hatte einen Schotten, den man rauf und runter kurbeln konnte und somit die Menge des herausschiessenden Wassers regulieren konnte. . Das Wasser stürzte mit lautem Getöse ins Tal hinunter zur Bewässerung der Reisfelder bei Magetan in der Trockenzeit. Das Wassernivo senkte sich dann sicher 10 Meter und die Insel war dann auch zu Fuss zu erreichen. Besonders an der Seite von den Häusern und Hotels fiel der Boden des Sees trocken. Ich habe mich immer gewundert wie tief die tiefste Stelle wä-

Meine Geschichte

re. Man sprach so von 30 und 40 Meter, wenn der See voll war. Ich bin sämtliche Male von Beau Site aus zur Insel geschwommen und wieder zurück. Und so halbwegs kamen mir immer die Gedanken wie tief es unter mir war und wenn ich dann an der Stelle absinken würde wie dann der Boden des Sees war. Vielleicht bewachsen mit Algen und lange Schleifen von den Wasserpflanzen. Irgendwie war es mir unheimlich. Also aufpassen, dass ich keine Krämpfe bekam.

Nach einigen Monaten, ich meine im Juni 1943, zog das Jungeninternat um nach dem höher gelegenen Wohnungseinheit an der rechten Seite von Beau Site und zwar direkt am Ringweg des Sees. . Das Mädcheninternat kam nach Fujiya (Hotel Lawu). Das wir Jungen vom Internat in Beau Site wohnen durften, haben wir sehr geschätzt. Ik bin davon überzeugt, dass Beau Site das schönst- situierte Hotel Sarangans war. . Wir hatten an der Vorderseite den Blick auf den See , den Sido Ramping, sahen tief hinein in die Kluft, zwischen Sido Ramping und die Hänge vom Gunung Lawu und hoch in der Ferne der breite Lawu-Gipfel, der sich oft versteckte hinter dicke Nebelwolken. . Links vom Sido Ramping, in weiter Ferne noch der Kukusan, eine Gipfelspitze.. Von der Hinterterrasse aus sah man über die Tiefebene von Madiun. Bei klarem Wetter und dann morgens beim Sonnenaufgang sah man sogar den Gunung Willis. Am Fuss des Lawuhanges in diese Ebene stand noch einen solitärer Hügel, der „Hohle Zahn". Er verdankte den Namen an seine Silhouette von Sarangan aus gesehen.

BEAU SITE

Nach dem Umzug vom Jungeninternat kam ich in die Wohnung Nr. 19 von Beau Site. Es war eine Baueinheit von 4 Wohnungen, die Nummer 17, 18, 19, 20. Jede Wohnung hatte ein Sitzzimmer mit 4 Lehnsessel (Holz, Rotan) und Tischchen, zwei Schlafzimmer mit je 2 Stockbetten , Badezimmer mit WC. Im Schlafzimmer standen zwei Schränke, Tisch und Stuhl. Jede Wohneinheit hatte also 8 Bewohner., wovon einer der Zimmerälteste war, verantwortlich für das Benehmen der sieben andere in der Wohnung und für Sauberkeit, gute Einrichtung der Schränke und dass die Fliessen auf den Boden immer streifenlos-glänzend aussahen. (zweimal am Tag also mit dem Feudel nass aufputzen).. Die Schränke waren nur mit einer Gardine versehen und die gefaltete Kleider mussten immer mit genauen Breite gestapelt werden. .

Auch die Betten mussten tadellos zurechtgemacht sein, bevor wir zur Schule marschierten. Die Decken mit Masstabbreite gefalten. Jeden Morgen Staub wischen und das Badezimmer schrubben. Der Zimmerälteste teilte die Arbeit ein. Wenn einer dieser Punkte nicht in Ordnung war, dann bekam der Betreffende eine Strafe und der Zimmerälteste bekam verbal was zu hören. Die Strafen waren: nicht verlassen der Wohnung, kein Besuch an dem Mädcheninternat u.s.w. Aber das schlimmste war wenn man den Brotkorb „hochgehängt" bekam, dass heisst also man bekam zwei Schnitten Brot weniger als sonst. Aber gesagt soll sein, dass es unter Schaefer diese Strafen noch nicht gab. Erst später unter Frau Lantzius Benninga war das der Fall.

Wenn das Feudeln fertig war durfte keiner mehr in der Wohnung bis Ende der Inspektion, dann liess der Leiter von den Jungen alle antreten, in Doppelreihe, der Grösse nach. . Dann lief er zum Internatsleiter- Leiterin auf die Nummer 18 und meldete , dass alles in Ordnung war (jedenfalls nach seiner Meinung) Dann folgte die Inspektion aller Zimmer, wobei der Leiter (die Leiterin) mit Schuhen den fleckenfreien Fliessboden wieder in einem normalen Zustand brachte. Dann folgte die Kleider-und Körperinspektion (Nacken, Ohr-innere). Und keiner wagte zu mucksen. Wenn endlich alles in Ordnung befunden war (meistens nicht bei der ersten Inspektion) dann wurde „Abgetreten", doch

Meine Geschichte

am Morgen mussten wir nach zwei Minuten wieder draussen sein zum „Abmarsch" nach dem Esssaal fürs Frühstück.

An der Vorderseite von dieser Wohneinheit waren einige Reihen Betonfliesen und davor dann einen Rasenstreifen. Ein Mauerchen trennte den Vorderplatz vom Ringweg um den See. Rechts war auch eine ein Meter hohe Mauer, die diesen Platz trennte von einem ziemlich flachen Gelände, etwa 30 x60 m, das etwa nach einem Jahr geebnet wurde und dann als den grossen Sportplatz der Schule diente.. Hinter diesem Platz lief das Grundstück nach oben mit einem Maisanbau und schliesslich ganz oben ein javanischer Friedhof.

An der anderen Seite vom Internat lief eine Treppe runter zum Ausgang vom Hotel, oder rechtsabbiegend kam man zum Esssaal, oder geradeaus kam man zur Wohneinheit wo *Frau Peipe* mit Kinder, *Frau Treipl*, mit *Victor*, *Frau von Berkholz* mit *Dieter* und *Jürgen* und *Frau Drechsler* mit Töchtern wohnten. An der Rückseite von diesen Wohnungen, eine Terrasse tiefer wohnten u.a. *Frau Brulez* und Söhne.

Der Esssaal war ziemlich gross, denn alle Bewohner vom Hotel haben gemeinsam gegessen an Tischen von vier oder sechs Personen. Das Internat lief immer in einer Gruppe zum Esssaal, doch das wurde bald eine Bande und so mussten wir antreten in Marschkolonne oder Doppelreihe. Links-rum, rechts-rum, rechts-umkehrt, vorwärts-marsch, Abteilung- halt!

Wir haben als Internacungen wohl sämtliche Tage üben müssen bis wir diese Kommando's auch richtig ausführen konnten. Ich nehme an, dass Herr Schmidt, der neben der Schleuse wohnte (deshalb nannte man ihn der Schleusenschmidt) uns gedrillt hat, denn er war anfangs als der Leiter der H.J. angewiesen, die jedoch niemals was geworden ist. Auf dem Tennisplatz bei Arendsnest hat er uns das Exerzieren gelernt. Für ihn war das bequem, er stand mitten auf dem Platz und wir marschierten um ihn herum. Er hatte auch immer ein dunkles Hemd und längere Hose angehabt. Die Hose steckte er in seine Reitstiefel. Ich meine auch, dass es nur das Jungeninternat" war, die diese „militärische" Ausbildung bekam, die andern erschienen einfach nicht.

Vor allem mit links- und rechts-rum hatten wir Probleme. Für das Rechts-rum musste man die Linkerferse heben, dann drehen auf dem Linkervorfuss und rechte Ferse und dann den linken Vorfuss beiziehen. (kapiert?) Anfangs war es ähnlich wie eine schlappigen Balletgruppe. Eigentlich musste man bei der letzten Bewegung, das Beiziehen. des Fusses, noch die Schuhhacke gegen die andere Hacke schlagen, damit es ordentlich klacken würde, doch mit unseren Schuhen mit Gummisolen, die sich eher eigneten zum Tennisspielen statt marschieren, war das eine unmögliche Forderung. Weiter war da: „Antreten in Reihen zu...., Rechts-richten, Augen gerade- aus, Rechtsumkehrt-Marsch, Vorwärts-Marsch, (linkes Bein erst), Abteilung-Halt. Dies alles hatte natürlich überhaupt nichts zu tun mit der Schule und wenn ich mich richtig entsinne haben wir dort beim Turnen auch nie marschiert.

Doch, ich wollte ja erzählen vom Marschieren zum Esssaal. Das fand immer in Marschkolonne statt und im Gleichschritt auch auf der Treppe nach unten. Vor der Tür zum Saal wurde Halt gemacht und dann musste der Leiter eine Wahl treffen, welche Reihe zuerst hinein durfte und dabei aufpassen, dass er jedes Mal eine andere Reihe vorgehen liess. Wenn nicht, dann wurde ihn so allerhand Verbales an den Kopf geschmissen von denen, die länger warten mussten. Einmal durch die Tür sagte jeder „Mahlzeit" und die Leute, die schon im Saal beim Essen waren hörten dann 24 Mal das „Mahlzeit".. Die müssen doch wirklich halb-verrückt geworden sein, als sie beim Essen jedes Mal sich diese 24 mal Mahlzeit anhören mussten.. Wir hatten runde Tische, sechs Jungen pro

Meine Geschichte

Tisch. Zur Zeit von Lantzius Benninga als Leiterin des Internats, mussten wir hinter unseren Stühlen stehen bleiben, bis sie sich hingesetzt hatte und: „setzt euch" kommandiert hatte.

Bedient wurden wir von zwei oder drei „djongossen" , die von der Küche aus die Teller brachten mit dem Maisbrei, oder die Brotschnitten oder eine abgemessene Menge (mangkok) nasi (reis) Gemüse und Fleisch. Am Anfang der Saranganzeit bekamen wir auch noch einen Nachtisch oder eine Frucht (Banane). Jeder bekam die gleiche Menge, ob er nun 6 Jahre oder schon 16 war. Nah, wenn ich so zurückdenke, hatten wir es in der Zeit anfangs noch gar nicht so schlecht mit unserer inneren Versorgung, obwohl alles sehr knapp war. Manche von den Jungen nahmen beim Frühstück eine von seinen Brotschnitten mit zu seinem Kleiderschrank. Denn die Jüngeren kamen schon um 11.00 Uhr zurück aus der Schule. Die Älteren kamen erst um eins.

Die Wäsche wurde von einer Babu versorgt die alles auch bügelte.

Um 16.00 Uhr mussten die Fliessboden nochmals mit dem Feudel bearbeitet werden, obwohl ich es eigentlich vollkommen nutzlos fand, aber so war es nun einmal. Herr Schaefer war immer ziemlich redlich mit seiner Leitung und zeigte noch Verständnis für unsere Situation, aber später unter Lantzius Benninga wurde das ganz anders. Ich könnte es mir jetzt auch wohl irgendwie eindenken, wenn man als Frau, und dann schon über den mittleren Alter ein Jungeninternat mit 8 bis 17 Jährlichen leiten muss, dann muss man seine Autorität doch regelmässig zeigen und sehen lassen wer da die Autorität ist.

Die Leitung vom Hotel und die Küche war anfangs in den Händen von einem Schweizer, Herr Quidor, (Bibo von uns genannt), der sorgte für den Einkauf von den Lebensmitteln und die kleineren Reparaturen. Wir haben ihn aber nicht oft gesehen, weil er sich immer in seinem Zimmer zurückzog. Er hatte auch wenig Kontakte mit den andern Hotelgästen. Er war wohl ein Maler, denn ich habe einige Gemälden von ihm gesehen und bewundert. Es war ein spindeldünner langer Mann. Ab und zu erschien er in Badehose zum Schwimmen im See und dann war er ein lebendes Skelett.

Etwa nach eineinhalb Jahre war er plötzlich nicht mehr da. Wohin, das darf der Kuckkuck wissen. Und wer dann die Leitung von Beau Site übernommen hat weiss ich nicht. (Bei einer Nachfrage bei Otto Coerper hat Frau Treipl die Aufgaben von Quidor übernommen.) Womit er bei der Sarangan-Gemeinschaft (die Erwachsenen) viel Ehre eingelegt hat ist, dass er eine Anzahl Schallplatten besass von klassischer Musik, Beethoven, Mozart, Wagner und vielleicht auch andere, aber die kannte ich damals noch nicht. Regelmässig organisierte er Musikabende für die Frauen von Beau Site und wahrscheinlich auch für Auswärtige und zwar im grossen Aufenthaltsraum neben dem Esszimmer. Weil auch Frau L.B. diese Abende besuchte, war nicht eine unerwartete Kontrole der Schlafzimmer zu erwarten. Es gab noch eine Treppe die vom Internat hinunter führte und unten neben dem Aufenthaltsraum endete. Ich bin öfters als es ein Musikabend gab, diese Treppe hinuntergeschlichen und habe draussen im Dunkeln, geduckt unter einer der Fenster gelauscht nach der Musik. Ich sah dann auch, dass alle Hörer in verschiedene Haltungen in den Sesseln sassen und lauschten im Dunkeln nach der Musik. . So gegen Ende wenn das Licht wieder angezündet wurde, schlich ich unbemerkt wieder nach oben zu meinem Zimmer..

Meine Geschichte

DIE SCHULE VON SARANGAN.

An der Nordseite vom See war der Hang in Terrassen aufgeteilt und die Schule stand auf der vierte und fünften Terrasse. Die zwei Gebäuden standen dort wahrscheinlich noch nicht so lange, denn wir haben kein einziges Foto von nach 1939 wo die Schule drauf steht. Also müsste sie etwa 1940 gebaut worden sein. Während wir in Sarangan waren sind nur sehr wenige Fotos gemacht worden, denn es gab ja keine Filme und Chemikalien mehr zum Entwickeln von Fotos. Die zwei Gebäuden waren von den Holländern ganz bestimmt gebaut worden mit der Absicht um damit eine Schule in Sarangan zu haben. Vom ersten Tag an fanden wir das Möbilar vor, die Schulbänke und Wandtafeln. Die Konstruktion war einfach ein Fachwerk mit an der Aussenseite Bilik (geflochtene Bambusmatten), die weissgetüncht war. Die Aussenwände waren bis etwa 2.30 hoch von diesem Bilik versehen und dann kam noch ein 1 m breiter Streifen Drahtgeflecht damit das Tageslicht von draussen die Räume erleuchten konnte. Denn Fenster oder Lampen waren nicht vorhanden. Doch wenn draussen der Nebel über Sarangan lag, wurde es in der Klasse auch neblig. Das Dach war eine einfache Wellblechdecke und wenn es regnete, dann war der Lärm so laut, dass man die Lehrerinnen kaum verstehen konnte. Das untere Gebäude war für die höheren Klassen (5 bis 10) und hat also 2 Reihen von 3 Räume. Zwischen den Räumen war dann auch wieder eine Bilikwand. Ohne jegliche Isolation, wodurch man auch den Unterricht im Nachbarraum fast wörtlich mithören konnte. Aber wenn ich jetzt zurückdenke, hat uns das nur wenig abgelenkt, mit Ausnahme während der Zeit, wo nach 1945 die Indonesier neben unserer Klasse die Morsezeichen lernen mussten. Das fortwährende da-dida, di-da-da u.s.w. ging einem doch etwas auf die Nerven.

Auf der höheren Terrase stand das zweite Schulgebäude mit vier Räume für die niedrigeren Klassen. Der Bau war gleich dem ersten Gebäude. Beide Terrassen waren durch eine Treppe verbunden und gleich oben an der Treppe waren dann sanitäre Einrichtungen, selbstverständlich separat für Jungen und Mädchen.. Wieder daneben war ein kleineres, steinernes Gebäude, mit zwei oder drei Zimmer, wo einige Monate nach unserer Ankunft die Schulbibliothek

Eingerichtet wurde.

Eine weitere Treppe verband die unteren Terrassen bis zum Seeweg. Von diesen Terrassen wurde auch eins gebraucht als Turnplatz und später kamen dort noch die Turngeräte Reck und Brücke. .

In den Klassen standen ausser die Schulbänke weiter noch für die Lehrerin ein Tisch und Stuhl. Weiter war noch die Wandtafel, wie schon erwähnt, und eine Tafel auf einer Staffelei..

Neben der Schule war eine schöne Wohnung, wo etwa in September 1943 Frau Bode und Frau Hering einzogen. Auch ich habe dort bei Frau Bode gewohnt von September 1943 bis Dezember 1943 also etwa 4 Monate.

Links von der Schule war ein Tannenwäldchen. Durch diesen Wald lief ein Pfad, der endete an einem breiteren Pfad , der lief vom See den Hang hinauf und gleich neben dem Pfad fing der dichte Wald an der etwa die ganze Westseite oberhalb des Sees besetzte. Am Hang entlang in verschiedenen Höhen liefen wieder zwei Pfade parallel zum Seeweg, der sogenannte: Untere- und Obere Waldweg. Oberhalb vom Wäldchen neben der Schule war ein Tennisplatz, dann kam die Wohnung von Frau Zöllner und darüber die Wohnung von Gärtners. . An der anderen Seite der Schulterassen lief ein Pfad versehen mit Kopfpflaster hinauf zu Hotel Hansje und die Wohnung „Blockhütte". Bei Hotel Hansje endete dann dieser Pfad beim Hauptweg zwischen Sarangan und Cemoro Sewu. Lief man diesen Weg Richtung Cemoro Sewu dann hatte man noch rechts Hotel Asia

Meine Geschichte

und noch etwas weiter war nach rechts der Anfang vom Pfad nach dem „Kleinen Wasserfall" und Rosenhof und nach links der Weg nach Arendsnest. Für die Bewohner von Arendsnest war der Schulweg ein steiler weiter Weg. Von der entgegensetzten Richtung hatten die Schüchners und Bühlers den weitesten Schulweg, doch der war wesentlich weniger steil. An und für sich lag die Schule doch ziemlich Im Zentrum des Ortes.

Die Lehrer und Lehrerinnen

Von den Privatleben der Lehrer und Lehrerinnen weiss ich selbstverständlich nicht viel, denn als 12 jähriger Junge hatte ich dafür keine Interesse. Ausführliches und Beurteilungen kenne ich deshalb nur aus anderen Informationsquellen und davon möchte ich hier möglichst wenig gebrauchen. Nur von den Personen, die ich persönlich sehr gut gekannt habe und mit denen ich als Schüler zu schaffen hatte, möchte ich hiernach etwas schreiben und ich bin deshalb mit diesem Kapitel sicher nicht vollständig. - In der alfabetischen Reihenfolge:

Frau Arens:
Sie hatte keine eigene Kinder in Sarangan und gab Unterricht in der 4. Klasse. Für mich ist sie weiter eine Unbekannte.

Frau Lydia Bode:
Sie muss etwa geboren sein in 1896 und war also 45 Jahre alt. Ich habe ihr hier vor schon eher etliche Zeilen gewidmet, weil sie auch aus Sukabumi kam und meine Eltern haben sie schon dort gekannt. Sie war mit ihrem Mann für die Rheinische Mission nach Java gekommen und sie hat nach der Internierung ihres Mannes am 10. Mai 1940 und nachdem ihr Mann mit der van Imhoff untergegangen war, die Übersetzung des Neuen Testamentes ins Bahasa Indonesia weiter abgerundet. Doch jetzt war sie die Leiterin der Schule und als Lehrerin in verschiedenen Fächer, die meist aktive Person, die sich vollständig einsetzte für die Schule. Sie hatte ihr Haar in einem Knoten (Kondeh) und kleidete sich etwas altmodisch, meistens dunkle Kleider. Sie hatte eine rüstige, um nicht zu sagen schwere, imposante Figur. Von den Lehrerinnen war sie diejenige, die ich am besten kannte. Sie war auch die Klassenlehrerin meiner Klasse und hatte bei uns doch wohl ein gewisses ansehen. Wahrscheinlich war sie unsere Klassenlehrerin, weil Hans Günther, ihr Sohn, auch bei uns in der Klasse war und so ihren Sohn gut unterstützen konnte. Doch ich habe nie gemerkt, dass H.G. von seiner Mutter vorgezogen wurde oder dass bei Probearbeiten H.G. durch sie schon vorbereitet war. Sie gab Unterricht in: Deutsch, Geschichte, Religion, und später in Bahasa Indonesia.

Frau Bormann:
Sie war eine kleine starke Frau und gab hauptsächlich in der ersten Klasse Unterricht. Sie hatte einen Sohn Claus, der einige Klassen tiefer sass als ich. Später gab sie Erdkunde an den höheren Klassen und auch wir bekamen sie also für Erdkunde. . Sie hatte die typische Gewohnheit , dass sie einen Angesprochenen nie gerade in die Augen sehen konnte. Mit dieser Eigenartigkeit wurde sie von uns sehr „verhohnepiepelt" . Wenn man von ihr für eine Kleinigkeit eine Standpauke bekam, dann gebrauchte sie dazu einige Kraftausdrücke und stehend vor der Klasse guckte sie dann immer nach der linken Oberecke des Klassenraumes. Die ganze Klasse drehte sich dann sehr demonstrativ um und schaute auch nach oben, als ob dort etwas Interessantes zu sehen war. Selbstverständlich merkte sie das und das Schimpfen erreichte dann seinen Höhepunkt. Das endete dann mit der Entfernung eines Schülers aus der Klasse. Mir ist das einige Male bei ihr passiert, es hatte aber keine weitere Folgen. Weiter hat Herr Mewes sie auch anfangs B.d.M.-Leiterin machen wollen, doch es zeigte sich, dass sie dafür garnicht geeignet war, denn wahrscheinlich nahmen auch die Mädchen sie nicht sehr ernst.

Meine Geschichte

Frau Braun:
Sie muss eine sehr gute Lehrerin gewesen sein, doch blieb nur die ersten 4 Monate in Sarangan. Sie war plötzlich nicht mehr da und ich habe weiter dabei nichts gedacht. Viel später habe ich erst gehört, dass ihr Mann Jude war und dass man sie vor die Wahl gestellt hatte um sich schriftlich von Ihrem Mann zu trennen. Dieses hat sie geweigert und musste deshalb von Mewes mit ihrem Sohn Martin Sarangan verlassen.

Frau Brulez:
Ich glaube sie war eine der ältesten Lehrerinnen, war verheiratet mit einem Belgier (Vlaming) und war die Mutter von Herman Brulez, einer meiner besten Freunden. Auch sie hatte ihre, schon etwas graue Haare, in einem Knoten, doch sah nicht so streng aus wie Frau Bode, weil sie eine kleine zierliche Gestalt hatte. Obwohl auch sie bei uns Schwierigkeiten hatte mit der Disziplin in der Klasse, sind wir nie zu weit gegangen. Sie trug eine kleine Lesebrille und konnte einem über die Gläser so anschauen, dass derjenige wusste, jetzt bin ich zu weit gegangen und muss innehalten. Ich glaube auch, dass jeder sie wohl mochte. Sie gab Unterricht in Erdkunde und den katholischen Kindern Religion.

Klaus Brulez:
Der älteste Sohn von Frau Brulez, war in der ersten Zeit unser Turnlehrer und gab uns auch Leibesübungen. Später wurde das Frau Schut und noch wieder später Herr Hupfer. Für die Jungen war er ausserdem der Lehrer für Handarbeit und basteln.

Herr Coerper:
Schon eher ist Herr C. in meiner Geschichte erwähnt worden, denn ich kannte ihn ja durch Otto schon aus der Zeit von Sukabumi. Er war vorher auch der Direktor der Polizeischule in Sukabumi und kannte das Lehrerfach also schon vor der Saranganzeit. Er war ein grosser stattlicher Mann und hatte einen imponierenden Bart. Er versuchte uns etwas von der japanischen Sprache beizubringen und auch den Katakana-zeichen. Unterricht in dieser Sprache wurde von den Japanern gefordert und zum Glück konnte Pa Coerper die Sprache ziemlich gut nach meiner Ansicht jedenfalls. Als ich später mit Jenty mal in Tokio, Osaka und Kashikoshima war für eine internationale Konferenz habe ich doch den Vorteil vom Unterricht Coerpers gespürt. Später eine Klasse weiter, gab er uns auch Unterricht in Cosmografie, was ich auch sehr interessant fand und schliesslich noch Physik.

Frau Drechsler:
Sie kam auch aus Sukabumi, wo sie eine Weile im Hause von Frau Bode gewohnt hatte mit ihren beiden Töchtern. Sie war hellblond, sah noch jung aus, und hatte ihre Haare in einem Zopf (oder waren es zwei Zöpfe?) wie eine Krone um ihren Haupt. Sie gab der zweiten Klasse Unterricht.

Frau Eckert:
Sie war die Mutter meiner Klassengenossin Dagmar. Sie hatte die dritte Klasse, doch später hat sie auch unserer Klasse Unterricht gegeben. Wahrscheinlich nur ziemlich kurz, denn ich entsinne mich nicht mehr welches Fach sie uns unterrichtete. Ich erinnere mich aber wohl noch sehr gut, dass während des Unterrichtes Fredy, Helmut und ich mit Gummiband kleine Papierpropfen durch die Klasse schossen. . Ich denke, dass ich auf die Mädchen ganz links vorne , Karin Zill oder Ulla Wallau, gezielt hatte, doch mein Propfen wich von seiner Bahn ab und traf Frau Eckert am unteren Ende ihres Rückens. . Sofort folgte die Frage, wer das nun wieder getan hatte, worauf ich mich sofort meldete. Musste dann nach vorne kommen, und da hat sie mir vor der ganzen Klasse doch eine klatschende Ohrfeige verpasst. Ich fand es sicher ziemlich genant, doch hinterher hab ich darüber lachen müssen. Von meinem Vater war ich anders gewöhnt, wenn er mit seinem Gürtel Eelko und mir auf die unbedeckte Waden haute, eine Leibesstrafe die

Meine Geschichte

wir übrigens auch meistens verdienten. – 50 Jahre später habe ich Dagmar mal gefragt, ob sie sich die Ohrfeige ihrer Mutter erinnerte. Und tatsächlich sie konnte sich das noch sehr gut erinnern, denn es war sicher nicht üblich, dass die Lehrerinnen in unserer Klasse Leibesstrafen austeilten. Ich kann mir auch noch vorstellen, dass Frau Eckert sehr erschrocken war von ihrem handeln.

Frau Gothein:
Sie war eine kleine Frau mit einer Brille, und war mal Apothekerin gewesen. Sie wusste schon so Einiges von Pflanzen und Kräuter und deshalb gab sie uns Biologie. Sie war die Mutter von Ulla und Nonni. Diese hatten beide rote Haare, die waren jedoch nicht von ihr geerbt. Acht oder neun Jahre später haben mein Freund Herman und ich sie noch mal besucht in Heidelberg.

Frau Hachgenei:
Ich ernnere mich ihr als eine kleine Frau mit schon graue Haare. Sie gab uns Latein und später, als die Japaner keine Probleme machen konnten, gab sie uns auch Englisch. Sie tat es so gründlich, dass ich mir die ersten englischen Sätze noch gut erinnere; „What the moon says. The moon says, my name is moon. I shine to give you light at night, when the sun has set. I am a big pearl among small sparkling diamonds...." u.s.w. Sie hat es uns ordentlich eingetrichtert. Hans (Hanso) und Mädi waren ihre Kinder.

Jenty und ich haben die Familie Hachgenei in 1954 in Pforzheim zwei Tage besucht. Ich habe dann auch Herrn Hachgenei kennengelernt. Beide waren sehr herzliche Menschen. Sogar meine Eltern waren mal in Pforzheim um sie zu besuchen. Doch ich komme ab von Sarangan.

Frau Külsen:
Sie gab uns Unterricht im Singen und hat uns doch eine ganze Menge „Deutsche Volkslieder" gelernt. Sie war eine hoch- blonde, hübsche Frau, jedenfalls so sah ich sie. Oft trug sie einen Dirndl. Helmut und Fredy fanden den Sangunterricht ein notwendiges Übel, denn dieses Singen war ja doch nichts für Männer. Beide hatten sie auch schon ihren Stimmwechsel oder waren gerade dabei die Stimme zu wechseln. Wussten daher nicht ob sie niedrig oder eine Oktave höher singen sollten, wodurch beide versuchten um irgendwie eine Note dazwischen zu finden. Aber wenn wir alleine waren, hatten beide kein Problem mit Singen..-----

Von Frau Külsen habe ich dann auch die Technik des Vortragens gelernt. . Mit unendlicher Geduld hat sie mir die richtige Intonation beigebracht und die richtige Redegeschwindigkeit. Sämtliche Male musste ich von ihr bei bestimmte Angelegenheiten Gedichte vortragen, wobei jedes Wort den richtigen Nachdruck haben musste. Viele Jahre später bei Vorträge, Ansprachen und Predigten, wenn der Pfarrer der Deutschen Evangelischen Gemeinde im Haag im Urlaub war und ich ihn vertreten musste, habe ich gemerkt, doch sehr viel Nutzen an diesen Privatunterricht bei Frau Külsen gehabt zu haben. Dafür bin ich Frau Külsen immer noch sehr dankbar.

Frau Peipe:
Mutter von Mary Peipe, auch eine Klassengenossin. Rechnen und Mathematik waren ihre Fächer. Nach meinem Urteil war sie die beste Lehrerin. Diese Beurteilung könnte jedoch auch daran liegen, dass sowohl Fredy Schüchner als ich uns für Mathematik interessierten. Sie hatte keine Probleme mit der Disziplin der Klasse. Ausserdem war ich ihr immer noch sehr dankbar für die Hilfe mit dem Koffer bei der Ankunft in Sarangan. Eigentlich hätte ich es ihr noch mal extra sagen müssen. Sie war eine schlanke Frau mit dunklem Haar und eine „normale" Frisur. Also kein Knoten, keine Zöpfe. Hatte weiter immer eine sehr ernste, strenge Miene.

Meine Geschichte

Frau Schut:
Bis 1945 hatte sie die Mädchen für Sport unter sich. Anfang 1945 aber bekamen wir Jungen Gymnastik von ihr. Wer auf diese Schnapsidee gekommen war ist mir immer noch schleierhaft. Merkwürdigerweise bekamen wir dies nicht in der Schule, sondern bei ihr in der Wohnung von Hotel Hansje. Nach den Übungen bei ihr hatten wir alle mindestens zwei Tage Muskelkater. Ihre favorite Übung war die Hocke, und zwar liess sie uns in die Hocke gehen und halbwegs dann anhalten und das minutenlang. Auch auf den Rücken liegend die Beine 10 cm heben und dann minutenlang anhalten war für die Bauchmuskeln sehr gut. Es war wirklich dreiviertel Stunde Radebrechen bei ihr.

Frau Wisgrill:
Die Mutter von Emmelot. Mit Frau Bode, Frau Peipe, Frau Gothein und Frau Brulez war sie schon die fünfte Mutter, die ein Kind bei mir in der Klasse hatte. Sie machte immer einen sehr strengen Eindruck auf mich, da sie eine „halbmond" (halvemaans) Lesebrille halbwegs auf der Nase hatte, doch wenn sie Jemand in der Klasse ins Wesir nahm, dann kippte der Kopf vornüber und schauten die Augen über die Gläser und zog sie d Brauen hoch. Gleichzeitig spielte so um ihren Mund ein Lächeln, dass ich nur schwe umschreiben könnte. Es war eine Art von sarkastisches Grinsen, wobei die Lippen doch eine Form annahmen, als ob sie ein „O" sagen wollte. Man wusste oft nicht was dieses Schmunzeln für Einen bedeutete, war es irgendwie eine Schadenfreude, so von :werde ich dich mal richtig hereinlegen." Oder war es gemeint als eine Ermutigung, so von: nah, sag es doch, du weisst es ja.

So dies waren so ungefähr die Lehrerinnen bis auf Einige. Die Nicht-vermeldeten sind nur kurz Lehrerin gewesen, oder waren nur für die niedrigere Klassen zuständig..

Meine Klassengenossen (Genossinnen)

Ich habe doch ziemlich lange nachdenken müssen um mich zu erinnern, wer denn so in meiner Klasse waren. Sogar jetzt weiss ich nicht, ob ich wohl vollständig bin, aber ich werde versuchen alle zu umschreiben.

Dieter von Berkholz:
Netter Kerl, Kleinste der Jungen. Wohnte mit Bruder und Mutter in Beau Site. Ich habe selber wenig Kontakt gehabt mit ihm. Hatte zugekniffene Augen, wodurch er den Beinamen „Singkeh" (Chinese) von uns Jungen bekam. Ich meine auch er war einer der besseren Schüler.

Hans Günter Bode:
Schon eher habe ich ihn in meiner Geschichte erwähnt. War wohl der Beste von den Jungen in der Klasse. War er dadurch ein „Streber"? Oder fühlte er sich belastet, weil seine Mutter Haupt der Schule war und er selbstverständlich gute Noten haben musste. Ich kannte ihn in meiner Saranganzeit als ein sich tadellos verhaltender Junge, wurde nie aus der Klasse entfernt, hatte nie eine Strafe, oder sogar Schelte. Ich hatte aber mit ihm nicht ein so guten, intensiven Umgang wie mit Fredy oder Helmut oder Herman B.

Helmut Musper:
War ein guter Freund von mir und ist es auch immer noch. Wir waren sehr oft zusammen auf dem Lawu, aber auch in Sarangan selbst fand man uns oft zusammen. Helmut tat oft sehr gleichgültig, aber im Wesen war er das sicher nicht. Er konnte sich schwie-

Meine Geschichte

rig über etwas begeistern. Man konnte sich aber immer fest auf ihn verlassen. War im Stimmbruch und konnte mit Singen schwierig den Ton fassen. Aber trotzdem sang er immer laut mit, wenn wir unterwegs auf dem Lawu waren.

Fredy Schüchner:
In Sarangan war er wohl mein bester Freund und auch nach Sarangan haben wir uns noch zwei Jahre regelmässig Briefe geschrieben, die oft ziemlich offenherzig waren. Dann hat er aber anscheinst ein Mädchen kennengelernt in Surabaja und da war Schluss mit dem Schreiben. Aber in Sarangan haben wir zusammen viel Spass erlebt beim Reiten, auf unsere Lawubesteigungen, beim Versteckspielen, oder Räuber mit den Mädchen aus unserer Klasse, wobei es aber immer so war, dass er der Gegenspieler von mir war. Er spielte Gitarre und hatte eine Ziehharmonika, war also sehr musikalisch. Und zusammen haben wir die viele Lieder, die wir lernten, gesungen, wobei Helmut dann immer die „Zweite Stimme" einsetzte.

Oki Joustra:
Er war ein richtiger „Einzelgänger". War auch sehr gut in der Klasse, hatte gute Noten weil er wahrscheinlich viel Zeit an der Hausarbeit verwendete und deshalb haben wir immer wenig mit ihm gespielt. War deshalb auch wohl ein Streber.

Onno Vrijburg:
War ein ziemlich ruhiger Junge und war auch im Internat. Da er nur kurz in Sarangan war haben wir ihn nicht gut kennengelernt.

Herman Brulez:
War zuerst in der Klasse über uns, kam jedoch später in unserer Klasse, als seine Klasse aufgehoben wurde. Jeder war gut befreundet mit ihm, wenn man ihn nur kannte. Er benahm sich meistens sehr schüchtern, doch das war so seine Bescheidenheit (oder ist das dasselbe?).

Dagmar Eckert:
Wohnte mit ihrer Mutter in Hotel Hansje. Sie war immer tadellos gekleidet, oft mit Dirndlkleid mit Schürzchen (oder ist das eine der Kennzeichen einer Dirndl?). Eine flotte Tante würde ich jetzt sagen, die sich nicht die Käse vom Brot essen liess von den anderen Mädchen.

Brigitte (Nonni) Gothein:
Wie ihre Schwester Ulla, hatte sie rotes Haar. Mit ihrem feuerroter, wallenden langen Haare war sie eine auffallende „Schönheit" und das war nicht nur die Meinung der Jungen meiner Klasse, sondern auch der älteren Jugend. Wohl hatte sie Sommersprossen im Gesicht und normalerweise ist das nicht sehr vorteilhaft für das Äussere eines Mädchens, aber bei ihr störten diese überhaupt nicht. Auf unsere Tanzabenden war sie sehr „laku". In der Gruppe der Mädchen war sie sicher nicht die „Triebfeder", doch hatte bei Aktivitäten nach meiner Ansicht einen wichtigen Beitrag und war dadurch auch in der Mädchengruppe sehr geschätzt.

Luzi Herm:
Sie war ein ruhiges und stilles Mädchen, dass einfach nett war und weiter sich nur wenig bemerkbar machte. . Sie war nur ein halbes Jahr in unserer Klasse und danach kam sie in die Klasse unter uns. Da zeigte sich also doch das Problem, dass viele Kinder vorher zu Hause kein Deutsch, oder nur selten Deutsch gesprochen hatten.

Elisabeth Johannsen („soonsoon") :
Ein sehr bescheidenes Mädchen, dass sich nicht im Vordergrund stellte. Ihr Vater war als Arzt tätig in Sarangan. Sie hatte irgendwie eine sängerische Stimme.

Meine Geschichte

Inge Kroh:
Auch sie spielte eine sehr bescheidene Rolle in der Klasse, war immer fröhlich und „goedlachs", machte jedoch oft einen einigermassen nervösen Eindruck. Hatte lange dunkle Zöpfe. Sie hatte noch einen Bruder und zwei Schwestern. Genau wie Bodes waren die Eltern von der rheinischen Mission (?),wenn ich mich nicht irre. . Hatte also eine christliche Erziehung und war dann auch sowohl in der Klasse als ausserhalb der Schule ein Mädchen, dass sich immer tadellos benahm.

Mary Peipe. (Pipa) :
Auch wieder ein Mädchen mit Zöpfen, wenn ich mich gut erinnere. War genau wie ihre Mutter (siehe Lehrerinnen) sehr lebhaft. Sie schloss sich nicht immer an bei der Mädchengruppe der Klasse.

Annegret Perlbach. (Hanebeet) :
Genau wie ihre Mutter war sie fast weissblond. Die Haare in einem Zopf rundherum den Kopf, oder wie Kopförer an den Ohren. Sie sah nett aus und hätte ganz bestimmt vielen Jungen gefallen, wenn sie mehr herausfordernd gewesen wäre. Sie war wohl sehr lebhaft. Mit sprechen hatte sie Probleme mit dem „S"..

Lilo Tottewitz:
Ein sehr bescheidenes Mädchen, dass nur immer im Hintergrund blieb. In der Klasse merkte man fast nicht, dass sie da war. Deshalb weiss ich auch nicht wie ich sie beschreiben soll.

Ulla Wallau:
Sie hatte dunkles Haar in zwei Zöpfe, die links und rechts vorne herunterfielen. . Ich denke sie war bei den Mädchen die Triebfeder. Für mich und die anderen Jungen der Klasse war sie damals „een stuk". Und hierbei lasse ich es lieber, denn sonst werde auf der Stelle lyrisch.

Edith Weinkopf (Kepala angur) :
Sie war ziemlich lang und dünn und sass in dem letzten Jahr als ich in Sarangan war gleich hinter mir. . Sie war eine flotte Tante, womit man Spass haben konnte. Sie war sehr „ad rem", also nicht auf den Mund gefallen. Parierte sofort, wenn sie geneckt wurde, und dann ohne dass sie böse wurde. Bei Streiche war sie immer vorne.. Als neben unserer Klasse die Sora Morsezeichen übte, und wir fortwährend di,di, da – da,di-di,da,da u.s.w. hörten, sprach sie beim Buchstabieren mal Ypsyloooon. Und seitd bekam sie als Spitzname: da,di,da,da (= Y in Morse)

Emmelot Wisgrill:
Auch wieder ein blondes Mädchen mit langen Zöpfen Als Tochter einer strengen Lehrerin war sie eine vorbildliche Schülerin. Ich denke, dass ich doch einen Denkfehler mache mit den Zöpfen – war sicher eine Mode damals, denn jetzt in den Niederlanden sieht man kaum ein Mädchen mit Zöpfen.

Karin Zill:
Ich weiss nicht was ich von ihr sagen könnte. Sie war nett und einfach und hielt sich meist zurück.

Vielleicht habe ich noch Jemand aus der Klasse vergessen zu vermelden, dafür dann meine Entschuldigung.

Bei der Umschreibung der Mädchen habe ich gemerkt, dass es schwierig war den Karakter zu umschreiben. Das kommt wahrscheinlich daher, dass die Kontakte zwischen Mädchen und Jungen nur sehr sporadisch waren. Gegenüber einander waren wir sehr „blasé" und wussten meistens nicht die richtigen Worte zu finden. Erfreulicherweise hat sich das später aber geändert und das macht es noch schwieriger für eine Umschrei-

Meine Geschichte

bung. Es würde interessant sein mal jetzt zu fragen , wie sie sich selber in jener Zeit gesehen haben. Und deshalb will ich hier mit mir selber anfangen.

Ich denke ich war selber ein sehr schüchterner Junge, der sich in Sarangan fühlte wie ein „vreemde eend in de bijt" (eine fremde Ente im Eisloch). War doch ein Niederländer auf einer deutschen Schule.

Ich gehörte doch eigentlich auch in einem japanischen Internierungslager, bei meinem Vater. Diese Gedanken lösten dann auch irgendwie Schuldgefühle bei mir aus. Auf welcher Seite muss ich denn stehen. Hätte ich damals gewusst, dass die Mehrzahl der Kinder eigentlich auch die niederländische Nationalität hatte, weil sie auch einen niederländischen Vater hatten oder wo der Vater wohl als Deutscher oder Österreicher geboren wurde, später die niederländische Nationalität beantragt hatte und auch bekommen, dann hätte das vielleicht meinen Selbstvertrauen einigermassen gestärkt. . Wohl habe ich mit Helmut und Fredy viel Abenteuer erlebt und habe im Umgang mit ihnen ein Wörtchen mitgeredet, doch wenn der andere dann eine ganz andere Meinung hatte, dann gab ich wohl zu oft oder zu schnell nach. Bis bei mir auch mal der Kragen platzte, sowie bei Frau Lantzius Benninga mal der Fall war. Aber da komm ich wohl noch später drauf.

Ich war von meiner Klasse auch der einzige Schüler, der im Jungeninternat war (Onno auch, aber der war nur kurz in Sarangan), und ich hatte kein älterer Bruder oder Schwester in Sarangan mit dem ich mal meine Probleme besprechen konnte. Ich habe auch viel später gemerkt, dass einige aus meiner Klasse überhaupt nicht wussten, dass ich im Internat war. Man interessierte sich wahrscheinlich nur sehr wenig für die Hintergründe seiner Mitschüler. Das es aber jetzt trotzdem immer jede drei Jahre ein Treffen gibt von Altsaranganern, womit man sich doch sehr verbunden fühlt, ist eigentlich erstaunlich. Und fremd ist auch, dass man jetzt wohl neugierig ist wie es damals mit dem oder der in Sarangan war.

Die Anzahl Schüler in meiner Klasse war 18 bis 22 und deshalb waren etwa 9 bis zwölf Schulbänke vorhanden.. Wenn ich daran zurückdenke, dann wundere ich mich eigentlich erst jetzt wieso die Mädchen hauptsächlich rechts und die Junge links in der Klasse sassen (gesehen von vorne mit Gesicht zur Klasse.) Nur in der letzten Klasse sass Edith hinter mir und machte auch dauernd den Unfug mit uns Jungen mit.

Wir hatten unglaublich viele Fächer:

Sprachen:
Deutsch(natürlich) Französisch, Latein, Indonesisch (Bahasa) Japanisch, und später auch Englisch, wie ich schon eher erwähnte.

Rechnen-Mathematik, Kosmographie, Erdkunde, Religion, Biologie, Turnen und **Singen.**

In den ersten Monaten haben wir auch noch das Sütterlin-schrift lernen müssen, und alles musste in dieser Schrift geschrieben werden. Doch zum Glück wurde dies schon nach drei Monate rückgängig gemacht und schrieben wir wieder normal. Die Lehrerinnen haben sicherlich auch gedacht, dass man hiermit uns doch hiermit überforderte, oder man sah ein, dass es für später sowieso keinen Nutzen hatte.

Als Herr Schaefer das Jungeninternat verwaltete machten wir unsere Hausarbeit hauptsächlich tagsüber, doch Herr Schaefer wollte auch, dass wir abends an unsere Bildung etwas taten. . Wir mussten uns dann alle in dem grossen L-förmigen Raum im Carleon setzen . Alle die im Scheine der zwei oder drei spärlichen Lampen sich befanden waren fleissig am lernen (oder taten alsob). Aber es waren auch Einige, die etwas weiter im Dunkeln sassen und ohne dass Schaefer etwas merkte, schon ein Nickerchen machten.

111

Meine Geschichte

Die Zeugnisse waren nach dem deutschen Muster aufgestellt, d.h. die Ziffer für die Fächer waren nach „merit rating" aufgestellt . d.h. die beste Ziffer war die 1 (sehr gut), dann 2 (gut) 3. (befriedigend), 4 (ausreichend), 5 (ungenügend), 6 (slecht).. Im Allgemeinen beurteilten die Lehrerinnen meine Leistungen so von 2 bis 4. Also war ich ein Mittelschüler, der auch ohne Probleme versetzt wurde.

Anfangs , also April 1943 bis Juli 1943 hatte ich es in der Schule ziemlich schwierig. Mit allen Fächern konnte ich redlich mitkommen, nur mit dem Deutsch hatte ich so meine Schwierigkeiten. (sowie jetzt noch immer). Vor allem das deutsche „eu" (Leute) und das niederländische „eu" (leuk) unterschieden sich durch ihre Aussprache.. Das deutsche „ö" ist das niederländische „eu". Das deutsche „eu" hatte mehr den Klang des niederländische „ui". Das war also kompliziert. Und dann auch noch die vielen Fälle, Nominativ, Genitiv, Dativ... u.s.w. und die Geschlechter der Substantive. Das waren richtige Katastrophen. Doch ich sass neben Hans Günter Bode und der war ein Grosser in Deutsch. Spicken aber war fast nicht möglich, denn sowie H.G. meine Absicht merkte, dann sorgte er dafür, dass es mir nicht möglich war. Doch kam ziemlich plötzlich eine enorme Verbesserung bei mir. Folgendes passierte nämlich: Ende Juli 1943 fuhren di Jungen und die Mädchen von den Internaten in die Ferien nach „Hause" , d.h. dort im Moment die Mütter wohnten. Dazu benötigden sie wohl einen Reisepass von der Polizei in Sarangan. Erst zu Fuss nach Ngerong, dann mit Bus nach Madiun und weiter mit dem Zug, der in Richting Jakarta, Bandung, erst spätmittags abfuhr Am nächsten Tag spätmittags oder erst am Abend kam man dann an in Bandung oder Sukabumi. Zurückdenkend war das eigentlich eine unverantwortliche Reise, weil kein Erwachsener die Kinder begleitete. Der Älteste von den Kindern war vielleicht erst 16 Jahre und der Jüngste 7 Jahre. Nur bei dieser ersten Reise waren einige ältere Jungen dabei, sowie Alex Fischer, Harold Lepp, und ein Platscheck (Vorname weiss ich nicht mehr) die etwa 18 bis 20 Jahre waren, aber diese kamen nicht wieder zurück nach Sarangan nach den Ferien von Juli 1943. Für diese Jungen war die Schule nicht geeignet, denn der Lehrstoff war für sie alte Geschichte. Die leergefallene Plätze im Internat wurden später besetzt von den Jungen aus dem Pimpfeninternat. , dass im Hotel „Fujiya" unter der Leitung von Fräulein Reichler stand.

Selber bin ich diese Ferien nicht nach „Hause" , nach Sukabumi, gefahren. Die Ursache wird wohl gewesen sein, dass ich keine „Unterstützung" bekam und die Reise natürlich Einiges kostete, obwohl es wahrscheinlich nicht viel war. . Weil das Internat also le lief, hat Frau Bode mich Ende Juli 1943 Bei ihr ins Haus genommen, und ich genoss natürlich von der grossen Freiheit, die ich dann hatte.

Frau B. wohnte in einer Wohnung auf einer Terrasse über der Schule, aber während der Zeit, dass ich bei ihr wohnte, zog sie um in die grosse Wohnung neben der Schule, zusammen mit Frau Hering und mir. Als Ende August die Schule wieder anfing durfte ich bei Frau B. in der Pflege bleiben, was natürlich jedenfalls für mich ein Glücksfall war. Bis Weihnachten 1943 blieb ich bei Frau B. Ich hatte sogar ein eigenes Zimmer.

Bei der Schule gehörte auch eine Bibliothek und ich meine, dass diese verwaltet wurde von Herrn Coerper und Frau Peipe. Ich habe während der Ferienzeit, Juli, August 1943, sehr viel Zeit in der Bibliothek durchgebracht. Und habe so ungefähr alle Bücher von Karl May gelesen, sowohl die von „Old Shatterhand und Winnetou" als die von „Kara Ben Nemsi". Dies sind sicher 12 Bücher gewesen. Anschliessend habe ich dann auch noch „Ein Kampf um Rom" gelesen, alle drei Teile und das auch noch in gothischem Schriftdruck..

Durch das Lesen dieser Bücher bekam ich so ziemliche Erfahrung mit der deutschen Sprache.. Ich hatte einfach keine Probleme mehr mit den Fällen und keine Probleme mit masculinum, femininum und neutrum.

Meine Geschichte

Weil ich deshalb plötzlich im Fach Deutsch gute Noten erzielte, ist Frau B. wahrscheinlich argwöhnisch geworden und hat vielleicht gedacht, dass ich mit H.G. gemeinsame Sache machte. Ich wurde in der Klasse versetzt und kam bei Fredy Schüchner in die Bank, was mir sehr gefiel.

Ich hätte mich mit der Umschreibung kürzer fassen können mit dem Satz in meinem Zeugnis: Passt sich gut ein in die Klassengemeinschaft.

In der Zeit, dass ich bei Frau Bode wohnte sind wir beide viel miteinander unterwegs gewesen. .Zusammen, manchmal auch mit Helmut haben wir oft Pferde gemietet bei den Javanern, die am Ufer des Sees beim Eingang von Hotel Hakone warteten auf Kunden, meist Japaner. Wir mieteten die Pferde pro Stunde und machten dann einen Ausflug zum kleinen Wasserfall, oder wir ritten um den See. Die Miete war pro Stunde (60 Nippon Sen) doch weil keiner von den Pferdevermietern eine Uhr hatte, mogelten wir immer mir der Zeit.

Meistens nahm Fredy den feurigen Jacky, einen schwarzen Hengst mit langen Mähnen, der die Gewohnheit hatte um bei einem Ritt um den See (linksrum) , die letzten 500 m, also ab Beau Site, bis zum Eingang von Hotel Hakone, im gestreckten Galopp seine Endstation zu erreichen Das war für uns das Summum des ganzen Rittes. . Mit Nora, eine braune Stute kam ich meistens etwas bescheidener hinterher.

Das Reiten hatte ich gelernt von *Herrn Schmidt* (der Schleusenschmidt) in der Zeit , dass ich bei *Frau B.* war. Mit noch einigen Jungen und Mädchen (?) lernte ich voltigieren, u.s.w. auf dem Tennisplatz hinter *Arendsnest*. Auch aufsatteln und absatteln der Pferde haben wir gelernt, sowie heben der Beine zur Kontrolle der Hufe. Abgesattelt mussten wir sogar barfuss oben auf dem Pferd stehen können während es im Schritt über den Tennisplatz ging.. Im Ganzen waren es wohl etwa 6 Stunden Unterricht gewesen. .

Der S.S. lernte uns dort auch das exerzieren, denn ich kann mir nicht vorstellen, dass Herr Schaefer oder einer der anderen älteren Jungen es mir gelernt hat. S.S. hatte auch immer seine Rohrstiefel an und kleidete sich so, als ob er ein P.G. war. Übrigens lebte er sehr zurückgezogen, war einer der Überlebenden des „van Imhoff" Drama (Buch Coerper) und soviel ich weiss hatte keiner von den Sarangan-Deutschen Umgang mit ihm. Nachher haben nur die Jungen vom Internat immer exerziert und nicht die anderen Jungen und Mädchen. Wieso sollte das denn auch, denn nur die Jungen vom Internat marschierten immer geschlossen zur Schule, zum Esssaal oder bei gemeinsamen Ausflügen.

Das Pensum der Hausarbeit, dass wir jedes Mal von den Lehrerinnen bekamen war bestimmt nicht zu unterschätzen. Was vor allem mir sehr viel Zeit nahm war das Auswendig lernen der deutschen Gedichte und die Verse von Kirchenliedern für die Religionsstunde. Gedichte von Goethe, Schiller und noch viele andere literarisch hochstehende Personen mussten wir wirklich in den Kopf stampfen. Ich habe ein Gehirn, dass hauptsächlich nur logisch denken kann und alles Auswendiglernen war immer eine Katastrophe, die extrem wurde, wenn die Lehrerin (in diesem Falle Frau Bode) in der Deutschstunde nacheinander drei oder vier Schüler vor der Klasse stellte, die dann das auswendig Gelernte der Reihe nach vorzutragen hatten. Mit Schweiss in den Händen sass ich dann in der Bank in Abwartung ob ich auch an der Reihe kommen würde. Und wenn man an der Reihe kam musste man nicht nur das zuletzt gelernte Teil vortragen sondern immer ganz von Vorne anfangen

Auch mussten wir Vorträge halten über ein Thema, das wir selber wählen durften. Da hatte ich aber wenig Mühe und ich kann mich noch erinnern, dass ich mal einen Vortrag hatte über Tiefseetauchen. Das war nur: einmal schreiben was man darüber wusste o-

Meine Geschichte

der gelesen hatte, und dann einfach erzählen. Aber die Gedichte wie: die Burgschaft, die Kraniche des Ibikus, der Taucher, das Grab am Busento, des Sängers Fluch, die Glocke u.s.w. waren wirklich „stress-erregend". (in der Zeit wusste noch keiner was Stress war). Es wurde dabei aber gar nicht beurteilt ob man eine gute Intonation hatte. Das habe ich aber wohl gelernt bei Frau Külsen und ihre Gedichte haben mir wohl immer Spass gemacht, obwohl ich muss erkennen, dass ich diese jetzt nicht mehr auswendig kenne, doch die von Frau Bode teilweise noch zitieren kann. Das Grab am Busento war für mich das schönste Gedicht. Es hat ein dröhnenden, finsteren Rythmus und ich hatte ja das Buch „Ein Kampf um Rom" gelesen, wodurch dieses Gedicht über die Westgoten mit Alarich mir geschichtlich auch interessierte..

Die Gedichte wurden uns so eingepaukt, dass ich sogar jetzt noch grosse Teile auswendig zitieren könnte. Dass das auswendig Lernen der Gedichte eigentlich nutzlos war hat sich später herausgestellt. Ich darf wohl annehmen, dass Hedi, die in 1954 und 55 anfing mit ihrem Studium für die Deutsch-Urkunde sogar nie ein Deutsches Gedicht auswendig gelernt hat.

So haben wir auch das japanische Volkslied, das „Kimigayo" auswendig lernen müsse und auch dieses kann ich noch wirklich wörtlich zitieren und singen, obwohl keiner v uns damals auch nur die geringste Ahnung hatte welche Bedeutung die Worte haben. Ich meine, dass auch Herr Coerper uns nie eine Übersetzung gelernt hat. Aber trotzdem, wenn wir es singen mussten beim Besuch eines japanischen Prominenten, dann klang es immer zu voller Zufriedenheit dieses Persons.

Dann hatten wir auch sehr viele deutsche Lieder zu lernen. Wem uns die viel Soldatenlieder gelernt hat kann ich mir überhaupt nicht mehr erinnern, doch die deutsche Volkslieder lernten wir während der Sangstunde mit Frau Külsen. Diese Sangstunde fand statt im Haus neben der Schule, also wo Frau Bode wohnte, dort war auch ein Klavier. Im Schulgebäude hätte das auch gar nicht stattfinden können, denn das wäre durch die Wände hindurch in allen Klassen zu hören gewesen.

Fredy, Helmut und ich fanden das Singen bei Frau Külsen eine Verschwendung der Zeit, vor allem weil die Mädchen der Klasse dabei waren. Ich kann mir Helmut auch schwer vorstellen, solo singend: „In einem kühlen Grunde, da geht ein Mühlenrad". Ein Lied, wobei die Tränen jedem schon in die Augen kamen. Wenn Fredy oder Helmut fü die „Singnote" solo singen mussten, dann kamen sie gar nicht damit klar. Doch wenn unterwegs waren oder irgendwo alleine sassen und Fredy hatte seinen Kroncong dabei, dann sangen wir immer aus voller Brust. Ich hatte mit „Probesingen" bei Anwesenheit von Mädchen weniger Hemmungen, obwohl ich auch sehr schüchtern war im Umgang mit dem anderen Geschlecht. Man durfte wohl aussuchen was man singen möchte für den Test, und ich erinnere mich dann auch, dass ich gesungen habe: „Ich wandre durch die weite Welt, auf Strassen und auf Gassen". .....ein Lied mit viele „Bessen" oder „Fissen" . Es war auch ein „Tränenzieher" sowie übrigens die meisten alte deutsche Volkslieder. Ich vermute, dass ich damit Frau Külsen beeindruckt habe, denn später wurde ich öfters durch sie gefragt um für bestimmte Angelegenheiten ein Gedicht zu lernen und das dann mit ihr gründlich zu üben für die richtige Sprechgeschwindigkeit, Nachdruck und Lautstärke, damit das Vortragen klappte. Meistens brauchten wir dann 6 bis 10 Sitzungen/ Für mich waren diese Übungen mit ihr nicht ein Problem. An erster Stelle war sie eine hübsche Frau, sie hatte mit mir eine endlose Geduld während den Sprechübungen und ich war jedenfalls wieder ein paar Stunden aus Frau Lantzius-Benningas Sicht, die seit September 1943 das Jungeninternat leitete.

In November 1943, als ich noch bei Frau Bode einquartiert war bekam ich plötzlich Amoebe-dysentrie. Es war sehr unangenehm, dass ich fortwährend zum Klo musste, aber weiter fühlte ich mich eigentlich nicht krank. Im Hospital beim Hotel Asia hatte dr. Johannsen das festgestellt. Folge war, dass ich sämtliche Sachen nicht essen durfte, vor

Meine Geschichte

hannsen das festgstellt. Folge war, dass ich sämtliche Sachen nicht essen durfte, vor allem keine Süssigkeiten. Ich bekam als „Obat" ein orangenfarbiges Pulver, dass ich in einem Löffel mit Wasser auflösen musste. Der Geschmack war wirklich „widoncret". Kurz vor Weihnachten bekamen wir unser Zeugnis und ich fand meines ziemlich befriedigend. Alles zweien, dreien und eine einzelne vier, mit der Bemerkung von Frau Bode: „Passt sich gut ein in die Klassengemeinschaft". Ich habe das immer eine etwas komische Bemerkung gefunden, denn was wäre, wenn diese „Gemeinschaft" nur bestand aus Faule, freche, hässliche Kinder. Man müsste dann auch diese Eigenschaften haben um sich gut einzupassen. Aber es wird wohl „gut" gemeint sein.

Zum ersten Mal, seit ich in Sarangan war fuhr ich wieder nach Sukabumi zu Mama, Eelko, Hedi und Marijke. . Zuerst eine Art Reisepass abholen bei der Polizei in Sarangan. Das ganze Internat lief lehr/ Mit den Berglern, Rudi Schmidberger und noch einige andern liefen wir nach Ngerong, von dort mit dem Bus nach Madiun und dann abends mit dem Zug nach Jakarta. Gegen Abend am nächsten Tag waren wir in Sukabumi. Berglers liefen Richtung Westen und Schmidberger und ich mussten Richtung Selabatuweg. Mama war wieder umgezogen und wohnte jetzt in einem Haus auf Bunut. Ich hatte meine Familie etwa dreiviertel Jahr nicht mehr gesehen, und weil ich nicht abgeholt wurde vom Bahnhof, die Ankunftzeiten der Züge waren nicht bekannt, war das Wiedersehen zu Hause ein Fest. Mama hatte so Einiges gebacken um mich zu verwöhnen, denn ich hatte am nächsten Tag Geburtstag und es wurde Weihnacht. Irgendwie hatte sie Mehl bekommen können und dann auch Kuchen gebacken. Sie war schon immer eine gute Köchin. Aber leider.... Ich schluckte noch immer das grässliche Pulver und durfte also keine Süssigkeiten. Hatte ein sehr fades Diät. Mama war dadurch natürlich sehr enttäuscht, nach soviel Mühe um mich zu verwöhnen. Zum Geburtstag bekam ich eine Mandoline. Die Saiten habe ich aber gestimmt wie die vier letzte Saiten einer Gitarre. Und habe darauf nur mit Akkorden Lieder begleitet.

Weihnachten verlief für mich also nicht so angenehm und ausserdem langweilte ich mich furchtbar, weil in Sukabumi keine Freunde mehr waren . Frau Steudel war die einzige womit Mama gut befreundet war und ich hatte den Eindruck, dass auch keine andere deutsche Frauen mehr in Sukabumi waren, womit Mama umging. Es gab noch eine Frau Goepfert, aber die habe ich wahrscheinlich nur einmal gesehen. Sie war eine forsche Frau, hatte ihr Gesicht aufgemacht und hatte Lippenstift, wenn ich mich erinnere. Sie rauchte wie ein Schlot und hatte einen goldenen Draht um ihren linken Zeigefinger und am Ende in der Drahtschlinge immer eine brennende Zigarette. So bekam sie dann keine Nicotin-finger.

Auf dem Aloon-aloon war in der Zeit eine indonesische Theatergruppe und zum ersten Male habe ich eine indonesische Aufführung gesehen. Die Vorstellung wurde eingeleitet mit dem Lied:

Ola Bapaja, Selamat Malam tuan, tuan dan Nonja.... Ein Lied, dass wir später in Sarangan öfters gesungen haben.

Einige Tage bevor wir wieder nach Sarangan mussten, kam einer der Bergler-Jungens als ich zufällig nicht im Hause war. Sie sagten meiner Mutter, dass die Schule einige Tage später als vorhergesehen anfangen würde, und dass wir so 4 Tage später mit dem Zug fahren sollten. Die Sukabumi-Saranganer fuhren deshalb vier Tage später nach Sarangan, aber dort angekommen stellte sich heraus, dass die Schule schon angefangen hatte und Berglers, Schmidberger und ich kamen also zu spät. Als ich mich bei Frau Bode meldete, bekam ich sofort schon vor der Tür eine furchtbare Standpauke von ihr, was ich mir als Rotznase erlaubte einfach zu spät zu kommen. Ich stand wie angenagelt, denn so hatte ich sie noch nie gesehen. Sie wollte auch gar nicht meine Erklä-

Meine Geschichte

rung hören, wieso es dazu gekommen war und ich sollte mich mal gleich melden beim Internat, denn bei ihr wäre für mich kein Platz mehr.

Und so kam ich dann wieder ins Jungensinternat. Habe dort den *Bergler* wohl um eine Erklärung gefragt. Die war ganz einfach, er hatte Geburtstag und wollte die in *Sukabumi* bei seiner Mutter feiern.

Im *Internat* kam ich dann unter die Fittiche von Frau Lantzius Benninga und wurde dann in einem Zimmer eingeteilt.

DAS JUNGENSINTERNAT UND FRAU LANTZIUS-BENNINGA

Frau Lantzius-Benninga war eine nicht sehr grosse aber wohl beleibte Frau und wohnte alleine in dem ersten Appartement (Nummer 17) vom Internatblock, dass vier dieser Appartementen hatte, alle gleich gross. Von ihrem Privatleben weiss ich überhaupt nichts. War sie verheiratet, oder nicht verheiratet? Wo hatte sie vor Sarangan auf Ja gewohnt. Was hatte sie getan? Also kam sie eigentlich aus dem Nichts. Und genau. ist sie ins Nichts aus meinem Leben verschwunden.

Vorläufig aber hat sie mir und alle andere Jungens gut unter ihrem Daumen. Für sie war alles schwarz oder weiss, mit ihr konnte man nicht reden über einen Alternativ oder einen Kompromis und man wagte es auch nicht mehr nach einem ersten Versuch. Ihr Wille war Gesetz. In ihrem Sitzzimmer stand ein Büro, wo sie immer thronte, wenn wir nach Klopfen eintraten. . Sie selber wanderte ohne Scheu oder Scham herein in unsere Schlafzimmer, auch während wir uns am Umziehen waren. . Sie war selber sehr ehrsüchtig, und anderseits versuchte sie auch bei anderen Damen beliebt zu machen. Wenn sie einen Pik auf einem hatte, dann hatte derjenige grosses Pech. Sie suchte dann so lange bis sie einen Anlass hatte zu strafen. Ihre Strafen waren: Ausgangsverbot, Schwimmverbot, „den Brotkorb hoch hängen", aber sie wurde auch öfters handgreiflich. So hatte Helmut Heubult (11 Jahre) etwas ausgefressen oder vielleicht nur etwas getan was ihr nicht gefiel. Er wurde in seinem Schlafzimmer von ihr an einem seiner Ohren gefasst und verdrehte es mit einer schnellen Bewegung. Er schrie sofort sie liess los und wir stellten fest, dass das Ohr an der Oberseite tief eingerissen w Dieser Zwischenfall wurde ihr von der ganzen Jungengruppe sehr übel genommen.

Sie hatte schon sehr schnell einen Beinamen oder eigentlich einen Spitznamen: Si Iki. Dieser Name war auch ausserhalb der Internatgemeinschaft bekannt und sie wird es also selber auch wohl gewusst haben. Wer den Spitznamen erfunden hatte ist mir nicht bekannt.

Für mich sah der Tag etwa so aus:

Aufstehn um 7.10 Uhr (Nipponzeit) Ortszeit : 5.40 Uhr. Mit entblösstem Oberkörper antreten auf der Hinterterrasse vom Internat für die Morgenübungen. Der Älteste von den Jungen, ich denke das war Dieter Buck, hatte die Führung und gab die Ubungen an. Ob es nun stürmte, kalt war oder regnete, diese Leibesübungen fanden immer statt trotz unser klagen. Aber bei schönem Wetter sahen wir immer die Sonne neben dem Willis aufgehen. Nach einer Viertelstunde konnten wir wieder abtreten. Gut waschen mit eiskaltem Wasser, vor allem die Ohren gut reinigen, denn L.B. hatte die Vorliebe um die Ohren von Innen und von Aussen zu inspizieren. Anziehn und Schuhe putzen..

Die Kleiderschränke waren eigentlich nur weiss gemalte Regale. Eine Gardine verdeckte die Stapel Kleider in diesen Schränken. Die Breite der Falte der Kleider musste gleich sein, damit alles gradlinig gestapelt war.

116

Meine Geschichte

Pro Appartement waren zwei Schlafzimmer. In jedem schliefen 4 Jungen. Jedes Zimmer hatte abwechselnd eine Woche den Kehrdienst und musste auch den Ziegelboden feudeln und Staub abnehmen. . Wenn das passiert war dann konnte der Zimmerälteste das melden bei L.B. und sie kam dann zur Inspektion. Die Türen vom Appartement mussten offen stehen und sie schaute dann ob noch ein Streifen war auf dem Ziegelboden. . Wenn ja, dann musste der Fussboden nochmals von der Feudelgruppe nachbearbeitet werden. . Keiner durfte dann ins Zimmer und meistens putzte einer dann mit einem Staubtuch den Streifen weg. . Wieder wurde L.B.gerufen, die nochmals den Boden musterte und nebenbei auch mit den Fingern über die Decklatte von Tür- und Fensterrahmen fuhr. Waren ihre Finger dann schmutzig, dann wischte sie die manchmal am Gesicht des Zimmerältesten ab, während die Internatgruppe angetreten stand auf der Hinterterrasse. Erst als alles in Ordnung war, wurde weggetreten und nach fünf Minuten war wieder antreten auf der Vorderterrasse, wonach abmarschiert wurde zum Esssaal für das Frühstück.

Die Gruppe verteilte sich im Esszimmer auf vier Runde Tische. Jeder hatte seinen Platz. Die Jüngsten sassen bei Frau L.B. am Tisch, damit sie die noch die Tischetiketten lehren konnte. Erst wenn die ganze Gruppe hinter den Stühlen stand wurde: „setzt euch" kommandiert vom Leiter der Jungen und dann machten wir uns über das Essen her. Wenn ich mich richtig entsinne war das Frühstück meistens ein Teller Maisbrei, zwei Schnitten Brot und dann eine Banane oder Apfelsine.. Die meisten aber assen ihre eine der beiden Brotschnitten nicht und hatten damit was zu essen nach der Schule.

Nachdem wir wieder zu unserem Wohnblock marschiert waren, hatten wir nur kurz Zeit für unsere Schulsachen und dann wieder antreten in Doppelreihe. Im Gleichschritt ging es dann geschlossen zur Schule. Für die Bewohner von Beau Site war diese Strecke etwa 600 M. Der Unterricht fing an um 9.00 Uhr (Nipponzeit) . Die oberen Klassen hatten bis 13.30 Uhr Unterricht. Eine Unterrichtstunde war 45 Minuten.

Die niedrigere Klassen waren eher fertig mit Unterricht. Deshalb lief jeder Internatjunge individuell nach dem Internat. Er musste sich dann erst bei Frau L.B. sehen lassen und mit Hitlergruss: „Ich melde mich zurück". L.B. fragte ob noch Besonderheiten waren, doch das war eine Formalität. Jeder ging dann in sein Appartement , machte seine Hausarbeit oder setzte sich am Basteln. Um 4.00 Uhr wieder feudeln, dasselbe Rituell als am Morgen. War alles in Ordnung dann wurde geturnt, oder Ringkampf, (August Köllner war immer der Gewinner) oder Schwimmen im See, oder wir mussten mit Frau L.B. um den See wandern. Ja, August Köllner, er hatte auch einen Körperbau wie ein Ringer, war aber sonst ziemlich „sloom" doch stark wie ein Bär. Das Turnen war hauptsächlich: Hechtrolle, Bockspringen, Handstand, Kopfstand ,Unterarmstand, Radslagen, Handstandüberschlag u.s.w.

Oder Paarturnen, sowie Tankrolle, Schulterstand. Wenn wir uns sehr fit fühlten, dann hatten wir auch einen Wettlauf um den See. Ich schätze den Abstand auf etwa 3,5 Km. Ich meine wir schafften das in 12 bis 14 Minuten. Und das dann barfuss!!. Hinter der Insel war noch ein schwerer Anstieg, eigentlich war es also ein Feldlauf.

Wie schon gesagt marschierten wir auch öfters mit Frau L.B. um den See, sangen dabei Soldatenlieder wie: „Auf der Heide blüht... Märkischer Heide....." „Heute wollen wir ein Liedlein...".u.s.w. Kurz vorbei der Schule nahmen wir den „Unteren oder den Oberen Seeweg". Dabei wanderten wir statt marschieren. Hinter der Insel trafen diese Pfade wieder zusammen mit Seeweg. Und dann wurde wieder marschiert bis Beau Site.

Dann war es so ungefähr Abendessen und marschierten wir wieder zum Esssaal . Meistens war der Saal schon voll mit den übrigen Bewohnern von Beau Site. Wenn wir dann vor der Tür zum Esssaal standen, stellte der Leiter erst fest ob Frau L.B. schon drinnen war und so ja dann durfte erst die linker oder die rechte Reihe zuerst in den Saal. Das

Meine Geschichte

dumme dabei war, dass wir immer aufpassten, dass dies immer gut abwechselnd stattfand. Weiter ging es wie beim Frühstück. Jeder bekam die gleiche Portion zum Essen, die Kleinen genau soviel wie die Grossen. Manchmal vorher Suppe und dann mit einer Obertasse abgemessene Menge Reis, Gemüse und ein paar Stückchen Fleisch. Ich meine, dass es anfangs auch ab und zu einen Pudding gab. Also das war noch gar nicht so übel, nur die Menge war sehr beschränkt und nachbestellen ging nicht. Nach dem Abendessen konnten wir wieder Hausarbeit machen, oder wenn es Donnerstag war, dann durften wir das Mädcheninternat besuchen.

Sehnsüchtig erwarteten wir immer den Samstag, denn das war „Pay Day". Wir stellten uns dann auf in alfabetischer Rangordnung und durften einzeln ins Arbeitszimmer von Frau L.B. zum Kassieren vom Taschengeld. Jetzt kommt es mir etwas komisch vor, dass die Geschäftsstelle in Jakarta mich als Holländer auch auf der Lohnliste stehen hatte. Oder dass Frau L.B. einfach eine bestimmte Summe bekam, die sie dann verteilen musste. Wenn ich mich richtig erinnere waren es immer 70 sen. . Aus den Dokumenten von Pa Coerper habe ich jedenfalls feststellen können, dass viele in Sarangan, der Lehrer oder Lehrerin war an der Schule, noch einen extra Zuschuss bekam. Einige waren sehr froh damit, denn bezüglich der finanzielle Unterstützungen wurde ein Unterschied gemacht zwischen „Volksdeutsche" (Deutsche mit der holländische Nationalität, oder Personen die doch ein paar Tropfen deutsches Blut in sich hatten) und die Reichsdeutschen.------- Doch wie es mit mir, als Holländer geboren und erzogen, war, mit nur eine deutsche Mutter, weiss ich immer noch nicht. . Jedenfalls hat Mama nie etwas bekommen von der Dienststelle und hat sie ihr Geld verdient durch backen von Kuchen, die dann von Marijke an Chinesen in Sukabumi verkauft wurden.. Oder sie verkaufte die Kleider von uns und vom Vater, die er sowieso nicht mitnehmen konnte ins japanische Konzentrationslager. Auch unser Klavier hat sie verkauft, wodurch wieder einige Monate zu essen war. .Schliesslich hat sie auch noch gearbeitet bei einem japanischen Offizier (Name war meine ich Tanaka) und später hat sie gearbeitet in Cikopo bei Boger, im Erholungsheim für die U-Bootsleute, doch darüber später noch Näheres..

DIE BESUCHE AM MÄDCHENINTERNAT.

Ungeachtet ob er eine Schwester im Mädcheninternat hatte oder nicht, jeder vom Jungeninternat der wollte durfte einmal in der Woche die Mädchen besuchen. Die Gruppe, die gehen wollte musste sich dann wohl bei Frau L.B. abmelden.

Bevor es dunkel war liefen wir dann, eine kleine Gruppe, durch den Vordergarten von Carleon und dann quer durch einen kleinen Tannenwald von etw 40 M . Dann musste man mit Vorsicht über einen Stacheldrahtzaun und an der anderen Seite hinunterspringen auf den Weg der zum Hügel Weinbrechers führte. Dies war eine Abkürzung, die ungefähr 3 Minuten schneller war als der Weg am Polizeiamt vorbei. Mensch, was man nicht so alles tat um schnell bei den Mädchen zu kommen. . Die Berglerjungs gingen immer, Werner Lux (er hatte zwei Schwestern im Mädcheninternat, noch ein paar Jungen und ich. Die Mädchen bemühten sich immer uns mit Thee zu versorgen und weiter wurde sehr wenig gesprochen, denn wir waren viel zu schüchtern. Doch wollten wir immer bis zum letzten Moment bleiben und dann war es so, dass war nur rennend nach Beau Site mussten um uns dort noch rechtzeitig bei L.B. zu melden. . Und wenn dann kein Mond war und es war glatt wegen Regen, wodurch wir nicht die glatte Büschung über den Stacheldraht nehmen konnten, dann liefen wir noch 40 M weiter, wo ein javanischer Friedhof war. Wir überquerten dann im Dunkeln den Friedhof, wodurch wir auch wieder zwei Minuten gewannen. Als 10 bis 14 Jährige liefen wir wohl mit schlotternden Knien über den Friedhof. Wir blieben dann dicht aufeinander.

Meine Geschichte

Ein einziges Mal waren zwei schon voraus und versteckten sich auf dem Friedhof hinter einem Strauch. Als die andern kamen, sprangen sie hervor mit einem: „ Buuuh.". Die zweite Gruppe fand es nicht so witzig. Ich weiss noch, dass an der rechten Seite vom Weg über den Friedhof die meisten Gräber waren. An der linken Seite waren nur drei oder vier Gräber. Man erzählte uns, dass das die Selbstmörder waren, oder die im See ertrunken waren. Hatte man den Friedhof überquert, dann kam man wieder auf dem Ringweg um den See und von da war es nur noch 150 M bis Beau Site..

Durch diese Besuche entstanden auch wohl einige Romancen zwischen den Mädchen mit einigen älteren Jungen. Obwohl wir unter einander alle Quälgeister waren, haben wir nie die Altere mit ihrer Verliebtheit gequält. Vielleicht weil wir Angst hatten das Frau L.B. es zu wissen bekam und wir dann als Strafe überhaupt nicht mehr zum Mädcheninternat durften.. Sie war doch schon so besorgt um unsere sexuelle Entwicklung und die meisten von uns waren doch schon in der Pubertät. Ihre Besorgtheit zeigte sich als sie uns mahnte nur ganz wenig „sambal" zu essen. Anfangs verstand ich dieses Gebot gar nicht, bis mir einer der Alteren erzählte von der lustweckende Wirkung von Sambal. Sie hatte auch die Wahnidee, dass wir mit unsere Babu-cuci schlechte Dinge machten.

Weil ich selber wenig Interesse hatte für die Mädchen vom Mädcheninternat, aber wohl die Gelegenheit haben wollte weg zu kommen aus dem Jungeninternat, schloss ich mich auch öfters an bei einer Dreiergruppe, die oft einen Toko besuchte oder eigentlich ein Warong, neben dem Postamt. Bei einer winzigen Ollampe (lampu templeh) hatte die Verkäuferin allerhand leckere Sachen auf dem Tisch. Meistens trieb uns der Hunger dahin. Wir kauften dann von unsere wenige „sen" einen ketanboll mit Gula-djawa und wenn wir die Chance hatten assen wir mehr als wir abrechneten, dass bekenne ich hiermit ehrlich. Dass wir von diesen Dingern nie krank wurden ist mir immer noch schleierhaft. Danach gingen wir noch zum Mädcheninternat. Frau L.B. ahnte nichts von unserem Tokobesuch.

Genauso durfte sie nichts wissen von unseren Kontakten mit dem ambonesischen Jungen Boece Lawalatha. Der war etwa 15 Jahre alt und wohnte mit seiner Mutter in der Nähe vom Hause Schüchners. Jedenfalls, seine Mutter machte herrliche Ketanbollen mit Gula-Jawa. Um diese Bollen herum war dann geraspelte Kokos (Santen) Jeder vom Internat hat sicher mal von seinem Taschengeld mehrere Male diese Bollen bei ihm gekauft. Für Boeces Mutter war das wahrscheinlich das einzige Einkommen, denn eine andere finanzielle Unterstützung hatten diese sogenannte „Indos" nicht.

Boece (Buce) schlich sich mit seinem krandjang (Mand) voller Bollen, geduckt am Internat vorbei und hinter der niedrigen Mauer zwischen dem Internatsgelände und das Sportfeld breitete er seine Sachen aus. Wir lehnten dann achtlos an dieser Mauer und kauften ihm die Bollen ab. Wir unterhielten uns mit ihm auf Holländisch". L.B. hat uns nie mit Boece ertappt. Und wir haben so immer geniessen können von „de Bollen van Boece".

DIE ERSTE LAWUBESTEIGUNG..

Während der Zeit bei Frau B. war ich auch wahrscheinlich schon das erste mal auf dem Lawu. Dieses erste Mal steht mir noch ganz klar vor dem Geist, doch in welchem Monat es war, kann ich mir nicht mehr entsinnen. Auf jeden Fall waren wir mit 5 oder 6 Jungen, worunter Fredy, Helmut und Strohsack Ein behelfsmässiger Rucksack,(hatte meine Mutter noch selber gemacht bevor ich nach Sarangan kam) Decke, Kochgeschirr und Essen für drei Tage, (u.a. Hunkwee-Mehl für Bubur, einen warmen Pullover und einen Arit (eine Art Sichel). Weil wir am ersten morgen vom Gipfel schon den Sonnenaufgang sehen wollten, zogen wir abends um 11.00 los. Das erste Mal hatten wir auch

Meine Geschichte

einen Jungen javanischen Führer mit, der musste auch so einiges für uns tragen, sowie den Reis und Ubi (Süsskartoffel).

Die Nacht war stockdunkel, kein Mond, der den Weg einigermassen erleuchtete. Die erste Stunde liefen wir auf dem Hauptweg, der von Sarangan über Cemoro Sewu nach Tawangmanggu führte. Solange man das Kopfpflaster unter seine Schuhsohlen fühlte, waren wir auf den richtigen Weg, denn man konnte nicht mal seine eigene Füsse sehen.

Und eine Lampe hatten wir nicht dabei, denn Batterien gab es schon nicht mehr. Auf dem Weg nach Cemoro Sewu, nach Arendsnest bei der zweiten oder dritten Kurve kam ich plötzlich vom Kopfpflaster ab, lief in einem Stacheldrahtzaun, wobei ich mir das linke Bein gleich unter dem Knie ganz böse offen schrammte.

Das hatte zwei Wochen später so seine Folgen, denn die Wunde entzündete sich ganz böse und auch kleinere Kratzer fingen sich an zu entzünden. Da wurde es Zeit, dass Dokter Rotter sich die Sache mal ansehen musste. Der hat mir einige Zeit zweimal in der Woche dann geimpft. (ich habe keine Ahnung was in der Spritze war). Geimpft wurde ich in der Pause der Schule. Dr. Rotter hatte seine Praxis genau an der anderen Seite vom See (ausgerechnet im Haus „Vita Brevis"). Ich lief dann im Laufschritt zur Impfung an der anderen Seite vom See und wieder zurück zur Schule, und das alles schafte ich in zwanzig Minuten und war also zurück am Ende der Schulpause.

Apropos, ich war bei der ersten Lawubesteigung. Nach einer Stunde auf diesem Hauptweg im Stockdunkeln kamen wir in Cemoro Sewu (Cemoro = Casuarien, Art Nadelbaum, doch mit Nadeln dreimal so lang als die der Kiefer, Sewu = tausend). Cemoro Sewu war ein Kampong mit vielleicht vier oder fünf Häuschen, an der Grenze zwischen Mittel- und Oscava. Die lange, herunter hängende Nadeln der Cemara's gaben schon bei sehr geringer Windstärke einen trübselige, spuckigen Laut von sich. So etwa wie ffffuuuuuiii. Und es war immer windig in Cemoro Sewu, denn der Kampong lag auf dem Pass von Ngerong nach Tawangmanggu. Kurz vorbei eine kleine steinerne Brücke bogen wir rechtsab auf einem schmalen Pfad in den dichten Wald hinein. Inzwischen hatten sich auch einige Sterne am Himmel gezeigt und so konnten wir uns einigermassen orientieren. Wir versuchten dicht hintereinander zu laufen und der Vordere sah fortwährend hinauf. Wo die Kronen der Bäume einander nicht, oder nur wenig berührten, und man also die Sterne sehen konnte, da unten lief auch der Waldweg. Eine Stunde später ka dann der Mond auf. Den Weg zu finden war dann kein Problem mehr . Manchmal kam wir noch an einige Cemaras vorbei. Obwohl man sie nicht sehen konnten, hörte man es am Rauschen der Nadeln.

Der Weg wurde immer steiler und ab und zu lief es auch im Zickzack nach oben. Wir liefen noch dicht hintereinander und es passierte manchmal, dass der Letzte einen Schrei von sich gab, da vorne sollte man das Tempo verkleinern.

Wir hatten in Sarangan mal gehört, dass sich auch wilde Tiere in den Wäldern auf den Hängen des Lawus aufhielten. Sogar einen oder mehrere Panter sollte es geben. Also waren wir doch bei dieser ersten Besteigung ziemlich ängstlich. Es könnte doch sicher ein Panter ganz plötzlich vor uns auf dem Pfad stehen. Den ganzen Weg nach oben, bis zum Kawah (Krater) haben wir deshalb laut das eine Lied nach dem andern gesungen um zu zeigen, wir wären sogar vor den Teufel nicht bange. Ausserdem hielt uns das Singen während des Laufens auch den Mut zu halten. (deshalb werden vielleicht auch soviele Soldatenlieder gesungen oder auch überhaupt bei langen Fussmärschen)..

Nach zwei Stunden ab Cemoro Sewu waren wir bei einer Weggabelung . Nach rechts ging es hinunter zum Kawah und deutlich hörte man in der Ferne das Zischen der Dämpfe die aus den Spalten des Kraters entschlüpften. Nach links führte der Weg nach den Westhang des Lawus, also die Seite von Solo, und dann zum Gipfel. Dieser Weg

Meine Geschichte

begann erst redlich flach und überquerte auch zwei Bäche. Es lagen jedoch genug grössere Steine und hüpfend von Stein zu Stein verhinderten wir, dass wir nasse Füsse bekamen. Nach etwa 1000 m kam die erste Serpentine und begann das mühsame Bewältingen von den 40 Serpentinen. Nach jede vierte Serpentine wurde kurz gehalten um zu Verschnaufen, denn der Weg war jetzt sehr steil. Nach der ersten Kurve kamen wir auch wieder plötzlich durch einen Cemara-wald. Bei der dritten Kurve hörte der Wald auf und kamen wir über die Baumgrenze. Von da ab gab es nur noch niedriges Gebüsch, kleine etwa 3 m hohe, akazienähnliche Bäumchen und Büschel langes Gras.. Der Hang an dem der Weg sich nun hochschlängelte war mindesten 45 Grad. Endlich oben kam wieder ein flacher Teil, wo auch in einer Mulde eine Plaggenhütte stand. Wahrscheinlich wurde von den Javanern hier die Nacht durchgebracht. Der Weg führte jedoch weiter über einen Berggrat, wurde auch steinig und nach rechts sah man die steile Schlucht runter zum Kawah. Diese Stelle wurde später von uns den „Balverzakkingspas" genannt (holländische Worte blieben wurden von uns immer noch gebraucht). Wahrscheinlich hatte der Strohsack diese Schnapsidee. Von da aus hatte man bei klarem Wetter auch einen schönen Blick ins Solo-Tal, sogar bis zum Merapi, aber es war an dieser Stelle immer ein starker Wind und weil man noch beschwitst war von den steilen Aufstieg musste man aufpassen, dass man sich nicht erkältete. Aber bei dieser Besteigung war die Sonne noch nicht aufgegangen An der anderen Seite der Schlucht war die Wand noch sicher 60 m höher und hinter dem Grat dieser Wand war dann der Gipfel und auch das Telogo Kuning (der gelbe See – eine grosse Mulde wo vergelbtes Gras wuchs.

Nun liefen wir 200 m am Rande der Schlucht herum und kamen in ein ziemlich flaches Gelände am Nordhang des Berges.. Der Boden war hier lehmartig und besät mit faustgrosse Steine. Die Vegetation war: Buschel langes Gras, die kleine 3 m hohen Bäumchen, Sträucher mit stachligen Zweige und hier und da javanisches Edelweiss. Nach rechts (Süden) ging ein Pfad von etwa 200m Länge hinauf zum höchsten Gipfel. (3260 m). Nach Norden lief auch ein Weg den weniger steilen Hang folgend bis zu einer Mulde. Dann kam ein Grat, über den man nicht sehen konnte wie der Hang nach Norden weiter verlief. Unser Pfad lief aber weiter zum Osthang und da stand dann auch die Berghütte, gebaut aus Eternitplatten und Wellblechplatten. Sie war schon ziemlich verfallen, ein Teil der Platten lag auf den Boden, die Türen von der Hütte waren verschwunden und Teile von Betten lagen herum.

Wir warfen unser Gepäck ab und warteten draussen, zitternd vor Kälte auf das Aufgehen der Sonne. Über dem Tal von Madiun lag unter uns eine dichte Wolkendecke, aber weit weg sah man aus der Wolkendecke die dunkle Silhouette des Willis und sogar auch den Kelut. Links davon färbte der östliche Himmel sich langsam dunkelrot, aber man konnte zuerst noch nicht raten wo die Sonne hervorkäme. Endlich kam sie dann und entfachte en wunderbares Farbenspiel. Nach 15 Minuten war das Schöne wieder verschwunden, aber dafür fingen wir an die Wärme zu spüren solange man nur nicht im Schatten der Hütte stand.

Die Arbeit wurde verteilt. Einige mussten mit ihren Arits schon Gras schneiden für unser Nachtlager. Das Gras wuchs zwischen den Sträuchern in der Mulde vor der Hütte in dichten Büscheln,(wir nannten es Pampagras), und das Schneiden war sehr bequem. Mit der linken Hand umfasste man ein Büschel und mit einem Schnitt hatte man schon das Ganze abgeschnitten. Am gegenüberliegenden Ende der Mulce fiel der Hang steil hinunter, sodass man von der Hütte aus den Hang nicht sehen konnte. Die Lagerstelle in der Hütte wurde vorbereitet, die Scherben des Eternits beseitigt und das Gras ausgebreitet. Dadurch wurde der Boden etwas bequemer zum Schlafen und ausserdem konnte die Kälte nachts nicht hochziehen. Mit Absicht war das Lager nicht sehr breit, wodurch wir nachts alle dicht nebeneinander schlafen mussten, damit jeder den andern

Meine Geschichte

wärmte. Eine Feuerstelle mit rundherum grössere Steine zeigte, dass die Hütte öfters Besuch hatte. Andere Jungen holten schon mal Holz für ein Feuer zum Kochen. Die Feuerstelle war auch in dem Raum wo wir schliefen.

Noch einige verfolgten den Weg an der Hütte vorbei, der zu einem Brunnen führte um Wasser zu holen für Thee beim Frühstück.

Der javanische Führer wurde danach zurückgeschickt nach Sarangan, denn der Rückweg war sicher kein Problem mehr. Für seine Arbeit hatte er wohl ein Oberhemd bekommen von Helmut oder Fredy

Der Brunnen war eigentlich nur ein Loch mit einem Durchmesser von etwa zwei Meter und zwei Steinstufen führten nach uinten bis zum Wasser. Es lag in einem steil auflaufenden Tälchen, das an der Oberseite endete am Rande des Telogo Kunings, die Mulde südlich vom Gipfel und die wahrscheinlich in der Regenzeit viel Wasser sammelte, das dann durch den Boden sickerte und an der Brunnstelle wieder hervortrat. Das Wasser war ganz klar und morgens haben wir uns dort auch immer gewaschen. Die Wassermenge war nicht genügend für die Entstehung eines Bächleins. Ich habe es einmal erlebt bei einer Lawubesteigung, dass als ich morgens früh an diesem Wasserloch kam, dass sich in der Nacht eine Eisschicht gebildet hatte. Also so kalt konnte es oben sein.

Am Mittag liefen wir den fast waagerechten Weg am Brunnen vorbei und nach zwei Kurven um Berggrate herum kamen wir zu zwei kleine Flächen von der Grösse eines halben Fussballfeldes. Die Flächen waren steinfrei gemacht und die Steine waren zu Steinwallen gestapelt, die reichten bis dahin, wo der Bergsüdhang steil hinunterfiel. Es sah so aus als ob früher hier eine Baufläche oder ob vielleicht Ackerbau gewesen war. Haben hier ganz früher Hütten gestanden?

Der Weg überquerte diese beide Steinwallen und führte nun ganz nahe am Südhang vorbei. Von der Stelle konnte man sogar Sarangan unten sehen und etwas mehr rechts sah man sogar auf den Sido Ramping hinunter. Wir haben sicherlich einige Zeit dort stillgestanden. Die Natur war auch still, kein Vogel piepste und nur das weite Zischen des Kawahs war zu hören.

Etwas weiter entfernte der Weg sich wieder vom Rande. Rechts vom Weg war eine lange senkrechte Steinwand. Unten lag viel Geröll mit manch grossem Steinklotzen. . Γ Oberseite dieser Wand war gleich der südliche Rand vom Telogo Kuning . In der Steinwand war auch ein Loch von etwa 1,5 x 2,0 m. Wir waren neugierig und sind über das Geröll geklettert und durch diesen Eingang hineingegangen und drangen tiefer durch. Aber bevor es so dunkel war, dass wir hätten umkehren müssen kamen wir in der Grotte an einer senkrecht hochgehende glatte Wand, und der Gang führte senkrecht nach oben. Wir mussten also umkehren..

Zurück beim Weg liefen wir weiter und standen plötzlich am Rande einer Mulde mit einem Durchmesser von etwa 60 m. wovon zweidrittel Steilwand war. An der Stelle wo der Weg endete war ein Tunnelgrotte die hinunterführte zum Grund der Mulde, die flach war und mit weissen feinen Sand belegt. Wir rutschten durch den Tunnel auf unseren Hosen hinunter und standen unten dann im „Rittersaal". An einer Stelle beugte sich die Wand zurück wodurch eine enorme Nische entstanden war. Am Fusse dieser Nische war eine schmale Ritze in den Boden wo sich feuchter, weisser Lehm befand. Diesen Lehm haben wir bei späteren Besuchen in kleinen Mengen mit nach Sarangan genommen, denn man konnte damit phantastisch modellieren. In der Sonne trocknete der Lehm und wurde dann steinhart. Trotzdem konnte man es noch mit einem Schaber weiter bearbeiten, aber der Schwefelgeruch daran blieb noch lange. Es ist wahrscheinlich Kaolin gewesen.

Meine Geschichte

Wir sind zur Hütte zurückgekehrt, denn für die Nacht wollten wir noch mal extra Holz für unser Feuer suchen. Von den kleinen Bäumchen war genug Holz. Übrigens die Bäumchen hatten an vielen Ästen merkwürdige dunkelbraune harte Knäuel sitzen, etwa so gross und der Form wie vier oder fünf Pferdeäpfel. Von der Stelle an war der Ast auch weiter totes Holz, wahrscheinlich war es eine Art Schmarotzer, der alle Nahrungsmittel aus dem Ast zog, wodurch der Ast wohl absterben musste.

. Nachdem das Feuer wieder brannte kochten wir unsern Brei und assen das Brot dazu. Wir wickelten uns dann in unsere Decken und haben sicher noch zwei Stunden manches Lied gesungen. >> Bei späteren Besteigungen hatte Fredy fast immer seinen Kroncong dabei. Während der Nacht krochen wir so nah wie möglich dicht aneinander, denn sowie das Feuer niedriger brannte fing es an bitterkalt zu werden. Als Kopfkissen fungierte ein Handtuch , darin gewickelt unsere Kleider. Mancher aber stand während der Nacht wieder auf und zog alle seine Kleider wieder an um es einigermassen warm zu bekommen. Dadurch aber wachte immer auch die ganze Reihe Schlafenden auf. Das Schlafen war also „widoncret".(eine Kwaal). Wo dieser Ausdruck herkam weiss ich immer noch nicht.

Am nächsten Morgen wieder den Sonnenaufgang bestaunt, beim Brunnen waschen, Wasser holen, Tee machen, und Frühstück. Dann ging es wieder zum Rittersaal. Am Rande der Mulde lief der Weg noch etwas weiter, aber dann standen wir plötzlich oben am Schluchtrande vom Kawah. Die Wände liefen hier fast senkrecht hinunter, und man hörte unten das Zischen und Brausen der Dämpfe. Nebelfetzen und Kawahdampf stiegen aus der Schlucht herauf und es roch stark nach faule Eier durch den Schwefel (H_2S). An der Überseite der Kluft war noch ein Gipfel. Von Sarangan aus gesehen war der Lawu ein Bergmassief mit links noch einen solitären Gipfel. (Bild vom Lawu)

Die Steilwand mit der Höhle zur rechten Seite des Pfades, war an dieser Stelle nicht mehr so imposant und wir konnten bergauf am Schluchtrande entlang die Steilwand umgehen. . Oben standen wir plötzlich am Rande des Telogo Kunings. An der gegenüber uns liegende Seite sahen wir gerade noch einige Cellengs (Wildschweine) hastig im Gebüsch verschwinden. Etwas nach rechts, dicht am Rande der Steilwand war eine fussbreite, tiefe Scharte im Boden des Telaga Kunings und ich habe immer gedacht, diese stehe wahrscheinlich in Verbindung mit der Grotte am Fussende der Steilwand. . An der Nordseite war der Gipfel des Lawus etwa 25 m höher als Telogo Kuning. Es gab kein Pfad der zum Gipfel führte und so mussten wir uns durch die Büsche schlagen bis wir ganz oben waren. Dort stand dann auf einem Brett:

Argo Domilah   Lawoe 3265 m

(Argo Domilah – Alt – Javanisch, heisst: Berg leuchtend, also : Der leuchtende Berg)

An der anderen Seite vom Gipfel führte ein Pfad nach unten und wir stiessen dann wieder auf den Weg zur Hütte. Nach einem sehr einfachem Mittagessen haben wir das Gelände nördlich der Hütte erkundet.. Etwa hundert Meter von der Hütte stand noch eine kleine sehr primitive Hütte, nur zwei Blechwände und ein Wellblechdach, getragen von 6 Holzpfälen. Die kleine Hütte stand auf einer Art Terrasse etwa 6 x 12 m. Nach Westen führte eine Steintreppe zu einer zweiten Terrasse, die kleiner war und dann noch zu einer dritten Terasse. Auf dieser Terrasse stand ein kleines steinernes Bauwerk, mit Nischen, es sah aus wie die steinerne Häuschen in japanischen Gärten. Es wurde gebraucht für das einsetzen von kleine Opfergaben. Später bei einer anderen Tour haben wir tatsächlich eine Gruppe Javaner gesehen, die mit einem Zieglein kamen, das wahrscheinlich geopfert werden sollte.. Es war bestimmt eine Heilige Stelle, die von Pilger noch immer besucht wurde. Vermutlich war es ein Überbleibsel aus der Hinduzeit (14 un 15. Jahrhundert). Die Hindus mussten fliehen vor dem Islam und haben sich zurück-

Meine Geschichte

gezogen in den Bergen in Mittel- und Oscava und nach Bali. Diese Stelle wurde genannt: **Argo Dalem. (Argo = Berg, Dalem=** Palast , in alt Javanisch).

De Nordseite unter dem Gipfel war ein ziemlich flaches Gelände, auch wieder bewachsen mit dem schon erwähnten Pampagras und den kleinen 2 bis 4 m hohen Bäumchen mit den dunklen Knäueln an den Ästen. Beim Hortus in Leiden werde ich bestimmt nachfragen was diese Knäuel waren. Und was ich bestimmt nicht vergessen sollte, es wuchs dort eine Unmenge Edelweiss, nicht die Pflänzchen, die wir in den Alpen sehen, doch bis 1 m hohe Sträucher. Von uns Jungen hatte wahrscheinlich noch keiner überhaupt Edelweiss gesehen. Das Einzige was an Edelweiss erinnern tat waren die weissharige junge Triebe. Am Ende waren Büschel winzige weisse Blümchen. Wahrscheinlich haben wir schon von dieser Besteigung einige Büschel mit nach Sarangan genommen und nochmal wahrscheinlich hat Frau Gothein dann festgestellt, dass es Edelweiss war.Tatsächlich habe ich viele Jahre später herausgefunden, dass es „javanisches Edelweiss" genannt wurde. Es gab aber auch diese Sträucher mit roten Blümchen, die jedoch sehr schwierig zu finden waren. Wir nannten es dann auch sofort „rotes Edelweiss". Nach dem Abschneiden der Büschel Edelweiss hatten sie noch lange eine angenehme Kräuterduft die sehr typisch war.

Der Abend und die Nacht verliefen wie die Vorherige, nur ich schlief noch schlechter. Wegen der Kälte schliefen wir so dicht aneinander, dass wenn einer sich umdrehte, der Nachbar sich auch umdrehen musste und so erging es der ganzen Reihe.

Am nächsten Morgen standen wir früh auf, packten unsere Sachen und liefen denselben Weg wieder bergab. Bei der Gabelung zum Kawah, wählten wir den Weg zur Kraterschlucht. Schon nach 5 Minuten waren wir unten in der Schlucht an der Stelle wo ein Bach mit lauwarmen Wasser von oben floss. Das Getöse und Zischen von den Dämpfen war jetzt sehr laut und nah. Den Bach nach oben folgend kamen wir dann bei den Stellen, wo der Dampf mit grosser Kraft aus den vielen Spalten schoss. An den Rändern hatte sich das gelber Schwefel abgesetzt und es stank dort furchtbar nach verdorbene Eier. Hier entstand auch der Bach und das Wasser hier war kochend heiss.

Links und rechts ging eine Steilwand hoch und nach vorne auch, aber diese war teilweise nicht sichtbar durch den dichten Dampf. Linke Wand war oben bewachsen mit Pflanzen und Sträucher, aber die rechte war kahl und steinig. Vermutlich könnte man ihn besteigen und dann käme man wahrscheinlich oben aus beim Rittersaal. Ich meine dass Erich Musper und Strohsack es auch probiert haben, aber sie mussten halbwegs wieder umkehren, weil es zu gefährlich wurde.

Nachdem wir uns noch gut gewaschen hatten mit dem warmen Wasser sind wir wieder zu der Gabelung gelaufen und danach gleich weiter runter nach Cemoro Sewu.. Dadurch, dass wir meistens nicht mehr den Zickzagweg folgten doch immer die steilere Abkürzungen schafften wir es bis dort in der Hälfte der Zeit als dass wir beim Steigen brauchten.

JARAK

Es waren in meiner Saranganzeit einige Perioden, wo auch ausserhalb der Schule Arbeit verrichtet werden musste. Es wohl nicht gerade ein "Arbeitsdienst", doch die Schüler ab Klasse 5 waren doch verpflichtet daran teil zu nehmen.

Erstens kam in einem bestimmten Moment (etwa 2e Hälfte 44 oder Anfang 45) Jemand auf die glänzende Idee eine Jarakplantage zu bauen. Die japanische Kriegsmaschine brauchte mehr hochwertige Schmieröle hiess es.

Meine Geschichte

Zur Verdeutlichung: Jarak ist das indonesische Wort für Rizinus. Aus den sehr giftigen Samen der Rizinuspflanze konnte das Rizinusöl gepresst werden. (Casterolie, Castrol). Viele Jahre später lernte ich, dass es ein sehr hochwertiges Schmieröl war, wobei ein Ende der Moleküle stark negative magnetische Ladung hatte und damit ergab sich eine sehr gute Haftung mit den Metalloberflächen. Der Schmierfilm widerstand dadurch sehr hohe Drucke ohne dass er sich wegdrucken liess. Doch ich möchte hier nicht zu technisch werden, denn das ist für die meisten Leser doch uninteressant und es wäre dann Angeberei..

Es wurde ein kleines Grundstück oberhalb Arendsnest zur Verfügung gestellt, ich meine es war noch nicht mal einen halben Hektar, für diesen spezialen Anbau, und dann marschierten die ältere Jungen und Mädchen (5e, 6e und 7e Klasse) die meisten bewaffnet mit pacols auf den Weg von der Schule zur Parzelle.

Wo die Pacols herkamen, wer sie uns zur Verfügung gestellt hatten ist mir unklar. Jedenfalls marschierten wir, mutige Kriegsliedern singend, und unter Leitung von Pa Kroncong und einige Lehrerinnen zum Arbeitsplatz.

Angekommen bekamen wir erst ausführliche Anweisungen. Zu sehen war dass früher schon mal an der Stelle ein Anbau war, denn es gab schon Bete. Man konnte nicht sehen was früher dort angepflanzt wurde, jetzt war nur Unkraut, Gras und „Kritil" da. Jemand hatte winzige Pflänzchen mitgenommen und die mussten dann in bestimmten Abständen in von uns ausgegrabene Löcher gepflanzt werden. Aber vorher mussten die Kuhlen mit Kuh- oder Schweinedünger gefüllt werden. Die Sonne schien unbarmherzig heiss. Ich hatte schon festgestellt, dass der harte Boden zu 30% Kies enthaltete und dass die Arbeit mit dem Pacol eine Sauarbeit werden konnte. Also Fredy, Helmut und ich befassten uns dann lieber mit dem herantragen von dem Dünger. Etwa 100 m weiter nach oben war der Schweinestall, wo Hanso und Bergler die Aufsicht hatten. Sie besorgten uns die Körbe und eine Mistgabel. Damit schöpften wir den Mist aus der Jauchgrube und in den Körben. Wir hatten unsere Schuhe ausgezogen denn aus den Körben tropfte die Mist-Jauchze-Masse auf den Pfad und schon bald war der Dreck schon über die Knöchel. Mit den vollen Körben liefen wir hinunter zu den Beten und kippten die da um. Die zwei Haufen mussten dann eigentlich von der Pacolgruppe in die Löcher verteilt werden, aber entweder war das zu schwierig, oder die Mädchen wollten keine dreckige Hände bekommen. Jedenfalls Fredy und ich verteilten den Mist dann mit den Händen über die Löcher, sodass die andern nur noch das Pflänzlein hinein zu stecken brauchten. So haben wir uns dort einen ganzen Tag damit abgerackert.

Ich denke das es auch der einzige Tag mit dem Jarak war. Wahrscheinlich sah man ein, dass es vollkommen nutzlos war. Bei spätere Besuche an diesem Feld um dort Gras zu schneiden für die Kühe vom Rosenhof haben wir keine einzige Jarak-Pflanze mehr gesehen, wohl dieses Kritil (= „muur" auf Holländisch) Karnickelfutter.

Ich könnte jetzt bekennen, dass auch wenn dieser Anbau gelungen wäre, dass die Ernte vielleicht nur 1 Liter Öl gewesen wäre. Doch im Ganzen war dies ein sehr denkwürdiger Tag und eine schöne Unterbrechung vom Schulleben, das dachten nicht nur wir sondern wahrscheinlich auch die Lehrer.

Wohl haben wir später an derselben Stelle auch noch mal versucht um „Olifantengras" zu pflanzen, denn die Kühe vom Rozenhof bekamen zu wenig ordentliches Futter. Auch aus dieser Kultur ist nichts geworden.

Schliesslich haben wir auch in der Nähe vom Hause Weinbrechers „Weizen" gepflanzt, und da muss ich allerdings zugeben haben wir wohl einige Ähren geerntet. War das eine Schnapsidee von unserem Bäcker Meinders?

Meine Geschichte

DIE KÜHE VOM ROZENHOF

Kurz an Hotel Asia vorbei, etwa bei der Abzweigung nach Arendsnest, ging ein Weg nach rechts in den Wald hinein nach Rozenhof. Nach einige hundert Meter verzweigte sich der Waldweg, der sich einem untiefen Bach entlang schlängelte. Der Bach war für die Irrigation. Über eine kleine Bambusbrücke führte ein Pfad nach Rozenhof und am Bach entlang kam man zum „Kleinen Wasserfall".und viel weiter noch nach Banju Urip.

Der Weg zum Rozenhof führte am Hang entlang und etwas aufwärts. Man gelang an einen offenen terrasförmiges Grundstück, auf der obersten Terrasse eine grosse Wohnung, die unbewohnt war. Auf den Terrassen waren Beten mit Blumenpflanzen, die gut gepflegt wurden von Javanern. Etwas weiter endete der Pfad an einem Stall. Eigentlich war es eine einfache, überdeckte, längliche Betonflur. In der Längsrichtung war eine Wand und links und rechts davon waren die Boxen von den Kühen. Wieviel es waren weiss ich jetzt nicht mehr, aber sicher waren es 6 bis acht Kühe. Es waren keine rein-rassige Tiere und deshalb war der Milchertrag alles zusammen pro Tag nur etwa fünf bis sechs Liter maximal. Doch für die Sarangangemeinschaft genügte das. Ob die Kühe ursprünglich von dem Stall oberhalb Arendsnest kamen weiss ich auch nicht. Ich rec wohl über Kühe, doch eigentlich waren diese Viecher diesen Titel nicht würdig. Sie ha ten allerdings vier Pfoten, einen Steert , ein Körper, und Kopf mit sehr langen Hörnern, und nach meiner Ansicht war in ihren Stammbaum auch etliche Male mal ein Karbau. Einen Stier gab es nicht oder der war schon viel eher geschlachtet worden. Bestimmt hätte sonst die Milchproduktion erhöht werden können und wären auch Kälber gewesen.

Eine Wiese zum grasen war nicht da und so blieben die „Kühe" immer im Stall. Für das Futter sorgten einige javanische Grasschneider, aber ab Anfang 1945 mussten abwech-selnd immer drei oder vier Jungen für Futter sorgen, wahrscheinlich reichte das Budget für die javanische Grasschneider nicht mehr. Adolf Bergler, der auch inzwischen nicht mehr im Jungeninternat war hatte die Führung und war verantwortlich für die Tiere.

Mit der Schule war es so geregelt, dass die Gruppe für das Grasschneiden soviel wie möglich von derselben Klasse kamen und jede Woche hatte man dann wohl Dienst. Selbstverständlich wurde auch gerechnet an welchen Wochentagen weniger wichtige Fächer waren. In diesem Falle waren es meistens Japanisch und Religion. Doch man musste wohl immer die vermisste Stunde nachholen.

So zog schon vor Anfang der Schule morgens die Gruppe Grasschneider los nach Rozenhof. Jeder bekam einen Arit (Art Sichel), oder man hatte seinen eigenen Arit, und zwei Körbe und Pikul. (Tragstock) . Am Anfang war genügend Futter in der Nähe von Rozenhof zu finden, doch als das gute Gras in der Nähe von Rozenhof und Arendsnest schliesslich zu Ende war, fingen wir auch an das Kritil (= „muur" im Holländischen, es wächst oft zwischen Salatpflanzen, oder an schattigen Natursteinmauern.als Unkraut) zu schneiden. Wir mussten pro Tag 40 Kilo schneiden und dieses Kritil hatte relativ ein sehr hohes Gewicht, weil es immer feucht war und ausserdem sorgten wir dafür dass auch Wurzel und Erde mitkamen. Als Adolf Bergler mal eine Bemerkung machte über die untergemischte Erde in den Körben, da waschten wir das Futter sauber in dem Bach am Waldweg. Das hatte aber wieder für uns den Vorteil, dass die Ernte noch schwerer wurde. Beim Stall mussten wir uns dann bei Bergler melden der die Körbe wog und dann zogen wir wieder los für die nächste Portion um zu unserem Pensum von 40 Kilo zu kommen. Später schafften wir auch das nicht mehr und dann wurde es herabgesetzt auf 20 Kilo pro Mann. Bergler müsste auch eigentlich immer Notizen machen vom Ge-wicht des geschnittenen Futters, tat es aber nicht und das hatten wir schnell kapiert.

Aber der Trick mit dem untertauchen der Körbe im Wasser des Baches hatte Bergler auch schnell heraus und er liess uns dann etliche Kilo mehr schneiden. Später las ich

Meine Geschichte

im Buch von Coerper, dass auch er davon wusste und es muss also in Sarangan ziemlich bekannt gewesen sein.

Nach einiger Zeit wurde auch das Kritil krapp und ausserdem behauptete Bergler, dass seine Kühe davon schlimmen Durchfall bekamen. Also Kritil wurde nach einiger Zeit verboten.Wir schalteten um auf Löwenzahn und Bambusblätter. Aber von dem blauen Löwenzahn wurden die Tiere auch krank. Das verstehe ich jetzt eigentlich nicht. In meinem Wörterbuch finde ich, dass Löwenzahn= paardebloem =Kuhblume heisst und deshalb für diese Tiere gut sein würde.

Also blieb eigentlich nur Bambusblätter übrig für die verwöhnte Viecher. Aber dann sahen wir, dass die Javaner auch Tepon als Futter in den Körben hatten und sogar unsere Kühe mochten diese Blätter auch und blieben gesund dabei, und anscheins war es sogar ein Leckerbissen. Tepon war ein 1 – 2 M hoher Strauch mit etwas haarige dunkelgrüne Blätter, die die Grösse hatten von Ulmenblätter. Auch dieses Tepon hatte fast kein Gewicht und es war eine Heidenarbeit um die Quote von 20 Kg zu schaffen. Bergler wollte aber das schneiden von Tepon stimulieren und senkte dann das Quotum von 20 Kg einige Kg herab.

Auch die Teponsträucher wurden jetzt kahl und wir mussten oft halbwegs Banju Urip laufen bis wir wieder Tepon fanden. Das hiess eine halbe Stunde hin- und eine halbe Stunde zurücklaufen Und dann noch mit zwanzig Kg auf der Schulter. Auch an der Oberseite vom Kleinen Wasserfall fanden wir die Teponsträucher, aber dann mussten wir steil hoch, und uns durch die Büsche schlagen und da wir in der Zeit oft barfuss liefen, war das keine einfache Sache. Sarangan hatte nun einmal keinen Schuhladen.

Ich denke, dass wir diese Arbeit sicher 5 bis 6 Monate gemacht haben und obwohl es eine ziemlich schwere Arbeit für 13 bis 15-Jährige war habe ich es immer mit viel Freude gemacht. Ich war weg von der Schule und hatte die Freiheit. Es gab keine Kontrolle ob wir sofort nach der Arbeit uns wieder im Internat meldeten. Wir mussten natürlich wohl eine Verabredung machen, dass der eine nicht schon um 12 Uhr zu Hause oder im Internat zurück war und die Andern kamen dann erst um halbdrei. Das wäre sofort aufgefallen.

Vom Rozenhof sind noch zwei Vorfälle die erwähnenswert sind.

Als ich mal wieder Dienst hatte und ich meine letzte Fracht bei Bergler abgeliefert hatte, lag eine von den Kühen auf dem Stallflur. Bergler stellte fest, dass dem Tier etwas fehlte und in wenigen Augenblicke wohl den letzten Atem ausblasen würde. . Er hatte Herrn Harzen schon alarmiert. Herr Harzen war in Sarangan unser Metzger und Schlachter und er sollte feststellen was mit dem Tier passieren sollte. Auf jeden Fall sagte er, das Tier sollte sofort geschlachtet werden bevor es verendete, dann wäre das Fleisch noch zum Konsum zu brauchen. und die verschiedene Hotels hätten dann wieder ihren Gästen etwas Besonders zu bieten. Also nahm er einen langstieligen Axt und haute mit einem gewaltigen Schlag dem sterbenden Tier mit der stumpfen Seite einen mitten auf dem Stirn damit es nur so krachte. Danach nahm er sein Schlachtmesser und schnitt die Kehle durch, wonach er es verbluten liess. Die Luftröhre war deutlich zu sehen und man konnte feststellen, dass das Tier noch immer atmete. Diese Szene hat auf mich einen furchtbaren Eindruck gemacht, wodurch ich es noch immer wie in einem Film vor mir sehe. Doch es hat mich nicht zum Vegetarier gemacht....... Ich meine, dass normalerweise das Fleisch eines kranken Rindes auch untauglich erklärt wird und nur noch als Futter für die wilde Tiere im Zoo gebraucht wird.

Da war noch etwas was ich mir sehr gut erinnere. Im letzten Monat von unserem Grasschneidedienst wurde als Beifütterung für die Kühe Ubi (Süsskartoffeln) gegeben. An einem Ende der Ställe, da wo wir unsere Bambus- oder Teponblätter ablieferten, stan-

Meine Geschichte

den zwei grosse Schalen mit einem Durchmesser von wohl einem Meter voller Ubi über einem Holzfeuer zu kochen. Wenn wir mit unserem ersten Fracht kamen, dann standen wir etwas unachtsam herum und schauten in das kochende Gebräu von Ubi im braun-dreckigen Wasser. Und wenn Bergler nicht in der Nähe war stachen wir mit unserem Arit eine oder mehrere Ubis aus diesen Schalen und schmissen diese in die glühende Asche unter den Schalen. Vielleicht waren auch noch andere Sachen in den Schalen, aber uns ging es um diese Ubis.. Wir zogen dann wieder los für die nächste Fracht Futter und als wir nach etwa einer Stunde wiederkamen und fertig waren mit der Arbeit, holten wir die geklauten Ubis heimlich aus der heissen Asche. Wir wickelten die Ubis dann in einige Blätter und an einem stillen Platz setzten wir uns dann hin, schälten sie und hatten dann unseren Ubischmaus. Wir haben das sämtliche Male gemacht und es war immer ein Festessen dieses Kuhfutter..

GOTTESDIENSTE

Am Anfang der Saranganzeit führte Herr Schaefer, Leiter des Grösserenjungeninter-nats, die Gottesdienste in Hotel Asia. Er war auch beruflich ein Pfarrer. Seine Predig. waren anscheins nicht so fesselnd, aber da ich nie dabei gewesen bin, kann ich das nicht beurteilen.. Jedoch zur Zeit von Frau Lantzius Benninga bin ich öfters zur Kirche in Asia gegangen, doch da predigte Frau Bode. Ich weiss nicht mehr ob ihre Predigten mir etwas zusagten. Für mich war die Hauptsache, dass ich wieder kurz aus dem Inter-nat war. Es stand in dem Raum wo der Dienst stattfand auch ein Harmonium und wo der herkam ist für mich noch ein Rätsel. Die Gottesdienste wurden ziemlich redlich besucht und da habe ich die Gesänge gelernt. Ich meine auch, dass nicht viele von meiner Klasse diese Gottesdienste besuchten. Die Mädchen meiner Klasse kamen nicht oder andere waren wieder Katholisch. Diese besuchten die Gottesdienste die Frau Brulez führte und ich meine, dass auch ab und zu ein Priester aus Magetan zu uns nach Sa-rangan kam, der dann professionell die Dienste führen konnte.

Juli 1944

Ich wurde mit akzeptablen Noten in die nächste Klasse versetzt. War es die 7. Klasse Es gab keine Grundschule, Oberealschule oder Gymnasium. Man teilte einfach die Klasse ein von eins bis neun oder auch zehn. Jeder bekam dieselbe Ausbildung und man hatte auch keine Wahl welche Fächer man wohl und welche nicht haben wollte. Das Lehrerkollegium bestimmte einfach den Lehrstoff. .... Selbstverständlich hatten wir Drei Mal pro Jahr auch ein Zeugnis und Frau Bode als Haupt der Schule, schrieb diese eigenhändig aus. Ausser mein Zeugnis sah ich später auch, dass Marijke und Eelko ein von Frau Bode geschriebenes Zeugnis hatten. Typische an dem war immer die Bemer-kung, wie man sich in der Klass benahm und so stand dann :

Beteiligt sich rege am Unterricht und: : Passt sich gut ein in die Klassengemeinschaft.

In meinen Zeugnissen hat nie was anderes gestanden, ich weiss dann auch nicht ob da auch noch andere Bemerkungen waren.

FERIEN IN SUKABUMI JULI 1944

Bei meinem letzten Ferienbesuch in Sukabumi , als ich so krank war von der Amoebe-dysentrie, hatte ich von Mama nicht nur eine Mandoline zum Geburtstag bekommen

Meine Geschichte

sondern auch eine chicke lange dunkelblaue Hose. Mama hatte die selber gemacht. Ich hatte bis dahin noch nie eine lange Hose getragen und fühlte mich bei dem Gedanken schon sehr vornehm, Doch einmal wieder in Sarangan scheute ich mich die Hose zu tragen, denn man wollte doch nicht bei den andern auffallen. . Die Hose war also in meinen Schrank gelegt und ist nicht mehr herausgekommen bis ich ihn mitnehmen woll-te nach Sukabumi. Für die Reise Juli 1944 packte ich dann meinen „Bungkus" und legte die Hose obenauf, damit er nicht zu sehr zerdrückte. Dieser „Bungkus" war eigentlich nur eine von Bambus geflochtener Korb mit dito Deckel, die man über die untere Hälfte stülpte. Ich schätze die Masse etwa 70x35x35 cm. Met einem Tau hatte ich die beiden Hälften miteinander verbunden. Ich habe mich also ziemlich abrackern müssen um dieses unglückliche Ding mit zu nehmen. Also erst mal wieder mit dem Bus von Nge-rong nach Madiun (wie ich mit dem Korb nach Ngerong gekommen bin ist mir unklar. Von Madium mit dem Zug nach Jakarta und dann nach Sukabumi, wo wir wieder nachts um 20.00 Uhr ankamen.

Auch dieses Mal kein Mensch der uns Saranganern abholte vom Bahnhof. Schmidtber-ger und ich trennten uns von den Berglers. Es regnete Bindfaden. Ich mietete zwei kräf-tige sundanesische Jungen die unser Gepäck tragen sollten. Meinem Träger band ich auf dem Herzen meinen Bungkus umgekeht auf dem Kopf zu tragen, da eine Hose nicht nass werden durfte. . Wir liefen dann via Kebondjati und Bunut nach dem Haus von Schmidtberger. Ich brauchte von da ab nur noch wenige 100 Meter zur Wohnung von meiner Mutter auf dem Selebatuweg, wo sie jetzt wohnte. Sie war wieder mal umgezo-gen.

Dort angekommen rannte ich ins Haus zur Begrüssung. Inzwischen kam auch mein Trä-ger an der Tür und Mama rechnete mit ihm ab.

Als wir nach einer Stunde ausgeredet waren machte ich den Bungkus auf und sah zu meinem grossen Ärger, dass die lange Hose verschwunden war. Die hatten die beiden Kerle also geklaut in dem Moment als ich voraus ins Haus stürmte. Wir haben uns alle noch eine Weile geärgert vor allem, weil ich die Beide wohl nicht mehr wiederkennen würde. Die ganze Zeit waren wir nur im Halbdunkeln zusammen gewesen und ich hatte ihre Gesichter nicht gut sehen können. Andererseits, und da dachten wir überhaupt in dem Moment gar nicht daran, hätten die zwei Kerle mich als 13 jährlichen im Dunkeln auf der verlassene Strasse kaputtschlagen können und mit allem verschwinden können. Wir haben also am nächsten Tag auch keine Anzeige erstattet bei der indonesischen Polizei.

Mama war also wieder umgezogen und wieder hatte ich keine blasse Ahnung weshalb. Frau Steudel wohnte neben uns und das war wohl beruhigend, doch für mich und auch für Eelko und Marijke war es weniger angenehm. Frau Steudel war sehr gebieterisch, eine zweite Frau L.B. also und das gefiel uns gar nicht. Doch andererseits denke ich, dass sie Mama immer sehr geholfen hat in dieser schweren Zeit, vielleicht sogar finan-ziell. Denn ich kapiere immer noch nicht wie sie jeden Tag wieder Essen auf den Tisch brachte. . Marijke klapperte wahrscheinlich noch immer die chinesische Tokos ab mit Mamas gebackene Kuchen und das brachte dann Geld in die Lade. Weiter wurde all-mählich unser Mobilar verkauft. In diesen Ferien sah ich noch zu Hause unser schönes schwarze Klavier mit den wegklappenden Kerzenständer über die Tastatur, doch als ich einige Monate später wieder Ferien hatte, war das Klavier verschwunden. Hedi erzählte mir vorigen Monat, dass Mama es einem Chinesen verkauft hatte für ein Spottgeld und einen Sack mit Reis. Doch diese Ferien genossen wir noch von Mamas Klavierspielen besonders das „Für Elise" und „Eine kleine Frühlingsweise."

Ich habe eigentlich noch nichts erzählt von Frau Lotte Steudel, für uns Frau oder Tante Steudel. Sie muss vor 1940 ein Hotel in Batavia gehabt haben. Das ist sicherlich in Mai

129

Meine Geschichte

1940 von den Holländern konfisziert worden. Sie war wohl verheiratet gewesen, aber ich habe nie ein Bild ihres Mannes bei ihr im Hause gesehen. Ihr Mann ist auch mit 400 andere deutsche Männer mit der „Van Imhoff" untergegangen

Mama hat sie auch erst in Sukabumi in 1942 kennengelernt. .Ab dieser Zeit bis 1945 wird sie wohl von der deutschen Dienststelle in Jakarta eine redliche Unterstützung gehabt haben und ich vermute, dass sie Mama wohl mal finanziell geholfen hat, denn Mama hatte kein Einkommen und musste sehen, dass sie auskam mit dem Ertrag des verkauften Zeugs.

Es waren in Sukabumi nach dem Aufbruch der Sarangangänger nicht mehr viele Deutsche womit Mama Kontakt haben könnte. . Nur noch die Mutter von Schmidtberger, doch die habe ich nie bei meiner Mutter im Hause gesehen. Wohl hatte Mama guten (?) Kontakt mit einer sicheren Frau Göpfert. Obwohl ich sie mal gesehen habe weiss ich von ihr nur so viel als dass Herr Coerper über sie geschrieben hat. Sie muss eine fanatische Nazi gewesen sein, sprach anscheinst gut japanisch und hatte dadurch gute Kontakte mit der Kempetai in Sukabumi. Folge war, sie fühlte sich sehr erhoben über die anderen Deutschen in Sukabumi, mit der Folge, dass die meisten wohl einen Widerwillen gegen sie hatten.

Doch als ich schon in Sarangan war hat Mama sich mit Eelko, Marijke und Hedi nochmals bei den japanischen und indonesischen Behörden in Sukabumis Rathaus melden müssen an Hand einer Mahnung, dass sie doch interniert werden sollte. Frau Göpfert jedoch hat, als Mama schon mit Koffer fertig stand zur Abführung, im Rathaus furchtbaren Stunk gemacht bei diesen Behörden und hat sie dadurch eingeschüchtert. Mama durfte mit Eelko, Marijke und Hedi wieder nach Hause.. Dadurch war Mama sie natürlich sehr viel Dank verschuldet. Und von Mama habe ich nie etwas Böses über Frau Göpfert gehört. Coerper konnte ihr gar nicht ausstehen wegen ihr Fanatismus und herrisches Vorkommen. Das sie eine etwa stattliche Frau war, die rauchte wie ein Schlot, habe ich schon erwähnt. Ich war aber nie bei ihr im Haus, Stärker noch, ich weiss nicht wo sie in Sukabumi gewohnt hat.

Lotte Steudel konnte ihr wahrscheinlich auch nicht ausstehen. Eigentlich muss ich Tante Steudel sagen, denn sie war der Boss im Hause bei Mama.

Aber ich hatte das Gefühl, dass Mama auch ihr unterlegen war. Ich war gerade in meiner Pubertät und dadurch gefiel mir das gar nicht, dass eine „Fremde" bei uns im Hau den Dienst ausmachte.. Aber nochmals, wir haben sehr vieles ihr zu danken. Sie hat sicher immer geholfen bei den Umzügen Mamas, obwohl ich nie verstanden habe wieso Mama immer umziehen musste. Als ich zu Weihnachten zum ersten Mal zurück war in Sukabumi hatte Frau Steudel einen etwa dreijährigen Jungen unter ihre Fittiche, Hannes Miksch. Seine Mutter, die zusammenwohnte mit Frau Binke war ungefähr Juni 1941, kurz nach seiner Geburt gestorben. Ich war mal mit zu Besuch bei Miksch und Binke in Situ Gunung als Hannes gerade geboren war. . Frau Binke war mit der Asama Maru über Japan nach Deutschland verreist in 1941 (?). Hannes ist also während den weiteren Kriegsjahren von Frau Steudel sehr streng erzogen worden. Hedi behauptet, dass er sogar eine sehr schwere Jugend bei ihr hatte. . Nachts band sie seine Hände fest an den Gittern von seinem Bett und tagsüber lief er oft herum mit seinen Händen hinter seinem Rücken gebunden. Sie hatte mal gesehen, dass der Kleine Interesse zeigte für seinen Geschlechtsorgan. Steudel hatte selber nie Kinder gehabt und konnte sich dann auch nicht vorstellen, dass man sich als Junge kratzen möchte wo es Juckt.

Sehr viel später , nach der „Eerste Politionele Aktie" als Sukabumi gerade drei Tage wieder von holländischen Soldaten besetzt war, haben Papa und ich Sukabumi besucht um zu sehen, ob von unseren Sachen noch etwas da war. Dabei haben wir Unterkunft

130

Meine Geschichte

gehabt bei Frau Steudel und auch Papa hatte sofort Probleme mit ihr. Hannes war da schon nach Batavia, sowie die Stad dann wieder hiess.

In 2006 hörte ich zufälligerweise, dass Hannes in 1945 in ein katholisches Kloster in Batavia abgesetzt war und dort von den holländischen Schwestern Unterricht bekommen hat. Ich habe ihn 2006 angerufen und er erzählte mir, dass sein Vater von Dehra Dun aus nicht nach Java reisen durfte um ihn dort abzuholen. Herr Miksch, der Vertreter der 4711 in Nederlandsch Indie war, wurde mit den andern Deutschen von Dehra Dun nach Deutschland abgeführt. Der Zufall wollte, dass Hannes dann in 1947 mit demselben Schiff als die grosse Gruppe Saranganer nach Deutschland gekommen ist, jedenfalls er erzählte mir, als er auf dem Schiff war in der zweiten Hälfte von 1945, dann waren auch sehr viele Deutsche an Bord, die er aber nicht kannte und von die er auch nicht wusste woher die kamen. Ich habe ihn dann erzählt von uns Saranganern.

Aber ich muss jetzt zu der Saranganzeit zurück sonst stimmt die Geschichte chronologisch nicht mehr.

ZURÜCK IN SARANGAN

Zurück in Sarangan kam ich wieder unter der Obhut von Si Iki (Frau Lantzius Benninga).

In Sukabumi hatte ich meine Laubsäge wieder gefunden und auch noch eine Anzahl Sägen, wovon sogar einige gedrehte, spiralförmige Sägen, etwas ziemlich besonders damals. Nicht die Richtung des Laubsägenbügels bestimmte da die Schnittrichtung, sondern die Druckrichtung den man auf die Laubsäge ausübte.

Man hatte uns auch inzwischen einen andern Klassenraum zugewiesen, nämlich an der Seite die grenste an einem Tannenwaldlein. Noch immer mussten wir Gras schneiden für die Kühe an Tagen wo auch Japanisch unterrichtet wurde. Doch hinterher war dieses Verpassen gar nicht so schlimm, denn Japanisch hat fast keiner später noch nötig gehabt.

Ich würde bald 14 Jahre werden und wurde schon frecher und mehr ungezogen. Bis dahin war ich in der Klasse ein vorbildlicher Junge gewesen, obwohl ich es von mir selber sage.

So war mal bei einer Unterrichtsstunde von Frau Eckert (Erdkunde?) dass wir Jungen mit Gummibändchen Papierpropfen durch die Klasse schossen. . Ich sass in einer Bank ganz hinten links in der Klasse und zielte auf die Mädchen in der vorderen Reihe. Wer das Opfer sein sollte weiss ich nicht mehr, jedenfalls zielte ich nicht richtig und der Papierpropfen traf Frau Eckert genau auf den unteren Teil des Rückens. Meiner Ansicht nach müsste das nicht geschmerzt haben, sie hatte es aber doch gefühlt. Sie lief sofort Rot an vor Wut, forderte, dass der Täter sich sofort meldete. Ich machte da keine Probleme und hob sofort meinen Finger. Ich musste dann nach vorne kommen und als ich dann vor ihr stand bekam ich eine kräftige Ohrfeige und durfte mich dann wieder setzen. Verglichen jedoch mit den Schlägen mit dem Gürtel, sowie mein Vater sie uns sehr oft traktierte war dies nur ein schlaffes Absud. Und ausserdem war ich sehr froh keine Strafarbeit zu bekommen, denn das hätte L.B. sicher gemerkt und dann hätte ich von ihr sicher noch eine Zugabe bekommen. Keiner hat auch Frau L.B. von diesem Vorfall berichtet. Grosser Vorteil also, dass sie wenig mit den andern Frauen umging. Soweit mir bekannt, ist es auch das einzige Mal gewesen, dass jemand von unserer Klasse von einer der Lehrerinnen einen Runtergehauen bekam und darauf könnte man auch wohl stolz sein.

Meine Geschichte

Bei unserem Treffen in 1989 fragte ich Dagmar, die Tochter von Frau Eckert, ob sie sich den Vorfall noch erinnern konnte. „Ja. Ich habe mich damals furchtbar geschämt, dass meine Mutter sich so hat gehen lassen". Ich denke, wenn ich das so höre, dass es ihrer Mutter hinterher auch etwas Leid getan hatte und das tut mir dann auch wieder gut. Es ist doch wohl ein Bisschen fremd, dass eine Klassengenossin sich diesen, für sie unwichtigen Vorfall, noch erinnert.

Inzwischen war es auch möglich geworden, dass Eelko und Marijke nach Sarangan kommen durften. Wenn ich mir so die Zeit überlege müsste es so im August oder September 1944 gewesen sein. Es war jedoch kurz nach meiner Ankunft. Wer sich dahinter geklemmt hatte weiss ich leider nicht. Vielleicht wieder die Göpfert. Frau Steudel hatte sie von Sukabumi nach Sarangan gebracht. Ich denke, man fand das sicherer, da sie ja deutlich die Deutsche war mit der deutschen Nationalität. Wenn unterwegs etwas passieren würde, dann konnte sie besser auf Hilfe rechnen von der deutschen Dienststelle in Jakarta. . Die „richtige" Deutschen liefen auch mit dem Hakenkreuzeichen auf der Brust, und dieses Zeichen war auch bei den Indonesiern gut bekannt. Es handelte sich dann um einen „tuan oder Njonja Jerman und den oder die sollte man nicht belästigen"

Frau Steudel lieferte also Eelko ab bei Si Iki und Marijke kam in das Mädcheninternat das unter der Leitung von Fräulein Reichler stand. Frau Steudel ist kurz danach wieder abgereist nach Sukabumi, denn ich kann mir nicht mehr erinnern wo sie in Sarangan Unterkunft hatte. Dass ich eine Schwester hatte im Mädcheninternat war sehr wichtig, denn ich hatte jetzt einen handfesten Grund um an den Besuchabenden dorthin zu gehen.

Eelko und Marijke gewöhnten sich sehr schnell am Internatsleben und Eelko wurde von Si Iki bald zärtlich die „Sprungfeder genant, weil er sehr beweglich war und nicht stillsitzen konnte. Marijke machte sofort Eindruck auf die Lehrerinnen durch ihre gespielte Haltung. Später wurde sie dann auch oft für Aufführungen gewählt als eine der mitwirkende Schauspielerinnen. . Wie die beide es in der Klasse machten, darüber habe ich mir nie Sorgen gemacht. Nach Marijke, die damals erst 10 Jahre war habe ich mich schon gar nicht umgesehen. Die musste selber sehen wie sie auskam. Und das tat sie dann auch vorzüglich, denn nie habe ich mich um sie kümmern müssen. Eelko kam jetzt auch immer mit zum Mädcheninternat und hatte sogar schon bald eine Vorliebe für eine der Mädchen.. Selber hatte ich nie ein persönliches Interesse für diese Damen. Ich fa die Mädchen meiner Klasse interessanter und meinen Vorzug lag also eher in der Ric.. tung.

UNSERE UNIFORMEN

Die Jungen vom Internat bildeten eine feste Gruppe. Wir waren in der Freizeit als Gruppe oft unterwegs und dann wurde, wenn der Weg das jedenfalls erlaubte, in „Doppelreihe" oder „Marschkolonne" marschiert und aus vollem Halse gesungen. Die Lieder waren meist Deutsche Soldatenlieder, Marschlieder. Ich kann mir ja auch nicht eindenken, dass wir auf die Heimatslieder marschieren konnten. Also mussten es Lieder sein sowie: „Auf der Heide blüht ein kleines Blümelein" oder „Es zittern die Morschen Knochen" oder: Heiss ist die Liebe und kalt ist der Schnee, ja Schnee..." oder „Märkische Heide"... „Es ist so schön Soldat zu sein, Rosemarie.." „ O du schöner Westerwald..." Heute wollen wir ein Liedlein singen, trinken wollen wir den kühlen Wein.."

Wenn ich jetzt so daran zurückdenke war es eigentlich ziemlich blöd, dass wir 9 bis 16 Jährliche sangen von morschen Knochen, von heisse Liebe, vom Wein. Alles was wir nie gesehen hatten, was wir nicht waren, oder was wir nie getrunken hatten.

Meine Geschichte

Das marschieren geschah immer unter Anführung vom ältesten Internatsjungen aus der höchsten Klasse. Was nur noch fehlte, war, dass wir keine Uniformen hatten. Doch Ende 1944 bekamen alle Internatsjungen doch eine Uniform von Khakistoff und dabei sogar eine Mütze. Frau Weiss, die Mutter von Henk und Robbie (Robbie war im Internat) hatte dafür gesorgt und Jemand hatte auch bei uns die Masse genommen. Diese Uniform wurde nur von uns getragen wenn wir „geschlossen" marschierten. . L.B lief dann hinter der „Kolonne" stolz wie eine Pfau mit ihren Kücken.. Ohne ihrer Begleitung durften wir uns nicht in Uniform zeigen.

Die Uniformen wurden in einem ausgezeichneten Zustand abgeliefert. Sie waren gut gestärkt und gebügelt. Die Bluse hatte zwei Brusttaschen, die man mit einer Klappe zumachen konnte. Unterscheidungsmerkmale oder Ehrenzeichen waren nicht drauf. Die kurze Hose war vom selben Stoff. Weiter gehörte dazu eine Mütze in der Form einer Marinemütze. (Schiffchen). Schuhe und Gürtel hatten wir nicht dazu bekommen und so war das Schuhwerk also unsere normale tägliche Schuhe und da fehlte so Einiges an. Lederschuhe gab es schon lange nicht mehr und soweit ich mich erinnern kann hatte ich bis dahin nur immer tuch-gummi Turnschuhe getragen. Wir liefen also in weissen oder braunen Tennisschuhe. Manche Jungen hatten sogar die nicht mehr und liefen dann auf Sandalen von irgendeinem Speckgummi gemacht. Neu rochen die stark nach Schweinespeck, aber nach einer Woche stanken die ganz furchtbar nach Schweissfüsse.(tenenkaas). Das Material konnte auch überhaupt keine Feuchtigkeit aufnehmen. Diese Schuhe durften von uns auch nachts nicht in den Zimmern bleiben, doch wurden draussen auf die Terrasse gestellt.

-Diese Uniformen waren also nicht ganz komplett. Ich habe nie gefragt welchen Eindruck wir mit den Uniformen machten bei den andern Kindern in Sarangan. Bei einem Treffen viel später habe ich Helmut mal gefragt was er damals davon fand. Aber Helmut hat nie gewusst, dass wir Internatsjungen Uniformen hatten und glaubte sogar meine Behauptung nicht mal. Auch Otto kann sich nichts davon erinnern. Also der Eindruck auf Andere war damals nul-komma-nichts. Das ist für mich doch wohl sehr enttäuschend. Aber auf die Uniformen komme ich später noch mal zurück.

Ich schrieb schon was von unseren Schuhen. Wir liefen also sehr oft barfuss und das war für manche von uns fatal für die Fußsohlen. Da auch das Klo im selben Zimmerchen als das Badebecken war, wurden die Füsse täglich sämtliche Male nass. Und so bekamen einige von den Jungen, auch ich, Probleme mit „kutu aer" Es sollte eine Art Bakterie sein, die sich nährt an der Fussschwiele.. Dadurch entstehen unter dem Fuss Stellen ohne eine dicke Schwiele und beim Barfuss-laufen auf Kies schmerzte das selbstverständlich. Alle Indonesier hatten Probleme damit aber die liefen ja nur barfuss, wodurch diese Bakterie durch Verschleiss einfach wieder entfernt wurde.

Mama hatte mir eine winzige Flasche mit Salizilspiritus gegeben. Woher sie die hatte ist mir nicht ganz klar, aber damals wunderte ich mich nichy darüber. Jeden Abend, sitzend auf meinem Bett tupfte ich mit dem Korken meine Fusssohlen ein . Nach drei Wochen war noch überhaupt kein Resultat zusehen. Da passierte mir das Unglück, dass ich die Flasche umstiess und der ganze Inhalt auf dem Ziegelboden lag. Sofort bin ich dann mit beide Füsse in die Lache getreten und habe wahrscheinlich eine Minute so gestanden. . Und das Wunder war da, nach drei Tage waren die Schwielen wieder angewachsen. Von Kutu Aer war nichts mehr zu sehen, besser noch, ich habe es nie mehr gehabt.

Weiter hatte ich in der Zeit keine Krankheiten. Wohl schickte Frau L.B. mich mal zu Dr. Rotter, der sich mein Rücken ansehen sollte. Sie machte sich Sorgen weil mein Rückgrat stark gebogen war. (ob das kam vom Tragen der schweren Körbe beim Gras-

Meine Geschichte

schneiden?) Dr. Rotter wollte es sich gründlich ansehen und bat mich meine Hose herunter zu lassen. Normalerweise mache ich keine Probleme mit strippen und hatte keine Hemmungen unter Männer. Doch in diesem Falle war auch Liesl Wallau, Assistentin von Dr.Rotter, und die Schwester von Ulla in meiner Klasse, im Untersuchungszimmer dabei und da wurde mein Keuschheitsgefühl überfordert. . Es hat mir sehr viel Überwindung gekostet meine Hose herunter zu ziehen. Ich schämte mich fast halbtot für Liesl. Und auch andere, Freunde von der Klasse habe ich nie etwas erzählt von diesem Vorfall, denn ich fand es furchtbar peinlich. Etwa 50 Jahre später, als ich Liesl mal besuchte, habe ich Liesl (Liesbeth) gefragt ob sie sich meinen Besuch an Dr. Rotter für meinen Rücken noch erinnern konnte, doch sie behauptete hoch und teuer das wäre nicht der Fall. Und nun sitze ich mit der grosse Enttäuschung, das mein nackter Hintern so wenig Eindruck auf sie gemacht hatte. Typisch ist auch hier wieder, wie eine bestimmte Situation einem ins Gehirn geprägt ist, aber ein Anderer sich gar nicht mehr erinnern kann.

Hachgenei

Wie ich schon eher erwähnt habe war Frau Hachgenei einer unserer Lehrerinnen. Sie gab uns u.a. Latein, eine Sprache die nicht mehr existierte und ich war deshalb wenig darin interessiert.

Ihre Tochter Mädi und Sohn Hans wohnten in Hotel Asia etwas oberhalb Hotel Hansje.. Weil beide einige Jahre älter waren als ich, kann ich mir Mädi nicht mehr so gut erinnern, ich weiss nur noch, dass sie nett aussah.

Hanns kann ich mir sehr gut erinnern, obwohl er sicher drei Klassen über mir war. Ich meine, dass jeder ihn ein sympathischer Kerl fand und das war er sicher. Ich habe in September 1945 auch einige Male Boxunterricht von ihm gehabt. Die Boxhandschuhe waren irgendwie gefunden worden und Hanns hat Fredy, Helmut, mir und wahrscheinlich noch ein paar andere Jungen etwa sechsmal Unterricht gegeben an Nachmittagen in einem der Räume von Beau Site. Dort betrieben wir diesen edlen Sport, wobei man den Gegner versucht mürbe zu schlagen. Wieso ich mir als ein „schmächtiger" Junge von Hanns immer mit Helmut prügeln musste weiss ich nicht, doch Helmut schonte mich überhaupt nicht. Für ihn war ich eine Macke. Nach jeder Partie mit ihm war ich vollkommen groggy, obwohl ich niemals von ihm knock-out geschlagen wurde.

Am 13 Dezember 1944 ist dann uinerwartet Mädi nach einem Anfall von Angina gestorben. Sie ist die Einzige von uns Saranganern, die in Sarangan gestorben ist und ist deshalb jeden fest im Gedächtnis geblieben. Ihr Grab liegt auf dem Bergrücken hinter Hotel Bergzicht, doch wir haben sie ab Hotel Asia, am Kleinen Wasserfall vorbei, und dann am Hang endlang zu Grabe getragen

Sicherlich sind nicht alle Saranganer bei der Beerdigung dabei gewesen, an dem Platz hätten auch keine 400 Leute stehen können. Frau Bode machte dann die Grabrede und wir haben das sehr bekannte Lied gesungen: : „So nimm nun meine Hände und führe mich....", während allen die Tränen in den Augen standen.. Vor allem Frau Hachgenei war da eine total gebrochene Frau.

Dass wir alle tiefbewegt waren von dem was da passiert war, zeigte sich dadurch, dass jeder der Sarangan viel später mal wieder besuchte nie vergass auch dem Grab Mädis einen Besuch ab zu statten. Das Grab ist noch immer da und es wird gut gepflegt von einem der Kampongbewohner in der Nähe, der dafür eine regelmässig bezahlt wird..

Sowie Jemand das Grab besucht erscheint auch er, denn er weiss er bekommt dann was.

Meine Geschichte

WEIHNACHT 1944

Weihnachten 1944 wurde in Hotel Asia gefeiert. Die ganze Organisation des Festes lag in Händen von Frau Külsen, sie hatte Erfahrung mit Vorführungen. Die Kinder mussten fast alle mitmachen und es wurde gesungen. Wenn ich ehrlich wäre kann ich mir davon nur sehr wenig erinnern. Nur weiss ich, dass eines der Lieder war: „Leise rieselt der Schnee." Als Kulisse dienten da Fäden, die an langen Stöcken befestigt waren und an den Fäden waren Wattebauschen gebunden. Während des Singens wurden dann die Fäden im Hintergrund hinter einem Fenster hinauf und hinunter bewogen und sollten dann damit den Eindruck geben, als ob es draussen tatsächlich schneite. Weiter weiss ich noch, dass ich ein Gedicht vorgetragen habe. Es war ein sehr finsteres Gedicht von Glocken und Krieg. Den Text habe ich zufällig wieder irgendwie aufgegabelt und werde ich hier auch aufschreiben. Viele Male war ich bei Frau Külsen um das Gedicht einzu-studieren. Endlich war sie dann zufrieden mit der Interpretion

Das war ganz anders als ich normalerweise ein Gedicht von Schiller vortragen musste vor der Klasse. Das war dann auch kein Vortrag, sondern es zeigte nur, dass man es gut oder nicht gut auswendig gelernt hatte. Schon eher habe ich über dieses Thema geschrieben.

Das Gedicht von den Weihnachtglocken habe ich gut vorgetragen, ohne Stocken und Stossen. Marijke behauptete nur, dass ich etwas zu zackig" mich auf die Mitte der Büh-ne aufstellte und dadurch einen zu militärischen Eindruck abgab. Doch Frau Külsen wird es wohl so gewollt haben. Weiteres von diesem Weihnachtsfest ist mir entgangen, viel-leicht war ich schon in Gedanken wieder in Sukabumi und was ich mitnehmen konnte für Mama zu Weihnachten.

Unterstehendes Gedicht hat Frau Külsen mit mir eingeübt und habe ich Weihnacht 1944 in Hotel Asia vorgetragen.

Weihnacht 1944

Nun heben in weher , weinender Qual
Christglocken an zu klingen.
Von allen Höhen, aus jedem Tal,
Schütternde Notlieder klingen.

Und sie wagen das Wort der Liebe kaum
Und künden in schweren Akkorden,
Wie aus dem heiligen Weihnachtstraum
Meere von Hass geworden.

So dräut und wuchtet es dumpf herauf,
Was die Glocken schallen und schlagen,

Bis eine aus dem dräuenden Hauf
Anhebt wie Kinder zu fragen:

Soll löschen das heilige Weihnachtslicht,
Dass die Liebe begraben werde,
Steht der Gnadenstern von Bethlehem nicht
Über der blutenden Erde?

Soll alle die gläubige Hoffnungsmacht
In den dürstenden Seelen verfallen,
Soll denn in eisiger Hassensnacht

Meine Geschichte

Das "Frieden auf Erden" verschallen?

Und nun eine Glocke zur andern kam

Um auch von Liebe zu singen,

Und über den wehen, weinenden Gram

Blüht wieder das himmlische Klingen

Dieses Weihnachten war ich also wieder nach Sukabumi gereist, nun aber auch mit Eelko und Marijke. Für Marijke war diese Reise eine Katastrophe, denn sie hatte schon seit einige Tage furchtbare Zahnschmerzen, die sich während der Reise noch verschlimmerte. Im Zug sass sie jämmerlich in einer Ecke und stöhnte ab und zu vor Schmerz. Es war auch deutlich sichtbar an der geschwollenen Back, die ganz rot glühte.. Ich fühlte mich dabei ganz hilflos, denn Aspirin oder andere Tabletten hatte ich nicht dabei. In Sarangan war auch kann Zahnarzt der regelmässig Patienten behandeln konnte. Ich habe in Sarangan nur einmal einen Zahnarzt besucht, der wahrscheinlich von Madiun kam und mein Gebiss checkte.

Als wir in Sukabumi ankamen, musste Marijke noch bis zum nächsten Tag warten und dann ist Mama mit ihr zu einem chinesischen Zahnarzt am Grote Postweg (Orang P tong Gigi) gezogen und der hat ihr den Backenzahn ohne Betäubung gezogen. Für Marijke muss es furchtbar schmerzvoll gewesen sein, doch nach einige Tage war ihr Gesicht wieder normal und die Schmerzen verschwunden.

Noch eine Bemerkung: die chinesische Zahnärzte hatten immer ein deutliches Aushängeschild über ihren Eingang, mit darauf eine Abbildung eines Hauptes, so von der Seite. In der Abbildung war dann die Wange entfernt und man konnte so das Gebiss von der Seite gut betrachten. Schon das war Furchterregend.

MEINE SORGEN

Diesen Urlaub bekam das Verhältnis mit meiner Mutter einen Schock. An dieser Stelle möchte ich aber nicht weiter darauf eingehen. Sie hat nach meiner Meinung nicht gemerkt, dass ich Mühe hatte mit unserem Verhältnis, wenigstens das hoffe ich und spät bin ich auch nie mehr darauf zurück gekommen.. Aber zum ersten Male war ich froh die Ferien vorbei waren und ich wieder nach Sarangan konnte mit Eelko und Marijke.

Ich muss wohl gestehen, dass ich danach im Internat an diese Situation zurückgedacht habe.

Mich quälten auch noch andere Gedanken.

Schon lange hatte ich nichts mehr von meinem Vater gehört. Wohl wusste ich, dass er inzwischen in einem Internierungslager bei Cimahi war. Ein oder zweimal hatte ich eine Postkarte von ihm bekommen, zwanzig Worte, in Druckschrift in Bahasa Indonesia sonst machte die Zensur Probleme. Hiervor habe ich nicht darüber schreiben wollen, aber oft habe ich nachts im Bett geweint als ich an ihn dachte und vor meinem Geistesauge mir vorstellte wie es wäre im Lager. Selbstverständlich hatte ich gehört und auch schon vor der Saranganzeit gemerkt, dass die Japaner sehr grausam sein konnten. Stundenlang in der Sonne strammstehen, wobei einer nach dem andere umkippte. Schläge mit Peitsche oder Bambusstock waren normale Ereignisse. Auch ab und zu eine öffentliche Hinrichtung. Natürlich war wohl immer ein Anlass dazu, aber meist war es nur eine Lappalie oder nur einer hatte etwas verbrochen und dann wurde die ganze Baracke oder das ganze Lager gestraft. Und dann auch noch das schlechte und wenige Essen.

Meine Geschichte

Wie würde es mit ihm gehen? Lebte er noch. War er vielleicht schwerkrank? Dies ist auch etwas was ich nie andern erzählt habe, aber ich möchte es hier ehrlich bekennen, damit mein Nachwuchs bloss nicht denkt, ich wäre hart und gedankenlos. Es war bestimmt kein Heimweh, denn es ging hier nur um die Person Papa oder Mama. Wohl ist es fremd, dass es hier um meine Eltern handelte mit meinen Sorgen, aber nie habe ich über mir selber Sorgen gemacht. Bange war ich wie es Papa oder Mama gehen würde, wie der Zustand, der Krieg, das Lager, enden sollten doch für mich selber habe ich keine Angst gehabt..

Wohl war immer eine Zwiespalt der Gefühle. In welchem Lager gehörte ich nun eigentlich. Im holländischen Lager, oder im deutschen Lager. Selbstverständlich wollte man an der richtigen, die gute Seite stehen. Meine Zweifel über die holländische Seite waren natürlich gegründet durch die Probleme, die Behandlungen und Beschuldigungen, die mein Vater hatte einstecken müssen. Und dann was passiert war mit der „Van Imhoff" und meiner Spielkameradin Renate Quack. Meine Zweifel gegenüber die Deutschen waren hauptsächlich gegründet auf den Einzog der Deutschen in Holland 1940. Über die Verfolgungen von den Juden war mir damals noch nichts bekannt, ebenso wie es wahrscheinlich anderen in Sarangan nicht bekannt war, denn wir lebten doch ziemlich abgesondert von den Weltereignissen, kein Radio, keine Nachrichten, nur etwas Propaganda von deutscher und japanischer Seite und von Propaganda habe ich seit Kriegsanfang meinen Skepsis.

Doch kann ich mir noch sehr gut erinnern, als ich meinem Vater in 1941 über dieses Problem befragte. „Harald, mach dir keine Sorgen über die Situation und Verhältnisse Niederlande – Deutschland. Es wird wohl eine Zeit kommen, dass die Deutschen wieder abziehen und die Niederlande nicht mehr besetzt ist und also wieder selbständig ist." Er hat gefühlt wo bei mir das Problem lag und ich sehr viele Probleme bekommen würde mit einer Wahl. Dass ich in Zukunft oft konfrontiert werden würde mit Situationen, mit Aussprachen von andern, Freunde uns Bekannte, wobei ich dann wählen müsste an welcher Seite ich stände, an der Seite der Niederlanden, sowie es meiner Geburt geziemte, doch ein Land war, wo ich nur drei Monate von meinem Leben verbracht hatte oder musste ich sympathisieren mit den Deutschen, trotz der Besetzung der Niederlande. Wie musste ich urteilen und verurteilen. Meine Erfahrungen mit der Haltung der Holländern gegenüber Papa und Mama und gegenüber normale „deutsche" Bekannte waren doch auch nicht so günstig um zu wählen für die holländische Seite.

Ich denke, dass Papa jahrelang mit diesem Dilemma gekämpft hat. Vielleicht komme ich noch mal auf dieses Thema zurück.

CIKOPO

Mama müsste kurz nach unserer Abreise nach *Sarangan* nach *Cikopo* sein umgezogen. Dies ist ein winziger Ort in der Nähe von *Bogor* (Buitenzorg). am Weg zur *Puncak*, der Weg der nördlich vom *Pangrango* und *Gedeh* nach *Bandung* führte. In *Cikopo* war ein „Erholungsheim" von der Deutschen Marine, hauptsächlich für die U-Bootsleute. Eigentlich ist es erstaunungswert, dass die deutsche U-Booten ganz bis nach Java kamen. Jedenfalls waren es Boote, die in *Tandjong Priok* Ersatzteile von Maschinen aus Deutschland abladeten, dort eine Weile lagen, und dann wieder mit Grundstoffe, die es in Europa nicht gab, vollgeladen wieder nach Deutschland zurück fuhren. Eigentlich waren es also Frachtboote. Die Schiffsmannschaft musste dann noch mal extra zusammenrücken um Platz zu haben für die Fracht, die man mitnehmen musste. Ich muss da ehrlich bekennen, dass ich nicht weiss welche Grundstoffe es waren doch sicherlich war Gummi, Kautschuk eines der Grundstoffe. Von diesen U-Booten überlebten nur 20%

Meine Geschichte

der Besatzungen die Hin- und Zurückreise. . Mit ihrem Sonar haben die Alliierten viele von diesen Booten aufspüren können und haben sie mit Wasserbomben versenken können.

Also, Mama war mit Hedi nach *Cikopo* gefahren und wahrscheinlich war das wieder durch Ermittlung von *Frau Göpfert*. Ich zeige dabei mit meinem Finger auf *Göpfert*, denn ich kann mir nicht vorstellen, dass *Frau Steudel* die Hand im Spiele hatte. Vielleicht war es für Mama wieder eine Notlösung um wieder Einkünfte zu haben, denn auf einer anderen Weise bekam sie von der Dienststelle in Jakarta keine Unterstützung. Sowie ich Mama kenne wird sie sich darüber bestimmt nicht geklagt haben, doch *Frau Göpfert*, die auch mit der Dienststelle gute Beziehungen hatte wusste es natürlich. Möglich ist Mama mit *Hedi* sogar mit Auto nach *Cikopo* gebracht worden. Dort musste sie den Haushalt regeln für die Marine. Sie sprach ja Deutsch und Indonesisch und das war natürlich für den Einkauf von Essensware, für die Wäscherei, Saubermachen der Räume, u.s.w. wichtig. Sie hat wohl auch die Küche dort geschmissen, wie *Klaus Brulez* mir später erzählte.

Mama hat mir überhaupt nichts erzählt von ihrem Aufenthalt in *Cikopo* und *Hedi*, die i darüber angesprochen habe, kann sich davon nichts mehr erinnern. Der Einzige der r. was erzählen konnte, war *Klaus B.*, *Hermans Bruder*, als er bei der Marine war. In März und April 1945 war er auch dort und bei einem Treffen vor etwa 25 Jahre habe ich ihn nach meiner Mutter gefragt. Von ihm weiss ich jedenfalls, dass sie dort den Haushalt führte für die Marine. Aus anderen Quellen weiss ich wohl etwas von *Cikopo*. Von Klaus weiss ich, dass die Offiziere doch sehr bevorzugt wurden und dass Mama auch dafür zu sorgen hatte. Klaus hat sie dort in Erinnerung als diejenige, die ihn ab und zu etwas Gutes zum Essen zustopfte.

Es kommen viele Fragen bei mir hoch über diese Zeit. Wie war es weiter in *Cikopo*, welche Arbeit machte sie dort, warum hat sie mir darüber so wenig erzählt. Hatte sie ein redliches Einkommen oder....? Wer bezahlte, die Kriegsmarine oder die Deutsche Dienststelle Fragen und nochmals Fragen. Alle von der Marine, die damals dort waren leben nicht mehr.

Ich fand mal ein Bild von einem Marineoffizier zwischen andere Bilder meiner Mutter. *Karel B.* den ich das Bild zeigte, behauptete, das wäre *Werner*, Dieser ist später (194) umgekommen bei einem Test eines Flammenwerfers für die Indonesische Streitkrä Es wird hier zu weit führen, wenn ich auch diese Geschichte erklären würde und ich verweise hier dann nur nach dem Buch :Erinnerungen" von *Otto Coerper*.

Wohl hat meine Mutter den Namen „Vehring" erwähnt, einer von den Geretteten der „Van Imhoff" . Sie hat ihn anscheinst gut gekannt.

Es gibt da zwei Gründe (oder noch mehr) wieso Mama uns nie was erzählt hat von Cikopo.

Erstens könnte es sein, dass sie unser Gewissen nicht damit belasten wollte. Ihre Aktivitäten in *Cikopo* würden für sie und dann natürlich auch für unsere Familie belastend gewesen sein, sie wäre im Krieg aktiv gewesen für die Deutsche Kriegsmarine. Wenn das offenbar wurde, dann hätte auch die Zukunft für *Papa* schwarz ausgesehen. Hat *Mama & Papa* überhaupt von *Cikopo* gesprochen?

Der zweite Grund hat Hedi mir mal erzählt. Sie behauptet, dass *Mama* später auch nicht mehr wusste wie so alles genau gewesen war und über die *Cikopo-Periode* hatte sie einen „Gedächtnisschwund" und dann ist natürlich die Information einfach nicht mehr da..

Meine Geschichte

Eigentlich war in *Cikopo* nichts Ernstes los im Bezug auf den Krieg, dafür verweise ich auf die Geschichte von *Arca Domas*. Doch auch viel später, als es für den Ruf der Familie nicht mehr wichtig war, hat sie nie über *Cikopo* erzählt. So geht das jedoch immer. Wenn man nicht sofort seine ganze Seele bloss legt, dann sagen Leute, die endlich die Wirklichkeit hören, wieso hast du es nicht viel eher erzählt. Und dann müsste man gestehen, dass man vorsichtig sein wollte, oder dass man Angst hatte für sich oder sogar für andere.. Und das ist dann wieder ein Zeichen, dass man sich schuldig fühlt oder der Andere könnte dir den Vorwurf machen man hätte in ihm/ihr kein Vertrauen gehabt. Und das ist wieder etwas dass man selber nie möchte. Und so schweigt man lieber für immer. Und so kommt es nie an den Tag.

Wie es immer wäre, für mich ist und bleibt es nur ein Vermuten. Fürs Übrige verweise ich nach der Geschichte *Arca Domas*. Eine Geschichte, die stand in einem Deutschen Marineblatt in November 2001, dass ich mal bekam von einem meiner *Saranganfreunde*.

Es fängt bei dieser Geschichte an mit der Internierung der Deutschen in „*Nederlands Indie*", dann der Untergang der „*Van Imhoff*", wo die Holländer, eigentlich die Schiffsbesatzung von zwei Schiffe eine sehr dubiöse Rolle gespielt haben und wofür die Kapitäne der „*Van Imhoff*" und die „*Boeloengan*" den Tod von etwa 400 Deutsche Bürger, worunter viele Missionare, Deutsche Juden, die aus Nazi Deutschland geflüchtet waren, und den weltberühmten Maler *Walter Spiess* auf ihren Gewissen haben. Für diese Tatsache würde man sie in dieser Zeit für das Kriegstribunal im *Haag* geschleppt haben.

Weiter beinhaltet *Arca Domas* die Zeit der Jahre 1944 und 1945. Auch von der wahnsinnigen Situation worin die Leute von den U-Booten, die zufälligerweise beim Kriegsschluss in *Tandjong Priok* waren, plötzlich nach der Kapitulation Deutschlands kamen.

Die Geschichte von *Arca Domas* wird auch nochmals bestätigt durch die Memoiren von *P.K.* und die Geschichten, die ich von *K.* hörte.

ENDE DES ZWEITEN WELTKRIEGES.

Meine *Mutter* hatte während einigen Wochen in 1945 die Leitung des Jungeninternats von *L.B.* übernommen, doch ich wusste nicht mehr genau, wann das genau war. Durch "Erinnerungen" von *P.K.* habe ich es mir doch ausrechnen können. Als *P.K* am 18. August 1945 aus *Jokja* kam begegnete er auf dem Bahnhof von *Madiun Frau Lantzius Benninga*, die gerade zurück kam von einem Besuch in *Jakarta*. Von ihr hörte er, dass in *Japan Atombomben* gefallen waren, wobei mehrere 100 000 japanische Bürger umgekommen waren. Die *V.S.* hatte gedroht noch mehr Städte zu vernichten, wenn *Japan* nicht sofort kapitulierte. Und das geschah dann auch am 15. August.

Bis zum 18. August hatte dieser Bericht *Sarangan* noch nicht erreicht. Nach der Kapitulation ist *Frau L.B.* also sofort in *Jakarta* wieder im Zug gestiegen und nach *Sarangan* gereist.

In den zwei oder drei Wochen als *L.B.* in *Jakarta* war hatte also meine *Mutter* die Leitung vom Jungeninternat gehabt. Was *L.B.* in *Jakarta* zu erledigen hatte, weiss ich nicht und wurde auch nicht in „*Erinnerungen*" von *P.K.* erwähnt. Ich kann mir jedoch vorstellen, dass sie sich Sorgen gemacht hat, wegen der Fortsetzung des Jungeninternats nach der Kapitulation von Deutschland Ende April. Die Familien in *Sarangan* bekamen

Meine Geschichte

ja immer Geld von der deutschen Dienststelle in *Jakarta* und diese Zuschüsse vielen nun weg. Das war nicht nur ein Problem für das Internat, sondern auch für die übrige *Saranganer*.

Wahrscheinlich Juni 1945 war *Mama* mit *Hedi* nach *Sarangan* gekommen, also kurz nach der Kapitulation von Deutschland, ich kann da annehmen, dass es kurz vor den Sommerferien war, denn sonst wären *Eelko*, *Marijke* und ich wohl nach *Sukabumi* gereist.

1945.

Im Januar waren alle Jungen, die in 1945 17 Jahre alt oder älter wurden für eine Ausbildung bei der Deutschen Marine in *Surabaya* einberufen. Schon Anfang 1944 waren viele Jungen älter als 18 Jahre nicht mehr nach dem Sommerurlaub ausserhalb *Sarangan*, zurückgekehrt. Für die war eigentlich einfach nicht mehr die Möglichkeit auf der Schule in *Sarangan* etwas zu lernen, weil einfach die professionelle Lehrkräfte und die Lehrbücher für diese Gruppe fehlte. Und jetzt, im Januar, verliess uns wieder eine Gruppe Jungen, auch einige aus dem Jungeninternat, und so ergab es sich, dass ich so ungefähr zu den älteren Jungen in Sarangan gehörte. . Nur *Victor*, *Herman*, die *Berglers* und *Otto* waren älter, doch die waren nicht im Internat.

Da von dem Jungeninternat auch noch einige zu ihren Müttern ausserhalb *Sarangan* gefahren waren und im August nicht mehr wiederkamen, waren im Internat Plätze freigekommen. Das Pimpfen-Internat in *Hotel Lawu* wurde deshalb geschlossen und die Pimpfe kamen nun zu uns ins *Hotel Beau Site*. Ich vermute, dass das denen nicht so sehr gefallen hat, denn bei uns herrschte unter *L.B.* eine strenge Disziplin. Auf jeden Fall war ich nun so ungefähr der Älteste und auch derjenige der in der höchsten Klasse war von allen Internatsjungen. Die Folge war, dass Frau *L.B.* mich beförderte zum Leiter dieser Jungen. Das geschah ohne viel Theater und deshalb kann ich mich an nichts von dieser Beförderung erinnern. Sie wird mich wohl zu sich in das Vorderzimmer gerufen haben, hinter ihrem Bürotisch sitzend, und mir erklärt haben, was jetzt meine neue Verantwortlichkeiten wurden und was sie von mir erwartete. Ab dem Moment hatte ich eine Menge extra Aufgaben zu erfüllen und war auch derjenige, der die Strafe bekam wenn etwas schief lief.

Erstens musste ich, nachdem *L.B.* alle Schlafenden um 5:45 Uhr geweckt hatte, alle auf der Hinterterrasse rufen, antreten für die ersten Leibesübungen. Diese dauerten etwa eine Viertelstunde. *Frau L.B.* war sofort nach ihrem Wecken wieder in ihr Zimmer verschwunden, aber kam doch in ihrem Morgenrock kurz inspizieren, ob alle wohl draussen waren. Wir hatten wenig Spass dran, so in aller Frühe, noch im Halbdunkel hinter dem Internat in der Kälte und nur mit kurzer Hose, die Übungen zu machen. Wir bekamen sofort eiskalte Füsse und ein paar schlaue Jungen nahmen dann auch die Fussmatten mit und machten die Übungen auf der Matte. Nur mit dem Aufdrücken mussten sie dann wählen, entweder die Füsse oder die Hände auf der Matte zu haben. Eigenartig ist, dass *Frau L.B.* niemals etwas von den Matten gesagt hat. Als Leiter gab ich die Übungen an und schrie dann den Takt. Um selber auch warm zu werden, machte ich tüchtig mit. *L.B.* hat nie gemeckert, dass die Übungen „sloom" ausgeführt wurden. Sie hatte vielleicht auch keine Ahnung, ob eine bestimmte Übung schwierig war oder nicht. Ausserdem konnte fast jeder sehen, wann die Hintertür ihrer Wohnung sich öffnete und sie heraustrat. Sofort strengten sich dann jeder nochmals extra an und simulierte seinen Fanatismus. Meistens sahen wir am Ende der Viertelstunde die Sonne hinter dem *Willis* aufkommen. Es muss wohl immer ein faszinierendes Schauspiel gewesen sein, wenn die rote Glut über den bewässerten *Sawahs* tief unten in der Tiefebene von *Madiun* auf-

Meine Geschichte

stieg. Doch uns interessierte es wenig. Es war immer ein Rennen gegen die Uhr. um für das Frühstück fertig zu sein. Waschen, sirammen, die Ohren ausbaggern, Schuhe putzen, anziehen, Betten lüften, Kleider in den Schränken gerichtet stapeln und sich anziehen. Dann musste noch das Staubwischen gemacht werden. Aber das ganz ausführlich, auch an den Stellen, wo keiner etwas sehen würde, sogar die Oberseite der Türleiste. *L.B.* hatte die Gewohnheit, mit den Fingerspitzen die Oberlatte auf Staub zu prüfen und ‚Oh wehe', wenn ihre Finger dabei schmutzig wurden, dann wischte sie die an meinem Gesicht, oder, wenn einer näher bei ihr stand, an dessen Gesicht ab. Aber wir passten gut auf, welche Stellen sie mit Vorliebe prüfte und so passierte es später nur noch selten, dass sie etwas Staub fand.

Und dann musste der Fliessboden Tipp-topp sein. Nach dem feudeln putzten wir den Boden auch noch mal mit einem Staubtuch, damit auch die letzten Streifen, die das getrocknete Wasser hinterlassen hatte, verschwunden waren. War *Silki* unzufrieden, dann mussten alle drei Zimmer von der betreffende Wohnung nochmals mit dem Feudel bearbeitet werden. Oder wenn es öfters der Fall war, dann bekam der Zimmerälteste den Brotkorb hochgehängt. Dann hatte man bis zum Abendessen keinen Happen mehr. Darauf musste ich die etwa 24 Jungen in Zweierreihen oder in Marschkolonne antreten lassen und ging es geschossen marschierend zum Esssaal. Während dieses Marschierens wurde in der Kolonne schon gestritten welche Reihe zuerst dran kam um das Esszimmer zu betreten, was eigentlich „flauwekul" war denn nachdem alle sich endlich hinter seinem Stuhl gestellt hatte, sprach Silki die erlösende Worte: „Setzt euch". Und dann herrschte endlich etwas Ruhe, denn beim betreten des Esssaales musste jeder von uns laut „Mahlzeit" rufen. Ein Tischgebet wurde nicht gemacht. Erst jetzt muss ich daran denken, wie furchtbar das für die anderen Gäste gewesen sein muss. Denk mal, 24 mal „Mahlzeit".

Alles ist aber nur eine Gewohnheit. Ich erinnere mich, später beim Militär, als Offiziere den Esssaal betraten mussten sie nach dem ersten Schritt im Saal anhalten und eine Sekunde strammstehen, bevor man zu seinem Stuhl durfte.

Jedenfalls, das mit dem „Mahlzeit" hat niemand von den übrigen Gästen jemals beanstandet. Ist vielleicht ein Zeichen, dass *Silki* so einiges zu sagen hatte, oder es könnte sein, dass Jemand mal was gesagt hatte, und sie hat dann gedroht, die Verantwortung für das Internat hin zu schmeissen. Und man betrachtete die Führung des Internats doch als kein begehrenswerter Job. Das muss man natürlich *Frau L.B.* zugestehen: Sie hatte bei uns die Disziplin gut in der Hand. Wer zu der Zeit eigentlich die Küche leitete weiss ich nicht. Ich denke es war ein javanischer Koch mit einigen Babus, nachdem *Quidor* verschwunden war. Doch *Otto* behauptete später, dass es eigentlich *Frau Treipl* war.

An einen Vorfall im Esssaal kann ich mich noch erinnern: Anfangs wurden wir von einer Anzahl ‚Jongosen' bedient. Dabei war auch ein 16 oder 17-jähriger. Der Junge stümperte ab und zu und deshalb wurde er von uns sehr geärgert. Es wurde so schlimm, dass ihm während der Bedienung die Tränen in den Augen sprangen und er den Saal verliess. Das hat uns sehr Leid getan und er bekam den Namen „*Jangan Nangis*". Er hat diesen Trostnamen immer behalten und er selber betrachtete als ein Trostwort für ihn.

Nach dem Frühstück war Abmarsch in unsere Zimmern, Betten mussten aufgemacht und Schulsachen gepackt werden. Die letzte körperliche Inspektion von *Frau L.B.* und dann durfte ich die Jungen in Marschkolonne und Gleichschritt zur Schule führen. Nach einem Marsch von 5 bis 10 Minuten liess ich die ‚Abteilung halten' und ‚wegtreten'.

Nach der letzten Schulstunde liefen die Jungen einzeln nach *Hotel Beau Site* zurück, denn der Unterricht endeten nicht für alle zur gleichen Zeit. Natürlich hatten die höheren Klassen längeren Unterricht. Zuhause angekommen musste auch jeder sich sofort im

Meine Geschichte

Zimmer von *L.B.* mit: „HH! Ich melde mich zurück" melden. Wohlgemerkt, das musste „zackig" gesagt und ausgeführt werden. Danach durften wir zu unseren Zimmern. Bis zum Mittagessen konnte man dann etwas lesen, Schularbeiten machen oder basteln.

LUCIANO VENTURINI

Von den andern Jungen vom Internat habe ich nur wenig geschrieben. Das kommt wohl dadurch, dass ich mit keinem einen intensiven Kontakt hatte, jedenfalls nicht so wie mit *Fredy* und mit *Helmut*.
Jedoch ein Vorfall mit einer der Internatjungen kann ich mir noch sehr gut erinnern.

Anfang 1945 kam von *Surabaya* her ein italienischer Junge von etwa 8 oder 9 Jahre in das Internat. Er wurde von seiner Mutter gebracht. Er wird nirgendwo in den *Sarangan* Archiven erwähnt. Seine Mutter oder sein Vater hatte in *Surabaya* eine Macaroni-Fabrik (oder vielleicht eine Mie-Fabrik). Und diese produzierte auch in den Kriegsjahren. Die Italiener waren natürlich als Bundesgenossen der *Deutschen* von den Japanern unbehelligt geblieben. Auf jeden Fall verdiente sie sicher damit sehr gut. *Luciano* war ein sehr verwöhntes Kerlchen und hatte ein ordentliches Fettpolster auf der Taille, als Zeichen dafür, dass er noch nie Hunger gelitten hatte. Das Leben im Internat muss ihm also schwer gefallen sein, weil da gearbeitet werden musste und es wenig zu Essen gab. Er vermisste sicher die Macaroni-Fabrik seiner Mutter. Wohl sprach er ein sehr redliches Deutsch. Zu allem Unglück kam er auch noch in das Zimmer von *Eelko* und mir.

Einige von den Internacungen hatten die Gewohnheit, beim Frühstück eine Brotschnitte einzupacken und in ihr Zimmer mitzunehmen. Dann hatten diese jedenfalls etwas zum Beissen, wenn die von der Schule morgens zurückkamen. Einige fingen an, sich bei mir zu beschweren, dass ihr Brot, die sie im Kleiderschrank verwahrt hatten, verschwunden, besser, gestohlen war. Auch bei *Eelko* geschah es. Nachdem das öfters passiert war, hat einer von den Jungen die Schränken extra wachsam im Auge behalten. Dabei hatte er gesehen, dass dieser *Luciano Venturini*, weil er als einer der Jüngeren früh aus der Schule kam, die Schränke nach Brotschnitten durchsuchte. Fand er eine, ass er sie dann auch sofort. Als ich dann als einer der Letzten aus der Schule kam, erzählten die Jungen, was der eine gesehen hatte. Ich ahnte, dass *Luciano* von *L.B.* irgendwie bevorzugt wurde. Wahrscheinlich hat *Frau Venturini* sie irgendwie dazu instruiert oder sie sie mit „Natura" bestochen. *Frau Venturini* muss sicherlich auch ein dickes Portemonnaie gehabt haben. Denn sie sah sehr gut gekleidet aus, besser als die übrigen Damen von *Sarangan*. Obwohl sie nur einige Tage in *Sarangan* war, bevor sie wieder nach *Surabaya* abfuhr, war uns das aufgefallen. Mit ihrer Macaroni-Fabrik hatte sie natürlich bei den *Japanern* und den *Chinesen* einen guten Umsatz. Ich kann mir vorstellen, dass sie für den Aufenthalt *Lucianos* gut bezahlte.

Vielleicht gingen die Zuwendungen direkt an *Frau L.B.* Ich kann mir nämlich nicht vorstellen, dass die *Deutsche Dienststelle* in *Jakarta* für einen *Italiener* den Aufenthalt bezahlte. - Doch dies vermute ich nur.

Wenn somit *Frau L.B.* gehört hätte, was der *Luciano* angestellt hatte, wäre er vielleicht mit einer Standpauke davon gekommen.
Das war aber nach unserer Meinung eine zu leichte Strafe. Deshalb habe ich alle Jungen im „Spalier" antreten lassen, zu einem Zeitpunkt, als *L.B.* nicht in der Nähe war. Dann musste *Luciano* Spiessruten laufen, wobei jeder ihm einen Herunterhauen oder einen Faustschlag verpassen durfte. Nur der Kopf sollte geschont werden. Heulend und sich sträubend habe ich ihn hin und zurück durch das Spalier gestossen.

Meine Geschichte

Im Nachhinein gedacht, war es vielleicht eine zu schwere Strafe. Doch nur so konnte sich jeder, von dem Brotschnitten gestohlen wurden, persönlich den Dieb bestrafen. Die Sache war so auch sofort erledigt und *Silki* hat auch nie etwas davon erfahren und bei *Luciano* war der Schrecken nun so gross, dass er sich auch nicht bei *L.B.* beklagte. In Juni 1945, also nach der Kapitulation, ist er auch wieder nach *Surabaya* abgereist und ich habe nie mehr etwas von ihm oder der *Familie Venturini* gehört.

Und so steht der Name *Venturini* auch nicht in unserem *Sarangan-Adressenbüchlein*.

UNSERE BABU.

Obwohl wir fast alles selber taten, hatten wir Jungen doch eine *Babu*, die die Wäsche für uns richtete. *L.B.* war vielleicht der Meinung, dass eine *Babu* für uns notwendig war, weil wir keine Zeit für die Pflege der Wäsche hatten oder weil wir es gar nicht gekonnt hätten. Oder sie fand es einfach keine Arbeit für Jungen. Und so war da eine *Babu*, die es für uns diese Arbeit tat. Wohl musste einer der Jungen Notizen machen, welche Wäsche an die *Babu* abgeliefert wurde, und was sie auch wieder gewaschen und gebügelt zurückbrachte.

Es war ein kleines Häuflein Mensch. Selbstverständlich waren da wohl mal kleine Neckereien zwischen uns und ihr, doch es kam nicht zu Handgreiflichkeiten. Vielleicht gab es einmal einen kleinen Schupser hier und da. Was anderes wäre mir sicher aufgefallen.

Nun kam es jedoch *Frau L.B.* zu Ohren, dass wir Spässe mit der *Babu* machten. So wurden einige von den Jungen einzeln in ihr Zimmer gerufen und auf den Zahn gefühlt. Sie hatte jedoch von diesen Jungen nicht das gehört, was sie gerne wissen wollte und so kam ich als letzter an der Reihe zur Vernehmung. Ich sollte ihr sagen, wer denn von den Jungen mit der *Babu* sich getummelt hatte. Sie ging nicht so weit, dass sie mir genau erklärte, was sie damit meinte und wo die Grenze nach ihrer Meinung war, die einige überschritten hätten. Sie hatte schon eher gezeigt, dass sie Angst hatte, dass wir Jungen zu starke sexuelle Gefühle bekommen konnten. Deshalb schrieb ich auch schon weiter oben, dass sie uns verboten hatte, zuviel *Sambal* zu essen, weil das uns stimulieren konnte. Ich wage es festzustellen, dass keiner je davon gehört hatte, bevor sie selber davon sprach. Vielleicht war es auch seltsam, dass sie bei einer Gruppe von 10 bis 14 Jährigen argwöhnisch wurde. Zwischen einen Puffer und Kuscheln gibt es noch einen grossen Abstand.
Beim Verhör sollte ich ein Namen von Jungen nennen. Dann habe ich doch meine Lippen zusammengepresst, weil ich davon überzeugt war, dass keiner von meinen Kameraden etwas Unziemliches getan hatte. Sie drohte mir mit dem Brotkorb, den sie hoch hängen würde und mit der Entlassung als Leiter der Jungen. Das letzte fand ich nicht so schlimm, das erste jedoch war wirklich unangenehm. Ich war stinksauer, dass ich jedes Mal verantwortlich dafür gemacht wurde, wenn was passierte, oder wenn *L.B.* nur dachte, dass etwas nicht in Ordnung sei.

Das Ganze mit der *Babu* wurde dann unter den Teppich gekehrt. Auch fielen jedenfalls die Beziehungen zu der *Babu* bis weit unter dem Nullpunkt. Nach Oktober 1945 zog das ganze Internat sowieso in das *Hotel Lawu* um. Dort machte dann auch eine andere *Babu* unsere Wäsche.

Es ist doch wohl typisch, dass Frauen im gesetzten Alter sich so anstrengen, hinter allem Treiben von Jungen etwas sexuelles zu vermuten. Das war ja auch der Fall zwischen *Frau Steudel* und *Hannes Miksch*. Ich glaube, wenn *L.B.* einfach die Jungen zusammen gerufen und erklärt hätte, weshalb es bestimmte Grenzen gibt, die respektiert

Meine Geschichte

werden sollten, dann hätte jeder Respekt vor ihr gehabt. So verursachte sie nur Frustrationen gegenüber Mädchen.

DIE VORLESUNGEN

Es muss etwa Februar 1945 gewesen sein als *Frau L.B.* meinte, sie müsse uns etwas von der deutschen Literatur mitgeben. Zwei oder dreimal in der Woche las sie uns am Abend, kurz bevor wir ins Bett mussten, aus Büchern mit deutschen Sagen vor. Wir hatten schon etwas von den *Nibelungen*, von *Siegfried* und *Kriemhilde* und vom bösen *Hagen* gehört, von Kämpfe mit Drachen und kühnen Rittern. Doch sie betrachtete es als ihre Aufgabe, uns gründlich über das germanische Heldentum zu informieren. Auch die *Götter Wotan* und *Donar* kamen in den Geschichten, die sie las, häufig vor und die Gruppe von etwa 16 Jungen lungert auf den Stühlen und Bänken beim Zuhören herum. Wir fanden es auch sehr spannende Erzählungen. Man bildete sich ein, ein kühner Ritter zu sein, der, von wunderschönen Jungfrauen bezirzt, gegen den bösen Feind kämpfte, bzw. der einen tapferen Streit in dem dunklen Land oder im dunklen Wald oder in der dunklen Höhle gegen den siebenköpfigen Drachen führte.

Bevor *L.B.* jedoch anfing mit Lesen stellte sie erst uns die Frage, wo sie das letzte mal abgebrochen hatte. Natürlich vollkommener Quatsch. Denn sie hatte ja ein Lesezeichen eingelegt. Also war es nur eine Kontrolle dafür, ob wir beim letzten Mal wohl richtig bei der Sache gewesen waren. Oder sie wollte checken, ob sie uns mit der Geschichte beeindruckt hatte. Auch wurde manchmal einer von der Gruppe ertappt, weil er dachte, er könnte ungesehen ein Nickerchen machen. Manchmal passten wir auf, wenn einer fast einschlief. Dann bekam er einen Schups, damit er wieder aufmerksam an der Lesung teilnehmen konnte.

Schade für *L.B.*, dass meistens keiner da war, der sie daran erinnern konnte, wo sie das letzte Mal aufgehört hatte. Das war auch gar nicht so verwunderlich, denn nach dem dritten Vorlesen wusste man einfach nicht mehr wie der kühne Ritter hiess, weil der Name so schwierig war, wie der des goldenen Schwertes, den man auch nicht mehr im Kopf behalten konnte. Das Schwert, das der betreffende Ritter speziell machen liess, um die Jungfrau, an deren Name man sich auch nicht mehr erinnern konnte, aus den Klauen des Drachens, dessen Name uns auch entfallen war, zu befreien.

Trotzdem waren es spannende Geschichten, fand ich auf jeden Fall. Im Rückblick könnte man vielleicht sagen, dass mit dieser Vorstellung der Sagen das germanische Zusammengehörigkeitsgefühl gefördert und noch einmal ganz besonders der tapferen germanischen Rasse gedacht wurde. Wir haben doch später unseren Kindern auch die Geschichten mit den Rittern im Fernsehen vorgesetzt, sowie *Floris, Ivanhoe Robin Hood*. So hat jede Nationalität seine Sagen. Die Engländer mit ihren *King Arthur* die Franzosen und Belgier ihre *Asterix* und *Obelix*. Nur die Amerikaner können nicht mit ihrer Geschichte zurückgreifen auf kühne Ritter und Drachen und Kobolde. Aber nehmen als Ersatz dann die *Cowboys* und die *Indianer*.

Auf jeden Fall, wenn *L.B.* nicht schnell eine Antwort bekam, auf die Frage, wo sie geendet hatte, dann wurde sie ziemlich böse. Schliesslich erzählte ich dann in Kürze, wo sie zuletzt geblieben war.
Ich frage mich heute noch, wo sie die Bücher her hatte.

Meine Geschichte   Seite 65 von 65

SPORTFEST

Obwohl auch vor 1945 sicher immer Sportereignisse statt gefunden hatten, kann ich mich nicht mehr gut an sie erinnern. Einmal hatten wir einen Sporttag, bei dem wir uns in verschiedene Disziplinen mit der *Sora* gemessen hatten. Zu den Disziplinen gehörten 100 m- und 400 m-Lauf, Lauf um den See, Schwimmwettbewerbe, u.s.w..

Dieses Sportfest fand auf dem Platz gleich neben *Hotel Beau Site*, auf seiner Südseite, statt, wo also auch das Internat war. Das Platz war erst ein unebnes Gelände, aber die indonesische Einwohner von Sarangan hatten es irgendwann eingeebnet. Auf dem lehmigen Boden wuchs kein Gras und er war ziemlich steinig. Die Grösse des Platzes betrug etwa 50x50 m. Er war begrenzt durch die Mauer von der Terrasse des Internats und einem Abhang, der hinunter führte nach *Ngerong*, sowie von einem Maisfeld und vom Seeweg. Der Platz wurde oft für die Ausbildung der „*Heiho*"er benutzt. Das waren indonesische militärische Freiwillige. Man übte dann das Marschieren und das Fechten mit einem *Bambu-runcing*, ein Art von Bajonettfechten. Dabei wurden an Pfählen Puppen befestigt und die *Heiho-er* rannten dann mit vier Mann schreiend auf die Puppen zu, stachen zweimal unter lautem ‚Cokkeeeeh'-Ruf zu. Wenn das etwa eine Stunde gedauert hatte, schulterten sie wieder ihre *Bambu-runcings* und marschierten ins Dorf zurück, wobei Marschlieder gesungen wurden. Zu den Liedern gehörten: „*Itulah Inggris dan Amerika*", *mesusururu Asia*" und: „*Hancurkenlah, musuhkita*" u.s.w. Wir sahen sie natürlich beim Polizeibüro auf dem Seeweg öfters in kleineren Gruppen und ich habe sie immer bewundert mit welcher Begeisterung man marschierte, trotz der fehlenden Uniformität an Kleidung und Bewaffnung. Aber das laute Singen ist ja immer schon bei den verschiedenen Heeren üblich, um bloss nicht merken zu lassen, dass wenn es darauf ankäme, man vor Angst in die Hosen machte.
Wir sangen ja auch laut ,wenn wir den *Lawu* hoch liefen, um die Panther zu verscheuchen. - Doch ich weiche wieder ab von meiner Sportgeschichte.

Auf der Böschung an der Seite vom Internat und auf dem Mäuerchen sass das Publikum.
Wer gehörte denn dazu. Natürlich die Mütter von den Kindern, doch auch die ohne Kinder. Die Sportler waren Hauptsächlich die Jungen. Ich kann mich eigentlich nicht mehr daran erinnern, was die Mädchen machten. Es müsste das Keulenschwingen und Seilhüpfen gewesen sein.

Zu den Sportdisziplinen gehörten: Speerwerfen, Hochspringen, Bodenturnen, um einige zu nennen.
Die Übungen beim **Bodenturnen** waren:

Bocksprung: Sprung über ein, zwei, drei, oder vier Personen, wobei der letzte als ‚Bock' stand.

Hechtrolle: Kopfsprung über eins bis sechs nieder gekniete Personen. Man schlug dann wohl mit dem Rücken schwer auf die Kokosmatte. Die Steine unter der Matte hatten wir dann auch sorgfältig entfernt.

Kopfstand: Normaler Kopfstand. Auch Kopfstand mit gespreizten Beinen, wobei an anderer Turner eine Hechtrolle durch die gespreizten Beine machte.

Unterarmstand und Handstand

Schulterstand: Einer liegt mit hochgezogene Knien, und die Schulter eines Zweiten wird mit den Händen gestützt von dem Liegenden. Der Obere stützt mit den Händen auf die Knie des Unteren und schwingt dann seinen Beine zum Stand.

Meine Geschichte

Radschlagen

Handstandüberschlag

Es gab auch noch Wettkämpfe, Dazu gehörten:

‚Kleinen Tank' und **‚Grossen Tank':**   Bei dieser Übung hielten sich 2 bzw. 3 Turner einander an den Knöcheln fest und rollen dann auf ihre Rücken ab.

Schubkarrenrennen: Einer stützt sich auf seinen Händen, der Andere hebt seine Beine hoch bei den Knöcheln, dann wird losgerannt. Da hatte ich es zufällig leicht, denn ich musste Werner Lux schieben Aber der war so klein und leicht, dass ich ihn bei den Oberschenkeln hochzog und er also gar nicht mit seinen Händen den Boden mehr berührte. In dieser schwebende Haltung waren wir doppelt so schnell als die Andern. Ehrlich gesagt hatten wir das schon vorher so geübt.

MEIN ABGANG

Schon im September 1944, also kurz nach den Schulferien, hatten einige Jungen vom Internat damit angefangen Bilder für die Illustration eines neuen Kalenders zu malen bzw. zu zeichnen, denn zu kaufen gab es die Kalender ja nicht mehr. *Ernst M.* war da der Profi. Er zeichnete meist Landschaften mit *Sawahs*. Aber auch der See von *Sarangan* und der *Sido Ramping* waren seine Motive.
Viele Jahre später gebrauchte *Hanns Hachgenei* einige dieser Bilder für Rundschreiben an die *Sarangan-Freunde*. - Ganz ehrlich gesagt: Ich hatte dieses Talent nicht.

Die kleinere Jungen wollten auch mitmachen und haben dann Kalender gemacht nach dem Spritzverfahren, d,h,. alte Zahnbürste, Mückengaze 25x25 cm, Wasserfarbe und schöne flache Pflanzenblätter (Farne) waren die Hilfsmittel. Die Blätter wurden auf ein Papier gelegt, darüber mit Abstand die Gaze halten, die Zahnbürste in Wasserfarbe getaucht und mit Vorsicht über die Gaze gerieben. Dadurch entstand ein feiner Wassernebel, der auf das Papier niederschlug. Nahm man später die Blätter von der Papiervorlage weg, dann waren die Umrisse der Blättern auf dem Papier abgebildet.

Ich glaube, dass anfangs der Sinn der Sache der war, dass am kommenden Weihnachtsfest jedes Kind etwas zum Nachhause-Bringen für Mutter hatte. *L.B.* sah jedoch auch für sich das Interessante, dass sie selber sämtliche Kalender für sich einforderte, um sie dann als Werbegeschenk zu vergeben an. - An wen weiss ich nicht.

Nach den Weihnachtsferien war das basteln an Kalendern nicht mehr aktuell. Ausserdem war unserer Primus für die Kalenderaktion zur Marine einberufen worden. Nun sollte ich als Ältester der Internatjungen, der auch in der höchsten Schulklasse sass, von *L.B* angewiesen, diese Rolle zu übernehmen.

Ich hatte schon berichtet, dass ich von Zuhause in *Sukabumi* nach den Ferien meine Laubsägen mit Bügel und einen Bohrer mitgenommen hatte. Der Bügel war eine ganz besonderer. Man konnte nämlich die Spannweite selbst mit der Hand einstellen. So konnte ich, wenn eine Säge brach, die beiden Hälfte nochmals gebrauchen.
Ich wollte einmal wieder mein Laubsäge-Hobby ausführen. Dazu hatte ich einige Weihnachtsmotive von Zuhause mitgenommen. Sie hatte ich schon mit Pauspapier auf meine Triplexplatte übertragen. Diese Pausen hatte ich dann mit meiner Laubsäge bearbeitet.

Doch schon bald wurde diese Arbeitsweise auf die Bearbeitung von *„batoks"* (die harte Schalen der Kokosnüsse) erweitert, um Schälchen, Knöpfe , Spangen und Broschen

Meine Geschichte

herzustellen. *Ernst M.* hatte mir schon früher gezeigt, wie man diese „batoks" mit der Laubsäge bearbeiten konnte. Nur die Motive hatte ich hier und da etwas geändert.

Für die Gewinnung des glatten „*batok*"-Materials wurde erst von der Kokosnuss die faserige Borke entfernt und dann mit der Rückseite eines *Goloks* (Schlagmesser) vorsichtig rundherum angeschlagen, so dass die harte Schale genau in zwei Hälften zerbrach. In der einen Hälfte sassen immer drei Löcher, nur die andere Hälfte eignete für eine weitere Verarbeitung zu schalenartigen Gefässen. Gewählt wurden immer die etwas älteren Nüsse, denn die hatten eine dunkelbraune Schale. Das Fruchtfleisch wurde natürlich zuerst entfernt und aufgegessen.

Nun fing die meist unangenehme Arbeit an. Diese Arbeit musste vor allem die jüngeren unter uns machen. Bald verabscheuten sie dann auch dieses ‚Hobby'.
Diese Arbeit bestand darin, die halbe Kokosnussschale gründlich zu säubern. Dies geschah zuerst mit einem scharfen Messer und dann mit einer scharfen Kante eines Glassplitters. Die Schale wurde von innen und aussen geschabt. Dabei musste beachtet werden, dass die Glaskante keine Scharten hatte. Sonst wären unerwünschte Kratzer auf der Schalenoberfläche entstanden.
Die andere Hälfte des *Batoks* wurde genau so bearbeitet, aber daraus wurden dann die Knöpfe, Broschen und Schnallen gemacht.

War die Schale sauber, ohne Kratzer und glatt, dann bekam ich sie, um den oberen Rand zu Verschönern und in der Schale ein bestimmtes Motiv zu sägen. Davor musste mit Zirkel und Bohrer das Motiv aufgebracht werden. Das Sägen in einer sehr harten Schale und dann noch in einer hohlförmigen Halbkugel war keine einfache Sache, da für das Sägen die Auflagefläche nur ein Punkt war. Man musste also die Schale gut festhalten. Denn kippte sie während des Sägens, dann war wieder ein Sägchen hin. Neue waren so gut wie nicht zu bekommen.

Frau L.B. hatte sich meine Arbeit gut angeschaut und war davon sehr beeindruckt. Sie spornte die kleinere Jungen zum Saubermachen weiterer *Batoks* an. Eines Tages kam sie mit einigen Sägchen an. *Ernst* und ich mussten dann auch für sie diese Schälchen machen. Sie muss die von mir schon gemachten Schälchen auch „zu sich genommen haben", denn am Ende hatte ich keine einzige von all den von mir gemachten Schälchen für mich oder meiner Mutter behalten.

Bald wurde es schon die vierte oder Fünfte Schale die ich für sie machte. Und so habe ich sicher im Laufe der Zeit 25 bis 30 davon gemacht. Selbstverständlich brach ich ab und zu ein Sägchen oder es wurde zu stumpf zum Sägen. Weil diese Sägchen schwer zu erhalten waren, und also sehr kostbar waren, habe ich anfangs mich nicht getraut Frau L.B. einen neuen zu fragen und nahm dann einer meiner eigenen Sägchen, bis ich selber auch nur noch drei oder vier hatte. Und von da an habe ich dann auch immer sofort bei ihr um ein neues gefragt. Selbstverständlich fiel ihr auf, dass ich nun häufiger um ein Sägchen kam und ihre Vorrat schrumpfte schnell. Ich wurde zur Verantworting gerufen und erklärte ihr wie es dazu kam.. Sie zweifelte jedoch an meiner Erklärung und ich habe immer die Zwei Hälften der Säge zeigen müssen. Es fehlte nur noch daran, dass sie behaupten würde, ich klaute ihre Sägen.

Jürgen von Berkholz machte auch von diesen Schälchen, denn er hatte auch eine Laubsäge. L.B. hat sich dann bei ihm erkundigt wieviele Schalen er mit einer Säge machte bevor die Säge brach. Darauf kam sie wieder zu mir und behauptete, dass Jürgen mit einer Säge drei Schälchen schaffte. Bei mir kam dann die Wut hoch. weil es für mich ein Zeichen war, dass sie mir nicht traute und tatsächlich dachte ich klaute ihre Sägen, oder sie meinte ich wäre nicht fachmännisch genug. Auch war es möglich, dass Jürgen

Meine Geschichte

ihr etwas weisgemacht hatte. Jedenfalls ich liess es nicht sa bei sitzen und bin ein paar Tage später zu Jürgen hingegangen und habe ihn „auf den Mann" gefragt, wieviel Schälchen er mit einer Säge machte, bevor die Säge brach oder zu stumpf wurde. Jürgen sagte L.B. hatte es ihn auch schon gefragt und er hätte ihr erzählt, dass er für eine Schale sicher zwei manchmal sogar drei Sägchen brauchte. Ich schaffte normal eineinhalbe sogar zwei Schälchen mit einer Säge. Aber dann waren die Sägchen so stumpf geworden durch die harte Kokosschale, dass man sie nicht mehr brauchen konnte. Ich habe darauf Frau L.B. angesprochen und ihr erzählt, dass Jürgen im Verhältnis dreimal soviele brach als ich und dass sie mir keinen Unsinn erzählen musste.

Hiermit fing der erste Konflikt zwischen mir und L.B. an. Jetzt würde man denken, was ich eigentlich für einen Blödsinn machte aus so einer Kleinigkeit, aber damals war ich schon irgendwie irritiert, da natürlich durch das viele basteln für sie, mir keine Zeit für andere Sachen übrig blieb. Sogar die Hausarbeiten musste darunter leiden.

L.B. hätte doch vermuten können, dass ich mit Jürgen reden würde um ihre Behauptung nach zu prüfen. Ausserdem hörten natürlich auch die andere Jungen vom Internat, die für das Säubern und glatt kratzen der Schalen verantwortlich waren von mir, dass sie mir Unrecht getan hatte.

Zweites Konflikt entstand, als ich eine besonders schöne Schale bearbeitete, die ich mitnehmen wollte, als wir wieder in den Ferien wieder nach Sukabumi kämen. L.B. behielt unsere Produktion genau im Auge, und machte eine Bemerkung, während ich daran arbeitete. Ich erzählte ihr, dass diese Schale für meine Mutter bestimmt war und dass das Sägchen, womit gerade arbeitete mein Eigentum war. Sie muss sich da böse in ihrem Zimmer zurückgezogen haben und hat irgendwie dafür gesorgt, dass auch diese bestimmte Schale in ihrem Besitz kam, wahrscheinlich weil sie mir dauernd darüber angesprochen hat. Jedenfalls hat meine Mutter niemals eine Kokosschale von mir gehabt. Damit hat L.B. mir dann auch auf meine Seele getreten.

Man könnte sich natürlich fragen, was L.B. überhaupt mit all diesen Schälchen vor hatte. Es waren inzwischen schon dreissig fertig geworden. . Im Anfang war mir das auch nicht deutlich und L.B. erzählte auch nicht, was sie damit vor hatte. Aber so passie es, als wir mit der ganzen Internatgruppe und mit L.B. um den See liefen, und zwar auf dem unteren Seeweg, zwischen Schule und Insel (man sieht ich weiss da sogar noch die Stelle), dass ich mit L.B. zusammen in der Nachhut lief.

Wir liefen da zusammen und ich erzählte ihr, dass ich ab jetzt mit dieser Bastelei aufhören würde. Die kleinere Jungen und ich verschwendeten zuviel Zeit daran und andere Arbeiten, sowie die Arbeit für die Schule, waren wichtiger. Sie erklärte mir dann, dass sie die Schälchen verschenkte an den anderen Damen in Sarangan, mit anderen Worten, sie machte bei andern gut Wetter, sie machte sich damit beliebt bei den anderen Damen. Auf jeden Fall erwähnte sie dabei Frau Wallau, die hätte sie u.a. eine Schale gegeben. Ulla Wallau sass in meiner Klasse, doch die hat mir nie etwas davon gesagt. . Auf meine Frage wieshalb sie die Schälchen verschenkte, sagte L.B., dass ich doch verstehen solle, dass wenn man einem etwas gibt, dann müsste es dem Geber doch froh machen! Doch keiner von uns Internacungen wusste überhaupt, dass sie die Schälchen vergab und so war auch für mich kein Grund zur Freude. Ich meinte ja erst, sie hatte in ihrem Zimmer einen grossen Koffer und da verschwanden unsere Sachen dann drin und das machte mich böse statt dass es Freude brachte.

Weiter darüber diskutierend, hatte nach ihrer Meinung das Geben von Geschenke zu Folge, dass man auch etwas zurück bekam, sie meinte dabei etwas Substanzielles. Ich

Meine Geschichte

weiss noch, dass in diese Diskussion die Gemüter sich mehr und mehr erregten, wobei meine Meinung war, man gäbe jemanden etwas ohne die Absicht oder die Erwartung etwas dafür zurück zu bekommen. Sowie L.B. es meinte war es irgendwie schon eine Bestechung. Ich verstehe jetzt noch nicht wieso ich als 14 Jährlicher ihr dieses sagen konnte.

Frau L.B. ist darauf sehr böse auf mich geworden, und da ich die weitere Bastelei sabotierte hat sie mich als Leiter der Jungen kurz danach abgesetzt. Von dem Moment an habe ich sie auch möglichst viel negiert.

Vielleicht erscheint es den Leser jetzt wohl etwas lächerlich, sogar kindisch und schwer übertrieben und werden viele nicht verstehen, weshalb ich so ausführlich hierauf eingegangen bin. Aber zu der Zeit, habe ich mich geschämt gegenüber die Damen, die L.B. dann eine Schale geschenkt hatte in der sicheren Erwartung, dafür etwas zurück zu bekommen. Vielleicht haben diese Damen Frau L..B. auch eine Nascherei oder so etwas, mitgegeben für die Jungen. Wir bekamen auch ab und zu wohl etwas von Frau L.B., aber die hat uns nie erzählt wo die Essensware herkamen. Wir haben immer gedacht, sie wäre unser Wohltäter.

Doch bevor meiner Degradierung bekam Sarangan in der zweiten Hälfte von April 45 die Nachricht, dass der F. im Streite gefallen war. Ich glaube nicht, dass der Bericht auf mich grossen Eindruck gemacht hat, denn ich weiss nicht mehr wie die Internatsjungen in Kenntnis davon gesetzt wurden.

Auf jeden Fall musste kurzfristig eine Gedenkfeier kommen. In dem grossen Saal von Hotel Fujiya sollte die Totenfeier statt finden. Die Internacungen sollten in Uniform erscheinen und die Totenwache stehen neben dem Podium. Eine Erhöhung war mit Blumen geschmückt und links und rechts davon stand eine Reihe von den uniformierten Internacungen. Auf einem Podium wurden sämtliche Reden gehalten, von wem weiss ich jetzt nicht mehr. Während der ganzen Zeremonie mussten die sieben bis dreizehn Jährlichen strammstehen. Die Ehre die Totenwache zu stehen, fiel an den Internacungen, weil wir Uniformen hatten. Es war dann auch gar nicht verwunderlich, dass in dem verdunkelten, unglaublich heissen, vollbesetzten Raum, jeden schon nach einer Viertelstunde der Schweiss über den Rücken lief. Sämtliche strammstehender Internatjunge kippte dann während der stunden dauernde Zeremonie um.

Hinterher war ich sehr froh nicht zu der Totenwache zu gehören. Meine Klasse gehörte zum Chor. Während der Feier haben wir bestimmt gesungen: „Ich hat einen Kameraden" und danach „Vater ich rufe dich" . Weiteres bin ich vergessen, auch wer die Ansprachen gehalten haben, doch sicher waren es Frau Bode und Herr Fischer. .

Dass all dieses keinen starken Eindruck auf mich gehabt hat, kommt wahrscheinlich dadurch, dass in der Schule am nächsten Tag wieder Unterricht war. . Wir Kinder haben jedenfalls wenig gemerkt von den eingreifenden Änderungen , die sicher bei den Erwachsenen und ihre Gefühle stattgefunden hat. Auch die kurz darauf folgende Kapitulation Deutschlands hat uns Internatskinder nicht stark beeindruckt, weil L.B. weiter nicht mit Informationen kam und die Jungen untereinander auch wenig darüber diskutierten, weil uns weitere Informationen fehlten. . Bei den Erwachsenen war das sicher nicht der Fall, denn die mussten sich doch nun sorgen, wie es nun weiter musste ohne eine finanzielle Unterstützung von der Dienststelle in Jakarta. Doch genau so wenig ich mir bisher Gedanken gemacht hatte, wer nun eigentlich meinen Lebensunterhalt in Sarangan bezahlte kamen auch jetzt keine sorgliche Gedanken bei mir auf. .

Meine Geschichte

Nur machte ich mir noch Sorgen um meine Mutter und um Hedi, die ja noch in Sukabumi waren. Wie ginge es mit den beiden und konnten sie sich die Köpfe noch über Wasser halten?

JULI AUGUST 1945

In der ersten Hälfte von Juli kamen unerwartet Mama und Hedi nach Sarangan. Mama hat Hedi in Sarangan abgeliefert und ist selber wieder nach Sukabumi zurück gereist.. Sie hatte schon gemerkt, dass ihre Arbeit in Cikopo, das Erholungsheim für die deutsche Marine, zu Ende gehen würde. Ausserdem muss auch Herr Hupfer in Juli nach Sarangan gekommen sein. Ich nehme an, die sind mit noch einigen Andern von Jakarta aus zusammen nach Sarangan gereist. Herr Hupfer war ein Jahr davor aus Japan gekommen und arbeitete bei der „Deutschen Marinedienststelle" in Jakarta. (Mem. PK 936). Er war selber nicht bei der Marine, doch hatte viele Jahre in Japan gewohnt und hatte dort als Turnlehrer Arbeit gehabt.

 Vielleicht hatte Mama ihn schon in Cikopo kennen gelernt.. Mama hat Hedi abgeliefert im Mädcheninternat. Selbstverständlich kam sie auch mit Frau L.B. in Verbindung und die wollte gerne kurz nach Jakarta. Der Grund ist mir nicht klar. Vielleicht kam sie selber aus Jakarta und hatte dort noch Besitz gehabt, die ihr abgenommen war durch die Holländer, und wollte sie sich erkundigen ob davon noch was übrig war. Oder sie wollte in Jakarta von der Deutschen Dienststelle wissen, wie es weiter musste mit dem Internat, nun wahrscheinlich die Unterstützung schon nachgelassen hatte..

Es traf sich also für sie sehr gut, dass Mama gerade da war um zeitlich die Führung vom Jungeninternat zu übernehmen. Das war wohl nicht so eine schwere Arbeit mehr, denn die meisten Jungen waren ja am Ferienanfang zu ihren Müttern gefahren, u.a. Werner Lux. Sie würden auch nach den Ferien nicht mehr zurückkommen nach Sarangan, weil die Zukunft dieser bestimmten Gruppe durch die Kapitulation Deutschland und später auch die von Japan zu unsicher wurde.

Also meine Mutter hat einige Wochen das Jungeninternat geleitet. Ich kann mir wenig davon ernnern, doch von Eelko weiss ich einen Vorfall, den ich hier doch erzählen möchte.

Schon zur Zeit von L.B. kam Boece Lawalata (ein ambonesischer Junge etwa 16 Jahre alt) der mit seiner Familie in Sarangan in der Nähe von Bühlers und Schüchners wohnte, regelmässig am Internat vorbei um uns seine „Bollen van Boece" zu verkaufen. L.B. hatte uns jedoch verboten mit Boece zu reden. Also musste alles heimlich passieren und schlich Boece am Nachmittag wohl mal am Internat vorbei und kauerte sich hinter der niedrigen Mauer, die das Internatsgelände trennte von dem Sportplatz. Wir Jungen standen dann etwas nachlässig an der Mauer, damit L.B. nicht argwöhnisch wurde, und „Tawarten" mit Boece über den Preis.

Auch im Juli war Boece wieder da, als meine Mutter unerwartet aus dem Zimmer von L.B. kam und sich erkundigte was wir da taten. Boece musste zum Vorschein kommen und als Mama dann hörte, dass er uns seine „Bollen" verkaufen wollte, fragte sie wieviel sein ganzer Vorrat kostete. Über den Preis waren beide sich schnell einig und Mama kaufte ihm in einem Male die ganze Ware ab. Die „bollen" wurden unter uns verteilt und sowohl wir als auch Boece haben uns gefreut.

150

Meine Geschichte

Am 18. August 1945, also kurz nach der japanischen Kapitulation kam L.B. wieder in Sarangan an.und übernam wieder die Arbeit vom Jungeninternat. Mama packte schon ihre Sachen, weil sie vermutete, dass mein Vater , der die letzten drei Jahre in einem japanischen Internierungslager in Cimahi gefangen sass, wohl bald nach Sukabumi kommen würde. Er war wahrscheinlich der Meinung, dass meine Mutter immer noch in Sukabumi war.,

Inzwischen hatte Sukarno die Republik Indonesia proklamiert und da die Japaner eigentlich in dem Moment auch nicht mehr die Macht hatten, fingen nach dem 17. August schon kleine Gruppen fanatische nationalistische Indonesier sich die Waffen aus den Vorräten der Japaner anzueignen und versuchten nun in die Internierungslager mit den Holländern durch zu dringen. (siehe Arca Domas) . Den Internierten wurde deshalb gesagt nicht das Lager zu verlassen, damit die japanische Bewachung einen Überfall der Indonesier abwehren konnten. Doch sowie es immer geht nach jahrelanger Gefangenschaft war da eine grosse Zahl Männer , die die Lager verliessen, wodurch sehr viele dann von diesen Nationalisten (Pemuda's) auf eine greuliche Art ermordet sind oder nie mehr zurückgefunden sind. Es geht hier um einige Tausende. Ein sehr tragischer Zustand also für diese Männer, die dachten endlich wieder die Freiheit wieder zu haben.

In den Tagen vom 22 bis 29 August muss Mama also alleine als Europäerin mit dem Zug wieder quer durch Ost-Java und zum grossen Teil auch West-Wava nach Sukabumi gereist sein. Nachdem ich über diese furchtbare Zeit sämtliche greuliche Geschichten gelesen habe ist mir immer noch ein Rätsel, wie sie das geschafft hat und mit dem Leben davongekommen ist bei diesen Unruhen und Morden. Ausserdem war meine Mutter schon immer furchtbar ängstlich, schon wenn einer sie böse ansah oder wenn sie angeschnauzt wurde. Während der ganzen Reise wird sie wohl tausend Angste ausgestanden haben oder sie war sich gar nicht bewusst von der Situation für alle Holländer. Könnt schon sein, denn Sarangan lief immer einige Tag nach mit den Aktualitäten. Auf jedem Fall wird sie wohl bestanden haben auf ihre deutsche Nationalität. Bei den Indonesiern war gut bekannt, dass die Deutschen auch holländisch-feindlich waren, genau wie sie und so waren es Freunde für sie. Jedenfalls in so weitem diese Personen als Deutsche erkannt werden konnten. . Vielleicht hatte Mama wohl einen Hakenkreuzabzeichen oder etwas Ahnliches getragen, obwohl ich bei ihr nie so was gesehen habe, weil sie ja in Wirklichkeit Holländerin war. Ich kann mir das auch fast nicht vorstellen.

Auf jeden Fall, meine Mutter kam unbehelligt an in Sukabumi. Dort hatte sie die letzten Jahre gewohnt mit Frau Steudel und die indonesische Einwohner von Sukabumi werden sie wohl gekannt haben und wussten, dass sie eine „Deutsche" war. Frau Steudel, die wohl immer ein Hakenkreuzabzeichen auf der Brust trug hatte nie Probleme mit den Indonesiern gehabt, nicht in der Zeit und auch nicht nachher.

DAS INTERNIERUNGSLAGER IN CIMAHI

Eigentlich gehört dies nicht zur Sarangangeschichte und deshalb weniger interessant für die Saranganer. Aber für mich ist es wohl wichtig, dass ich hiervon erzähle.

Meine Geschichte

Ich muss jetzt kurz erzählen von dem Internierungslager in Cimahi bei Bandung. wo mein Vater die Zeit zwischen Anfang 1943 und Ende August 1945 gelebt hat.

Nachdem erst die Internierung angefangen hatte in dem Lager in Bogor sind die Männer Anfang 1943 nach Cimahi von den Japanern verschleppt worden Das Lager in Bogor wurde dann besetzt mit holländischen Frauen und Kindern und Greisen.

Das Lager in Cimahi stand unter ein furchtbar strenges Regime von den Japanern und war wirklich ein Schrecken für die Insassen. Es passierte, dass ein Internierter versuchte zu stehlen, oder zu flüchten oder Kontakt zu bekommen mit Personen ausserhalb des Lagers. Indonesier und Mischlinge ausserhalb des Lagers versuchten etwas zu verdienen und beim Stacheldraht versuchte man dann etwas zu verkaufen an den Insassen.

Wenn die Bewachung das merkte, dann war die Hölle los. Die erwischte Personen wurden den mit der Peitsche oder mit einem Stock halbtot geschlagen und oft musste die ganze Baracke von den Tätern stundenlang in der glutheissen Sonne strammstehen einer nach dem andern kippte dann um. (Dieses weiss ich aus einem Tagebuch ein) Kumpans von meinem Vater, das in meinem Besitz ist. Flüchtlinge, die während einer Zwangsarbeit ausserhalb des Lager entwischt waren und wieder gefangen zurückgeführt wurden, wurden vor dem Front aller Internierten mit dem Samurai enthauptet. .

Also mein Vater wird auch wohl sämtliche Male unter einer kollektiven Strafe gelitten haben. Selber hat er uns nie darüber erzählt. Aus dem Mund meines Vaters haben wir kaum etwas vernommen über das Leben im Lager. Aber vier oder fünf Vorfälle hat er uns nicxht enthalten.

Erstens; in den Baracken fehlte jegliche Hygiene und lag man auf seinem Baleh-Baleh, dann krochen die Wanzen über die blossen Oberleiber der Männer. Papa behauptete, er hätte nie Probleme mit den Wanzen gehabt. Das käme dadurch weil er bestimmtes Blut hatte. Wohl wanderten diese Fiecher über seine Brust zum Nachbarn hin, wenn er still liegen blieb.

Ein zweites Problem war die Dysentrie, Amöbe und Bazilläre. Viele starben dann au durch Austrocknung und die Krankheit konnte sich einfach verbreiten durch die Anwesenheit der vielen, von den Lagerinsassen gegrabene, offene Latrinen.

Und dann war natürlich viel zu wenig Essen. Fleisch gab es schon gar nicht und Gemüse gab es selten. . Wohl gab es eine Arbeitsgruppe, teilweise von Freiwilligen. Unter Bewachung wurde diese Gruppe morgens aus dem Lager geführt nach einem Grundstück, wo man dann Gemüse sähen, oder pflanzen oder ernten musste für die Küche im Lager. Etwas durfte man für sich selber behalten. Das diese Gruppe immer klein blieb lag daran, dass ein grosser Teil der Internierten die Arbeit scheuten und ein anderer Teil körperlich natürlich nicht mehr im Stande war zu arbeiten. .

Da mein Vater ein ziemlicher Erfolg hatte mit seinem Grundstückchen wurde er von den Japanern ernannt zum „Hancao", so sagte mein Vater. Frage mich bloss nicht, was Hancao bedeutet, doch es wird wohl so etwas gewesen sein wie „der Leiter" (mandur). Viele Jahre später , als er endlich mit 70 Jahre seinen Beruf als Turmlehrer in Den Haag endete, hat er wieder mit viel Freude mit einem Schräbergarten angefangen an der Grenze zwischen Den Haag und Rijswijk. Dies und Angeln auf Hechte und Fotografieren waren seine drei Hobbys..

152

Meine Geschichte

Dann hatte mein Vater noch die Geschichte von den Schnecken.

Die meisten Europäer die in den grösseren Städten auf West Java lebten werden sich noch wohl den grossen Achatschnecken erinnern, die wahrscheinlich an der Schiffs-wand hängend aus Indien gekommen waren. Jedenfalls unsere Hibiscuszäune in Bata-via sassen voll mit diesen fiesen Fiecher und unser Kebon musste täglich diese Zäune nachlaufen und die Schnecken einsammeln, meist einen Eimer pro Tag.

Als der Hunger im Internierungslager sehr schlimm wurde haben die Insassen auf diese Schnecken gejagt. Der Wert stieg sofort und der höchste Preis für eine Schnecke wurde bald 5 Cent pro Schnecke.

Wenn man diese Schnecken vier Mal kochte, jedes Mal das Wasser natürlich erneuerte und den Schaum abschöpfte, dann schmeckten diese Schnecken gar nicht so schlecht.

Mit einem der Japanern von der Bewachung hatten de Internierten ein ziemlich „freund-schaftliches" Verhältnis. Er hatte den Spitsnamen „Opa", weil er ein runzeliges Gesicht hatte. Er behandelte die Männer redlich und mit meinem Vater hatte er sogar ein gutes Verhältnis. Opa hatte nämlich Rheuma und hatte wahrscheinlich durch einen Arzt vom „Lager-Hospital" vernommen, dass der Beruf meines Vaters u.a. Masseur war. Papa hat ihn dann zweimal in der Woche

geknetet, wodurch die Freundschaft besser wurde. Er „bezahlte" meinen Vater in Natu-ra, wodurch er etwas extra zu Essen hatte. Aber am Ende der ersten Hälfte von 1945 wurde Opa an die Front gezogen. Mein Vater erzählte, dass an der Pforte alle Insassen standen, die laufen konnten, und haben so Abschied von Opa genommen.

Also das hat es auch gegeben!!

Das Militär-Hospital in Cimahi war ein Teil des Lagers. Papa war öfters im Hospital und hat oft den Ärzten geholfen, denn Schwestern gab es natürlich nicht. Obwohl die Anste-ckungsgefahr im Hospital sehr gross war hat Papa sich immer gemeldet für die Arbeit dort. Ausserdem war er der Schutzengel von einem Jungen, etwa 16 Jahre, der ohne seinen Vater im Lager war und von den älteren Insassen oft ziemlich geärgert wurde, weil er einer der Jüngsten war. Die beiden übernachteten oft im Leichenhaus (Mortuari-um, doch dieses Prädikat hat mein Vater diese Baracke nie gegeben). Bei dieser Ab-sonderung wurden sie auch nie gestört von den Japanern, denn die hatten Angst, dass sie von Krankheiten eingesteckt würden. Die Gestorbene Insassen des Lagers und des Hospitals, wurden dort auf Baleh-Balehs aufgebahrt.um den nächsten Tag beerdigt zu werden. Ausserdem assen mein Vater und der Junge die Sachen, die er aus dem Ge-müsegarten mitbekommen hatte (Tomaten) und weiter auch dasjenige was Opa für das Massieren an Früchte (Bananen, Papaja u.s.w.) ihn geschenkt hatte. Ausserdem war es rücksichtsvoller gegenüber die anderen Insassen der Baracken. Als eines Abends die Beiden mal wieder im Leichenhaus waren und dort die Früchte unter sich verteilten, er-hob sich plötzlich eine Leiche und flüsterte: „Ich habe auch Hunger". Nachdem der Schrecken bei den Beiden etwas vorbei war haben sie diesen Mann an ihrem Tisch ge-holfen und haben auch mit ihm alles geteilt. Nach diesem „Lazarus-Erlebnis" haben sie ihn am nächsten Tag wieder nach seiner Baracke gebracht.

Im Jahre 2003 starb Frau Pass hier in Den Haag. Da meine Frau und ich öfters von Er-na und ihrer Mutter zu Geburtstagen eingeladen waren und ich auch bei der Trauerfeier nach dem Tode (107 Jahre!!) von Frau Pass, lud Erna uns nochmals ein zur Beisetzung der Urne ihrer Mutter. Nach der kurzen Feierlichkeit auf dem Friedhof kamen Ernas

Meine Geschichte

Cousin, Walter und seine Frau, Jenty, ich und Erna zu einem einfachen Lunch zusammen. Ich wusste, dass Walter auch aus Indonesien kam, und fragte ihn in welchem Internierungslager er gewesen war. Auch in Cimahi also, doch meinen Vater kannte er nicht. Da ich von meinem Vater fast nichts über das Lager dort wusste, war meine nächste Frage, ob er über diese Zeit geschrieben hatte. Das war nicht der Fall und seine Frau sagte, dass auch sie und die Kinder es bedauerten, dass er nie etwas darüber geschrieben oder erzählt hatte. Ich musste darauf sagen, dass mein Vater auch fast nichts erzählt hatte aus der Zeit. Nur dasjenige was ich gerade hier vor beschrieben habe. Als ich dann an die Geschichte im Leichenhaus kam die Frau von Walter in Erregung und bekannte, dass dieser „Lazarus" ihr Mann, der jetzt neben ihr sass, gewesen war. Wir waren alle vollkommen platt.

Walter erzählte dann, dass er damals bei einem Arzt gewesen war, er war schwerkrank; hatte Ruhr und furchtbare Tropengeschwüre an den Beinen. Der Arzt stellte ihn vor der Wahl die Beine zu amputieren, sonst müsse er damit rechnen, dass er innerhalb einer Woche sterben würde. Auf die Frage wie lange er dann noch leben würde nach einer Amputation schätzte der Arzt zwei bis drei Monate. Walter hatte darauf die Amputation abgelehnt. Eine Woche danach „starb" er dann und hat man ihn ins Leichenhaus befördert.

Er muss also mein Vater gekannt haben, aber weil mein Vater nie die Namen genannt hatte von diesem Walter und auch nicht von diesem Jungen, vermute ich, dass mein Vater nach diesem Erlebnis selber nie mehr Kontakt mit ihm aufgenommen hat. Wohl habe ich von Walter den Namen von dem Jungen bekommen, einen Hans van Ommen, der nach Neu-Seeland ausgewandert war. Über Internet habe ich dort die Adresse von diesem Hans gefunden, dort angerufen, doch leider war Hans vor zwei Jahre schon gestorben, aber seine Frau, die ich am Telefon bekam, kannte auch die Geschichte von dem Leichenhaus durch ihren Mann. .

Aber nun zurück zu meinem Vater.

VON CIMAHI NACH SUKABUMI

Papa war nach der Kapitulation der Japaner und die Proklamation der Republik Indonesia so unvernünftig um das Lager in Cimahi zu verlassen um nach Sukabumi zu reisen. Ich kann mir fast nicht vorstellen, dass er nichts gewusst hätte von den Unruhen (Bersiapzeit) zwischen Indonesiern und Holländern und dass es für die Holländer sehr lebensgefährlich war die Internierungslager zu verlassen. Es müssen doch mehrere kurz aus dem Lager gewesen sein und von den Indos gehört haben, dass Holländer und Indos ermordet wurden von den Indonesiern. Weshalb hat er also trotzdem das Lager verlassen? Wusste er, dass mama (wieder) in Sukabumi war und dachte er vielleicht, sie wäre auch in Gefahr? Er müsse sie so bald wie nur möglich nach Cimahi oder Bandung holen?

Man sieht ja, dass es zahllose Fragen gibt , die ich schon eher hätte stellen müssen, wofür es aber zu spät ist.

Papa muss also eine Bahnkarte gekauft haben (wovon?) und im Zug eingestiegen sein.

Weil ich nie mit Papa oder Mama ausführlich über das nächste Ereignis geredet habe und also nicht weiss, was exakt passiert ist, habe ich sowohl Hedi als Marijke gebeten ihre Lesung zu geben, wie Papa schliesslich doch in Sukabumi angekommen ist.

Meine Geschichte

Meine Fassung.

Im selben Zug wo Papa war, reisten auch de drei Jungen von Madjid (ein sehr bekannter Arzt in Batavia vor 1942). Die hatten gesehen, dass in Candjoer ein Holländer von einer wütende Menge Indonesier aus dem Zug geholt worden ist. Auch in Sukabumi stand schon eine grosse Gruppe Indonesier auf diese drei Jungen zu warten. Den ersten fassten sie schon auf dem Bahnhof und die Menge hat ihn mit ihren Buschmesser erschlagen. Den zweiten Bruder erwischte dasselbe in der Plabuanstrasse, etwa 300 m vom Bahnhof. Der dritte erreichte die Kempetai an dem Wilhelminaweg und nachdem er sich dort etwas erholt hatte u.a. erzählt, dass in der Nähe von Candjur auch schon ein Holländer aus dem Zug geholt wurde.

Man hat dann die indonesische Polizei verständigt, die dann mit einem Auto in der Richtung Candjur gefahren ist und unterwegs Papa in einem Kampong gefunden hat.

Ich muss allerdings sagen, dass diese Lesung mir als die meist unwahrscheinlichste vorkommt. . Wohl ist es eine Tatsache, dass zwei Brüder von Madjid beim Bahnhof von Sukabumi ermordet sind und der dritte die Kempetai erreicht hat, die ihn weiter geschützt hat.

Hedis Fassung.

Irgendwie wusste Mama, dass Papa nach Sukabumi kommen würde mit einem bestimmten Zug aus der Richtung von Candjur. Mama war auf dem Bahnhof und als der Zug kam und Papa nicht ausstieg. Mama ist dann wieder nach Hause gelaufen zu Frau Steudel. . Einige Stunden später ist sie wieder zum Bahnhof gelaufen, weil der nächste Zug kam, doch schon unterwegs hielt ein Krankenwagen neben ihr an.

Papa lag schwer verwundet in die Ambulance.

MARIJKES FASSUNG (MIT EINIGEN BEMERKUNGEN, DIE VON MIR SIND)

Sie schreibt mir aus Florida:

Ha Harald.

Ik ben blij van je te horen en om even te antwoorden op de vraag. „Hoe is Papa in Sukabumi aangekomen?"

Mama wusste, dass er kommen würde und ist zum Bahnhof gelaufen. Als der Zug ankam und Indonesier ausstiegen, hat sie jemanden gefragt ob auch ein „Tuan Belanda" im Zug war. Der Angesprochene hat aber nichts gesagt und hat sich sofort aus dem Staube gemacht, doch hat wahrscheinlich das Rote Kreuz verständigt, dass eine Nonja auf ihren Mann gewartet hätte, doch dass es dieser Belanda war den man unterwegs bei Candjur, oder an einem Bahnhof zwischen Candjur und Sukabumi aus dem Zug geholt hatte.

Diese Gruppe Indonesier, die ihm aus dem Zug geschleift hatten, haben ihn die Hände vor sich gefesselt und mitgenommen nach einem Kampong, wobei er unterwegs fortwährend mit Stöcke geschlagen wurde. Er ist auch auf dem Boden geworfen worden und man hat ihn an den gefesselten Händen über den Boden geschleift, wobei von sei-

Meine Geschichte

nem Gesicht und die Brust die Haut abgeschürft wurde. Dann hatten sie die offenen Wunden mit Hundedreck eingeschmiert.

In der Baleh-dessa hat er sich stundenlange Propaganda-Reden anhören müssen, und Beschimpfungen über sich ergehen müssen lassen, wovon er sich jedoch nachher fast nichts mehr erinnern konnte, aber es wird wohl von der Republik Indonesia, den schlechten Holländern die Sprache gewesen sein und jetzt wäre der Tag der Rache endlich gekommen oder mehr dergleichen. Papa hat sich ganz dösig wohl alles angehört. Schliesslich hat man ihn wieder aus dem Baleh-dessa gezogen und ihm draussen mit einem Haumesser auf den Kopf schlagen wollen. Er hat diesen Schlag mit seinen gefesslten Armen abwehren können, doch der Oberarm war zerschunden und der Knochen gebrochen, er muss furchtbar geblutet haben. Dann hat einer dieser Helden ihn einen Fusstrit im Rücken versetzt, wodurch er vornüber auf dem Gesicht gefallen ist. Nach einigen Fusstritten ist die Gruppe dann auseinander gegangen, weil man möglich gedacht hat, dass mein Vater tot war. .

Papa erzählte später meiner Mutter, dass er auch in dem Moment gedacht hatte, es wäre jetzt das Ende gekommen, oder wie er sagte: Ich mache meine Augen zu und werde einschlafen.... Sicherlich wurde er da ohnmächtig.

Papa muss wohl einige Zeit so gelegen haben.

Ein Indonesier ist schliesslich gekommen und hat ihn in seinem Haus getragen. Möglicherweise war dieser die ganze Zeit Zeuge von dem ganzen Geschehen gewesen, doch angesichts der grossen, aufgehetzte Menge hat er es nicht gewagt dazwischen zu kommen .

Er hatte wohl gemerkt, dass mein Vater noch lebte, und hat sein Körper gewaschen und die Wunden verbunden. Als er dabei war, kam mein Vater zu sich und hörte als Erstes, dass der Indosnesier mehrmals Tuan de Haan zu ihm sagte. Er muss ihn irgendwie also gekannt und ihn jetzt wiedererkannt haben. *(meine Meinung: dieser Mann war wahrscheinlich ein früherer Schüler von seine Schule in Batavia, wo er Turnunterricht gab, oder was ich noch eher glaube: es war ein Schüler der Polizeischule von Sukabumi wo Vater von Mitte 1941 bis Anfang 1942 der Sportlehrer war. Unter den Schülern der Polizeischule gab es viele Indonesier. Und er hatte ihn also zuletzt vor 31/2 Jahren noch gesehen).*

Also in dem Haus von diesem „Altschüler" kam Papa wieder zu sich. Der Indonesier entschuldigte sich für das Benehmen seiner Landsleute und all das was vorgefallen war, während er die Wunden an meinem Vater reinigte von allem Schmutz und Hundescheisse. Dass er den Namen meines Vaters kannte, ihn Tuan de Haan nannte, dass wusste papa sich noch sehr gut zu erinnern.

Am nächsten Tag war Mama wieder zum Bahnhof gelaufen und auf dem Wege dahin kam ein Auto des Roten Kreuzes vorbei und hielt an. Im Auto lag dann mein Vater. Mama hat mir das alles erzählt, doch wie er dann wieder nach Cimahi gekommen ist, weiss ich leider nicht. Ich nehme an, dass das Rote Kreuz dafür gesorgt hat, denn er musste ja zum Arzt, da der linke Oberarm gebrochen war und er sich weiter behandeln lassen musste.

SOWEIT DIE VERSION VON MARIJKE

Da mein Vater gerade aus dem Lager kam, dadurch körperlich sehr geschwächt war, glaube ich, dass er wenig Widerstand hat leisten können, als er aus dem Zug geholt

Meine Geschichte

wurde. Indem er jedoch seine alte Kondition gehabt hätte, dann wäre es der Gruppe Indonsier nicht so leicht gelungen ihn aus dem Zug zu bekommen und ihn dermassen zu behandeln. Er hatte bestimmt für sein Leben gekämpft. Vielleicht hat ihm dieser Zustand dann auch das Leben gerettet, denn er wäre sonst nicht lebend davongekommen.

Papa war also einige Tage bei Mama in Sukabumi und ist danach wieder nach Cimahi gefahren. . Ausser mit einem Roten Kreuz-Auto, könnte das auch wohl mit einem indonesischen Polizei-Auto gewesen sein, oder die Polizei hat ihn jedenfalls bis Candjur begleitet. Bei der Polizei in Sukabumi waren sicher noch einige seiner Altschüler.

Wie lange die Heilung gedauert hat weiss ich nicht genau, doch auf jeden Fall hat er bis zum Ende seines Lebens immer Probleme gehabt mit einem geschwächten Linkerarm.

Weiter werden Papa und Mama wohl verabredet haben, dass Mama wieder nach Sarangan reisen würde um uns Kinder zu holen und uns nach Bandung zu bringen.

Sarangan 3

UMZUG JUNGENINTERNAT

Ende August 1945 oder Anfang September fing die Schule in Sarangan wieder an, als ob eigentlich in den vergangenen Wochen nichts passiert war. Sowohl die Zahl der Jungen als der Mädchen hatte sich drastisch reduziert. Die meisten Jungen und Mädchen, die vor Juli zu ihren Müttern ausserhalb Sarangan fuhren, waren wegen den geänderten Umstände und der unsicherer Zukunft zu Hause geblieben. Ausserdem war das Reisen mit dem Zug für Europäer gefährlich geworden. Uberall streiften vollbewaffnete „Extremisten" und „Pemudas" herum. Die fragten auch nicht nach der Nationalität einer Person, doch mordeten jeden der nur einigermassen europäisch aussah. Von diesem erfuhren wie im Internat in dem Moment jedoch noch nichts..

Es waren nur noch etwa acht Jungen und acht Mädchen in den Internaten. Beschlossen wurde um beide Internate zusammenzufügen und so zog das Jungeninternat nach Hotel Lawu (der Name Fujiya war wieder Hotel Lawu geworden). Im Hotel Lawu kamen die Jungen jetzt in die leeren Zimmer von den nicht-zurückgekehrten Mädchen, also in das meist nördliche Gebäude von Hotel Lawu. Die acht Jungen hatten zwei Schlafzimmer und ein Sitzzimmer und die Mädchen auch. Frau L.B. wohnte neben den Mädchen, und hatte nun die Leitung über alle.

Für uns Jungen war die neue Unterkunft ein grosser Rückfall, denn die Lage von Beau Site am See war natürlich zu bevorzugen.

Das Verhältnis zwischen Frau L.B. und mir wurde eigentlich jede Woche schlechter, denn ich blieb rebellisch. Ich war auch nicht mehr der Gruppenleiter, das war inzwischen Bert Emmerling geworden. Er hatte auch zwei jüngere Brüder, Erich und Kurt, und eine jüngere Schwester (Name weiss ich nicht mehr) im Internat. Wenn ich mich recht erinnere war die Mutter gestorben. Das wäre dann auch der Grund gewesen, wieso sie nicht in den Ferien abgereist waren. Eelko und ich waren gut befreundet mit den Emmmerlingen. Auf den Weg vor dem Internat spielten wir mit den anderen Jungen von Hotel Lawu. Meistens waren die Spiele: hüpfeln oder „gatrik"., ein indonesisches Spiel mit zwei Stöcken und zwei Steinen.

Meine Geschichte

Von den drei Monaten in Hotel Fujiya kann ich mir weiter nichts erinnern. Wohl hatte ich wieder angefangen mit meiner Laubsäge zu arbeiten, doch dann mit Sperrholz. Suchte dann mir die Zeiten aus, da ich wusste , dass Frau L.B. mich nicht stören würde, denn dieses würde unser Verhältnis nur noch schlechter machen.

In dem Stundenplan der Schule hatte sich ab August so Einiges geändert. Unterricht in der japanischen Sprache war selbstverständlich gestrichen worden. . Von Anfang an war dieses Fach schon fragwürdig, doch die Japaner standen drauf, dass darin unterrichtet wurde. Anstatt Japanisch bekamen wir nun Indonesisch (von Frau Bode) und sogar Englisch (von Frau Wisgrill). Bis dahin war Englisch von den Japanern verboten. Frau Wisgrill liess uns auch ganze Texte auswendig lerne und das geschah so gründlich, dass ich mir noch den allerersten Text erinnere:

„What the moon says. The moon says: My name is moon. I shine to give you light at night, when the sun has set. I am a big pearl among small sparkling Diamonds......"

Weiter bekamen wir auch andere Lehrerinnen, sowie Frau Bormann. Sie gab uns Erukunde. Frau Bormann hatte vorher nur in der zweiten oder dritten Klasse Unterricht gegeben und eigbete sich überhaupt nicht für den Unterricht in den höheren Klassen. . Wer es so angeordnet hatte weiss ich nicht, doch sie konnte mit keiner Möglichkeit die Disziplin in der Klasse halten. Wenn sie einem ansprach konnte sie dem Angesprochenen nicht in die Augen sehen. Sie blickte dann mit starrer Miene nach eine der oberen Ecken hniter in der Klasse.. Folge war dann, dass die ganze Klasse sich umdrehte und auch nach derselben Stelle starrte. Sie geriet dann immer in Wut und wir hatten dann dass erreicht, was wir von ihr wollten. Sie hatte es auch vor Allem auf mich versehen. Bis dahin war ich noch nie aus der Klasse entfernt worden, aber bei ihr ist mir das häufig passiert. Von draussen spähte ich dann durch die Löcher der hinteren „Bilikwand" der Klasse und machte dann Unfug mit denen die in den hinteren Bänken sassen. Jetzt denke ich, dass wir Jungen doch furchtbare Luder waren.

Herr Hupfer

Im Juli 45 war Herr Hupfer, der erst bei der Dienststele in Jakarta beschäftigt war, nach Sarangan gekommen. Er hatte eine Wohnung in Hotel Lawu bezogen und als die Schule wieder anfing wurde er der Turnlehrer, und ersetzte er damit Frau Schut. Es war auch vorher schon sein Beruf. Davor hatte Klaus B. uns Turnunterricht gegeben, aber wurde dann Begleiter für Handearbeit. Bei ihm habe ich das Holzschnitzern gelernt und auch Bearbeiten von Bambus..

Hupfer hatte etwa die Figur meines Vaters. Nicht so gross, doch stark und gemuskeld Hupfer hatte eine Narbe an der linken Wange, wahrscheinlich eine Verletzung bei einer Mensur aus seiner Studentenzeit. Bei Frau Schut hatten wir hauptsächlich Athletik gehabt, 100, 200, 1000 m-Lauf. Sie hatte aber auch schon das Bodenturnen mit uns angefangen, Bockspringen, über mehrere Personen und Hechtrolle und Hochspringen. Weiter hat sie uns Jungen furchtbar abgerackert mit ihrem Konditionstraining. . Hauptsächlich bestand dieses aus minutenlang liegen auf dem Rücken mit leicht gehobene Beine, eine Übung für die Bauchmuskeln, oder wir musst in die Knien gehen und dann minu-

Meine Geschichte

tenlang so stehen bleiben. Nach solch einem Mittag bei ihr hatten wir Jungen immer zwei Tage Muskelkater.. Dieses Training gab sie bei sich zu Hause in Hotel Hansje, wieso es da geschehen musste weiss ich eigentlich nicht. Logischer wäre wenn es in der Schule gewesen war, aber sie brauchte dann wahrscheinlich eine Aufsicht für ihre Kinder, denn dieses Abrackern war immer ausserhalb den normalen Unterrichtzeit.

Mit Pa Hupi (den Spitznamen hatte er schon sofort) wurde alles ganz anders. Er sorgte dafür, dass eine Reckstange kam, eine Brücke und Ringe und so bekamen wir also Geräteturnen. Auch das Bodenturnen hat r weiterentwickelt. . Auch im Jungeninternat haben wir sehr oft auf eigene Faust das Bodenturnen geübt und die Internacungen waren deshalb in diesem Sport besser als die Andern. Wegen meinen guten Leistungen hatte ich bei Pa Hupi ein Stein im Brett (dachte ich). Wir konnten gut miteinander auskommen. Das stellte sich auch heraus mit seiner Bitte an Frau L.B., ob er mich als Führer auf dem Lawu mitnehmen durfte.

Ich war immer froh, solange ich nur aus dem Internat war. Also sind wir beide eines Abends um 23.00 Uhr mit nur leichtem Gepäck losgezogen. Wir wollten nämlich nicht auf dem Lawu übernachten. Ich fühlte sehr meine Verantwortung als Führer. Bei anderen Lawubesteigungen waren wir immer mit mehrere, die den Weg gut kannten und bestimmte Entscheidungen brauchte ich dann nicht alleine zu nehemen.

Hupi fand es auch bewunderungswert, dass ich sogar im Dunkeln den richtigen Weg fand, denn auch jetzt hatten wir keine Lampen dabei. . Doch hat er kein einziges Mal gefragt, ob wir wohl auf dem richtigen Wege waren.

Als wir schon eine Stunde vorbei dem Kawah-pfad waren, fing es leicht an zu dämmern und die Solo-Ebene zu konnten wir erkennen. Was mich aber beunruhigte, war dass das Gebüsch am Hang brannte über eine Breite von etwa 200 M und die hochlodernde Flammen hatten auch schon fast das Pfad erreicht, da wo der Ballverzakkingspas war. Wir hatten wohl noch Zeit um vor dem Feuer den Pass vorbei zu kommen, doch der Rückweg war dann unsicher. Sowohl das hohe Gras, die Sträucher als die kleine Bäumchen brannten über einer weiten Fläche. Da ich Hupi sagte, dass es noch einen anderen Weg nach Sarangan zurück gab, nämlich über Banju Urip, entschlossen wir um doch weiter zu gehen und auf den Rückweg entscheiden würden ob wir an dem Brand vorbei kommen konnten. Wir erreichten den Pas und hatten nur etwas Schwierigkeiten mit dem Rauch. Zwanzig Minuten später sahen wir bei Argo Dalem den Sonnenaufgang. Wir ruhten uns zwei Stunden aus und machten uns dann wieder auf dem Rückweg. Das Feuer beim Pass war inzwischen von selbst erloschen und es glühte hier und da nur noch ein wenig. Wir konnten also da vorbei und brauchten nicht den Weg über Banju Urip zu laufen.

Bei der Abzweigung zum Kawah wollte Hupi unbedingt noch zum Kawah hinunter. Als Hupi das warme schwefelige Wasser sah, zog er sich sofort aus und ohne sich zu genieren legte er sich in eine der heissen Tümpeln. Ich sollte mir auch eine Tümpel aussuchen. Ich fand es eigentlich genant so in meinem „Jupidei" doch liess mich überreden. Mir war es aber zu heiss und habe mir einen Tümpel 15 M stromabwärts ausgesucht.. Der Hupi war es in Japan gewohnt sich in heisse Bäder zu tummeln.

Kurz nach der Mittagstunde sind wir dann, gesäubert und anständig angezogen nach Sarangan abgestiegen. Für mich war es eine der denkwürdigste Lawu-Touren.

Auch die Wanderung mit Hupi zum grossen Wasserfall im Tal zwischen Sido Ramping und Lawuhang ist für mich besonder gewesen.

Meine Geschichte

Ich war sicher schon drei oder viermal mit einer Gruppe zu diesem Wasserfall gewesen. Der Pfad lief an einem kleinen Bewässerungskanal entlang, der das Wasser für den Sarangansee versorgte. Der Kanal folgte etwa die Höhenlinie des Hanges an der Lawuseite. Nachdem man einen Kampong vorbei war, kam man dann auch an der Stelle wo der Kanal endete bei dem Bergstrom des Tales. . Dann führte der Weg noch ein kurzes Stück steil hoch am Bach entlang und endete vor einer Steilwand, wo von hoch oben das Wasser herunterstürzte in einem Wasserbecken. Vor dem Wasserbecken war eine kleine Wiese wo nach der Mittagstunde die Sonnenstrahlen in die schmale Schlucht durchdrangen und die Blümchen auf der Wiese beschienen. Diese Stelle war bei Saraganern ein beliebter Platz zum Picknick.. In Sarangan hiess es hier: die Elfenwiese..

Es muss wohl Ende Januar 1946 gewesen sein als wir, meine Mutter, Eelko Hedi , Marijke und ich mit Hupfer die Elfenwiese besuchten. Meine Mutter war gerade aus Sukabumi eingetroffen, davon schreibe ich gleich noch Einiges..

Auf der Wiese wollte Hupfer mit mir noch einige Turnübungen lernen. Ich musste gerrdestehend vor ihm stehen, mit dem Rücken zu ihm hin und die Armen auf dem Rücke Er fasste meine Hände und ich sollte einfach nur hochspringen. Ich hatte keine Ahnung von dem was ich genau tun musste und wie überhaupt die Übung war. Jedenfalls mein Schwerpunkt lag zuviel nach vorne, wodurch beim Aufdruck von Hupi ich nach vorn kippte und mit meinem Kopf nach unten auf dem Boden knallte. . Ich war einige Minuten ziemlich durcheinander und denke, dass ich eine kleine Hirnerschütterung hatte. Jeder hatte sich schlimm erschreckt und Hupi sicher am Meisten. Aber den Weg zurück nach Sarangan habe ich doch nicht schlapp gemacht..

Weihnachten 1945 näherte sich und jeder bereitete sich wieder vor auf das Fest, dass wieder in Hotel Asia stattfinden würde. Frau Külsen hatte wieder die Leitung auf sich genommen, denn das vorige Mal hatte sie es auch so fantastisch gemacht. Frau Külsen fragte mich auch wieder um ein Gedicht vor zu tragen. Eelko musste beim Weihnachtsspiel mitwirken (vermutlich bekam er die Rolle einer der Pilze, jedenfalls er fand seir Rolle als Pilzchen sehr kindisch). Marijke bekam die Rolle vom Kind, dass den Weinachtsstern suchte. Weiter erinnere ich mich, dass Fredy die Rolle von Josef und Dagmar die Rolle von Maria hatte. Und dann mussten die beide noch singen, während sie an den Herbergen vorbei zogen. Für Dagmar konnte ich mir die Rolle vorstellen, aber der Fredy als Josef, da müssten doch alle Zuschauer eine lebhafte Fantasie haben.. Wirten waren, wenn ich mir das richtig erinnere:, Helmut, Herman und Victor. Jeder von ihnen bekam eine Bilik-wand, wo sie sich unsichtbar hinter stellen konnten. In der Wand auf Augenhöhe war eine kleine Klappe, und beim öffnen der Klappe musste der betreffende Wirt den Kopf durch die Öffnung stecken und seinen Text singen. Sowie ich schon befürchtete, ging es mit Helmut nicht ganz ordnungsgemäss. Fredy stand etwas zu nah beim Anklopfen und Helmut war so eifrig mit dem Offnen der Klappe, dass er diesen noch gerade entweichen konnte durch einen schnellen Zurücksprung. Man hörte dabei deutlich, dass er ein Schimpfwort wegschlucken musste. Und dann begann das Lied: „Wer klopfet an". Fredy und Dagmar: „Ach zwei gar arme Leut" u.s.w.. Doch alles im allen war das Auftreten von Wirten und Maria und Josef ein grosser Erfolg.

Marijke spielte ihre Rolle sehr überzeugend, das bestätigt sogar P.K., nur er meinte es wäre Marijke Kellerman gewesen. Also nicht.

160

Meine Geschichte

DAS WEIHNACHTSSPIEL

Geschrieben von P.K.
(gekürzt)

Viel ist da zu überlegen,
Auszudenken, abzuwägen
Zwar der Aussenseiter spricht:
"Das ist doch so schwierig nicht!
Aus der grossen Schülerzahl
Trifft man einfach seine Wahl!"
Oh, du ganz naiver Wicht,
Du kennst Sarangan noch nicht!
Da hält man den Grundsatz fest;
Nimm übel, wo sich's machen lässt!
Überall sind hier im Spiele
Minderwertigkeitsgefühle;
Wohlverstanden, kompensierte
Oder gar Hypertrophierte.
Die kann Jene nicht verknusen,
Schlangen nährt man an dem Busen,
Und ein anderer der rennt 'rum
Mit Komplex vom Egozentrum;
Und ein jeder gibt scharf acht,
Was der liebe Nachbar macht.
Und wo Sympathie heut ist,
Gibt es morgen Zank und Zwist,
Klicken, Gruppen und Parteien,
Die sich brüderlich entzweien,
Pro- und anti - Mission,-
Oh man kriegt genug davon!
  Und ein Stein des Ärgernisses
Allgemein, ist ein gewisses
Haus; es liegt an Bergesmitte,-
Na, Ihr wist schon -: Die Blockhütte!.
Weil sie sich in dreien Jahren

Noch nicht lagen in den Haaren.-
Das geht nicht mit rechten Sachen!
Na, man weiss ja, was sie machen;
Magische Seancen, Orgien,
Horoskope – bis zum Morgen!-
Auf der Bühne richtige Besen;
Stossen, knuffen, kneifen, kratzen.
Umgekehrt, die Pilze haben
'n Benimm wie fromme Knaben
Sollen toben, hupfen, rasen, -
Sitzen da wie Osterhasen!
Wessen Rolle grad nicht dran
Schnattert was er schnattern kann.
Was sie sollen, tun sie nicht!
Was sie tun, das darf man nicht!
Störend ist's, wenn längs der Mauer
Kritisch sitzen auf der Lauer
Ungebeten Zuschauer.
Lassen ihre Arbeit liegen,
Denn es macht so viel Vergnügen,
Zuzuschaun, was andre machen
Und darüber noch zu lachen; -
Sollen's erst mal selber machen!
  Das macht die Spieler noch nervöser
Und die Stimmung immer böser;
Hupfer meckert, Papa unkt,
Tante Peipe zwischenfunkt,
Tante Külsen ringt die Hände,
Hachgenei verschiebt die Wände,
Jürgen Berkholz rieselt Schnee,
Lotte schaut fromm in die Höh',

161

Meine Geschichte

Und Frau Hanke, die souffliert
Bis das Christkind narrisch wird!
  Und das Barometer steigt,
Bis der Siedepunkt erreicht,
Bis selbst ihre sprichwörtliche
Engelsgeduld geht in die Brüche. -
Gottseidank! - Jetzt haut sie frisch
Mit der Faust mal auf den Tisch:
"Schluss mit Meckern! Jetzt red' ich!"
Dieser rau energ'sche Ton
Kläret die Situation.
Lobenswert ist hier Frau Gothein,
Bringet in der höchsten Not ein
Tässchen Kaffe mit Gebäck,
Jagt damit den Arger weg
Das war wieder eine schöne
Deutsche Volksgemeinschaftszene!
Und dann ist die Probe aus,
Und wir gehen still nach Haus;
Denn wir sagen uns mit Bangen;
"Alles wieder schief gegangen!"
Aber so war es schon immer;
Und das gibt 'nen Hoffnungsschimmer!

Und nun stelle ich Euch vor
Das ganze Festartistenkorps,
(Soweit sie noch unbekannt
 und bisher noch nicht genannt).

Die Artisten

Maria und Joseph:

Maria kann nur jemand sein.
Der selber schön und brav und rein;
Drum Dagmar als Maria war
So echt, wie noch in jedem Jahr

In Zivil sie freilich nennt
Joseph einen "gore Vent";
Doch der Fredy nimmt's nicht übel;
Grad wie Joseph aus der Bibel.

Die Könige:

Wer sind die Könige gewest?
Der Helmut aus dem Arendsnest,
Hermann, der schöne aus Beau Site,
Bringt Gold und "Guten Abend " mit
Hans-Günther ist der Balthasar;
Fürwahr, dem gleichet er aufs Haar.

Die Engel:

  Engel gibt's bei uns soooo viel;
Doch nur zwei sehn wir im Spiel;
Lotte, schlank, mit Flügeln nebst
Lilien, grad als wenste schwebst;
Engel Irmgard, weiss und zart,
Ganz ätherisch und apart.
Und so fort, - genug davon! -
  Grösser wird die Emotion,
Wenn dabei noch sind im Spiele
Mutterschaftsinstinktgefühle:
"Immer kommt mein Kind zuletzt;
Wird express zurückgesetzt;
Andre, die viel doofer sind,
Als mein armes, süsses Kind,
Andre, wenn sie noch so schlecht,
Kriegen überall ihr Recht!" -
  Durch all diese Schwierigkeiten
Ohne Unfall durchzugleiten,
Ist 'ne Kunst, die nur versteht
Tante Külsen! - Und dann geht
Eines Tages in "Asia's" Saal

162

Meine Geschichte

Nachmittags die General -
Probe über schiefe Bretter,
Die inzwischen unser Retter
Hanns, der Schweinehirt, erdacht
1)
Und zur Wirklichkeit gemacht.
Vorn ist nichts, - jedoch im Hinter-
Grunde seh'n wir eine Winter-
Landschaft, weihnachtlich verschneit,
Und kein Mensch ist weit und breit;
Nur die Spuren in dem Schnee,
Und der Rauch steigt in die Höh',
  (So was zeichnet mit Genie
    Firma Klaus und Kompanie.)
 2)
Und das grösste Staunen weckt
Der verschiedne Lichteffekt.
 Erst geht alles glatt und schön,
Aber, - na wir werden sehn!. -
Unter der bewährten Führung
Unsres Papas, der vor Rührung
Manchmal sogar richtig spielet,
Und dann durch die Ritzen schielet,
Ob er was erspähen kann,
Ob das Stichwort noch nicht dran,
Setzet dann die Musi ein, -
Mit eff, wo es doch fis soll sein!
Engelchen, o süsse Wesen!

Die Hirten und Flötisten:

Was seh ich durch den Abend ziehn?
Das sind die Hirtenkompanien!
Wer kann nennen all die Haufen,
Die zum Stalle sind gelaufen?
Siebzigjähr'ge Greis und Kinder.
Schaf', Kamele, Esel, Rinder,

(Letztere nur als Symbol,
  Denn die Bühne ist schon voll.)
Hier der Kleine, dort der Lange,
In der Faust die Hirtenstange,
Phantasievoll das Gewand;
Und sie weisen mit der Hand
Nach dem Stern der an der Wand,
Aus Stanniolpapier geklebt,
Über ihren Häuptern schwebt.
"Siehste" sagt der Bub zum Vater,
Wie dort hinter dem Theater......"
Weiter kann man ihn nicht hören;
Denn Flötisten plötzlich stören, -
Fortissimo aus vollen Lungen, -
Weitere Erörterungen.
Pünktlich sind sie eingefallen;
Gertrud ist der Baas von allen,
Ausserdem sind dann noch da:
Norma, Lisbeth, Erika.

Die Wirte:

Die Lehre von dem Dienst am Kunden
Hat den Weg noch nicht gefunden
Zu den Bethlehemer Wirten,
Die sich diesmal sträflich irrten
Und im barschen Hausknechtston
Jagten heil'ge Leut davon.
Einer schliesst das Fenster,-Schwapp!-
Nimmt die Türe und haut ab,
Drei Profeten wie ich seh;
Musper, Treipl und Brulez.

Die Pilze:

Fliegenpilz mit grossem Hut
Hab'n zu wenig Gift im Blut;

Meine Geschichte

Einzig nur die Paulssens Ilse
Bringet Leben in die Pilze.
Heinzl hockt auf seinen Haxen,
Benni, Otti machen Faxen,
Und dort der magere Schwammerling
Das ist der Kurtchen Emmerling.

Die Engelchen:
Holde Kinder im lockigen Haar
Drängen um das Heilige Paar,
Wollen alle vorne stehen
Und nicht von der Bühne gehen;
Nita, Anni, Marga Schmidt,
Christel, Inge, Otti Schütt.
Doch was wären alle die
Ohne unsre Ros'marie!
Als ein süsses dickes Englein
-Spricht und singt sie ihr Gesänglein.
Gärtners Ilse strahlt und lacht,
In der goldnen Lockenpracht.

Huckepack und Weihnachtsmann;
Was kommt da mit viel Gegacker?
Sieben allerliebsten Racker,
Singen lustig, tanzen wacker;
Das sind unsre Huckepacker!
Bruni Harzen tanzt so nett
Wie ein Görl von dem Ballett;
Drum steht sie auch in der Mitte,
Zwischen Inge und Brigitte;
Ursel Jüttner, Liselotte
Kepala -Angur, Lilo Totte=
Witz und Mareike Kellermann,-
Da klopft schon Knecht Ruprecht an !

Wer spielt den Weihnachtsmann so
gut,
Mit Äpfeln, Nüssen, Sack und Rut'?
Vom Hotel Lawu kommt er her,-

Mutter, Kind usw.usw.
Brigitte spielt die Mutter perfekt;
Da hab'n wir ein neues Talent entdeckt!
Mareike, das Kind, ging den Stern zu
holen
Da hat sie uns aller Herz gestohlen.
Wie könnte doch das Christkindlein
Jemand anders als Gisela Zöllner sein?
Wer deklamiert so packend und männlich?
Harald de Haan ist's selbstverständlich!
Frau Haasmann im Stillen näht ganze
Nächte
Kostüme für Könige, Engel und
Knechte.
Und als die Vorstellung ist geglückt
Und alle Leut sind entzückt,
Da ist die Tante Külsen vergnügt
Dass alles wieder hinter ihr liegt;
Und sie spricht zufrieden; Niemals wieder
Spiel ich Theater und übe ich Lieder
Solche undankbaren Sachen,
Die können nun mal andere machen
Ich habe die Nase voll, fürwahr!
Niemals mehr -
-bis -
- nächstes Jahr!

86

MEINE GESCHICHTE

Harald de Haan

AUS DEM INTERNAT

Papa war also im September 1945 in Sukabumi gewesen und unterwegs zwischen Candjur und Sukabumi aus dem Zug geholt und fast von einer Gruppe Indonesiern erschlagen worden. Papa war dann wieder zurück nach Cimahi und hatte verabredet, dass Mama die Kinder so schnell wie nur möglich aus Sarangan nach Bandung holen würde. Das war aber sicher nicht so einfach und sicher auch sehr gefährlich, sowie Papa schon erfahren hatte. In Sukabumi wohnte eine Deutsche mit Namen Frau Boye und durch sie hat Mama einen Schriftstück bekommen von der Polizei in Sukabumi, wo drin stand, dass sie eine Deutschgebürtige war, eine Volksdeutsche und dass ihre Kinder in Sarangan bei Madiun auf einer Deutschen Schule waren, die sie aber jetzt holen wollte. In dem Schriftstück stand u.a. dass ihr unterwegs alle mögliche Hilfe geboten werden sollte. Ende 1945 und Anfang 1946 hatten wir in Sarangan keine Ahnung was so mit den Europäern, Holländern und Indos zu der Zeit „Bersiapzeit" passierte, hunderte, wenn nicht tausende ermordet wurden.und wir Internatskinder wussten schon gar nicht was so auf Java alles los war zu der Zeit. Aber hinterher ist mir klar geworden, dass meine Mutter furchtbar viel riskiert hatte um uns zu holen. Um als einziger Europäer mit dem Zug von Sukabumi nach Madiun zu reisen, ein Abstand von sicher 500 Km, war schon ein Husarenstück. Oft war auch passiert, dass Deutsche von den Indonesiern ermordet wurden (siehe Arca Domas) weil es einfach Europäer waren, da es vielen Indonesiern egal war ob Deutscher oder kein Deutscher. Es war einfach ein weisser Europäer und das genügte schon ihn zu ermorden. Auf ihren Pass (Schriftstück Polizei Sukabumi) stehen sicher 10 Unterschriften von verschiedenen Polizeistellen zwischen Bandung und Madiun, wo sie wahrscheinlich jedes Mal hingebracht wurde für die Kontrole. Hierbei sind die Polizeistellen Padalarang, Ckampek, Madiun, Ngerong und schliesslich auch Sarangan.

Am 30. Januar 1946 kam Mama dann in Sarangan an. Selbstverständlich hat sie uns sofort aus dem Internat geholt, nachdem man sie eine Wohnung zugewiesen hatte in Hotel Bergzicht, dass unter der Leitung stand von „Oma Petsch". Oma Petsch herrschte auch in der Küche von Bergzicht, und da hattekeiner Bedenken, da sie sehr gut kochen konnte. Ausserdem hatte sie einen kleine „Hof" mit Enten und Hühnern und auch einigen Ziegen. Ich habe oft für diese Ziege Gras geschnitten an dem Weg der nach Telogo Wurung führte. Dadurch hatte ich bei ihr ein Stein im Brett und wenn beim Essen Brathuhn auf dem „Menu" stand, für die vier oder fünf Familien, die sie in ihren Hotel bewirtete, dann bekam ich immer die Hintern der drei oder vier Hühnern.. Die andere Gäste rümpften immer die Nasen vor dieser Delikatesse..

Die Wohnung hatte ein winziges Vorderzimmer mit einem Tisch und vier Rotanstühlen, ein Schlafzimmer, wo wir also zu fünf schlafen mussten eine Dusche und WC. . Aber ich war heilfroh endlich von dem Internat erlöst zu sein. Meine Kontakte mit Helmut und Fredy und mit einigen Mädchen (harmlos) meiner Klasse wurden dadurch wesentlich intensiever.

H. de Haan. 20.05.2008   C:\Daten\Indonesien\Dokumente-Indonesien\Haan\Haan-Meine Geschichte_07.doc

Meine Geschichte

Es fällt mir sehr schwer um jetzt auf das Thema Hupi zu kommen. . Ich merkte in Hotel Bergzicht schon schnell, dass er eine mehr wie normales Interesse in meiner Mutter hatte. Seit wann das Interesse schon bestand, kann ich nur ahnen. Vielleicht kannte er meine Mutter schon seit Cikopo.

Nach dem Abendessen kam er regelmässig zu Besuch und blieb dann auch noch als wir Kinder nach unserer Schularbeit schon lang im Bette lagen. Ich hatte auch deutliche Hinweise, dass Hupi anfing sich auf zu drängeln und das war überhaupt nicht nach meinem Sinne. Ich habe deutlich merken lassen, dass meine Sympathie sich total in eine Antipathie umgewandelt hatte und liess dies irgendwie gut merken durch mein Benehmen, das rebellisch wurde. Und das sowohl in der Schule als in Bergzicht. Schweigen wenn mir was gefragt wurde, beim Turnen schlechte Leistungen. Kurz gesagt, ich zeigte deutlich, dass ich auf seine Besuche keinen Wert legte. Mit Mama konnte ich nicht darüber reden, obwohl mein Widerwillen sich deutlich zeigte und sonst wird Hupi wohl mit ihr darüber geredet haben. Nach einigen Wochen bat Mama mich Hupi zu besuchen um die ganze Sache mit ihm durch zu reden. Ich sah den Zweck der Sache nicht ein, denn was müsste ein 15 Jährlicher zu einem fünfzig-järigen sagen in einer solchen Situation. „ ich möchte Sie bitten uns nicht mehr zu besuchen und uns und meiner Mutter zu belästigen?" Ich konnte mir denken, dass er dann sagen würde, „Du Bengel, du hast mir nichts vor zu schreiben."

Ich habe ihn aber trotzdem besucht in seinem Zimmer, wo er mich fragte wo bei mir der Schuh druckte. . Das Einzige was ich dann darauf geantwortet habe war, er müsste das doch als Erwachsener wissen. . Es wurde so ein sehr einseitiges Gespräch.

Er hat nach diesem Gespräch uns in Hotel Bergzicht nicht mehr besucht, doch diese Änderung hat nicht zu einer besseren Verständigung zwischen Hupi und mir geführt. , doch wohl zwischen Mama und mir. Mit meinen Geschwistern habe ich nie über diesen Fall mit Hupi geredet, auch nicht von dem Gespräch, dass ich mit ihm hatte. Es ist das erste Mal, dass ich hier von erzähle.

Einige Monate später hatte Hupi Interesse für eine andere Mutter in Sarangan (siehe Erinnerungen P.K.)

Wir haben nicht lange in Bergzicht gewohnt. Höchstens drei Monate. Man hatte Mama gefragt um die Führung in der Küche in Hotel Hansje zu übernehmen. Und das war sehr wahrscheinlich finanziell günstig, oder sie war mehr oder weniger verpflichtet um sich mehr verdienstlich zu machen für die Unterstützung die wir bekamen. (woher? Wieviel?)

Alle Mütter in Sarangan hatten es finanziell schwer um den Kopf über Wasser zu halten nach dem Ende des Krieges.

HOTEL HANSJE

Die Wohnung im Hotel war eine sehr geräumige vier-zimmer Wohnung und befand sich über dem Esszimmer und eine Art Lobby. Ein sehr grosses Sitzzimmer mit einem grossen Balkon, der eine wunderbare Sicht hatte über den See von Sarangan bis hinten nach Beau Site. Im Esssaal assen wir mit den anderen Bewohnern vom Hotel.

Meine Geschichte

Mama hatte in der Küche Mithilfe von zwei Kokkis und von einer Frau Jablonski. Jablonski war eine sonderbare Dame. . Sie kümmerte sich um keinen und deshalb werden nur wenige Sarangan-Bewohner sich diese Frau erinnern.

Für das Badezimmer und die Toilette mussten wir an der Seite der Küche die Treppe hinunter. Wenn ich mich gut erinnere wohnten die folgende Familien im Hotel Hansje:

Frau Eckert mit Dagmar

Frau Pass ,mit Erna

Frau Perlbach mit Annegret .....

Frau Külsen mit Tommy und Rosemarie

Frau Jablonski

Frau Weinkopf mit Edith, Joiti, Gudi und Peter.

RAUCHEN

Wenn ich so zurückdenke, dann ist sowohl mein Vater als auch meine Mutter niemals starke Raucher gewesen. Papa rauchte wohl regelmässig eine Zigarette doch Mama rauchte fast nicht. Papa rauchte auch ab und zu mal eine Zigarre und zwar die Marke Karel I, wovon die Fabrik in Eindhoven war. Ich sammelte wohl Zigarrenbinden, doch habe es nie zu einer grossen Kollektion gebracht, dazu rauchte mein Vater zu wenig Zigarren, und die Indonesier und auch viel Indos rauchten nur Kréték, Tabak mit Nelkenpulver. Die Indonesier rollten diese Mischung dann in einem Maisblatt. Beim Rauchen knisterte es (deshalb Kréték) durch das Nelkenpulver und der Rauch hatte einen starken süsslichen Geruch.

In Sukabumi, als Papa noch keine Arbeit hatte an der Polizeischule rauchten beide hauptsächlich gedrehte Zigaretten mit „Shag" und „Vloeices".

Seit Mama in Sarangan war sah ich, dass sie wieder angefangen hatte zu rauchen. Als wir in Hansje wohnten, konnte sie mal keinen Tabak mehr in Sarangan kaufen. Marijke und ich wurden dann hinunter geschickt zum Markt in Plaosan mit einem alten Oberhemd um dies zu tauschen. Marijke konnte sehr gut tawarren (feilschen) und ich konnte es ihr schon überlassen. Wir kamen dann auch mit mehr Tabak nach Hansje zurück als meine Mutter erwartet hatte.

EINE DENKWÜRDIGE LAWU-BESTEIGUNG

Am Anfang von 1945 sind wir mit einer ziemlich grossen Gruppe auf dem Lawu gewesen. Wer alle dabei waren weiss ich nicht mehr so ganz genau aber sicher waren es: Helmut, Fredy, Herman, Kleiner Moll, (Erich), wahrscheinlich Hans Steinhauer und noch zwei oder drei andere. Wir hatten die Absicht sicher fünf Tage oben zu bleiben und im Argo Dalem zu schlafen. Deshalb hatten wir ziemlich viel Essen bei uns, u.a. zwei lebende Hühner, die wir selber dann oben schlachten wollten. Wir hatten aber nicht verabredet wer das machen würde. . Mit gefesselten Pfoten lagen die beiden Hühner auf unsere selbstgemachte Rucksäcke und weil es Nacht war schlie-

Meine Geschichte

fen sie ruhig. Als es hell wurde dann fing der Elend an. Sie schissen die Ruckäcke voll und das nicht nur, sondern auch die Schlafdecken die an der Aussenseite hingen.

Kurz nach Cemoro Sewu wurde der kleine Moll unsere grosse Sorge, denn wir erwarteten, dass er jeden Moment durch die Knien gehen würde. Er trug einen enormen vollen Rucksack, wo an der Aussenseite auch noch so Einiges baumelte. Beim Kawah schnappte er schwer nach Atem und unser Mitleid mit ihm wurde immer grösser. Aber unser Vorschlag ihm Einiges ab zu nehmen wurde von ihm abgewiesen und blieb stur weiter laufen. Bis halbwegs den Serpentinen, etwa eine halbe Stunde nach dem Kawah. Da habe ich ihn einen Kochtopf abgenommen und seine Schlafdecke. Danach lief er wieder wie ein Wiesel. Fredy konnte ihm nichts mehr ab nehmen und das war gut so, denn er hatte auch noch seinen Kroncong dabei.

Angekommen bei Argo Dalem (die grosse Hütte existierte schon nicht mehr, war ganz zerstört worden) packten wir unsere Sachen aus. Zu unserem grossen Erstaunen kam aus dem grossen Rucksack von Erich als erstes ein enormes Kopfkissen. Hatte doch dieser „Klojang" seinen Kissen mitgenommen, welches nahezu kein Gewicht hatte. Und hatte den dann in seinen Rucksack gepropft. Und wir dachten, dass er unter seiner grossen Last jeden Moment erliegen würde. Wir haben wohl alle furchtbar lachen müssen, doch eigentlich war es nicht „fair". von ihm. Er hätte das ja sagen können. Keiner von uns hatte ein Kopfkissen dabei., wir wickelten einfach unsere Kleider in einem Handtuch und hatten so auch ein Kissen.

Die Hühner waren für den nächsten Tag, aber soweit kam es gar nicht,.denn am nächsten Morgen kamen nämlich einige Javaner mit einer Ziege, die man bei Argo Dalem opfern wollte. Argo Dalem war für die Hindu ein heiliger Ort. Doch war es etwas fremd, denn auf Java gab es kaum noch javanische Hindu. Jedenfalls merkten wir, dass diese Leute es nicht richtig fanden, dass wir ihren heiligen Platz als Schlafhütte benutzten und man schaute jedes Mal böse zu uns rüber. Deshalb beschlossen wir wieder unsere Sachen zu packen und hinunter nach Banju Urip zu laufen. Wichtig bei der Uberlegung war, dass wir einen Campingplatz suchten, wo wir auch Wasser hatten

Banju Urip ist am östlichen Hang vom Gunung Lawu etwa 1400 m Niedriger als der Gipfel. . Nachdem der Pfad erst bequem abwärts führte, fingen bei der Baumgrenze die Serpentinen an. Auch hier war der Hang bewachsen von Cemaras. Der Pfad hier war kaum zu sehen unter dem hohen Gras und alles war ziemlich feucht. Dauernd rutschte wohl einer aus und hupste dann auf seinem Hintern einige Meter nach unten, aber kam dort dann auf den nächsten Teil der Serpentine.

Nach etwa 2 Stunden, also gegen Mittag kamen wir in Banju Urip an, ein kleiner Wasserbrunnen mit strömendem, ganz klarem Wasser in einem kleinen Talkessel. Etwas stromabwärts fanden wir eine kleine Grasfläche und da hier keine Hütte zum schlafen da war, mussten wir selber von kleinen Stämmen und Zweige mit viel Laub eine Hütte bouwen.

Bevor der Abend fiel waren wir schon fertig mit den zwei Hütten, aber um nun noch die beiden Hühner zu schlachten, dazu waren wir zu müde. Wir haben uns dann begnügt mit dem Hunkwee-Brei. Wir waren froh, dass es hier nicht so kalt war als oben auf dem Lawu, denn die Ästen mit den Blättern schützten uns kaum gegen den Wind. Zu unserem Glück regnete es nicht.

Am nächsten Morgen waschen im strömendem Bach und danach wurde diskutiert, wer denn wohl die Hühner schlachten sollten. Wir hatten es schon sehr oft gesehen

Meine Geschichte

bei unserer Dienerschaft, wie das vor sich ging. Soweit ich mich erinnere hatte meine Mutter in Indonesien auch nie beim Geflügelhändler Hühner gekauft, sondern immer auf dem Pasar lebende Tiere. Der Jongos musste sie dann zu Hause schlachten. Er klemmte das Tier unter seiner Achsel, strich die Feder am Halse etwas beiseite, damit die Haut zu sehen war, Kopf fest im Griff und dann ein kurzer Schnitt an der Hautstelle. . Das Huhn wurde danach losgelassen und während es totblutete flatterte es sicher noch 10 Minuten im Garten herum.

Keiner hatte viel Lust in diese Handlungen, sodass Fredy und ich es dann zusammen tun mussten. Das ging jedoch sicher nicht so sanftmütig vor sich als hier oben umschrieben. Ich fasste das Huhn beim Kopf und Leib, streckte den Nacken auf einem Baumstamm und Fredy schlug mit einem schweren Beil zu, ohne dass wir beide hinsahen beim „moment supreme" . Ich traute Fredy einfach, dass er nicht auch einer meiner Finger mit abhauen würde.

Dann mussten die beiden Hühner auch noch gerupft werden und das war eine lausige Arbeit, womit wir sicher einige Stunden verbrachten..... Ich erspare den Leser alle weitere Handlungen. Die Stücke von den Hühnern schmeckte den Andern aber sehr gut. Selber war mir eigentlich der Apetit vergangen.

Den nächsten Tag packten wir wieder alles zusammen und sind nach Sarangan zurück gewandert. Der Waldpfad war breit ohne grossen Höhenunterschied und führte am „Kleinen Wasserfall vorbei".

DER ERSTE TRANSPORT.

Im Juni 1946 muss so ungefähr die erste grössere Gruppe Frauen und Kinder von Sarangan ausgezogen sein. Ich sass nämlich noch in einer Klasse an der Seite der Schule, wo ein kleines Wäldchen von Tannenbäumen war. Neben uns war eine Klasse wo nur noch sehr wenig Schüler sassen, die alle auch wohl älter waren als ich, sowie, Mary van der Zee, Hetty Hempelmann, Herman Brulez, Uko Joustra u.s.w.

Fast alle Mütter dieser Schüler (nicht Frau Brulez und Frau Treipl) hatten sich entschieden um mit dem Zug nach Batavia zu fahren, wo die Holländer wieder die Kontrole hatten über ein grösseres Gebiet um Batavia herum. Batavia, Surabaja, Bogor und Bandung waren die Städte wo die Holländer wieder die Macht hatten. Wohl kommunizierten die Holländer mit den Indonesiern, denn die Züge von Madiun nach Batavia unter Aufsicht von indonesischen Soldaten, fuhren einfach in Batavia hinein zum dortigen Hauptbahnhof. Obwohl ich es nicht genau weiss, waren diese Züge zum Transport der Indos, die am Ende des WK noch in Internierungslager gekommen waren und nun wieder nach Batavia wollten, weil das Verhältnis zwischen ihnen und die Indonesier sich sehr verschlechtert hatte.

Bevor die Gruppe Sarangan verlassen würde, sollte noch ein Abschiedsfest gestaltet werden für und von den abreisenden Schülern. Mary van der Zee war wahrscheinlich die Triebfeder von dem Fest. Die ältere Schüler hatten schon eher Tanzabende gehabt, doch wo die organisiert wurden ist mir nicht bekannt.

Mary bat mich um diesem Abschiedsfest, wobei dann auch getanzt wurde, mit dabei zu sein. Zuerst hatte ich sehr wenig Lust dazu. Ich konnte doch überhaupt noch nicht

169

Meine Geschichte

tanzen, und ich fühlte wenig dafür um den ganzen Abend irgendwo auf einer Banke zu sitzen und mir den Spass von den andern ansehen zu müssen.

Mary und Hetty Hempelmann, zwei sehr gute Freundinnen, meinten aber ich schaffe es schon um an zwei Nachmittagen das wichtigste zu lernen.. Auf der ersten Tanzstunde lernte ich den Foxtrot mit 1,2,3,4,.... Und den Walzer 1,2,3,hupf.....und Tango 1-,2,3-,4,....Am zweiten Mittag dann mit Musik und damit wurde ich für die Löwinnen geworfen. Vom Tanzen an dem Abend und mit wem ich getanzt habe kann ich mir gar nicht mehr erinnern. Aber schon das Anfassen der Mädchen, ohne dass es Folgerungen hatte, war natürlich etwas Neues für mich. Ausser Hetty und Mary müssten auch viele andere dabei gewesen sein, vielleicht auch wohl Herman, Fredy, und Helmut. Und ob auch Mädchen meiner Klasse, die ich viel netter (und schöner fand) dabei gewesen sind, ist auch eine Frage. Ich schätze das der Tanzabend um 7.30 Uhr anfing und dauerte bis 10.30 Uhr. Die eine nach der andere Schalplatte wurde aufgelegt und man bekam kaum Zeit zum Verschnaufen. Es waren hauptsächlich die deutsche Schlager sowie: „Es war einmal ein kleiner Grenadier......", oder „Ich küsse ihre Hand, Madam....." Nach jeder Platte setzten alle sich wieder und bei den ersten Tönen der nächsten Platte standen sofort alle wieder auf die Tanzfläche in der Lobby von „Huize Hansje".

Alkoholische Getränke und Bier war nicht dabei, aber sicher haben wir wohl Limonade getrunken. Es war auch keine Aufsicht von einer Mutter oder Lehrerin , man traute uns Jungen also. .

Nach dem letzten Tanz wurden die Mädchen nach ihren Wohnungen gebracht. Mary bestimmte so ungefähr wer wen wegbrachte, wenn Mädchen noch keine Begleitung hatten. Ausgerechnet für mich hatte sie Hetty Hempelmann ausgesucht, dabei wohnte ich ja gleich über die Lobby von „Hansje" und Hetty wohnte ganz in Hotel Lawu, also hatte ich bestimmt einen sehr langen Weg. Natürlich konnte ich Mary nicht enttäuschen nachdem sie sich soviel Mühe mit mir gemacht hatte. Ich habe also meine Pflicht getan und habe Hetty nach Hotel Lawu gebracht, eine Wanderung von sicher 20 Minuten. Obwohl die Nacht ziemlich schwül war und es an dem Abend helle war, nahezu Vollmond, und eine Verführung eine Selbstverständlichkeit wäre wäre, habe ich bei mir keine einzige Versuchung gespürt. Noch schlimmer, ich hatte keine blasse Ahnung von der Absicht von Hetty und Mary.

Am nächsten Tag hat Mary mir gefragt wie es denn war. Na, der Tanzabend war sehr gemütlich. Nein, sie meinte das Begleiten von Hetty. Wieso? Ich habe sie auf deinem Wunsch zu Hause abgeliefert. . Mary hatte sicher mehr erwartet.

Zwei Tage später reiste die Gruppe mit Mary und Hetty ab. Wieder einen Tag später bekam ich von einem Klassengenossen von Mary und Hetty den Bosatlas von Hetty und ein Schreiben von Hetty, die dann mir deutlich machte was der Zweck von dem Tanzunterricht war und das wegbringen von Hetty . Ich war ganz bestürzt, denn ich hatte wirklich keine Ahnung das Hetty bestimmte Absichten hatte. Von dem Atlas habe ich in späteren Jahren noch viel Freude gehabt. Die Widmung von Hetty auf der ersten Seit habe ich stehen lassen. Meine Kinder haben mir oft gefragt wer denn eigentlich diese Hetty Hempelmann in dem Atlas war. Das Schreiben habe ich jedoch sofort zerrissen, schade, schade, hätte es als erster Liebesbrief an mich bestimmt verwahren müssen.

Für mich war diese Erfahrung; natürlich sehr wichtig. Hetty habe ich niemals mehr gesehen, weiss auch nicht wo sie abgeblieben ist. Sie steht auch nicht in unserem Adressbuch der Saranganern. Mary war ein paar Mal bei einem Treffen. Als ich sie

Meine Geschichte

fragte, ob sie sich den Fall Hetty noch erinnerte, behauptete sie nichts mehr davon zu wissen.

Kurz nach diesem Vorfall fingen die grossen Ferien an und kamen grosse Anderungen.

POLISI TENTARA

Man hatte Herrn Fischer gebeten um an einer Gruppe von Indosnesiern Unterricht zu geben in verschiedenen Fächer, sowie Englisch und Deutsch. Er machte das zusammen mit Bernhardt. Später kamen mehr Fächer dazu und es entstand eine Gruppe Indonesische Offiziere. PK nennt diese Gruppe Latihan Opsir Polisi Tentara = Ausbildung für die Offiziere der Militarpolizei. . Selber war er ja auch in Sukabumi der Direktor der Polizeischule gewesen und wusste also genau welche Fächer unterrichtet werden mussten. Da die meisten von diesen etwa 23 bis 26 jährige Schüler vor 1943 schon niederländische Schulen besucht hatten, sprachen die Meisten davon fliessend Holländisch und wurde von PK im Holländischen unterrichtet..

Auch andere Männer gaben Unterricht, u.a. Wiehrich , der vorher Funker war. Als später die drei Lokale an der Rückseite der Schule bestimmt wurden für diese Polisi Tentara konnte man immer hören wann Funkunterricht gegeben wurde. Durch die dünne Bilikwände klang während einer Stunde dauernd: di, di, di-da, di,di da, da, u.s.w., und zwar so laut, dass man nur mit aller Mühe mit den Gedanken beim eigenen Unterricht sein konnte.

Von Pa Hupi bekam die Polisi Tentara auch Turnen und andere Sporten. Die Folge war, dass sämtliche Lehrer zum grossen Teil auch beschäftigt waren mit den Indonesiern.. Ich verstehe jetzt, dass dies finanzielle Vorteile hatte, denn durch die neue Umstände hatten die meisten Familien kein Einkommen mehr.. Wir Schulkinder beschäftigten uns jedoch sehr wenig mit dieser indonesischen Gruppe und wussten kaum was sie weiter machten.

Soviel ich weiss hatte keiner von unserer Klasse in der Zeit einen guten Kontakt mit den Indonesischen Schülern. Auch während der Pause blieb jeder auf seine eigene Schulhälfte. Ik würde keinen einzigen Namen nennen können.

nicht richtig!

Das einzige Ereignis mit dieser Gruppe war ein Sportfest, dass nach meiner Meinung Pa Hupi organisiert hatte. Es gab verschieden Disziplinen: Leichtatletiek 100 m Lauf, 200 m Lauf. Lauf um den See, Schwimmen: Brustschwimmen, und Kraulschwimmen

Ich war der Teilnehmer für Brustschwimmen über etwa 75 Meter und hatte zwei indonesische Gegner von etwa 24 Jahre. Meine Freunde hatten mir dieses Brustschwimmen mehr oder weniger aufgedrängelt, denn es war keiner der normal dieses Brustschwimmen ausübte. . Und gerade bei dieser Disziplin hatten die Indonesier zwei ausgezeichnete Schwimmer. Folge: ich verlor diese Nummer und war ziemlich giftig. Vor allen weil die meisten andere Disziplinen gewonnen wurden von den Sarangan-Deutschen.

Die offizielle Eröffnung der Schule Polisi Tentara geschah durch Sukarno im Hotel Asia. Wir Kinder haben da wenig von gesehen und gehört, wohl haben einige Sukarno begegnet als er mal um den See spazierte und er auch mal einen ansprach.

Meine Geschichte

Mama hatte ein kleines Pasfoto von Papa und ich hatte in meinem kleinen Zimmer in Hotel Hansje stundenlang gezeichnet um von diesem Passfoto ein grösseres Bild zu machen. Dazu hatte ich auf dem Foto ein feinmaschiges Raster gezeichnet und auf einem Papierbogen dasselbe Raster stark vergrössert gezeichnet. Die Linien auf dem Passfoto zeichnete ich auf dem Papier und diese liefen durch die entsprechen Maschen. . So bekam ich ziemlich genau die Konture von Papas Gesicht, die genaue Stelung von Augen und Mund, Nase und Ohrten. Diese Zeichnung haben wir dann im Wohnzimmer aufgehängt.

Einmal kamen einige von den Indonesiern von der Polisi Tantara nach einem mir unbekannten Anlass mit einem Bonzen in unsere Wohnung und als er die Zeichnung sah, fragte er ob das der Tuan de Haan war, der früher auf der Salembaschule in Jakarta Unterricht gegeben hatte. Er hatte selber Unterricht von meinem Vater gehabt und freute sich uns jetzt kennenzulernen. . Später hörten wir, dass es Mohammed Hatta war, der Vice President von der Republik Indonesia.. Nach PK wohnte er irgendwo in Sarangan. Wir haben ihn jedoch nachher nie wieder gesehen, weil man von der Seite der Indonesier verboten hatte mit den Sarangan-Deutschen persönliche Kontakte zu führen. . Dieses mit der Ausnahme von den Lehrern.

Mama hatte also die Oberaufsicht der Küche in Hotel Hansje. Wer ihre Vorgängerin war ist mit nicht bekannt, doch ich hatte das Gefühl das Frau Jablonski mehr oder weniger erwartet hatte, dass sie die Küchenprinzessin werden würde. Also nicht. Mama hat dieses jedoch diplomatisch gelöst,. Sie durfte die Aufgabe als Brotbäckerin von Hansje weiterführen. Also entstand kein Streit, höchstens ab und zu eine kleiner Meinungsunterschied. Jablonski musste jeden Tag dafür sorgen, dass genügend Hefe gemacht wurde um für den nächsten Tag den Brotteig zu machen. Dazu standen am Nachmittag fünf Flaschen auf dem grossen gemauerten Küchenblock in der Mitte der Küche, wo die Hefe einige Tage bei etwas höherer Temperatur gären konnte. . Aber eines Mittags passierte es, das wir bis in unsere Zimmer einen lauten Knall hörten. Es war eine Flasche durch den Druck des Gärungsprozesses auseinander geplatzt und hatte auch eine zweite Flasche gesprengt. Nun ging es darum, wer ging auf die andere drei Flaschen zu, die wahrscheinlich auch jeden Moment platzen konnten um da den Korken zu lösen.. Nach langem Palaver hatte sich endlich eine der Kokkis ihren Mut gesammelt und hat die übrige Flaschen entkorkt. (eigentlich waren es keine Korken, denn die gab es schon nicht mehr, doch einfach ein zugeschnitzter Holzpropfen umwickelt mit einem Tuch.).

Eigentlich komisch, dass man sich solche Nichtigkeiten erinnert.

Andere würde jetzt denken, Eelko Marijke, Hedi und ich es jetzt besser mit dem Essen hatten, nun Mama es in der Küche zu sagen hatte. Während der ganzen Zeit in Hotel Hansje jedoch haben wir exact dieselben Mengen bekommen wie alle andere Gäste vom Hotel Hansje. Also auch dieselbe Menge Reis, die genau abgemessen war mit einem Suppennapf..

Meine Geschichte

DIE DUKUN

Mama hatte schon einige Monate Ekzem an den Knöcheln von beiden Beinen. Sie hatte immer schlimmen Juckreiz und zwar so schlimm, dass sie sich öfters die Haut aufkratzte und dann fing es wieder an zu entzünden. Sie war schon einige Male beim Arzt gewesen, ich vermute schon in Cikopo und in Sarangan bei dr. Rotter. Doch keine einzige Salbe half da. Und nun kam noch dazu, dass sie gleich unter einer ihrer Brüste dasselbe bekam. Wenn ich jetzt daran zurückdenke, nachdem ich von mir weiss, dass ich allergisch bin für Kunststof, Gummiband und die Klebstoffe im Pflaster, dann vermute ich, dass dieses Ekzem kam durch die Gummibänder in den Sokken und in dem BH. Sie lief dann auch schon einige Monate mit den Knöcheln im Verband.

Als sie sich keinen Rat mehr wusste hat sie auf anraten einer der Kokkis eine Dukun (Medizinmann, in diesem Falle eine Medizinfrau) kommen lassen, eine kleine alte javanische Frau. Und die hat Mama wahrhaftig in etwa sechs Behandlungen von dem ganzen Ekzem-Problem befreit. . Ich würde es selber auch nicht glauben, wenn ich es selber nicht gesehen hatte. Etliche Male habe ich zugesehen, wie und was sie machte, denn ich traute dieses Weibchen überhaupt nicht.

Sie „djongkokte" (kauerte sich) vor Mama, machte die kaputte Haut am Knöchel und an der Brust sauber und holte dann eine Art Palanuss irgendwo her. Mit den Zähnen ihres Untergebisses schabte sie einiges von dem Nuss und spuckte das Schaabsel mit noch anderen Kräutern auf denen sie schon eine Zeit gekaut hatte, auf die offenen Wunden. Dabei murmelte sie so einige Zauberformel, die man nicht verstehen konnte, aber das war natürlich das grosse Geheimnis. Dies wurde einige Male wiederholt, wodurch zuletzt eine Art Dreckmasse auf den Beinen klebte. . Und dann wurden die Wunden eingepackt in einige grüne Blätter, die nicht entfernt werden durften bis sie am nächsten Tag wieder kam. Der Blätterverband konnte meine Mutter genügend verdecken mit ihren Socken, sodass man nichts sah..

Und so war Mama nach etwa zwei Wochen unter dieser Behandlung endlich erlöst von dem Ekzem und den furchtbaren Juckreiz. Mama hat darüber nie mit der übrigen Familie und Bekannten gesprochen, denn es war doch etwas Übernatürliches. Ausserdem schien es wie „Guna Guna" und da konnte man nicht bei der Familie von Papa (streng gereformeerd) mit ankommen.

DIE VIELE LAWU-TOUREN

Es würde sehr langweilig werden wenn ich jede Lawubesteigung ausführlich umschreiben würde. Bin ich doch sicher zwanzig Mal oben gewesen und würde doch nicht mehr die chronologische Reihenfolge wissen und auch nicht mehr das Datum wann genau einiges stattgefunden hatte. . Doch es gibt wohl einige Touren von dem ich mir noch besondere Sachen erinnern kann und darüber möchte ich doch noch berichten.

Am Anfang war es Vorschrift, dass wir uns beim Polizeiamt von Sarangan abmeldeten, wenn wir hinauf wollten und uns wieder anmeldeten bei der Zurückkunft, doch später brauchten wir das nicht mehr.

Meine Geschichte

Bei den ersten zwei Touren war die alte Hütte noch soweit intakt, dass man jedenfalls ein Dach von Wellblech über den Kopf hatte und man konnte jedenfalls drinnen Schlafen. Wohl lagen viele Scherben herum von den Eternitplatten, also Platten mit Asbest. Die Hütte stand auf einer kleinen Terrasse und der wirkliche Gipfel vom Lawu war immerhin noch eineinhalb Kilometer davon entfernt mit noch einem Höhenunterschied von etwa 60 Meter. Von der Terrasse vor der Hütte hatte man ein wunderbares Panorama, die Tiefebene von Madiun mit in der Ferne die Höhenzüge verschiedener Berge. Oft war jedoch Bewölkung über der Ebene und hatte man nur Sicht auf ein weisses Meer von flaumigen Schaum. Nach dem Süd-Osten wurde die Sicht begrenzt von oberen Kante des Hanges vom Lawu, wodurch man von der Hütte aus Sarangan nicht sehen konnte und sicher auch nicht die Java See zwischen Java und Australien.

Hinter der Hütte war der Hang zum Gipfel, jedoch an dieser Seite war der Hang so stark bewachsen von kleinen Bäumchen und niedrigem Gebüsch, dass es nicht möglich war um von hier den Gipfel zu erreichen. Möbel waren schon längst nicht mehr da. Man konnte sich dadurch überhaupt keine Vorstellung machen, wie die Hütte früher ausgesehen hatte.

Vor der Hütte lief ein Pfad, nach links führte sie zu einer Kreuzung und noch einige Meter weiter Argo Dalem. Nach rechts führte der Weg erst durch ein kleine Mulde und weiter über den Grat vom Hang. Verfolgte man diesen Weg weiter, dann kam man nach Banju Urip. Die kleine Mulde vor der Hütte war gut mit Helmgras bewachsen und dann in dicke Büschel bis etwa 50 cm Höhe von uns Pampagras genannt. Das Gras war sehr nützlich, denn jedes Mal als wir oben waren schnitten wir mit unseren „Arits" davon eine Menge für unser Nachtlager. . Es war wohl nicht so sanft als eine Matratze, doch es war hauptsächlich eine gute Isolation nachts zwischen dem kalten Boden und dem Körper. Denn kalt konnte es nachts schon sein auf dieser Höhe von 3200 M. Sogar so kalt, dass an einem Morgen, als ich Wasser holen wollte beim Brunnen, eine Eisschicht auf dem Wasser lag..

Wir haben also meistens geschlafen in der Hütte von Argo Dalem, eine Hütte mit an zwei Seiten eine Blechwand und weiter offen. Sie Hatte aber wohl ein Blechdach.

Sofort als die Sonne unter ging, sorgten wir für ein höheres Feuer. Trockenes Holz von den kleinen Bäumchen war genügend da. Mit unseren Füssen schliefen wir so nah wie möglich beim Feuer, und in einer Reihe dicht nebeneinander, doch im Laufe der Nacht als wir die Decken bis zur Nase hochgezogen hatten, ging das Feuer langsam aus und keiner hatte dann Lust um aus seiner Decke zu kommen um nochmals Holz darauf zu werfen. Die an der Aussenseite lagen hatten nur von einer Seite die Wärme des Nachbarn und froren deshalb

schlimmer. Doch schlief ich immer gerne an der Aussenseite, weil ich dann weniger gestört wurde vom Umdrehen der Anderen, oder wenn einer mal „schiffen" musste. Wenn es morgens wieder hell wurde waren auch immer noch einige glühende Kohle und das Feuer wurde schnell wieder entfacht. .

Keiner hatte seinen Schlafanzug dabei, das war nur überflüssiger Ballast beim laufen, man schlief einfach in dem was man gerade anhatte. Handtuch und andere Kleider wurden in den Rucksack gepropft, die dann diente als Kopfkissen. Auch gebrauchten wir Pampagras zum vollpropfen der Rucksäcke. Mama hatte für mich schon viel eher einen Rucksack genäht aus starkem Leinen und die Tragbänder waren auch Leinenköcher gefüllt mit Kapok. Trotzdem haben wir jede Nacht schwer gelitten unter der Kälte, jedenfalls muss ich das von mir bekennen, doch beim Aufste-

174

Meine Geschichte

hen, wenn jeder jedem fragte, wie hast du geschlafen behauptete jeder, er hätte wunderbar geschlafen, obwohl ich deutlich das Zähneklappern der Andern gehört hatte. .

Tiere sahen wir eigentlich sehr wenig in dieser Höhe. Nachts merkte wohl ab und zu das eine kleine Feldmaus über meinen Rucksack lief an meiner Nase vorbei, doch weiter hörte und sah man keine Tiere mehr sowie es dunkel wurde. Auch tagsüber waren nur wenige Vögel. Wohl haben wir einige Male Cellengs gesehen so in Gruppen zu viert oder fünft, aber sowie wir sie sahen waren sie auch wieder fluchtartig verschwunden. . Auch Schlangen gab es auf dem Lawu nicht, für die war es also auch zu kalt.

Unser Aufenthalt oben auf dem Lawu dauerte meist zwei oder drei Tage, doch es ergab sich auch manchmal, dass wir am Abend um 11.00 Uhr starteten und mit Sonnenaufgang oben waren und um etwa um 3.00 Uhr wieder aufbrachen..

Einmal als wir einige Tage oben waren und uns eingerichtet hatten in Argo Dalem, bekamen wir Besuch von den Mädchen der zwei höheren Klassen. Wir wussten von diesem Besuch und es herrschte bei uns natürlich eine grosse Nervosität. Wir bereiteten den Empfang vor, kochten schon mal den Kopie-Tubruk (Kaffee) zogen uns anständig an,(tagsüber in der Sonne konnte es schön warm sein und wir liefen dann mit entblössten Oberkörper herum.) . Wir hatten die Terrasse um die Hütte gefegt. Ob sie unter der Aufsicht von einer Mutter kamen weiss ich nicht, jedenfalls hätte uns das nicht gestört. Einer stand auf der Lauer um uns zu warnen als die Gruppe ankam. Um 10.00 Uhr kam die Gruppe endlich an, wir hatten unsere Hoffnung schon fast verloren. Der Kaffee war schon kalt und wir mussten dann Tee machen. Ich weiss auch noch, dass wir für die Hungrigen ein warmes Frühstück gesorgt hatten und einen „herrlichen Brei" von „Hun Kwee- Mehl bereitet hatten. Mit etwas Zucker wäre nach unserer Ansicht dieser Brei gut zu essen, doch die Damen haben kaum davon genommen. Allerdings muss ich sagen, dass der Brei aussah wie Tapete-Leim, doch mit Gula Jawa hatte es doch wohl einen bestimmten Geschmack, der gar nicht so schlecht war.

Doch weiter haben wir wenig mit den Damen getan, ich meine, wir haben sie wohl den Brunnen gezeigt und den Rittersaal. Um drei Uhr mussten sie wieder zurück nach Sarangan. Trotzdem hat der Besuch mich beeindruckt, da ich mir einige Details noch erinnere...... Doch sicher ist auf jeden Fall, dass wir Jungen uns viel mehr von dem Besuch vorgestellt hatten und es war deshalb doch eine Enttäuschung. Selbstverständlich war der Besuch am Abend beim Feuer in der kleinen Hütte von Argo Dalem das Gesprächsthema. Fredy nahm schliesslich seine Gitarre und wir haben bis tief in die Nacht hinein noch die melancholische deutsche Volkslieder gesungen:

„Jetzt geh i ans Brünnele, trink aber net" und „In einem kühlen Grunde" und „der Lindenbaum." Sogar Helmut sang mit, doch der Ballhauer musste den Mund halten, denn alle Melodien bestehen bei ihm nur aus zwei Noten und das war nicht zum Anhören..

DIE ROUTE ÜBER BANJU URIP

Banju Urip = lebendes Wasser oder Lebenswasser.

Meine Geschichte

Helmut Fredy und ich wollten feststellen ob der Weg zum Gipfel des Lawus über Banju Urip kürzer, bequemer, und also schneller war.

Der Weg führte erst nahezu am Kleinen Wasserfall vorbei und hatte kaum eine Steigung. Er folgte etwa die Höhenlinie des Osthanges. Der Anfang war also sehr bequem, obwohl die Strecke ziemlich lang war. Der Brunnen Banju Urip entsprang unten in einem kleinen Tal und wurde ein schmales Büchlein. Das kristallklare Wasser kam zwischen einige grössere Steinen nach aussen und plätscherte runter in eine Tümpel. Ringsherum war dichter Laubwald

Ab Banju Urip führte der Pfad jedoch sofort steil hoch auf einem Grat des Lawuhanges. Also links und rechts ein Tal. Manchmal war der Pfad sogar gestuft. Auch hier wieder die Serpentinen, nur war der Abstand zwischen den Kurven nur ein paar Meter. Unterholz war bald schon nicht mehr da und der Laubwald wechselte in Cemaras. Ich habe die Cemaras (Casuarien) schon eher umschrieben, aber hier war noch etwas besonders mit diesen Bäumen. An den Asten hingen grüne bärtige Pflanzen herunter, sowie ich sie auch viele Jahre später in Florida und im Missisippidelta gesehen hab. Dort nannten die Leute dieses Bartmoos: „Spannish Moss". Es ist kein Parasit sondern ein Epifyt, lebt also vom Sauerstoff und Kooldioxyd in der Luft. (ich denke hier an unsere Biologielehrerin Frau Gothein). Die Bäume leiden aber trotzdem bei dem vielen Moos, weil es das Sonnenlicht von den Nadeln der Cemaras wegnimmt. In Florida stirbt dadurch so mancher Baum . Doch hier auf dem Hang des Lawus sahen wir wenig abgestorben Casuarien. Dieses Bartmoos nannten wir: „Old Kakéh."

Bis zur Baumgrenze waren es noch immer Cemaras und ab da führte der Weg auch wieder fast gradlinig den Hang hinauf. Der Grat war auch zu Ende und es gab nur noch hier und da Unterholz und hohes Gras. (alang-alang) . Wenn man hinauf sah konnte man den Weg sehen wie er über einen Grat endete. Dort wäre also der Gipfel. Aber wir hatten uns geirrt, denn nach dem Grat führte der Weg hinauf zum nächsten Grat und dann nochmals. Endlich, als wir beim letzten Grat über der Kante sehen konnten sahen wir auf etwa 100 M ein Rudel Cellengs, mindestens so acht Stück. Sie hatten uns vorher nicht sehen können. Diese Begegnung dauerte jedoch nur 20 Sekunden und dann waren sie schon wieder den Hang hinunter gerannt.

In der Ferne, über die Mulde vor uns, sahen wir die die Terrasse der alten Lawuhütte und darüber wieder den Gipfel des Lawus, Argo Domilah.

Der Weg über Banju Urip war nach unserer Meinung nicht kürzer oder bequemer als der Weg über Cemoro Sewu. Deshalb haben wir diesen Weg selten für eine Besteigung genommen.

DER DRITTE WEG

Wir haben auch noch nach einem dritten Weg zum Gipfel gesucht, aber den würden wir niemanden anraten.

Dieses Mal hatte Fredy seinen Hund mitgenommen, keine Ahnung weshalb. . Wieder am kleinen Wasserfall vorbei, Richtung Banju Urip, aber dann beim ersten, nach links abzweigenden Weg, den Hang hinauf. Der kurvenreiche Weg führte au einigen Baumschulen vorbei und dann kamen wir in dem Laubwald. Hier waren fast keine

Meine Geschichte

Cemaras. Nach zweieinhalb Stunden kamen wir am Ende des Tales und dort war auch schon die Baumgrenze. Es war kein Pfad mehr zu sehen und so mussten wir einfach unsern Weg finden durch das hohe Gras, das bis zur Hüfte kam, und das Unterholz. Der arme Hund von Fredy kam nicht mehr voran. Er versuchte das Gras zu überspringen, doch das gelang ihm nicht und so kam er bei jedem Sprung wieder auf dieselbe Stelle zurück. Auch nach fünf Sprünge kam er noch kein Meter vorwärts. Die einzige Lösung war, dass Fredy den Hund über seine Schultern legte und so eine extra Last zu tragen hatte. Immer aufwärts ging es ohne dass wir einen Weg fanden. Wir hielten etwas rechts an in der Hoffnung, dass wir auf den Weg von Banju Urip zum Lawugipfel kamen und tatsächlich erreichten wir schliesslich diesen Weg. Der Hund konnte jetzt wieder laufen und wir brauchten nicht mehr durch das hohe Gras zu waten. . Nachdem wir zwei oder drei Graten vom Hang überquert hatten kamen wir an der Stelle wo die Lawuhütte gestanden hatte..

Sowohl der Weg über Banju Urip als der Dritte Weg haben wir nicht mehr genommen auf unseren Touren nach oben. Wohl haben wir öfters den Banju Urip Weg benutzt, wenn wir nach Sarangan heimkehrten.

Den Berg hinunter ging fast immer im Laufschritt und die Kurven und Serpentinen, vor und nach dem Kawah wurden dabei von uns geschnitten. Wir schafften es bis Sarangan dann in drei Stunden, aber als dies als Rekord anerkannt wurde, sind wir sogar in zweieinhalb Stunden den Berg hinunter gerannt..

DER SIDO RAMPING.

Dieser Berg an der andere Seite von der Schlucht südlich vom Sarangansee ist nie populär geworden bei uns.. Ich meine, dass ich nur zweimal oben gewesen bin.

Für diese Besteigung starteten wir sehr früh am Morgen. Beim Wassereinlass vom See führte ein breiter Weg nach unten in die Schlucht. Eine kleine Brücke über den Kali, der durch das Tal strömte und dann vorbei an einem Kampong, unten am Fusse vom Hang des Sido Rampings. Am Anfang lief der Weg durch den Laubwald, doch als wir fast oben waren wurden es Cemaras. Auf dem Gipfel waren es noch immer nur Cemaras und nach unten spreizte sich einen Steilhang, eine grössere Grasfläche. Man hatte von da aus ein herrlicher Blick auf den See von Sarangan und über die Tiefebene von Madiun

Wir haben nie dort oben übernachtet. Es war dort auch weiter nichts zu erleben oder zu besichtigen und es gab dort auch kein Wasser. Wir sorgten dafür, dass wir immer am Nachmittag wieder in Sarangan waren. In dem Tal an der Rückseite vom Sido Ramping strömte auch ein kleiner Fluss. Folgte man diesen stromaufwärts, dann kam man an eine Kaskade, einen dreifachen Wasserfall und noch weiter stromaufwärts endete das Tal in einem grossen Wasserfall. .

DAS GOLD.

Die Rückseite des Sido Rampings bekam am Ende von 1946 doch plötzlich grosses Interesse. Ich weiss es nicht mehr genau wer es waren, doch ich denke Strohsack und Erich M, waren mal hinter dem Sido Ramping den Weg gefolgt, dass etwa in derselben Höhe als der Sarangansee an dem Ausläufer des S.R. entlang lief. . Es strömte dort ein kleines Bächlein, dass die Gemüsegärten des Kampongs am Fusse des S.R. von Wasser versah. Das Wasser kam von dem Kali in der Schlucht hinter dem S.R. etwa dort wo die Kaskaden waren. . Etwa halbwegs zu den Kaskaden rieselten auch mehrere Wasserläufe den Hang vom S.R. herunter. Bei einem dieser Wasserläufe führte ein kaum sichtbarer Pfad den Hang hinauf. Dort, etwa 50 Meter nach oben haben Strohsack und Erich einige Tage übernachtet. .Der kleine Wasserlauf stürzte sich dort von einer senkrechten Felsenwand. Der Stein hatte eine amorphe Struktur, doch wenn man die Bruchfläche gut betrachtete, dann sah man doch sämtliche kristallförmige Bestandteile. . In dem hellgrauen Stein sassen schwarze Teilchen (wie Steinkohle), hier und dort etwas Mika, doch was viel interessanter war, es waren auch kleine goldglänzende Teilchen zu sehen. Die Teilchen waren etwa 3x3 mm gross. Ich würde sagen etwas dunkler als Piriet, wodurch es noch besser dem Gold glich.

Natürlich nahmen Erich und Strohsack einige Steine mit und wir Jungen betrachteten die Steine mit grossen Augen. Das Goldfieber ergriff uns und wir rechneten uns schon reich. Obwohl der Fundort streng geheim gehalten wurde haben wir ihn doch erfahren. Helmut Fredy und ich haben diesen Fundort dann besucht und deshalb kann ich ihn so gut beschreiben.

Vermutlich war es doch Gestein mit Piriet.

Ich hatte auch einen Faustgrosses Stück von dem Stein mitgenommen. Etwa ein Jahr später habe ich den Stein in Bandung meinem Physiklehrer gezeigt und der wollte den Stein untersuchen lassen. Ich habe den Stein jedoch nie wieder zurück bekommen.

In 1990 bin ich mit Marc an derselben Stelle nochmals gewesen, doch die Bäume und das Unterholz waren nicht mehr da und es gab an der Stelle nur noch kleine Schräbergarten. Ein Wasserlauf, der vom Hang des S.R. herab rieselte bewässerte die Bete und von den Steinen mit Gold war keine Spur mehr.

DIE TANZABENDE

Der Tanzabend beim Abschied der Jungen und Mädchen vom Ersten Transport hatte uns gut gefallen und wir meinten, dass wir das auch organisieren konnten. .Der alte Plattenspieler mit der Kurbel und die Platten waren noch da und so veranstalteten wir, die Jungen und Mädchen der höchsten Klasse, also meine Klasse, ab der Zeit jeden Monat einen Tanzabend. Und das auch wieder in der Lobby vom Hotel Hansje, denn das hatte eine grosse, glatte Tanzfläche und im Nebenzimmer standen auch noch bequeme Sessel.

Wenn ich jetzt zurückdenke an diese Abenden, dann muss ich schmunzeln über unser Benehmen. Die Stühle wurden in einem grossen Kreis gestellt und hier und da

Meine Geschichte

stand dann auch noch ein Tisch. Wenn ich mich gut erinnere hatte Mama gesorgt, dass wir etwas zu knabbeln hatten oder andere nahmen Krupuk oder Erdnüsse mit.

Wenn alle da waren konnte man feststellen, dass die Mädchen an der eine Seite des Kreises sich hingesetzt hatten und die Jungen an der anderen Seite, denn mit einander gemütlich in kleinen Gruppen sich zusammen tun, dass gab es bei uns immer noch nicht. Noch immer waren wir viel zu schüchtern, und deshalb waren diese A-bende vollkommen harmlos.

Einer von den Jungen musste den Plattenspieler bedienen und der Junge war immer im Nachteil. Denn die andern sassen schon in der Starthaltung auf dem äussersten Rand ihrer Stühle und sowie der erste Ton vom Intro aus der Richtung des Platten-spielers kam stürzten die Jungen sich auf die Mädchen. Doch das ging noch im Stil. Der Herr verbeugte sich sehr höflich vor der Dame seiner Wahl und dann wurde die Dame am Arm zur Tanzfläche geführt. Alles so wie sich das hörte. Und nach dem Tanz bedankte sich der Herr wieder und führte seine Dulcinea zu ihrem Platz zurück. . Das ist heute also vollkommen anders in den Discos, wobei die Masse sich unab-gebrochen auf der Tanzfläche bewegt und dort am „Tandakken" ist auf dem Rhyth-mus der Musik, oder was man Musik nennen könnte. Und das geht dann so durchein-ander, dass keiner mehr weiss mit wem er oder sie eigentlich am Tanzen ist, soweit man jedenfalls dazu im Stande ist nach der Einnahme der sovielten XTC-Pille in dem flackerndem Licht der Spotlights.---.- Das bringt mir noch auf einem Vorfall. An ei-nem dieser Tanzabende löschte plötzlich das Licht, wodurch es einige Minuten stockdunkel war. Es entstand keine Panik und ich denke jeder blieb an seinem Platz stehen und wartete der Dinge die kommen würden, jedenfalls bis das Licht wieder brannte. Jemand hatte den Hauptschalter gefunden und den wieder umgedreht. Ein Witziger, der bestimmt nicht zu unserer Tanzgruppe gehörte hatte aus Spass wohl den Schalter umgedreht. Doch.... Es ist kaum zu glauben was ein Krach dieser Vor-fall verursachte bei den Müttern der Mädchen und überhaupt bei den Lehrerinnen von der Schule. Haben die nun wirklich gedacht, dass wir Jungen absichtlich das Licht gelöscht hatte um mal heimlich mit den Mädchen.............. was weiss ich.

Ich glaube nicht, dass ein einziges Haar bei uns daran gedacht hatte. (jedenfalls in dem Moment). Es wurde auch schon gedroht, dass es der letzte Tanzabend gewesen wäre. . Doch als die Mütter von ihren Töchtern vernahmen, dass alles ganz harmlos gewesen war, wurde entschieden, dass die Tanzabende wieder stattfinden durften.

Der Foxtrot war am meisten beliebt bei den Tänzern, doch auch Walzer und Tango standen auf unser Repertoire. Selber hatte ich wenig Probleme mit den verschiede-nen Tänzen und den verschiedenen Figuren. Der Tango lag mir am Besten, und das nicht nur weil dann viele von den Jungen sich nicht dazu trauten. Ich hatte dann auch die Auswahl bei den Mädchen. Selbstverständlich waren da einige Mädchen sehr „la-ku". Die bekam ich jedoch nicht so oft als Partner, denn durch meine Schüchternheit waren die mehr frechen Jungen mir immer vor bei der Auswahl der Mädchen. Wenn ich erst beim ersten Piep des Plattenspielers gewählt hatte, dann waren Fredy und Helmut schon auf der Tanzfläche.

Der Höhepunkt des Abends war jedoch immer die Begleitung der Mädchen nach Hau-se. Schon reichlich vorher wurde unter den Jungen verabredet, wer wen wegbringen durfte. Doch meistens kam es dazu, dass eine ganze Gruppe von Jungen die Mäd-chen nach Hause brachte. Und so liefen wir sicher einigen Kilometer um alle Mäd-chen abzuliefern. . Die Reihenfolge der Ablieferungen war auch nicht ganz beliebig.

Meine Geschichte

Die Mädchen, die bei uns die Herzen schneller klopfen liessen, wurden zuletzt verabschiedet, damit wir so lang wie nur möglich die Freude am Zusammensein hatten. Wenn der Leser aber meint, dass also doch die Anständigkeit von uns dabei überschritten wurde, dann ist er auf der falschen Spur, jedenfalls das ist meine Meinung. . Nur wenn wir uns die Vordertür genähert hatten bis auf 50 Meter dann passierte es, dass einer von uns seine Dulcinea bis zur Schwelle alleine begleiten durfte, und die Gruppe wartete geduldig auf seine Wiederkunft. Dadurch wurde dem „Glücklichen" nicht viel Zeit gelassen. Ich vermute, dass auch nie etwas dabei passiert ist, dass zu weit gegangen wäre. Vermutlich war sogar ein Abschiedskuss nicht üblich. (die Mädchen waren da zu vorsichtig, denn Einige dachten da noch, dass sie vom Küssen einen Kind bekämen, so harmlos und unerfahren waren die 15 und 16- Jährlichen also noch. Ich hörte dies von einer Klassengenossin, von der ich es am Letzten erwartet hatte, erst nach 50 Jahre bei einem Treffen). Auf jeden Fall habe ich mich immer innegehalten und habe also ein sauberes Gewissen. Doch ich werde es Helmut und Fredy beim nächsten Treffen mal fragen, wie es um ihren Gewissen steht.

Ich fand es jedenfalls eine herrliche Zeit. Obwohl ich natürlich ein gesunder Junge war mit meinen fast sechzehn Jahren, ist es bei mir nicht weiter gekommen als eine platonische Bewunderung für einige Klassengenossinnen. Und das ist so gut (oder??). Ich habe immer versucht mich nichts merken zu lassen, doch wie ich in meinem späteren Leben wohl gemerkt habe, ist mir das Verheimlichen meiner Gefühle nie so richtig gelungen. Also werden die betreffende Personen wohl was vermutet haben. Es ist mir jetzt aber egal. Ob ich beim nächsten Treffen mit diesen darüber mal reden könnte bezweifle ich aber.

DAS ENDE

Dezember 1946 wurde deutlich, dass der Aufenthalt in Sarangan bald zu Ende war. Man sprach schon vom Zweiten Transport (später „ Der Grosse Transport genannt).. Die meisten Frauen und Kinder, wovon die Männer, Väter, nicht in Sarangan waren hatten sich zur Wiedervereinigung entschlossen. Es waren natürlich viel Männer, die nach ihrer Internierung per Schiff auf Transport nach Deutschland gesetzt waren, es gab auch deutschgebürtige Männer, die schon lange vor dem Krieg die holländische Nationalität bekommen hatten und die die Genehmigung bekamen nach Nederlandsch Indie zurück zu kehren und dann gab es noch Männer, sowie mein Vater und noch andere Holländer, (Herr Alma) verheiratet mit deutschen Frauen, die nun in Batavia, Bandung oder Surabaja warteten bis ihre Frauen und Kinder aus Sarangan kommen würden. So hätten wir eigentlich schon mit dem ersten Transport abreisen müssen, aber wieso meine Mutter trotzdem geblieben ist, weiss ich leider nicht.

Weihnachten näherte sich wieder. Frau Kühlsen hatte es aber satt und wollte nicht wieder die Verantwortung auf sich zu nehmen. Nach den „Erinnerungen" von P.K. würde jetzt Frau Bode das Fest organisieren, doch davon kann ich mir überhaupt nichts erinnern und es wird wohl nicht sehr eindrucksvoll gewesen sein.

Meine Geschichte

Abschiedsfest.

Ein Abschiedsfest hat aber doch stattgefunden, das hauptsächlich von der Schuljugend selbst organisiert werden sollte. Ich finde es merkwürdig, dass P.K. davon überhaupt nichts in seinen „Erinnerungen" erwähnt, oder es müsste so sein, dass er das Abschiedsfest verwechselt hat mit dem Weihnachtsfest von Frau Bode. Das kommt vielleicht dadurch, dass keine Erwachsenen sich damit eingelassen hatten.

Wer auf den Gedanken dieses Festes gekommen ist, weiss ich leider nicht und ob es als Abschiedsfest für die und von den Abreisenden geplant war, ist nicht ganz klar, aber nach dem Zeitpunkt wird das wohl der Fall gewesen sein. Selber war ich zur Zeit noch nicht mit meinen Gedanken bei der Abreise, obwohl ich mich doch freuen müsste auf die Wiedervereinigung mit meinem Vater.

Wir Jungen steckten unsere Köpfe beieinander zum Überlegen, was wir darbieten würden. . Immer ein grosses Problem, doch wir hatten schon bald so Einiges auf Papier.

a. eine schwere Operation mit Schattenspiel.

b. Ein kurzes Bühnenstück (wobei wir einige Mädchen brauchten)

c. Singen von einigen Liedern.

Die Punkte a. und b. wurden sehr ausführlich besprochen, doch nicht einstudiert. Wir sollten improvisieren und damit war die Generalprobe abgefertigt.

Die Lieder waren einige Male einstudiert und da war nichts zu befürchten.

Die Mädchen wollten auch etwas aufführen, doch ich weiss wirklich nicht mehr was es war. Ich vermute, dass ich zu nervös war und zuviel mit meinen Gedanken beim eigenen Auftreten war. . Wohl hatten sie mich etwa zwei Wochen vor dem Fest eines Abends gefragt um in die Blockhütte zu kommen, weil sie einen männlichen Schauspieler brauchten und ich hatte meine Mitwirkung zugesagt. An erster Stelle fühlte ich mich sehr verehrt und an zweiter Stelle konnte ich ja nicht ablehnen, da wir ja auch einige Mädchen brauchten als Statisten für unsere Aufführung. Also begab ich mich zur Blockhütte zur verabredeten Zeit mit Blei an den Sohlen und dort sass tatsächlich das „Creme de la Creme" von den jungen Damen Sarangans. Ich freute mich schon heimlich mit welcher Gegenspielerin ich eine romantische Rolle spielen durfte. Nach einer Tasse Tee wartete ich voller Spannung was kommen sollte. Nun, es kam nix. Die Damen sassen da und kicherten untereinander, als ob der Zustand so witzig war und flüsterten ab und zu untereinander. Und ich sass da und fühlte mich den Idioten.

Nach einer Viertelstunde bat ich die Damen, dass es doch was seriöser werden müsse und ich gerne wissen möchte was ich dann tun sollte. Alle wussten sie es, Irmgard Langheim (wahrscheinlich war sie die Anführerin) Ulla, Nonni und Emmelot, doch keiner konnte mir etwas sagen oder erklären. Nun könnte ich es von Irmgard verstehen, die kannte mich kaum, doch die andere drei sassen nota bene in meiner Klasse und die waren doch sonst nicht so blasé. Schliesslich stellte ich ein Ultimatum, wenn in 5 Minuten noch nichts auf dem Tisch lag, dann bin ich weg. Und tatsächlich, auch jetzt kam noch nichts von ihren Plänen, was ich noch immer sehr bedaure, denn sicherlich habe ich da etwas vermisst. Andererseits konnte ich jetzt meine Fantasien den freien Lauf lassen.

181

Meine Geschichte

Für das Fest hatten wir den Salon und den Esssaal von Beau Site zur Verfügung. . Die Bühne war gleich hinter dem Durchgang vom Salon zum Esssaal. In der Öffnung hing eine Gardine von Bettüchern.

Unser Bühnenstück.

Zwei Männer sitzen auf einer Bank und machen eine Wette untereinander. Der eine behauptet es wären mehr Männer in der Stadt der andere behauptet es gebe mehr Frauen. . Jedes mal wenn ein Man vorbei kam musste der eine dem anderen sofort bezahlen und wenn eine Dame vorbei kam musste der andere zahlen. Schliesslich kommt dann eine Figur vorbei, bei dem nicht klar ist ob es ein Man oder eine Frau ist. Die zwei auf der Banke fangen sich an zu streiten wer da gewonnen hat und einander hauend rollen sie dann hinter dem Vorhang.

Die Operation.

Fredy musste sich auf einem Esstisch legen. Zwischen Publik und den Tisch hing das grosse weise Bettuch. Licht aus. Ich steh mit der Lampe hinter dem Tisch und sorge dafür dass die Schatten gut auf dem Tuch fallen. Helmut zeigt erst das grosse Messer dem Publikum und verschwindet dann hinter das Bettuch, gibt Fredy die Narcose mit einem Schlag mit der Hammer neben seinen Kopf und öffnet dann den Bauch des Patienten. Auf dem Tuch ist das deutlich zu sehen. Neben Fredy liegt eine Rolle dickes Tau, wovon der Schatten erst durch den liegenden Schatten von Fredy verdeckt wurde, aber dann zieht Helmut das Tauende hoch und nun scheint es so als ob er aus dem Bauch die Eingeweide holt. Danach folgt der grosse Stein wo es bei der Operation um zu tun war. Dann geht das Gedärme wieder in den Bauch und Helmut tritt dann wieder mit dem Stein vor dem Tuch und zeigt den Publicum den grossen Stein. Fredy erhebt sich und tritt auch vor dem Tuch, damit jeder sehen kann, das er die Operation gut überstanden hat. Während der ganzen Opration hat Fredy selbstverständlich dauernd laut gestöhnt.. Doch, Ende gut, alles gut.

Die Lieder.

Erstes Lied war: Roll out the barrel, we'll have a barrel of fun……….

Wo wir den Text dieses Liedes her hatten ist mir nicht deutlich, denn wir hatten es sicher nicht in der Schule gelernt. Vielleicht war Fredy der Brunnen.

Vom Herrn Pastor sin Kauh...

Von mir gesungen und von Fredy mir der Gitarre begleitet und das ganze Publiukum das Refrain.

Sch;iesslich haben wir auch noch einige indonesische Lieder gesungen

Ola bapaja, Selamat Malem Tuan Tuan dan Njonja

Ola bapaja, ia hari ini hari luar biasa.

Meine Geschichte

Ich weis noch sehr verschwommen, dass die Kinder der niedrigeren Klassen mit Hilfe der Lehrerin auch etwas aufgeführt haben und selbstverständlich haben die Mädchen meiner Klasse auch etwas aufgeführt, nur ich weiss nicht mehr was es war.

Die letzten Schultage gingen in Mineur vorbei. Obwohl es irgendwie freudig war, dass die meisten Abreisenden zusammen bleiben würden bis Batavia, war es doch ein fremdes Gefühl , dass noch so viele zurückblieben, auch viele meiner Klasse.. Wir waren zuletzt so eine feste Gruppe geworden, dass eine Spaltung fast nicht denkbar war. Zurück blieben also u.a.: Mary Peipe, Ulla Wallau, Emmelot Wisgrill, Edith Weinkopf, Hans G. Bode, und mein Sukabumi-Freund Otto Coerper.

Man wusste auch nicht voneinander, wo man hinkam und ob man überhaupt einander überhaupt noch mal sehen würde. . Und das stimmte uns nicht fröhlich. Auch die zuröck blieben hatten einen schweren Abschied.

Zurück.

Am 3. März war es dann soweit. Wir hatten nur die meist wichtigen Sachen eingepackt, wir hatten sowieso nicht viel und durften auch nur

wenig Gepäck bei uns haben.. Ich nehme an jeder hatte nur einen Koffer. Hedi, Eelko und ich waren nach Sarangan gekommen mit nur einem Koffer oder einen Bungkus und Mama hatte ja auch nicht ihre ganze Garderobe bei sich als sie nach Saragan kam. Alles was wir weiter hatten, war in Sukabuni zurück geblieben und wahrscheinlich war das auch schon nicht mehr da, es sei denn Frau Steudel hatte etwas retten können während alle Wechslungen der Ordnungsschützer (wollen es so nennen) . Wir mussten alle am Mittag nach Ngerong laufen und dort würden dann die Lastwagen sein um uns nach Madiun zu bringen. Das hatte die örtliche indonesische Behörde gut geregelt, Viele der Zurückgebliebene waren mit uns bis Ngerong mitgekommen um uns zu helfen mit dem Gepäck und um dort Abschied zu nehmen. Für die war der Abschied wahrscheinlich noch schwerer als für uns. . Die zwei Laster mussten zweimal fahren um alle nach Madiun zu bringen.. Es stand ein Zug fertig mit einem Gepäckwagon. . Frauen und Kinder stiegen in die Wagons und die grössere Jungen, die das Gepäck im Gepäckwagen gestaut hatten, sind auch im Gepäckwagen geblieben, teilweise weil wir auf unser Gepäck aufpassen wollten. Auf jedem Wagon stand ausserdem ein indonesischer Soldat auf dem Balkon während der ganzen Reise.

Es war schon Abend als der Zug abfuhr, doch es blieb die ganze Nacht schwül. Die grosse Schiebetür an einer Seite vom Gepäckwagon blieb deshalb offen stehn und wir sassen dann in der Türöffnung zu dritt oder zu viert nebeneinander mit den Beinen baumelnd ausserhalb und sangen oder quatschten. Bis der Schlaf kam in wir dann uns einen Schlafplatz suchten zwischen dem Gepäck Aber zu einem langen Schlaf kam es nie, denn die Lok, gleich vor uns, hielt an den unmöglichsten Haltestellen, wo weiter nichts zu sehen war als Sawahs, oder setzte sich dann wieder in Bewegung mit einem harten Ruck und mit einem tollen Funkenregen aus dem Schornstein. Auf den Bahnhöfen von Solo und Jokja waren noch sogar mitten in der Nacht javanische Frauen, die uns Essenswaren verkaufen wollten und wir benutzten dieses Angebot selbstverständlich. Die Kwantität der Mahlzeit, gewickelt in einem Bananenblatt war wohl nicht gross, doch es war besser als gar nichts.

Meine Geschichte

Der Zug hielt mal wieder irgendwo, wahrscheinlich weil Soldaten den Zug anhielten. Ich sah eine Gruppe von sechs oder sieben bewaffnete Kerlen, wohl Extremisten. Ihr Haar war schon weit unter die Schultern. Ihre Uniforme waren nicht einförmig und die Gesichter waren geradezu beängstigend. Es schienen mir eher ein paar Räuber und wir durften heilfroh sein, dass wir die Bewachung der TNI auf den Wagons hatten. Sie liefen entlang an dem stehenden Zug hin und her., doch durften von der Bewachung nicht einsteigen, sodass die Frauen und Kinder in Ruhe gelassen wurden. Wohl kamen sie zu uns und blieben vor der offenen Schiebetür stehen, starrten uns an und wir starrten zurück. „Ihr Belanda's wollt ja nur nach Jakarta um euch dort zu melden beim Niederländischen Heer um dann die Waffen gegen uns auf zu nehmen" wurde von dem Anführer gesagt und gedroht wurde uns mit „Potong Leher". (Kehle durchschneiden). Wir sind mit den Kerlen nicht in einer Diskussion gegangen, denn man musste sie sicher nicht widersprechen. Also sudah, lassen wir es.

Ich vermute, dass wir nicht über Bandung nach Batavia gekommen sind, doch über Cheribon. Am nächsten Tag kamen wir dann an in Batavia. Es war vielleicht auf einem kleinen auswärtigen Bahnhof, oder auf einer Seitenspur vom Hauptbahnhof. . Wir Jungen holten das Gepäck aus dem Wagon und stauten alles auf die Drei-tonner (GMC's) die schon auf unsere Ankunft warteten. Alle stiegen auf diese LKW's , die uns dann am Hotel des Indes vorbei nach Molenvliet West und dann links ab im „Gang Chassee" zum Chasseekamp brachten.

An dieser Stelle könnte ich sagen, dass meine Saranganzeit abgeschlossen war, doch ich möchte noch einige Gedanken niederschreiben.

NACHWORT

Was hat die Saranganzeit mir eigentlich gebracht, was hat sie bedeiutet für mein späteres Leben? War es eine schöne Zeit? Hat es mich irgendwie geformt?

Bei mir steht fest, dass Sarangan in meinem ganzen Leben eine grosse Rolle gespielt hat. Drei Jahre erst ohne meinen Eltern im Internat und das in dem Alter wo der Karakter geprägt wird.

Was habe ich da gelernt ausser natürlich den Lehrstoff von all diesen verschiedenen Lehrfächer?
An erster Stelle habe ich gelernt sehr selbständig zu sein. Mit wem sollte ich denn reden über meine Probleme. Sicher nicht mit Frau L.B. Auch nicht mit Frau Bode oder mit meinen Freunden. Alles habe ich immer selber klären müssen. Nie war ich bei L.B. um zu fragen, wie ich etwas machen sollte, wenn ich meinte, dass es nicht ginge Ich habe es immer versucht und dann einfach gewartet wo das Schiff auf Grund lief. Ich habe auch niemals lange nachgedacht, wenn Entschlüsse genommen werden mussten, oft musste ich improvisieren oder hackte den Knoten einfach schnell durch.

Ich habe gelernt die Führung auf mich zu nehmen, obwohl ich es vielleicht nie richtig gemacht habe (nach Frau L.B. sicher nicht), doch darüber sollten andere urteilen.

184

Meine Geschichte

Ich haben gelernt was Disziplin heisst, aber auch wann die Disziplin aufhören soll. Ich habe gelernt zu gehorsamen, aber auch da sind Grenzen, Grenzen die ich überschritten habe durch meine Aufsässigkeiten.

Ich habe ausserdem erfahren, dass ich einen grossen Minderwertigkeitskomplex habe. Schon durch die Tatsache, dass ich als Holländer in einer Deutschen Gemeinschaft gelebt habe, wobei viele in der Gemeinschaft schwer gelitten haben unter den Holländern. Deshalb fühlte ich mich oft ein Aussenseiter. Das heisst aber nicht, dass Helmut, Fredy, Dolf und alle Andere mich jemals darüber angesprochen haben. Ich habe immer gute Freunde gehabt. Und ich wusste diese Minderwertigkeit immer gut zu verbergen und versuchte sogar öfters die Initiative zu nehmen. Keiner hat mir gefragt, sag mal Harald, wie steht es eigentlich mit dir, wie kommst du überhaupt in unsere Gemeinschaft, was ist dein Vater, wo ist er jetzt.?

Ich habe in meiner Sarangangeschichte oft Kritik geäussert auf L.B., ja, wahrscheinlich habe ich manchmal zu schwer über sie hergezogen, und kritisiert, doch ob ich sie gehasst habe, das glaube ich nicht. Ich habe auch später wohl verstanden, dass sie es nicht einfach hatte mit den Knaben wie wir, alle zwischen 7 und 16 Jahre alt, viele in der Pubertät. Dass sie selber keine Kinder hatte, war bestimmt für sie noch eine extra Behinderung. Typisch ist, dass ich von ihrer Vergangenheit überhaupt nichts weiss, nicht wo sie herkam, ob sie verheiratet war und wenn ja, wo ihr Mann dann wäre. Wenn ich so zurückdenke, dann ist es doch sehr erstaunlich, dass wir, die Jugend, so wenig wussten von den Erwachsenen, weil das uns nicht interessierte, weil wir nie über die Erwachsenen redeten. Auch von Fredy und von Helmut wusste ich fast nichts über ihre Vergangenheit oder die Geschichte ihrer Eltern. War einfach kein Thema für uns. Pa Kroncong hat da jedoch manches geklärt und auf Papier gesetzt, doch bei Frau Lantzius Benninga blied es bei ihm eine leere Seite..

Weiter habe ich später erkannt, dass ich in den Jahren, trotz der sehr beschränkten Lehrmittel, trotz der viele amateuristische Lehrerinnen eine Schulausbildung gehabt habe, so gut als es heutzutage fast nicht mehr gibt.. Vor allem das jetzige System; obwohl man alle Mittel zur Verfügung hat, die finanzielle Mittel, die schön illustrierte Lehrbücher, , Komputer, Sportmöglichkeiten, Möbel, professionelle Lehrkräfte u.s.w.

Wir haben auch eine unsagbare Menge auswendig lernen müssen, sowie Gedichte, die Verse vom Gottesdienst, die japaniuische Katakana-zeichen und dann die viele Sprachen, Französisch, Englisch, Japanisch, Latein, Indonesisch.

Als „Privatschüler" habe ich von Frau Külsen gelernt Gedichte vorzutragen und ich bin davon überzeugt, das dies die Grundlage war für die Art wie ich später meine Vorträge gehalten habe.

Später, als ich nach Bandung kam und dann nach Holland ist die Saraganzeit auch eine Behinderung für mich gewesen. Ich war ja nicht wie die andere Holländer in einem Internierungslager der Japaner gewesen, ich hatte nicht den furchtbaren Hunger gespürt, sowie die Im Lager, u.s.w. und das machte mich wieder irgendwie ein Aussenseiter der Gesellschaft, nicht nur der Niederländisch Indischen Gesellschaft, sondern auch der holländischen Gesellschaft.

Meine Geschichte

Das Chasseekamp war ein Komplex von verschiedenen Gebäuden, Während der japanischen Besatzung war es ein Bordell, sowie ich es später vernahm. Der ganze Komplex war ummauert und an der Strassenseite war eine Pforte mit einer Wache, der dafür sorgte, dass keiner ohne Zustimmung das Lager verlassen konnte. . Das Ganze bestand aus einem Hauptgebäude mit einer Vorterrasse, wo das Dach getragen wurde von Säulen, mit dahinter einen Saal , die uns Jungen zugewiesen wurde als Schlafsaal. . Matratzen lagen auf dem Boden, fast ohne Zwischenraum, also ist verständlich, dass wir es abends sehr gemütlich hatten.

Das typische war, dass die Hierarchie oder der Status von Personen in unserer Gruppe vollkommen verschwunden war. Es war kein einziger Erwachsener der das Heft in den Händen nahm und sagte was wir wohl oder nicht tun sollten, uns irgendwie wieder eine feste Gruppe machte. Die Folge war, dass die 16 und 17 Jährlichen anfingen kleine Tätigkeiten zu regeln.

Zum Beispiel: Wasser war sehr knapp in Batavia und sicher im Chassee-kamp. Nur aus einem Hahn konnte Wasser kommen zu bestimmten Zeiten, indem man dann auch noch die Pumpe bediente. Eine Wasserleitung mit einer Pumpe! Und noch war es nur ein dünner Wasserstrahl. Deshalb stand jeden Tag eine lange Reihe, meist Kinder, mit Kannen und Eimern beim Wasserhahn auf Wasser zu warten. Es dauerte wohl nicht sehr lange als dann auch gezankt wurde wer nun an der Reihe war. Bis dann die grösseren Jungen abwechselnd dafür sorgten, dass die Pumpe nur von ihnen bedient werden durfte und das die Reihenfolge der Wasserholer nach Ankunft geregelt wurde.

Selber sind meine Geschwister und meine Mutter nur zwei Wochen im Chassee-kamp gewesen. Mein Vater, der in Bandung verblieb, hatte es fertig gekriegt, dass wir aus dem Kamp entlassen wurden und zusammen mit der Familie Alma nach dem Flugplatz Kemajoran gebracht wurden. Mit einem Dakota für Truppentransport sind wir nach Bandung geflogen. Almas und wir waren die einzige Passagiere im Flugzeug. Links und rechts waren Bänke mit einem Netz davor und wir mussten uns hinter dem Netz auf die Bänke setzen und uns am Netz klammern. Also ; „no seatbelts". Als wir über die Berge der Preanger flogen hatte das Flugzeug kleine Probleme mit den Luftsäcken, die Flügel schwippten ab und zu ganz ängstlich auf und nieder. Für alle ausser mir, war es das erste Mal in einem Flugzeug.

Auf Andir, den Flugplatz von Bandung stand mein Vater zu warten. Ich sah ihn endlich nach fünf Jahre wieder. Am nächsten Tag ging ich wieder zur Schule, das „Christelijk Lyceum aan de Dagoweg". Und kam dort (vorläufig) in der dritten Klasse der H.B.S.

ENDE

96. Übersetzung des Buches *Mahatma Gandhi* von E. Stanley Jones
durch Lydia Bode

Mahatma Gandhi, was für ein Name! Bekannt und unvergessen wie der Name Sukarno, des ersten Präsidenten der Republik Indonesia. Beide Persönlichkeiten kämpften für die Unabhängigkeit ihrer von Kolonialisten besetzten Länder. Ich fand keinen Beleg, dass sich Mahatma Gandhi und Sukarno einmal persönlich begegnet sind, aber Sukarno zitierte in seinen Reden oft Worte von Gandhi.

Posthum erhielt Mahatma Gandhi den renommierten ‚Sukarno Ehrenpreis' anlässlich der Eröffnung des ‚Sukarno Zentrums' 2008 auf Bali, für die Unterstützung Sukarnos bei dem Kampf für die Unabhängigkeit Indonesiens. Ausschlaggebend für den Erhalt des Ehrenpreises war sicherlich folgendes Ereignis:

Wie auch bei den britischen Streitkräften üblich, kam die große Mehrheit der in vorderster Front in Südost-Asien kämpfenden Truppen aus Indien. Nicht nur die indonesische Bevölkerung protestierte, auch in Indien wurde im ganzen Land dagegen demonstriert. Man akzeptierte nicht, dass indische Truppen gegen ein anderes asiatisches Land – ihre asiatischen Brüder – eingesetzt wurden, die, wie sie selbst die Unabhängigkeit forderten. Der indische Politiker Jawaharlal Nehru rief auf Veranlassung Gandhis die indischen Truppen zur Niederlegung ihrer Waffen auf. Der Protest zeigte Erfolg. Die Briten zogen ihre Truppen aus Indonesien zurück. Als Folge von Nehrus Protest desertierten nun Zehntausende indischer Soldaten mit ihren Waffen und paktierten mit den indonesischen Freiheitskämpfern.

Ich hatte die große Ehre, bei der Verleihung des Sukarno Ehrenpreises an Mahatma Gandhi im Museum Antonio-Blanco in Ubud dabei zu sein. Der Ehrenpreis wurde von Sukarnos dritter Tochter Diah Mutiara Sukmawati Sukarnoputri an den noch jungen Enkel Gandhis, Tushar Arun Gandhi, überreicht.

Ich vermute, dass der Wunsch einer Übersetzung des umfangreichen Buches *Mahatma Gandhi* von E. Stanley Jones von Sukarno ausging, aufgrund der ideologischen Nähe des indonesischen Präsidenten zu Gandhi. Den Kadetten der indonesischen Militärakademie sollten die Gedanken des Unabhängigkeitskämpfers Gandhis nahegebracht werden.

Abb. 96-1, Titel auf der Umschlagseite

Oder hatte es einen anderen Grund? War es die Nähe des Autors zur Familie Bode oder zum Christentum? E. Stanley Jones war Evangelist und viele Jahre als Missionar in Indien tätig. Er war ein Vertrauter, ja, sogar ein enger Freund von Mahatma Gandhi. 1940 brachte er die Idee einer gewaltfreien Revolution in die Vereinigten Staaten von Amerika und beeinflusste und unterstützte Martin Luther King Jr. in seinem Kampf für die Gleichberechtigung der schwarzen Bevölkerung.

Es besteht auch die Möglichkeit, dass der Schwiegervater oder der Ehemann von Lydia Bode Jones persönlich kannten. Zur selben Zeit wie Jones missionierten sie im damaligen Britisch-Indien. Vielleicht wollte Lydia Bode aus eigenem Antrieb eine Übersetzung des 1948 in Englisch erschienenen Werks *Mahatma Gandhi* mit einem Umfang von 228 Seiten ausarbeiten? Es spricht allerdings auch einiges dafür, dass die Familie Bode mit E. Stanley Jones befreundet war. Erstens bekam Lydia Bode das Buch sofort nach der Veröffentlichung und zweitens erhielt sie umgehend die Genehmigung des Autors für die Übersetzung des Buches in Bahasa Indonesia. Es muss ein gegenseitiges Vertrauen gegeben haben, denn ein Autor vergibt keine Genehmigung für eine Übersetzung an einen Unbekannten. Durch einen fast zweijährigen Aufenthalt in England war Lydia Bode der englischen Sprache mächtig, der indonesischen sowieso. Auf der Titelseite der Übersetzung des Buches steht:

M A H A T M A   G A N D H I
Suatu tafsir
dikerang oleh
E. STANLEY JONES
dengan izin pengarang diterdjemahkan
oleh
L. BODE

Übersetzt:

M A H A T M A   G A N D H I
Eine Deutung,
erarbeitet von
E. STANLEY JONES
mit Genehmigung des Autors in die Bahasa Indonesia
übersetzt
von L. Bode

Leider fehlt eine Angabe, wann die Übersetzung begonnen wurde. Auch im Nachlass von Frau Bode wurde die Originalausgabe des Buches von E. Stanley nicht mehr gefunden. Eine Widmung hätte den Zeitpunkt, wann das Buch in ihre Hände kam, aufklären können. Lydia Bodes Sohn Hans-Günther erinnert sich jedoch, dass seine Mutter mit der Übersetzung in Bahasa Indonesia bereits in Sarangan begann, den größten Teil bis zur Fertigstellung jedoch während der neunmonatigen Internierung im *Camp Chassé* in Jakarta schaffte.

Die Übersetzung besteht aus 128 eng beschriebenen DIN A4 Seiten auf dünnem Durchschlagpapier, dem einzigen, das damals in Jakarta erhältlich war. Als Beispiel sollen auf den folgenden Seiten nur die ersten beiden Seiten der Übersetzung in Bahasa Indonesia gezeigt werden:

Wie sich der Sohn von Lydia Bode erinnert, wurde ihr die Schreibmaschine, auf der die Übersetzung geschrieben wurde, von einer befreundeten chinesischen Familie in Jakarta leihweise zur Verfügung gestellt.Die komplette Übersetzung des Buches ist erhalten geblieben. So eng beschrieben geht es weiter, 128 Seiten lang! Was für eine Fleißarbeit! Und in welch kurzer Zeit sie das schaffte, denn sie war bekanntlich ‚nur' neun Monate im *Camp Chassé*.

Ich habe im Internet recherchiert und fand keine Ausgabe des Buches in Bahasa Indonesia. Aber für eine Veröffentlichung fehlte damals das Geld. Man kam in ein zerstörtes Deutschland zurück und war froh, überhaupt überleben zu können. Und Verlage in Indonesien nagten nach Ende des Unabhängigkeitskrieges selbst am Hungertuch und versuchten im noch jungen Indonesien wieder Fuß zu fassen.

In den vergangenen mehr als 70 Jahren hat sich die Bahasa Indonesia, besonders durch die Rechtschreibreform von 1972 und die Schaffung von neuen Worten, sehr verändert. Um das Buch heute noch in Bahasa Indonesia veröffentlichen zu können, müsste es total überarbeitet werden. Aber es ist eine bewundernswerte Arbeit, die Lydia Bode mit der Übersetzung des Buches von E. Stanley Jones damals verrichtet hat.

- 1 -

Kata pengantar.

Kitab ini adalah suatu kitab jang tiada mudah dikarang - tiada mudah bagi saja. Bilamana datang chabar kawat dari para penerbit kitab-kitab ditanah Amerika jang minta supaja saja mengarang kitab ini,maka saja menjingkirkannja sebagai suatu hal jang tidak mungkin. Ta' pernah saja mengarang sebuah kitab atas permintaan orang. Sesuatu kitab jang dikarang oléh saja adalah hasil dari pada keperluan batin jang ta'dapat disingkirkan. Keperluan setjara batin itu tiada saja merasa terhadap ini.

Saja pertjaja kepada Mahatma Gandhi tahun berturut tahun dan saja mengasihi dia -- walaupun ada perbédaan pikiran. Saja bersetu-dju perasaan dengan Mahatma dan persetudjuan perasaan itu saja telah menjatakan sementara tahun-tahun itu djuga,bilamana saja dianggap seorang-orang 'adjaib jang membenarkan seorang orang 'adjaib djuga, seorang orang jang berlainan tabi'at membenarkan orang jang berlainan tabi'at djuga. Tetapi hal menerangkan suatu perangai jang muskil se-perti perangai dia itu--- sungguh hal itu melibihi kepahaman saja dan itulah bukan pekerdjaan saja djuga.Gandhi ada seorang orang jang perangainja mudah diartikan ,tetapi ditengah-tengah kesederhanaan itu ada jang amat sukar diartikan djuga. Orang-orang sering kali mengira bahwa sudah meréka itu mengenal dia,tetapi belum djuga dikenalnja be-nar-benar. Hal itu amat sukar. Senantiasa ada apa-apa jang meluput dari peganganmu,sesuatu jang membingungkan engkau. Tetapi walaupun demikian keluar dari pada hal ihwal jang berdjenis-djenis jang mening-gi sampai mendjadi pantjaragam,terbitlah pula kesederhanaan,suatu perangai jang sedjati,sederhana dan gagah. Dapatkah saja menerangkan itu? Usaha itu hampir sama dengan usaha menerangkan Mount Everest. Itu djuga berdjenis-djenis rupanja. Gunung itu naik dengan kebesaran-nja jang mémang,tetapi ada berbagai-bagai kemuntjak,djurang,tubir, tanah datar tinggi,semuanja ada bahagian dari pada djumlah kebesaran jang bernama Mount Everest. Adakah saja tertangkap didalam hal jang tiada begitu penting didalam perangai Mahatma itu dan membesarkan itu sadja,sedang djumlah kebesaran Gandhi tiada saja melihat? Banjak orang sudah berbuat demikian. Adalah suatu kitab jang ber'alamat: "Apa-kah arti Gandhi?" jang mengumpulkan segala pembitjaraannja selang ta-hun-tahun lamanja jang tiada tjotjok satu dengan jang lain. Itulah suatu penjelidikan dengan mikroskop jang dibuat dengan ketertiban,te-tapi pada achirnja sifat orang jang benar itu sudah hilang. Sesudah engkau melihat dia dibawah sebuah mikroskop patutlah engkau melihat dia dengan sebuah teleskop djuga,supaja dapat pemandangan jang benar. Ka-rena ia berdiri dihadapan zaman dan haruslah diterangkan menurut ke-adaan zaman itu supaja orang-orang mendapat pengertian jang sempurna tentang keadaan dan kebesaran orang itu.

Banjak orang telah tertangkap didalam hal-hal jang tiada penting dan tiada mengerti djuga djumlah segala pengadjarannja. Seorang orang jang masjhur dari tanah Barat menjebutkan dua perkataan Mahatma:" Ke-baktian orang Hindu jaitu kehormatan jang ditundjukonja kepada lem-bu ada suatu pemberian kepada perubahan pemandangan tentang kemanusia-an jang tiada taranja --------- Kedapatan hukum Varnashrama (peraturan kasta)pada achirnja njata suatu hasil penjelidikan kebenaran jang amat indah". (Young India,20 hb Oktober 1927)."Disitu",berkatalah djuru tjela itu," Mahatma Gandhi sudah menjebutkan persembahan lembu dan peraturan kasta sebagai bahagian jang terlebih penting dari pada agama Hindu. Apakah kita harus sangka tentang seorang orang seperti ini?" Tetapi bilamana engkau menjelidiki Mahatma itu menerusi tahun-tahun,maka engkau mengerti bahwa bukan persembahan lembu memegangnja,

Abb. 96-2, Übersetzung des Buches Mahatma Gandhi von E. Stanley Jones in Bahasa Indonesia durch Lydia Bode, Seite 1

- 2 -

melainkan persembahan kepada Allah merupakan dan mendjadikan dia.
Ia berkata bahwa"lembu itu adalah suatu sjair tentang belas kasihan"
dan "hal melindunginja mendjadi pengganti untuk perlindungan segala
machluk jang ta'dapat berkata." Djika diterangkan demikian,memang ber
béda sekali keadaannja dari pada persembahan lembu. Demikian katanja:
"Pikiran pada masa sekarang tentang persembahan lembu dan Varnashrame
adalah suatu gambar pengédjék sadja dari keadaannja jang asli menurut
pikiran saja." Jang mengenai Varnashrama ia menerangkannja sehingga
lenjaplah segala hal kurang terang,dan didalam hidupnja sendiri ia
melanggar segala peraturan kasta ,ia melampauinja dengan mengangkat
seorang anak Paria mendjadi anak angkatnja. Pada achirnja ia membuat
lebih banjak dari barang seorang jang lain dari pada orang jang hidup
atau jang sudah mati akan mematahkan peraturan kasta. Didalam djiwa
Mahatma itu ta' ada tempat bagi peraturan kasta dan tiada penting segala hal jang dikatakannja tentang itu. Ia ada seorang orang jang dengan ta' putus-putus bertambah-tambah tjara roh dan melebihi perkata-
annja. Ia mempersetudjukan dan melampaui segala peri kurang tetap didalam dirinja. Adakah saja akan tertangkap didalam keadaan luar dan
keliru didalam keadaan jang terutama? Penimbangan itu mendjadikan
saja bimbang.
      Ada lagi suatu hal jang lain jang menjebabkan kebimbangan saja.
Sementara empat puluh tahun saja bertjampur rapat dengan pergumulan
jang dua djenisnja jang terdjadi di-India. Disana ada suatu pelawanan
dengan tanah Barat didalam dua bahagian jaitu tjara politik dan tjara
agama. India menuntut kemerdékaan tjara politik-jaitu hak akan membuat salahnja sendiri. Dan lagi ia berkehendak supaja djiwanja dibiar-
kan merdéka,tiada diperintahkan atau dipengharui oléh suatu kepertja-
jaan jang rupanja dari luar negeri. Mémang ada berbagai-bagai hal didalam agama Hindu jang tiada bersetudju lagi dengan pikiran orang-
orang Hindu pada zaman baru,tetapi agama itu ada sebahagian dari pada tanah itu dan hendak dipertahankan oléhnja. Meréka itu mémang mem-
pertahankannja----jang baik dan jang djahat pun. Gandhi mendjadi suatu tombak dari pada pelawanan politik-agama itu. Ia mendjadi suaranja.
      Belum lama terbit pergumulan politik maka saja sudah berdiri pada
sisi Gandhi. Beberapa tahun lamanja saja menahan diri ---- tjukupnja
akan boléh tinggal di-India sementara tahun-tahun pergumulan akan men-
tjapai kemerdékaan. Saja pergi kepada Sir James Crerar,Menteri Dalam
Negeri,Kepala Polisi di-India,pada ketika pergumulan itu naik kepun-
tjaknja serta mentjeriterakan kepadanja peri hal pikiran saja:" Saja
pertjaja bahwa India berhak mendapat kemerdékaan dan saja bersetudju
pikiran dengan pemimpin kebangsaannja dan tjita-tjitanja,tetapi saja
berdjandji atas kebenaran bahwa saja tiada akan ambil bahagian didalam perkara politik jang demikian itu." Saja diperboléhkan tinggal.
Tetapi kemudian hari,bilamana terbit peperangan,saja merasa baik akan
membuang segala sikap menahan diri dan menundjukkan hati saja dengan
terang. Hal itu saja membuat didalam beberapa pertjakapan ditanah Barat. Karena sebab itu tiada diberi izin kepada saja bilamana saja hendak balik ke-India pada tahun 1944. Apabila saja minta izin itu saja
berkata: " Saja berdjandji atas kebenaran bahwa saja tiada akan ambil
bahagian didalam perselisihan perkara politik,tetapi saja hendak mendapat hak itu akan mendjawab atas pertanjaan orang bahwa saja pertjaja akan hak India memerintahkan dirinja sendiri. Adakah diizinkan ke-
bébasan itu kepada saja? " Hal tertahan diluar India karena perbantahan itu adalah suatu karunia. Saja pertjaja semata-mata kepada dja-
lan dan alasan perbantahan kemerdékaan tjara politik.
      Tetapi perselisihan tjara agama dengan tanah Barat itu datang
lebih dekat pada saja. Saja bekerdja sebagai pemberita Indjil ditengah
tengah India jang berperang dengan segala daja-upajanja untuk kemerdékaan. Segala sesuatu jang diberitakan oléh saja rupanja terikat pada
pemerintahan Barat - pihak agama dari pada imperalisme (jaitu nafsu
untuk mene'lukkan dunia). Saja berusaha akan beritakan Keristus jang

Abb. 96-3, Seite 2

97. Nach der Internierung endlich wieder in der Heimat

Es gab große Probleme bei der Einschulung des Sohnes Hans-Günther in Deutschland, da niemand von der Existenz einer deutschen Schule auf der Insel Java im fernen Indonesien eine Ahnung hatte und daher die von Hand geschriebenen Zeugnisse zunächst nicht anerkannt werden konnten. In den Kriegs- und Nachkriegszeiten gab es in Sarangan natürlich keine Möglichkeit, Zeugnishefte drucken zu lassen. Die in Sarangan geleisteten Schuljahre von Hans-Günther wurden nicht anerkannt. Auf seinem letzten, von Hand geschriebenen Zeugnis vom 4. August 1948, befindet sich Lydia Bodes Unterschrift als Mutter und Erzieherin, als Klassenlehrerin und als Schulleiterin. So ein Zeugnis kann ja jeder für seinen Sohn schreiben, war die Begründung der deutschen Schulbehörden.

Abb. 97-1, Letztes Zeugnis der Deutschen Schule in Sarangan für Hans-Günther Bode für das Schuljahr 1947/48

Wie schwierig es war, den Sohn Hans-Günther in einer weiterführenden Schule in Deutschland unterzubringen, zeigt der Brief von Lydia Bode vom 26. Oktober 1949 – bereits am dritten Tag ihrer Rückkehr nach Deutschland – an das Schulkollegium in Düsseldorf. Hier der von mir redigierte Brief:

An das SCHULKOLLEGIUM IN DÜSSELDORF
Hiermit bitte ich Sie höflichst um die Genehmigung zur Aufnahme meines Sohnes Hans-Günther Bode in die Unterprima des neusprachlichen Gymnasiums, an der Arne in Wuppertal-Elberfeld. Zur Erläuterung meines Gesuches teile ich Ihnen folgendes mit:

Sonntag, den 23. Oktober 1949 traf ich mit meinem Sohn Hans-Günther im Elberfeld ein. Nach einem fast 28-jährigen Aufenthalt in Indonesien wurden wir durch die Niederländer ausgewiesen. Mein Mann, der als Sprachgelehrter im Dienst der ‚Niederländischen Bibelgesellschaft‘ die Bibel ins Indonesische übersetzte, war am 10. Mai 1940 interniert worden wie alle Deutschen dort und fiel am 19. Januar 1942 einem Schiffsunglück zum Opfer, als er mit mehr als 400 anderen deutschen Internierten von Atjeh [heute Aceh] nach Britisch-Indien verschifft werden sollte.

Mein Sohn bekam seinen ersten Unterricht von mir, weil wir den Plan hatten, ihn nach Deutschland zu senden zum Besuch der höheren Schule, wie wir es mit seinen Geschwistern getan hatten. Dieses Vorhaben hat der Krieg vereitelt. Da den deutschen Kindern von den Niederländern der Zugang zur holländischen Schule verweigert wurde, habe ich den Unterricht selbst weitergeführt. Nach der Kapitulation Niederländisch-Indiens hat der japanische Besetzer sich bemüht, das Los der Deutschen zu erleichtern. Im April 1943 war es den Japanern in Zusammenarbeit mit den wegen Krankheit zurückgebliebenen Deutschen möglich, eine deutsche Schule in Sarangan auf der Insel Java zu errichten. Da keine deutschen Lehrer im Lande anwesend waren, wurde der Unterricht gegeben durch die dazu befähigten Mütter oder Väter der Schulkinder. Der deutsche Generalkonsul Dr. Ramm, der zur Inspektion aus Mukden in China nach Sarangan kam, ernannte mich zur Schulleiterin. Nach Überwindung zahlreicher Schwierigkeiten (Mangel am Büchern, Fehlen jeglicher Lehrpläne, Mangel an Anschauungs- und Schreibmaterial) gelang es, die Schule ordentlich zu führen. Die etwa 200 Kinder wurden in Gruppen eingeteilt und einfachheitshalber wurden die Klassen nummeriert von 1 bis 10. Der Lehrstoff unterstand starker Kontrolle durch die Japaner, die zur Erteilung von englischem Sprachunterricht keine Genehmigung gaben. Anfang Januar 1944 erreichte uns eine Büchersendung vom Kaiser Wilhelm Gymnasium in Shanghai und wir Lehrkräfte in Sarangan wurden über die dort gestellten Anforderungen unterrichtet. Bis August 1945 war Japanisch ein bevorzugtes Lehrfach. Nach der Unabhängigkeitserklärung der Republik Indonesien vom 17. August 1945 blieb die deutsche Schule bestehen und hatte fortan große Freiheit. Englisch wurde nachgeholt und durch Fortfall des japanischen Unterrichtes war es möglich, die andern Unterrichtsfächer auszubreiten.

Nachdem die in Britisch-Indien interniert gewesenen Ehemänner der deutschen Frauen in Sarangan nach Deutschland zurückgebracht worden waren, erfolgte März 1947 eine größere Evakuation, sodass die Schule einen großen Teil ihrer Schüler verlor. Trotzdem wurde sie weitergeführt, weil die nun unabhängige Republik Indonesien großes Interesse an der Schule hatte und sie nach Kräften förderte.

Am 24. Dezember 1948 überraschte uns plötzlich das Vorstoßen der holländischen Kampftruppen ins Gebiet der unabhängigen Republik Indonesien. Die anwesenden Deutschen wurden verhaftet, interniert und unter Zurücklassung ihres ganzen Besitzes, Privatbesitz und Schulausrüstung, nach Batavia transportiert und erst am 30. September des Jahres 1949 – nach längst erfolgter Ausweisung – wurde ihnen ein Schiffsplatz nach Europa angewiesen.

Während der 9 Monate im Internierungslager standen uns keinerlei Bücher zur Verfügung, sodass mein Sohn nicht in der Lage war, das Gelernte zu wiederholen und auszubreiten.

Darum möchte ich meiner Bitte um Genehmigung zur Aufnahme in die Unterprima die andere Bitte anschließen, meinem Sohn zunächst eine Probezeit zu gewähren von etwa zwei Monaten und ihn dann erst zu beurteilen.

Der Direktor des neusprachlichen Gymnasiums an der Aue, mit dem ich heute Vormittag sprach, ist bereit, nach erfolgter Genehmigung des Schulkollegiums meinen Sohn unter diesen Bedingungen anzunehmen. Einige Zeugnisse lege ich Ihnen zur Kenntnisnahme bei.

Ich bitte Sie höflichst und dringend, mein Gesuch wohlwollend in Erwägung nehmen zu wollen. Als Witwe, die alles verloren hat und vollständig mittellos jetzt neu anfangen muss, würde ich es in jeder Beziehung schmerzlich empfinden, wenn noch mehr Zeit verloren ginge bis zum Abitur meines Sohnes. Auf die Dauer hoffe ich, die entstehenden Kosten selbst tragen zu können, da ich im Dienst der Niederländischen Bibelgesellschaft immer noch Übersetzungsarbeiten machen werde.
Gern Ihrer wohlwollenden Genehmigung entgegensehend zeichne ich
mit vorzüglicher Hochachtung
(L. Bode)
Wuppertal-Elberfeld, 26. Oktober 1949
Tannenbergstraße 8

Es war ein langer Kampf mit den Schulbehörden. Nur ein Protest beim Ministerium für Schule und Bildung führte endlich zum Erfolg. Hans-Günther durfte eine Aufnahmeprüfung machen, die er mit Bravour bestand. Ein Beweis für die gute Ausbildung in Sarangan war, dass er die Abiturprüfung im Gymnasium in Wuppertal als Klassenjüngster bestand und danach seine Ausbildung als Bauingenieur an der Technischen Hochschule in Karlsruhe abschloss. Danach folgten 35 erfolgreiche Berufsjahre in verschiedenen deutschen Unternehmen.

Ein weiterer Beweis, wie wenig sensibel die deutschen Behörden mit deutschen – durch die Niederländer ausgewiesenen – Flüchtlingen aus Indonesien umgingen, zeigt ein längerer Rechtsstreit von Hans-Günther Bode mit der Rentenversicherung beim Sozialgericht in Essen. Es ging um die Anerkennung der 9-monatigen Internierung im niederländischen *Camp Chassé* in Jakarta vom 1. Januar 1949 bis zum 30. September 1949. Letztendlich wurde zur Klärung der Streitigkeit ein Zeuge aus den Niederlanden gerufen. Dieser Zeuge war der Kommandant der niederländischen Truppen, Leutnant Schiphuis, die am 24. Dezember 1948 Sarangan erobert hatten. Jeder, der die hier wiedergegebenen Berichte von Zeitzeugen gelesen hat, weiß, wie brutal die niederländischen Truppen gegen die Deutschen vorgingen und wie sie sich an deren persönlichem Eigentum bereicherten. Aber der ehemalige niederländische Kommandant log und sprach von Befreiung (!) der Deutschen. Wie bei den Niederländern hinlänglich bekannt, wurden auch hier alle schrecklichen Schandtaten und Verbrechen der Kolonialzeit und des Unabhängigkeitskrieges abgeleugnet und unter den Teppich gekehrt. Ohne das geringste Anzeichen eines schlechten Gewissens behauptete der Niederländer steif und fest, die Eroberung von Sarangan wäre eine Befreiung der Deutschen gewesen und keine totale Enteignung! Ungeheuerlich! Leutnant Schiphuis behauptete, die niederländische Armee hätte die Deutschen vor den indonesischen Soldaten gerettet. Dabei waren die Niederländer die Täter! Die deutschen Behörden glaubten zunächst eher den Lügen des ehemaligen Kommandanten Schiphuis. Nach der Befragung weiterer durch Hans-Günther Bode genannter Zeugen wurde letztendlich folgender Beschluss gefasst: Von den neun Monaten der Internierung durch die Niederländer, wurden acht Monate bei der deutschen Rentenversicherung berücksichtigt. Ein Monat wurde gestrichen, da die Niederländer Zeit aufwenden mussten, um herauszufinden, ob möglicherweise Hans-Günther als 17-jähriger Schüler aktiv als ‚Legionär' auf indonesischer Seite gegen die Niederlande gekämpft habe!

Die Mutter Lydia Bode ging bei der deutschen Rentenversicherung leer aus. Ihre Zeiten der Internierung durch die Niederländer vom 10. Mai 1940 bis 5. März 1942 und vom 24. Dezember 1948 bis 23. Oktober 1949 wurden von der Bundesversicherungsanstalt nicht als Wartezeiten angerechnet.

Die Gedenktafel[47] zur Erinnerung an die Deutsche Schule in Sarangan wurde aufgrund der Initiative des ehemaligen Sarangan-Schülers Hardy Zöllner 2008 enthüllt. Sie wurde an einer zentralen Position Sarangans, wo die Straße *Jalan Telaga Sarangan* direkt auf den See *Telega Pasir* zuführt, feierlich enthüllt. Sie erinnert an die Freundschaft zwischen den einheimischen Bewohnern Sarangans und den Deutschen, die während des Zweiten Weltkriegs und danach dort friedlich zusammengelebt haben.

Die Plakette erregt heute bei Einheimischen wie auch bei Touristen viel Aufmerksamkeit. Im Informationsbüro *Kantor Parawisata* in Sarangan wird auch das Büchlein *Sarangan* von Pastor i. R. Hans Martin Zöllner[48] und anderen Sarangan-Schülern zusammen mit einer DVD und anderen Unterlagen anlässlich des 50-jährigen Jubiläums der Eröffnung der Deutschen Schule vom 20. April 1993 aufbewahrt. Bei den Veranstaltungen zum Jubiläum waren außer Hans-Günther Bode und anderen auch zwei Brüder der Familie Bühler zugegen. Die Familie Bühler besaß eine größere Plantage an der Nordküste Javas zwischen Surabaya und Banyuwangi, die auch von den Niederländern konfisziert wurde.

Ich war das erste Mal 1963 in Sarangan. Damals wusste ich noch nichts von einer Deutschen Schule in dem Luftkurort. Ich hätte damals sicherlich noch Überreste der Schule und auch indonesische Dorfbewohner als Zeitzeugen finden können.

Zum Gedenken an die über 400 ertrunkenen deutschen Zivilinternierten während des Transports von Sumatra nach Britisch-Indien mit der *Van Imhoff*[49] wurde auf dem Ohlsdorfer Friedhof in Hamburg, nahe der Waldstraße, eine Gedenkplatte angebracht. Unter den Opfern war auch Werner Bode, der Ehemann von Lydia Bode. Es war ein niederländisches Kriegsverbrechen, da sich nach Kriegsende herausstellte, dass die leitende Marinedienststelle auf Sumatra die Schiffsleitung der *Van Imhoff* angewiesen hatte, die deutschen Schiffbrüchigen nicht zu retten. Klagen der wenigen Überlebenden bei der niederländischen Justiz blieben ohne Erfolg. Der niederländische Generalstaatsanwalt kam zu dem Ergebnis, dass kein hinreichender Hinweis auf eine Straftat zu finden sei.

---

47 Siehe Abb. 89-1
48 Dem inzwischen verstorbenen älteren Bruder von Hardy Zöllner
49 Siehe Band 1, Kapitel16, S. 206ff

**Bundesversicherungsanstalt
für Angestellte**

1 Berlin-Wilmersdorf, den .... 19__

Ruhrstraße 2

IV a1 – 3396 B 63

(Bitte bei allen Rückschriften angeben)

Fernsprecher: 87 05 51, App.: ....

Fernschreiber: 01 83366

Postscheckkonto: Berlin West 770 00

Anlagen:

Einschreiben

Herrn / Frau / Fräulein

Lydia Bode geb. Diederich

56 Wuppertal – Vohwinkel

Von-der-Goltzstr. 14

.... gelbe Versicherungskarte(n)

.... grüne Versicherungskarte

...4... Aufrechnungsbescheinigung(en) der AV

.... Aufrechnungsbescheinigung(en) der JV

.... Sammelbuch der AV

.... Sammelbuch der JV

.... Militärpaß

.... Wehrpaß

...1... Urkunden (Geburtsurkunde)

...4... weitere Anlagen (1 Flüchtlingsausweis, 1 Aufnahmekarte zur AV, 1 Schreiben der BfA, 1 Fotokopie)

Bescheid

Ihr Antrag auf — Rente wegen — Berufsunfähigkeit — Erwerbsunfähigkeit — Altersruhegeld — wird abgelehnt, da die Wartezeit nicht erfüllt ist.

— Die Wartezeit für die Rente wegen — Berufsunfähigkeit — Erwerbsunfähigkeit — ist erfüllt, wenn vor Eintritt der Berufsunfähigkeit bzw. Erwerbsunfähigkeit eine Versicherungszeit von 60 Kalendermonaten zurückgelegt ist. (§ 23 Abs. 3, § 24 Abs. 3 Angestelltenversicherungsgesetz neuer Fassung AVG). —

— Die Wartezeit für das Altersruhegeld ist erfüllt, wenn eine Versicherungszeit von 180 Kalendermonaten zurückgelegt ist (§ 25 Abs. 4 AVG). —

Für die Erfüllung der Wartezeit werden die in der Rentenversicherung der Angestellten, der Rentenversicherung der Arbeiter oder der knappschaftlichen Rentenversicherung zurückgelegten Versicherungszeiten zusammengerechnet, soweit sie nicht auf dieselbe Zeit entfallen. Sind Wochenbeiträge entrichtet, so werden für je 13 Wochenbeiträge 3 Kalendermonate als Versicherungszeit angerechnet; von einem verbleibenden Rest gelten je 4 Wochenbeiträge als eine Versicherungszeit von einem Kalendermonat. Verbleibt danach ein Rest von weniger als 4 Wochenbeiträgen, so gilt dieser als ein voller Kalendermonat.

Anrechnungsfähige Versicherungszeiten sind Beitragszeiten und Ersatzzeiten. Auf die Wartezeit werden die ab 1. Januar 1924 zurückgelegten Versicherungszeiten angerechnet. Ist in der Zeit zwischen dem 1. Januar 1924 und dem 30. November 1948 mindestens ein Beitrag für die Zeit nach dem 31. Dezember 1923 entrichtet, so werden auch die vor dem 1. Januar 1924 zurückgelegten Versicherungszeiten angerechnet.

— Die vom November 1915 bis März 1921 — und vom ___ bis ___ entrichteten 48 Beiträge werden für die Erfüllung der Wartezeit nicht angerechnet, weil in der Zeit vom 1.1.1924 bis zum 30.11.1948 für die Zeit nach dem 31.12.1923 kein Beitrag entrichtet worden ist. — Die auf die Zeit vom ___ an entfallenden ___ Beiträge wurden erst am ___ nachentrichtet. —

— Die vom November 1915 bis März 1921 — und vom ___ bis ___ entrichteten 48 Beiträge werden auch nach den bis zum 31.12.1956 geltenden Anwartschaftsvorschriften über die Halbdeckung (§ 32 AVG a. F. in Verbindung mit § 1265 RVO a. F.) für die Erfüllung der Wartezeit nicht angerechnet, da anstatt 240 Monatsbeiträgen insgesamt nur 104 Monatsbeiträge nachgewiesen sind.

— Nach unseren Feststellungen sind Sie seit dem ___ berufsunfähig — und — erwerbsunfähig. —

— Für die Rente wegen — Berufsunfähigkeit — Erwerbsunfähigkeit — werden die nach Eintritt der — Berufsunfähigkeit — Erwerbsunfähigkeit — entrichteten ___ Beiträge für die Erfüllung der Wartezeit für diesen Versicherungsfall nicht angerechnet. —

Die Zeit(en) vom 12.5.1940 bis 5.3.1942 ___ 24.12.48 ___ — ist — sind — keine Ersatzzeit(en) im Sinne des § 28 AVG, weil — vorher keine Versicherung bestanden hat — nicht innerhalb von 2 Jahren nach Beendigung der Ersatzzeit oder einer durch sie aufgeschobenen oder unterbrochenen Ausbildung eine rentenversicherungspflichtige Beschäftigung oder Tätigkeit aufgenommen worden ist — Sie als Verfolgter im Sinne des § 1 des Bundesentschädigungsgesetzes nicht bis zum 27.8.1949 eine rentenversicherungspflichtige Beschäftigung oder Tätigkeit aufgenommen haben. —

Sie — werden — wird — daher für die Erfüllung der Wartezeit nicht angerechnet. —

IV 55 d (Neues Recht, V.-Fall nach dem 31.3.45)
8. Aufl. - 7/62 - 10000 - A (R)

Abb. 97-2, Bescheid der Bundesversicherungsanstalt, Seite 1

— Die Zeit(en) vom _____ bis _____ — ist — sind — keine Ersatzzeit(en), sondern Ausfallzeit(en), die für die Erfüllung der Wartezeit nicht rechnet — rechnen. —

Für die Erfüllung der Wartezeit bleiben folgende Versicherungszeiten anzurechnen:

Aus der Angestelltenversicherung

Beitragszeiten bis zum 26.1.60	(Vollendung des 65. Lebensjahr)	= 93	Monate
Beitragszeiten bis zum 31.3.63	(letzte Beitragsentrichtung)	= 38	Monate
Ersatzzeiten		=	Monate

Aus der Rentenversicherung der Arbeiter

Beitragszeiten	— Wochen		Monate
Ersatzzeiten	— Wochen		Monate
zusammen	Wochen : 13 × 3 + Monate aus Restwochen	= Monate =	— Monate

Insgesamt = 131 Monate

Die Wartezeit für — die Rente wegen — Berufsunfähigkeit — Erwerbsunfähigkeit — das Altersruhegeld — ist nicht erfüllt.

Wenn Sie eine entsprechende Tätigkeit ausüben, sind Sie versicherungspflichtig. Wenn Sie weder nach dem Angestelltenversicherungs-Neuregelungsgesetz noch nach dem 4. Buch der Reichsversicherungsordnung, dem Reichsknappschaftsgesetz oder dem Gesetz über die Altersversorgung für das Deutsche Handwerk versicherungspflichtig sind und innerhalb von 10 Jahren während mindestens 60 Kalendermonaten Beiträge für eine rentenversicherungspflichtige Beschäftigung oder Tätigkeit entrichtet haben, können Sie die Versicherung freiwillig fortsetzen (Weiterversicherung). Nach Erreichen der Altersgrenze für die Gewährung des Altersruhegeldes ist eine Weiterversicherung nur zulässig, wenn der Versicherte ein Altersruhegeld aus der Rentenversicherung der Angestellten, der Rentenversicherung der Arbeiter oder der knappschaftlichen Rentenversicherung nicht bezieht. Während einer Berufsunfähigkeit oder einer Erwerbsunfähigkeit kann eine zulässige Weiterversicherung nur zur Anrechnung für das Altersruhegeld — die Hinterbliebenenrente — erfolgen.

Wenn Sie durch Entrichtung eines Beitrages vor dem 1.1.1956 die Selbstversicherung (§ 21 des Angestelltenversicherungsgesetzes a. F.) begonnen haben oder bis zum 1.1.1957 von dem Recht der Weiterversicherung (§ 21 des Angestelltenversicherungsgesetzes a. F.) Gebrauch gemacht haben, können Sie die Versicherung fortsetzen, auch wenn Sie nicht innerhalb von 10 Jahren während mindestens 60 Kalendermonaten Beiträge für eine rentenversicherungspflichtige Beschäftigung oder Tätigkeit entrichtet haben.

Wenn Sie als Rentenbewerber Pflichtmitglied in der Krankenversicherung der Rentner sind, empfehlen wir Ihnen, sich zwecks Fortsetzung einer Krankenversicherung an Ihre Krankenkasse zu wenden.

Gegen diesen Bescheid können Sie innerhalb eines Monats nach Empfang schriftlich oder zur Niederschrift des Urkundsbeamten der Geschäftsstelle des Sozialgerichts in 5 Köln, An den Dominikanern 2 _____ Str. Nr. _____, Klage erheben.

Die Klage soll die Beteiligten, den Streitgegenstand und den angefochtenen Bescheid (unter Angabe des Geschäftszeichens) bezeichnen. Sie soll einen bestimmten Antrag und die zur Begründung dienenden Tatsachen und Beweismittel enthalten und von dem Kläger oder einer zu seiner Vertretung befugten Person mit Orts- und Tagesangabe unterzeichnet sein.

Die Klageschrift und sämtliche Unterlagen sind in doppelter Ausfertigung einzureichen.

Die Frist für die Erhebung der Klage wird auch gewahrt, wenn die Klageschrift innerhalb der Frist bei der Bundesversicherungsanstalt für Angestellte, Berlin-Wilmersdorf, Ruhrstraße 2, eingegangen ist. Die Bundesversicherungsanstalt für Angestellte gibt die Klageschrift mit den Rentenakten an das Sozialgericht weiter.

Im Auftrag

Abb. 97-3, Seite 2

Die Ausstrahlung einer TV-Dokumentation über diesen Vorfall wurde 1964 von der niederländischen Regierung verhindert und vermutlich auch gelöscht. Bis heute ist sie nicht mehr zu finden. Jahrelang bemühte ich mich um die Anerkennung dieses Kriegsverbrechens durch die Niederländer. Nachdem junge niederländische Dokumentarfilmer meine Bücher *Hitlers Griff nach Asien* gelesen hatten, wurde ich kontaktiert und gebeten, bei einer neuen TV-Dokumentation mitzuwirken. Mit meiner Beteiligung wurde die dreiteilige Dokumentation *De Ondergang van de Van Imhoff: Deksel van doofpot met Dodenschip*[50] (*Untergang der Van Imhoff: Verschleierung über das Totenschiff*) aufgenommen. Zur Hauptsendezeit wurde diese Dokumentation am 10., 17. und 24. Dezember 2017 in den Niederlanden durch den öffentlich-rechtlichen Sender NPO 2 ausgestrahlt. In dem Bericht wird nun dieser Vorfall eindeutig als Kriegsverbrechen bezeichnet.[51]

Abb. 97-4, Gedenktafel für die Opfer der Van Imhoff

Text auf dem Gedenkstein:
DEN 411 DEUTSCHEN ZIVILINTERNIERTEN DER ‚VAN IMHOFF'. UMGEKOMMEN IM INDISCHEN OZEAN IM JANUAR 1942

Wie man aus dem auf den nächsten Seiten wiedergegebenen Bericht des Ostasiatischen Vereins ersehen kann, war Dr. Emil Helfferich der Haupt-Initiator für die Erstellung der Gedenktafel. Als langjähriger Vorsitzender des ‚Deutschen Bundes' und Herausgeber der Zeitschrift ‚Die Wacht' in Niederländisch-Indien ist er den Lesern der vorhergehenden Bände dieser Dokumentation bereits bestens bekannt. Unter den drei Spendern der Gedenktafel war auch die Firma Schlieper, über die ich bereits mehrfach berichtet habe. Bei dem Untergang der *Van Imhoff* sind mehrere Mitarbeiter der Firma Schlieper umgekommen.

---

50 Siehe www.youtube.com
51 Werbeplakat zu der Sendung am Ende des Buches

UNTER den Auspizien des Ostasiatischen Vereins wurde am 19. Januar 1963 auf dem Ohlsdorfer Friedhof in Hamburg ein Gedenkstein zum Gedächtnis der 411 deutschen Zivilinternierten eingeweiht, die im Januar 1942 in den Fluten des Indischen Ozeans den Tod fanden. Etwa hundert Personen, darunter Angehörige der damals ums Leben gekommenen Deutschen, wohnten der schlichten Feier bei.

Emil Helfferich, früherer langjähriger Vorsitzender des Deutschen Bundes in Niederländisch-Indien, dem die meisten dortigen Landsleute angehörten, begann seine Ansprache mit den Worten: „Wir erfüllen heute eine Ehrenpflicht." Dann schilderte er auf Grund der Berichte Überlebender das erschütternde Drama, das sich vor 21 Jahren im Indischen Ozean, unweit der Westküste Sumatras, abspielte.

Die männlichen deutschen Zivilinternierten waren von den Holländern im Norden Sumatras in einem großen Barackenlager konzentriert worden. Von hier aus sollten sie nach Eingreifen Japans in den Krieg nach Bombay in Britisch-Indien abtransportiert werden. Zwei Schiffe mit Zivilinternierten waren bereits nach Bombay abgegangen. Am 18. Januar 1942 wurden die verbliebenen 477 deutschen Zivilinternierten auf dem etwa 2000 Tonnen großen holländischen Dampfer „van Imhoff" unter Deck verstaut und abgefahren. Am folgenden Tage — auf hoher See — belegten japanische Flieger das Schiff mit Bomben und trafen es unter Wasser so schwer, daß es zunehmend Schlagseite machte.

Einige Zeit danach verließ der holländische Kapitän mit seiner gesamten Mannschaft unter Mitnahme aller großen Rettungsboote — bis auf eines, das festgeklemmt war — das Schiff, die Deutschen ihrem Schicksal überlassend. Den Deutschen glückte es, das festgeklemmte Rettungsboot zu Wasser zu bringen. Darin und in einer kleinen Jolle fanden 67 Personen Platz. Die Mehrzahl der Schiffbrüchigen versuchte, aus Schiffsplanken Flöße zu bauen und sich darauf zu retten. Abends sank die „van Imhoff". Ein am nächsten Tag vorbeifahrender holländischer Küstendampfer verweigerte jede Hilfe, nachdem sein Kapitän festgestellt hatte, daß es sich um Deutsche handelte. Von den Schiffbrüchigen kamen 410 Mann in den Fluten um und einer der in den beiden Boo-

ten Geretteten verunglückte tödlich bei der Landung auf der Insel Nias.

Der Sprecher brachte zum Ausdruck, daß wir die Untat der beiden holländischen Kapitäne nicht dem holländischen Volk anlasten, aber er wies doch auf die Ungerechtigkeit hin, daß die Kriegsverbrecher anderer Nationen frei ausgehen, während in der Bundesrepublik Deutsche wegen Kriegsverbrechen aufgespürt und bestraft werden.

Am Schlusse seiner Ansprache übergab Dr. Helfferich den Gedenkstein der Obhut des Ostasiatischen Vereins, dessen Vorsitzender, Konsul Willy Kellinghusen, an der Feier teilnahm. Anschließend schilderte der frühere deutsche Pflanzer Albert Vehring aus Bielefeld, einer der Überlebenden, noch die einzelnen Phasen des grausigen Ereignisses, was die Anwesenden tief beeindruckte.

Zuletzt dankte Architekt Alexander Koch, Hamburg, dessen Vater bei der Katastrophe das Leben verlor, den Stiftern des Gedenksteines bewegt für den Akt der Pietät. Die Stifter des Gedenksteines sind die früheren drei größten deutschen Firmen im einstigen Niederländisch-Indien: Behn, Meyer & Co., Carl Schlieper und Straits und Sunda Syndikat neben dem Ostasiatischen Verein. Am Fuße des Gedenksteins lag ein großer Waldkranz mit ihren Namen.

Die „van Imhoff"-Katastrophe war wohl die größte in der Geschichte des Überseedeutschtums. Zu den Opfern, meist ältere Leute, gehörten: Gelehrte, Ärzte, Missionare und Geistliche in größerer Zahl, Kaufleute, Seeleute, Handwerker und eine Reihe pensionierter deutscher Kolonialsoldaten, die früher im Dienste der Niederl. Indischen Armee gestanden hatten..

Von den bekanntesten Deutschen seien genannt: der bejahrte, weltbekannte Sinologe Dr. Erwin Ritter von Zach, Hans Overbeck, früherer Direktor von Behn, Meyer & Co., Alexander Koch, Generaldirektor des Straits und Sunda Syndikats, Professor Dr. Huber, Cheftierarzt in holländischen Diensten, E. G. P. Brun, Vertreter der I.G. Farben und der Kunstmaler Walter Spies aus Bali. Das deutsche Straits und Sunda Syndikat verlor allein sieben seiner leitenden Persönlichkeiten, von denen drei verheiratet waren.

Die vollständige Liste der Opfer und der Geretteten liegt beim Ostasiatischen Verein aus.

Abb. 97-5, Bericht zum Gedächtnis der Van Imhoff-Opfer[52]

52 Aus *Übersee Rundschau*, Heft 3/1963

In Sarangan wurde in einer unerwarteten und radikalen Umbruchzeit eine freiwillige zusammengewürfelte Notgemeinschaft geschaffen, die gemeinsam den gewählten Weg zurücklegte. Der Erfolg der Deutschen Schule in Sarangan ist den weitsichtigen Müttern und besonders der überaus aktiven Schulleiterin, Frau Lydia Bode, zu verdanken.

Wie eng der Zusammenhalt zwischen 1943 und 1949 war, zeigt sich an den vielen ‚Sarangan-Treffen‘, die nach dem Krieg in Deutschland stattfanden. Von 1952 bis 2012 fanden 18 Sarangan-Treffen statt, eines davon sogar in Sarangan. Viele ehemalige Mütter und Schüler aus Deutschland und anderen Teilen der Welt nahmen daran teil, sogar ehemalige Volksdeutsche, Deutsche, die die niederländische Staatsangehörigkeit angenommen hatten. Gegenüber den niederländischen Behörden mussten Letztere ihren Aufenthalt nach der Kapitulation Japans in Sarangan allerdings verschweigen, andernfalls hätten sie ihre Pensionsansprüche verloren. Wenn die Niederländer von einem ‚Nazi-Nest‘ in Sarangan sprachen, dann traf dies vielleicht auf einige Mitglieder der NSB zu, aber keinesfalls auf die Deutschen. Aber auch die NSB-Mitglieder waren meist solide und freundliche Zeitgenossen.

Abb. 97-6, Einband der Teilnehmerliste des Treffens in Sarangan vom 20. April 1993

Abb. 97-7, Text und Teilnehmer vom 20. April 1993

Pada kesempatan hari ulang tahun kelimapuluh pembukaan sekolah Jerman di SARANGAN pada tanggal 20-4-43 atas nama beberapa guru dan murid dari sekolah itu kami ingin mengucapkan salam hangat kepada penduduk SARANGAN, tempat yang begitu indah.

SARANGAN, 20-4-93

Hans - Günther B O D E
dan putera

Ingo   B O D E

Günter B O H L E R

Rolf B O H L E R
dan putera

Claus B O H L E R

Übersetzung durch den Autor:
Anlässlich der 50. Wiederkehr der Eröffnung der Deutschen Schule in Sarangan am 20. April 1943, sagen wir im Namen aller ehemaligen Lehrer und Schüler einen herzlichen Dank an alle Einwohner des wunderschönen Ortes Sarangan.

Abb. 97-8, Sarangan-Treffen vom 29. Oktober bis zum 2. November 1983

Abb. 97-9, Sarangan-Treffen vom 17. bis 18. Oktober 1992

Sarangan war kein deutsches ‚Nazi-Nest‘, wie die Niederländer behaupteten. Natürlich mussten dort während des Dritten Reichs die Feiertage – wie Hitlers Geburtstag – eingehalten und gefeiert werden, wie auch die japanischen Feiertage. Dann wurde auch die Hakenkreuzfahne neben der Fahne Nippons gehisst. Aber ansonsten waren die Deutschen in Sarangan keine Nazis und auch der Schulunterricht war nicht nationalsozialistisch geprägt, ganz im Gegenteil. Die Feiertage des Dritten Reichs mussten gefeiert werden, da die Deutsche Schule, wie auch die Mütter und Kinder, monatliche finanzielle Zuwendungen vom Deutschen Reich erhielten. Ohne die Unterstützung des Deutschen Reichs wäre ein Betrieb der Deutschen Schule nicht möglich gewesen. Selbst nach der Kapitulation Deutschlands kam noch für einige Zeit Geld von der Deutschen Botschaft in Tokyo in Sarangan an. Die deutsche Regierung unterstützte nicht nur die Reichsbürger. Auch die in Sarangan wohnenden Volksdeutschen – Deutsche, die die niederländische Staatsangehörigkeit angenommen hatten – erhielten eine finanzielle Unterstützung, allerding nur die Hälfte der Reichsdeutschen. Erst nachdem auch Japan kapitulierte und die Zuwendungen ausblieben, begann die große Not in Sarangan. Die Deutschen in Sarangan mussten zum Überleben Wertsachen und Kleidung verkaufen und Selbstversorger werden. Im Rozenhof wurden nun Gemüsegärten angelegt und in den Stallungen wurden nun zwei Kühe und einige Schweine gehalten.

Als japanische Truppen Indonesien besetzt hatten, wurden alle Niederländer in dieselben Konzentrationslager eingesperrt, aus denen die Japaner zuvor die von den Niederländern eingesperrten deutsche Zivilisten befreit hatten. Auch die vielen in ihrer Kolonie lebenden niederländischen Nazis der NSB[53] kamen durch die japanischen Besatzer hinter Schloss und Riegel. Als die Niederländer nach der Kapitulation Japans die Lager wieder verlassen konnten, suchten einige NSB-Anhänger Schutz in Sarangan, vor den nun freien Indonesiern, aber auch vor ihren eigenen Landsleuten. Erst lange nach Kriegsende wurde bekannt, dass einige dieser Niederländer fanatische Nazis waren. Die meisten waren jedoch – wie Hans-Günther Bode sagte - gute Leute. Darüber habe ich bereits in Band 5, Kapitel 80 und Anlage 84.3 berichtet. Wenn Nazis in Sarangan waren, dann waren es einige Niederländer und nicht alle Deutschen!

---

53 Nationaal-Socialistische Beweging in Nederland

98. Die vierte und letzte Reise von Lydia Bode nach Indonesien, 1961

Zum Gedenken an seine Mutter Lydia Bode hat Hans-Günther Bode im April 1922 einen Bericht über ihre letzte Reise nach Indonesien aus ihrem Tagebuch und ihren Briefen zusammengestellt. Diese Zusammenstellung beinhaltet somit den ‚Originalton‘ von Lydia Bode.

Während der Reise traf sie unzählige alte Freunde und ehemalige Schülerinnen der von ihr gegründeten Haushaltsschule in Sukabumi. Aus der Sarangan-Zeit traf sie ehemalige Kadetten, die nun hochrangige indonesische Persönlichkeiten waren, und auf Sumatra Vertreter der Batak-Kirche und der Rheinischen Mission. Täglich gab es mehrere Essenseinladungen. Aus den vielen Privatbriefen von Lydia Bode an ihren Sohn Hans-Günther kann man ersehen, mit welch wichtigen Persönlichkeiten jener Zeit sie Kontakt hatte.

Zum Beispiel war sie mehrmals im Privathaus des Arzt Dr. Johannes Leimena[54] eingeladen. Dr. Leimena war Vize-Premierminister Indonesiens unter Präsident Sukarno und als Gesundheitsminister war er der am längsten dienende Minister Indonesiens. Bei den sogenannten Polizeiaktionen der Niederländer kämpfte er mit Sukarno für die Freiheit Indonesiens gegen die zurückkehrenden Niederländer. Leimena war mehrmals in Sarangan, unter anderem war er Mitglied bei den Verhandlungen des ‚Good Office Committees‘[55] mit den Niederländern, die im Juli 1948 in Sarangan stattfanden. Es ist zu vermuten, dass sich Lydia Bode und Dr. Leimena aus dieser Zeit in Sarangan kannten.

Lydia Bode wurde auch ins Privathaus von Abdul Haris Nasution[56] eingeladen. Nasution war General und Staatschef der indonesischen Streitkräfte, ein Politiker und wie Leimena ein Freiheitskämpfer in der PETA[57]. Da Nasution zu der Zeit von Lydia Bodes Besuch in Indonesien zu einem Besuch als indonesischer Verteidigungsminister in Bonn war, wurde Frau Bode von seiner Ehefrau Johanna Suarti eingeladen. Kannten sich die beiden auch durch einen Besuch in Sarangan während des Unabhängigkeitskampfes? Leimena und Nasution werden bis heute als Nationalhelden geehrt.

Abb. 98-1, Treffen mit ehemaligen Schülerinnen in Sukabumi, 1961

---

54 1905–1977
55 Siehe Band 3, Kapitel 63
56 1918–2000
57 Pembela Tanah Air (Verteidiger des Vaterlandes), siehe Horst H. Geerken, *Der Ruf des Geckos*, S. 160

Abb. 98-2, Lydia Bode unter Freunden in Jakarta, 1961

Abb. 98-3, Lydia Bode unter Freunden in Jakarta, 1961

Wilhelm Johannis Rumambi[58] war eine weitere hochrangige Persönlichkeit, mit der Lydia Bode während ihres Aufenthaltes in Jakarta 1961 zusammentraf. Rumambi war unter Präsident Sukarno Informationsminister. Er war ein gläubiger und äußerst aktiver Christ und leitete die *Partai Kristen Indonesia* (PARKINDO), die Partei indonesischer Christen. Ab 1963 traf ich in Zusammenhang mit dem Ausbau des indonesischen Rundfunks und Fernsehens sowie wegen der Rundfunkstation Cimanggis mehrfach mit ihm zusammen. Sein ganzes Leben setzte er für die Sache der Christen in Indonesien ein und war auch mehrfach in Deutschland. Woher sich Frau Bode und Rumambi kannten, konnte ich aus dem Schriftverkehr nicht ersehen.

Ebenso war nicht ersichtlich, wie und wo sich Ex-General Sahala Hamonangan Simatupang[59] und Lydia Bode kennenlernten. Simatupang war unter Präsident Sukarno Direktor und Vizeminister für das Post- und Telekommunikationswesen. Auch sie trafen sich während des Aufenthaltes von Lydia Bode 1961 in Indonesien. Nur zwei Jahre später wurde auch ich mit S.H. Simatupang persönlich bekannt.

In Medan auf Sumatra lernte Lydia Bode den deutschen Bundesbürger Dr. Westrick kennen. Er war mit einem Klinomobil unterwegs und kam gerade von der Insel Nias, im Westen Sumatras. Das Klinomobil war ein 1957 entwickeltes, zum fahrenden Operationssaal umgebautes Wohnmobil, in dem alle nur denkbaren dringenden Operationen durchgeführt werden konnten. Dr. Westrick war auf einer Tour durch Indonesien und versuchte, diese Fahrzeuge indonesischen Regierungsstellen zu verkaufen. Ab 1963 traf ich mehrfach Dr. Westrick und wurde auch in sein Zuhause eingeladen. Er machte allerdings auch ‚krumme' Geschäfte und wurde noch während der Regierung Sukarnos aus Indonesien ausgewiesen. Er durfte nur zwei kleine Köfferchen mitnehmen.[60]

Während Lydia Bodes Reisen durch Indonesien traf sie mehrmals mit dem Leiter der Abteilung der Kadetten in Sarangan, Dr. Singgih, und dessen Frau zusammen. Eine enge Freundschaft verband die beiden Familien. Bei jeder Deutschlandreise besuchte Dr. Singgih Frau Bode in Moers. Sie traf sich auch mehrmals auf ihrer Reise mit Mayor Harsojo, einem ihrer ehemaligen Schüler der Militärakademie und späteren Diplomaten an der Indonesischen Botschaft in Belgrad.

Auch mit Herrn Wibowo, einem ehemaligen Offizier der PETA und engen Freund von Vize-Premierminister Dr. Leimena, traf sie zusammen. Vermutlich lernte sie Wibowo im Hause von Leimena kennen. Mit Wibowo arbeitete ich viele Jahre lang eng und vertrauensvoll zusammen. Er war ein wunderbarer Mensch, den ich heute noch verehre. Stundenlang konnte er mir von dem grausamen Unabhängigkeitskampf auf Java gegen die niederländischen Truppen berichten, aber die Deutsche Schule in Sarangan kannte er nur aus Erzählungen seiner Kameraden. Er war Mitglied in einem Veteranenverband. Ich erhielt viele Informationen von den ehemaligen Soldaten, als er mich dort eingeführt hatte.

Es überraschte mich, dass ich so viele Namen von Personen in den Privatbriefen von Frau Bode fand, die auch ich kannte und denen ich nahestand. Ich begann meine Karriere in Indonesien ja nur zwei Jahre nach dem Besuch von Frau Bode.

Am Heiligen Abend, dem 24. Dezember 1948, wurden Lydia Bode und ihr Sohn, wie alle noch in Sarangan verbliebenen Deutschen von den Niederländern festgenommen, enteignet und erneut interniert. Nur ein gutes Jahrzehnt später, 1961, kehrte Frau Bode dorthin zurück. Von der einheimischen Bevölkerung wurde sie freudig empfangen, aber von dem Sarangan, das sie gekannt hatte, war nichts mehr vorhanden. Keines der früheren Häuser stand noch. Nur die Lobby und das Esszimmer des Hotels Merdeka sind noch an derselben Stelle. Von ihrem früheren Haus stand nur noch ein Stückchen des Kamins und von den sechs ehemaligen Schulräumen waren nur noch Teile des Grundrisses erkennbar. Wo das Haus von Erich Gärtner und seiner Familie gestanden hatte, war jetzt ein neues schönes Haus, wo Familie Zöllner gewohnt hatte, war jetzt ein Maisfeld. Alles war anders, aber die wunderbare Landschaft war immer noch unverändert. Obwohl das Dorf Sarangan aus Lydia Bodes Zeit dort nicht mehr zu erkennen war, machte die Begegnung mit den Menschen des Dorfes ihren Besuch zu einem Erlebnis, das man als ‚Nach-Hause-kommen' bezeichnen kann.

Hier folgt nun der offizielle Bericht von Lydia Bode. In ihren privaten Briefen an ihren Sohn Hans-Günther schrieb sie viel mehr Einzelheiten, die aber für die Leserinnen und Leser dieser Dokumentation von geringem Interesse sind.

---

58 1916–1984
59 1918–1992
60 Siehe Horst H. Geerken, *Der Ruf des Geckos* S. 36f

MEINE VIERTE UND LETZTE REISE NACH INDONESIEN

auf dem Schiff T.S. Düsseldorf von Amsterdam nach Tanjung Priok

im Jahre 1961

*Ein berührender Lebensrückblick von **Frau Lydia Bode** (27.1.1895-30.5.1964)*

zum Gedächtnis (H.-G. Bode), im April 2022

Auf dem Weg nach Indonesien.

Ist's wirklich wahr,daß ich auf dem Weg nach Indonesien bin? Ist es
nicht ein schöner Traum,dem ein jähes Erwachen folgen wird? Das
Stampfen der Maschinen des Frachtschiffes "Düsseldorf" von der Ham-
burg-Amerika-Linie,der frische Seewind,der diesige Himmel über der
weiten,glitzernden Wasserfläche sind doch wohl die untrüglichen Zeichen dafür, daß ein langgehegter,großer Wunsch in Erfüllung geht.
Ich darf Indonesien wiedersehen,darf die alten Stätten noch einmal
aufsuchen und darf Neues kennenlernen. Eine Welt liegt vor mir,die
mir fast schon zu entgleiten drohte.

Wie gehen da am ersten Tag der Seefahrt die Gedanken zurück in eine
ferne Zeit! Im März des Jahres 1922 war es,als ich zum erstenmal die
große Reise antrat. Damals war ich nicht allein wie heute. An der
Seite meines lieben Mannes reiste ich,das Herz voll froher Erwartungen,hinaus in die Ferne,in ein unbekanntes Land.Jede Phase dieser
ersten Ausreise ist mir im Gedächtnis geblieben und während ich ganz
still auf meinem Liegestuhl an Deck ausruhe von aller Arbeit und Mühe der letzten Wochen,drängen sich die Erinnerungen auf und fließen
mir in die Feder. Ich muß sie niederschreiben und dadurch festhalten
was ich in all den Jahren erleben und erfahren durfte von der Vater-
treue Gottes,der Seine Kinder auf rechter Straße führt.

Zum viertenmal darf ich nun diese Reise unternehmen und es wird das
letztemal sein, darum genieße ich jede Stunde ganz bewußt und mit
großer Dankbarkeit. Es ist eine stille Reise: 7 Erwachsene und 3 Kinder reisen zusammen als Passagiere und die Zahl der Bemannung ist
nicht größer als 45 Personen.

Das war auf der ersten Reise ganz anders: 600 Passagiere,verteilt
über drei Klassen. Aber es war eine besonders interessante Reise von
Genua bis Batavia,während der fast alles das passierte,was auf einer
großen Seereise vorkommen kann: Ein Sterbefall an Bord,ein Kind,das
einer schweren Lungenentzündung erlag und feierlich im Meer bestatte
wurde, die Begegnung mit einem arabischen Fischerboot,das sich ver-
irrt hatte und von unserem Schiff Brot und Wasser bekam und über die
Fahrtroute unterrichtet wurde, ein Mann über Bord,Abstoppen des Schi-
fes,langsames Beidrehen bis man ihn entdeckte,Abwerfen eines Rettung
ringes, Aussetzen des Rettungsbootes und ein glückliches Zurückbringen des verunglückten Bootsmannes.Auch einen Maschinenschaden erlebten wir,der eine Verzögerung der Ankunft zur Folge hatte.Diese Verzögerung war die Ursache,daß wir an einem Sonntag in Tandjung Priok
anlegten.Mir war es besonders darum so interessant,weil mir überzeugend zum Bewußtsein kam, daß in einem nicht christlichen Land der
Sonntag nicht von einem Werktag zu unterscheiden ist. Unseres Bleibens war nicht lange in der Hauptstadt des damaligen Niederländisch-
Indien. Mit der Eisenbahn ging es in zwei Tagen vom Westen nach dem
Osten der Insel Java, von Batavia nach Surabaja. Diese sehr interessante Fahrt machten wir stehend,da der Zug überfüllt war und wir aus
Unkenntnis der Verhältnisse nicht auf der Beginnstation,sondern auf
dem nächsten Bahnhof eingestiegen waren. Erst kurz vor Djokjakarta,
fast am Ziel der ersten Tagesreise,bekamen wir einen Sitzplatz.Daß
es uns dann nicht sonderlich interessierte, wo wir ein Nachtquartier
fanden,ist sicher gleich einleuchtend.Wir sanken todmüde ins Bett
und schliefen sofort.Dafür fand uns aber der nächste Morgen schon vo
Sonnenaufgang fertig gestiefelt und gespornt.Für den zweiten Teil de
Reise wollten wir unbedingt einen Sitzplatz ergattern .

In Surabaja ankommend,hatten wir nichts so nötig wie ein erfrischen-
des Bad,denn rußgeschwärzt verließen wir den Zug,aber dankbar für
eine angenehmere Fahrt. In Surabaja verlebten wir die Ostertage und
fuhren einige Tage später mit einem kleineren Schiff nach Makassar
(Celebes). Auch diesmal gab es eine seltene Aufregung:blinde Passagi
re wurden eben außerhalb des Hafens über Bord gesetzt und mußten in
einem kleinen,schwanken Boot den Rückweg antreten.

- 2 -

205

- 2 -

In Makassar gab's einige Tage Aufenthalt,bis ein Schiff anlegte,da
uns nach Menado bringen sollte. Dort, im Hinterland von Menado,sol
te unser erstes Arbeitsfeld liegen. Es war ein altes Schiff, das
bis aufs Deck hinauf voll geladen war. Aber - o weh -- es gab Stur
Immer mehr Fahrgäste verschwanden aus dem Speisesaal und vom Deck.
Es wurde ganz still, nur die Ladung geriet in Bewegung.Immer wiede
machten sich Kisten und Koffer selbständig.Die Deckstühle wurden
von Steuerbord nach Backbord geworfen.Die Bootsleute rannten hin
und her und versuchten,zu retten,was zu retten war. So ging es 2 T
ge lang.Nach einer angstvollen Nacht mit schwerem Gewitter sehnten
wir uns nach dem Ende der Fahrt,dem Hafen von Menado. Aber was war
das?Die blaue Flagge war hoch:keine Landung möglich! Wir wurden un
ruhig.Was sollte nur aus uns werden! Wir mußten doch unseren Diens
antreten! Die einheimischen Passagiere wagten es, in den herankom-
menden Einbäumen mit Auslegern das Schiff zu verlassen. Sollten wi
etwa auch so ausgeschifft werden? Uns schlug das Herz im Gedanken
an diese Möglichkeit. Unentwegt standen wir an der Reling und scha
ten hinüber. Plötzlich ging die blaue Flagge herunter,das Postboot
setzte sich in Bewegung, um die Passagiere abzuholen. Wir gehörten
nicht zu den ersten,weil wir unser Gepäck erst aus der Kabine her-
aufschaffen mußten. Als glücklich das ganze Gepäck an der Steuer-
bordseite stand, wurde dem Postboot der Befehl gegeben, an Backbor
anzulegen. Noch einmal kam ein Einbaum herbei. Wozu nur? Eine kle
ne,zarte einheimische Frau stieg ganz vorsichtig über das Fallreep
hinab.Im Arm hatte sie ein winziges Bündelchen. Erst in der vergan
genen Nacht, als der Sturm tobte und der Donner krachte, hatte sie
ein Kind zur Welt gebracht.Nun mußte sie sehen, wie sie in diesem
Zustand mit dem Würmchen nach Hause kam.

Indessen bemühten wir uns,die schweren Kabinenkoffer auf die ander
Seite des Schiffes zu schleppen.Dann war es endlich soweit: ich
konnte mit zitternden Knien den Weg ins Postboot hinab antreten.Di
Koffer wurden hinterher getragen. Dann legte es ab und ich hatte
nicht gemerkt, daß mein Mann keinen Platz mehr bekommen hatte.Ängs
lich schaute ich zurück. Es war die letzte Fahrt des Postbootes,so
hatte man mir gesagt.Was sollte dann aber aus meinem Mann werden?
Man wollte mich in die Stadt hinein begleiten,mein Mann würde spätestens in 2 - 3 Tagen nachkommen.Aber da lehnte sich alles in mir
auf.Ich wollte am Strand bleiben und auf ihn warten und kein Zureden half.Es erschütterte mich nicht,daß einer meiner Koffer ins
Wasser fiel, er konnte wahrscheinlich aufgefischt werden, aber daß
mein Mann nicht bei mir war in dieser Stunde, das empfand ich als
ein großes Unglück. Würde wirklich das Schiff um die ganze Spitze
der Halbinsel nach Amurang fahren? Wieder und wieder gingen meine
Blicke zum Schiff hinüber.Es war ganz still geworden am Landeplatz
Die große Ladung konnte nicht gelöscht werden,warum sollte man dan
solange warten? Aber ich würde warten,wie lange es auch dauern mög
und dann dauerte es garnicht so sehr lange.Der Sturm legte sich,
man konnte ans Löschen denken und als einer der Ersten kam mein
Mann vom Schiff herunter.Wir waren wieder beieinander und konnten
nun gemeinsam die Fahrt ins Inland antreten, nach Airmendidih.

Schnell fanden wir Unterkunft in einem Gästehaus der Regierung,be-
suchten unseren Amtsvorgänger und machten dann einen kleinen Spazie
gang durchs Dorf. Es war dunkel geworden,aber der Mond stand hell
und voll am Himmel,sodaß wir getrost unbekannte Wege gehen konnten
Es wird mir immer unvergeßlich bleiben.Fast aus jedem Haus erklan-
gen deutsche Choralmelodien.Es war uns,als wären wir der Heimat
nicht fern. Froh haben wir uns an diesem Abend schlafen gelegt. Wi
durften einem Volk dienen, das den Herrn Christus angenommen hatte
und Ihm Lob und Preis darbrachte mit Psalmen und Lobgesängen und
geistlichen,lieblichen Liedern.

Ganz so, wie es uns am ersten Abend geschienen hatte,war freilich
der Dienst in den kommenden 4 Jahren nicht.Es handelte sich hier

- 3 -

um Christen der dritten Generation, die bei ungenügender Betreuung ein traditionelles Christentum lebten. Regelmäßigen Umgang mit der Bibel kannten sie nicht,sodaß auch Bibelstunden oder Frauenvereinigungen ihnen ganz fremd waren. Ein großer Bezirk war zu betreuen, 55 Gemeinden, in denen 12 einheimische Pastoren arbeiteten,die unterstützt wurden von einer Reihe von Lehrern,die nebenamtlich evangelistischen Dienst taten. Alle Gemeinden mußten zweimal jährlich besucht werden,sodaß mein Mann sehr viel unterwegs war. Es lag ihm die Bedienung der Sakramente ob,die damals den einheimischen Pastoren noch nicht anvertraut wurde. In der Hauptgemeinde war er nur selten. Laufende Aufgaben der Buchführung und der Kontaktarbeit mit den Besuchern waren mir überlassen. Es waren schon in der Zeit große Aufgaben, die Buchführung zu machen für alle Gemeinden, die je drei Konten hatten und ein großes gemeinsames Konto für besondere Bedürfnisse. Wenig Fürsorge erfuhren die Kranken.Ein Arzt war nicht am Ort,sodaß die Fortführung und der Ausbau einer Poliklinik,die unser Vorgänger im Amt angefangen hatte,eine zusätzliche Arbeit,abe auch eine große Freude für mich war. Ich konnte der Schwester,die für die Versorgung der Kranken in der Gemeinde und für die Arbeit in der Poliklinik angestellt war, mit Rat und Tat zur Seite stehen. Im Lauf der 4 Jahre entstand ein Hilfskrankenhaus,für das die Mittel in mühsamer Kleinarbeit selbst zusammengebracht waren. Welche Freude war es, als unser erster Patient, ein 90 Jahre alter Mann, durch eine Staroperation wieder sehend geworden, das Krankenhaus verlassen durfte! Alle Künste hatten wir anwenden müssen,um den Mann zu bewegen, drei Tage lang liegenzubleiben,wie der Arzt es wünschte.Er war nie bettlägerig gewesen und wollte und konnte nicht begreifen, daß eine solche Maßnahme nötig sei.

Ein Anfang wurde gemacht mit Kindergottesdienst-und Jugendgruppenarbeit,aber die jugendlichen Gemeindeglieder brachten nicht allzu viel Verständnis dafür auf. Eine Ausnahme machten die Flötenorchester,die beachtliche Leistungen aufzuweisen hatten mit ihren selbst gefertigten Bambusflöten. Dünne und dünnste, dicke und dickste Bambus ergaben miteinander einen vollklingenden Chor und es gehörte mit zu den beliebtesten Attraktionen,im Wettstreit die künstlerischen Kräfte zu messen.

Zwei Kinder wurden uns während dieser Jahre geboren,eine Tochter und ein Sohn.Sie wurden Verbindungskräfte zu den Gemeindegliedern. Die älteste wurde getauft in der Kirche von Airmendidih und in das Taufregister dieser Gemeinde eingetragen. Sie würde zu einem echten "orang Airmendidih" (einem Menschen von Airmendidih),das war die größte Ehre,die ihr zuteil werden konnte. Wenn die uralte Frau in unserer Nachbarschaft die kleine Lilo einmal auf den Arm nehmen du te und ihren vom Betelkauen so leuchtend roten Mund dem kleinen Mädelchen auf die Stirn drückte,dann durchströmte sie ein großer Stolz,daß dieses Kind durch seine Geburt für immer mit dem Ort und mit der Gemeinde verbunden bleiben würde. Als dann das Brüderchen dazu kam, das den Namen des Vaters trug,war es in der Gemeinde eine ausgemachte Sache, daß wir dort bleiben müßten,weil ja die Kinder dorthin gehörten. Sie durften einfach von "ihrem" Ort nicht fortziehen. --

Seelsorgerlich gab es manche Not. Den Gemeindegliedern fehlte das Bewußtsein, vor Gott Sünder zu sein und daher auch das Verlangen, Gnade zu erlangen. Sie waren im allgemeinen sehr wohl mit sich zufrieden und wenn es um die Verteilung der kirchlichen Ämter ging, war ihnen allen selbstverständlich, daß der Besitz die entscheidende Rolle zu spielen hatte, nicht die Eignung oder die Frömmigkeit. Wer viel hatte, wurde Presbyter.Aber daß man mit der Würde auch ei Bürde auf sich nahm, war unseren Gemeindegliedern nicht klar.So wa wenig Mitarbeit da und wenig inneres Wachstum in der Gemeinde zu spüren.Aber lieb haben wir unsere Gemeinden trotzdem gehabt.Wir hätten sie gern hingeliebt zu dem, der uns in Seinen Dienst gerufen hatte.

– 4 –

Nach 4 Jahren führte unser Weg in eine andere Arbeit.Mein Mann hat ganz besonders große sprachliche Gaben entwickelt und als für Lehrer-und Evangelisten-Ausbildung ein Dozent nötig wurde,und an ihn die Bitte herangetragen wurde, diese Aufgabe zu übernehmen, hat er mit großer Freude diesem neuen Ruf Folge geleistet. Er war der Meinung, daß die von den Lehrern ausgeübte seelsorgerliche Betreuung der kleineren Gemeinden so wichtig sei, daß man ihrer Ausbildung die größten Wert beilegen müsse. Sie waren es ja hauptsächlich,die in den Dörfern die Gelegenheit hatten, die alten "Sitten" als Aberglauben und heidnisches Wesen zu entlarven. Sie konnten in der festgefügten Dorfgemeinschaft den Gemeinden etwas vorleben von dem echten Vertrauen auf den Herrn,der alles in Seiner Hand hat und immer und überall helfen kann und helfen will, wenn man seine Zuversicht auf Ihn allein setzt.

Nach all der Trennung der letzten Jahre wurde es eine schöne Zeit des Zusammenseins an unserem neuen Heimatort,nur etwa 50 km vom ersten Arbeitsplatz entfernt. Ein großes,altes Haus mit tief herabragendem Dach nahm uns auf.Es war mit Stroh gedeckt und machte einen heimeligen Eindruck.Eine große,offene Veranda gab den Blick frei auf einen großen Vorgarten und auf die beiden riesigen Waringinbäume mit den verschlungenen Wurzelverästelungen. Zwölf Erwachsene waren nötig um einen der Bäume zu unspannen.Die großen Rasenflächen zwischen den Bäumen und an den beiden Seiten, wo es zu jeder Tageszeit immer irgendwelche schattigen Plätzchen gab, wurden ein unvergleichlich schöner Spielplatz für die Kinder. Das ganze Gelände war fast einen Kilometer breit und ebenso tief.Hühner lebten in großer Zahl darauf und wurden Freunde und Spielgefährten der Kinder. Aber viel Freundschaf brachten ihnen auch die über 50 Seminaristen entgegen,die sich dort auf ihren Beruf vorbereiteten und an den Geburtstagen unserer Familie alle zu uns kamen,um Kuchen zu essen und Limonade zu trinken. Dann zeigte sich immer wieder, welch ein Band bestand zwischen den jungen Minahassern und den Kindern ihres Lehrers.

Dort wurde das Schwesterchen Gisela geboren, unser drittes Kind,von den beiden "Großen" freudig empfangen.Das große Gelände blieb das Eldorado für alle drei Kinder,weil sie wenig oder gar keine Spielgefährten hatten und an Spaziergänge nicht viel gedacht werden konnte Es war nur die eine Straße da,auf der man nach beiden Seiten hin au und ab gehen konnte.Da war es bedeutend schöner,sich in dem großen Garten zu tummeln.

Ein aufregendes Ereignis fiel in die 3 Jahre unseres Aufenthaltes dort hinein: Der Besuch des Kreuzers Berlin. Wie hat es uns alle gefreut, einmal deutsche Gäste zu haben im fremden Land! Für die Kinder gab es ein Kinderfest an Bord des Kreuzers in Menado.Die beiden "Großen" durften mit, das Schwesterchen war noch zu klein für eine solche Strapaze, eine Autofahrt an die Küste und dann eine Fahrt mit dem Motorboot zum Schiff,das weit draußen auf der Reede lag. Wie auf regend war der Weg über das Fallreep,aber stolz stapfte der zweijährige Werner,von der Mutter geführt, nach oben. Das Wagestück war vollbracht und der kleine Mann wollte sich eben seines Heldentums freuen, da packte ihn ein großer Schrecken. Ein kleiner Braunbär trottete daher und es war,als käme er gerade auf den kleinen Mann zu. Ein furchtbares Erschrecken bemächtigte sich des Kleinen,sodaß alle Freude des Festes für ihn unterging in der einen großen Angst,der Bär könnte noch einmal kommen. Aber das Schwesterchen hat Freude gehabt an Kakao und Kuchen und an den echten deutschen Eisbonbons.Bis zum Sonnenuntergang blieben die Kinder an Bord zusammen und als bei sinkender Sonne die Fahne eingezogen wurde und das Deutschlandlied erklang, verließen sie, mit dem Motorboot zurückgebracht,den Ort der Freude und der Angst; beides hat nachhaltigen Eindruck auf sie gemacht.

Im Jahre 1929 erfüllten die Gedanken an den Urlaub Eltern und Kinder

— 5 —

Alle Vorbereitungen, das Nähen von vielen leichten Kleidern,Blüschen und Höschen,von Schlafanzügen und Unterzeug, gaben den Kindern Anlaß zu vielen Fragen. Warum nur soviel neue Sachen fertiggemacht wurden! War die Reise denn wirklich so weit? Konnte man auf dem Schiff ganz richtig schlafen? Konnte man da auch spielen? Würde das Schiff auf dem großen Wasser nicht untergehen? Und wie sah denn die Oma aus und der Opa und die Tanten und Onkel? Die Mutter konnte nicht genug erzählen und die Spannung wuchs täglich mehr.Aber auch das Warten findet einmal ein Ende. Am 26.April ging es mit dem kleinen Motorboot auf das Schiff in Menado, in Makassar ins Hotel bis zum nächsten Schiff und in Surabaja wiederum einige Tage ins Hotel. Herrlich waren die Autofahrten durch die vielen,hell erleuchteten Geschäftsstraßen bei hereinbrechender Dämmerung. Da hatten die Kinder nicht Augen genug,um alle Herrlichkeiten anzuschauen, die ihnen bisher ganz unbekannt geblieben waren. Von dort aus begann die Reise mit dem"ganz großen Schiff", das allerdings in Batavia wieder verlassen werden mußte,weil es während der Liegezeit im dortigen Hafen keine Passagiere an Bord haben durfte. Als endlich alle die Aufregung überwunden war und die Kinder zur Ruhe kommen sollten, zeigte sich, daß sie sehr schüchtern waren im Umgang mit den vielen anderen Kindern, die auf dem Kinderdeck unter Aufsicht einer Kinderschwester spielen konnten. Am liebsten zogen sie sich alle drei in ein kleines Eckchen zurück, sehnsüchtig ausschauend nach dem Augenblick, wo die Mutter vom Essen zurück kam und mit ihnen spielte. Leider bekam die kleine Gisela schon in Singapore eine böse Bronchitis, die unterwegs nicht auszuheilen war. Sie hat uns ständig Sorge gemacht.

Überhaupt ist die Fahrt mit drei kleinen Kindern nicht so einfach,zu mal es während der Fahrt im Indischen Ozean Sturm gab. So unerwartet kam er auf, daß ganz plötzlich das nicht ganz fest verschraubte Bullauge von den hohen Wellen aufgedrückt wurde und dem wilden Wasser freen Zugang in die Kabine gewährte. War das ein Schrecken! Das Kinderbettchen von Gisela,das auf dem Fußboden stand, schwamm im Wasser.Der größere Teil der Familie war seekrank. Auf dem ganzen unteren Deck wurden die Metallklappen vor die Bullaugen geschraubt,sodaß kein Tageslicht hereinkam. Die Frischluftzufuhr von Deck aus funktionierte nicht und es war fast unerträglich. Die Mutter rannte von einem zum anderen, um den armen Seekranken zu helfen,um das Wasser auszuschöpfe und die nassen Sachen im Maschinenraum trocknen zu lassen. Man fürchtete eine Zunahme des aufgekommenen Sturms und traf darum allerlei Vorsichtsmaßnahmen. Niemand konnte an Deck kommen und der Speisesaal blieb bei den Mahlzeiten fast leer. Für die Seekranken gab's trockene Schiffszwieback, den man in jeder Menge erbitten konnte. Aber auch ein Sturm geht vorüber. Das Rote Meer nahm uns auf und ruhig ging's ins Mittelmeer hinein. Die Kinder waren an eine feste Tagesordnung gewöhnt, darum wunderte sich die Mutter, als sie im Mittelmeer diese Ordnung, soweit sie sich auf das Schlafengehen bezog, zu durchbrechen versuchten.Sie wollten sich nicht zu Bett bringen lassen,als die Uhr sieben anzeigte. Was der Mutter nicht besonders aufgefallen war,wurde den Kindern zu einem echten Erlebnis: das gibt es also auch,daß es 7 Uhr abends ist und die Sonne noch hoch am Himmel steht! Tropenkinde die nur den genau abgegrenzten Tag von 6 Uhr morgens bis 6 Uhr abends kannten!

Und dann hielt das Schiff in Genua. Die Kinder standen erwartungsvoll an der Reling, hatten doch Oma und Opa versprochen, sie dort in Empfang zu nehmen. Wie mochten sie nur aussehen,die lieben Großeltern? Und dann gab es ein frohes Erkennen. Zum erstenmal schlossen die Großeltern ihre Enkelkinder in die Arme. Die Kinder erlebten zum erstenmal die Wonne, Großeltern zu haben, die mit ihrer ganzen Liebe die Kinder ans Herz drücken und ihnen auf vielerlei Art ihre Freude zeiger Sie durften mit aufs Schiff kommen,die lieben Großeltern und mit frühstücken und dann ging's von Bord an die Riviera,wo wir alle miteinander ein paar herrliche Tage verlebten.

— 6 —

- 6 -

Wer hätte gedacht,daß nach der Heimkehr in mein Elternhaus,wo wir de
Urlaub verleben sollten, die erste Tat das Einkaufen von Winterklei-
dern für die Kinder gewesen/wä sein würde! Es war Anfang Juni,aber
die Kinder froren zum Erbarmen. Wir mußten sehr gut auf die kleine
Gisela achten,deren Bronchitis nicht weichen wollte. Erst allmählich
gewöhnten sich die Kinder an das Klima. Jeder wollte ihnen etwas Gutes antun. Da gab's die herrliche Milch und sie schmeckte den Kinder
garnicht. Werner meinte, ob es denn in Deutschland überhaupt keine
"richtige" Milch gäbe. Er meinte die Büchsenmilch,die einzige Milch,
die er je hatte kennengelernt. Nur das Obst schmeckte ihnen,die Erd-
beeren,die Kirschen und die Birnen,Aprikosen und Pfirsiche. Trotz al
ler Vorsicht und aller sorgfältigen Pflege entwickelte sich bei der
kleinen Gisela eine doppelseitige Lungenentzündung.Viele Tage und
Nächte war die Kraft der Mutter voll beansprucht durch die Pflege.Di
Kinder machten alle Kinderkrankheiten durch, von denen sie in ihrem
einsamen Kinderparadies verschont geblieben waren:Masern,Keuchhusten
Windpocken und immer neue Halsentzündungen. Lilo ging im September 1929
zur Schule und Werner und Gisela besuchten einen Kindergarten.Der Va
ter war fast immer abwesend. Eine neue Aufgabe stand vor ihm: die
Übersetzung der Bibel in die indonesische Sprache. Dafür sollte er
sich noch besonders vorbereiten.Er studierte bei Professor Dempwolff
in Hamburg alte malaiische Literatur und las bei Professor Snouck
Hugronje alte malaiische Handschriften. Nach Beendigung des Studiums
gab's einen herrlichen Urlaub in Barendorf an der Ostsee und mit neu
er Kraft ging's im September 1930 wieder nach Indonesien zurück.

Die zweite Ausreise! Es ging in ein bekanntes Land,zwar in ein unbekanntes Gebiet, aber mit großer Freude sind wir wieder hinausgefahre:
dankbar,daß wir die drei Kinder bei uns haben durften. Lilo hatte in
zwischen einige Monate die Schule besucht,dadurch war ich bestärkt i:
meinem Vorhaben, sie nicht holländisch unterrichten zu lassen,wie es
bei den guten Schulmöglichkeiten in Java hätte geschehen können, sondern den deutschen Unterricht fortzusetzen. Dieser Aufgabe wollte ic
mich ganz widmen.

Für die neue Arbeit sollte West-Java unser Wohnsitz werden.Die Wahl
des Ortes war weniger wichtig als die gute Verbindung zur Hauptstadt
um über sprachliche Probleme sich schnell unterrichten zu können. Wi:
wählten Sukabumi, aber es war nicht so leicht, dort eine Wohnung zu
finden. Nach langem,vergeblichem Suchen bekamen wir in dem Augenblic!
ein Haus, als wir dabei waren,den Ort zu verlassen und uns an irgendeinem anderen Platz anzusiedeln. Beim Einrichten wurde gleich ein
"Schulzimmer" reserviert. Da sollten in aller Ruhe die Kinder,zuerst
eins und später auch die anderen, unterrichtet werden. Es war ein altes Haus, aber sehr geräumig und besonders dadurch gut geeignet, daß
in einem angebauten Flügel zwei geräumige Büroräume waren, ein Studierzimmer und ein Mitarbeiterbüro. In dem großen Garten hinter dem
Haus, das bis an das mohammedanische Dorf reichte, standen Kokospal-
men und andere hohe Bäume,dazu Bananenstauden und Zitronensträucher
und im Vorgarten sogar Obstbäume, ein Rambutan- und ein Manggabaum.
Das ganze Anwesen war umschlossen von einem hohen Zaun. Hier erlebte:
die Kinder die Freude, ihr eigenes Reich zu haben,das sie füllen konn
ten mit ihrem frohen Spiel und mit ihrem jubelnden Lachen. Allerlei
Tiere wurden auf die Dauer in diese Freude einbezogen:Kaninchen und
Meerschweinchen, Hühner und Tauben,ein Eichhörnchen,das ganz zahm wa:
und keinen schöneren Platz kannte,als Giselas Schulter oder Vaters
Rocktasche. Zahme Vögel hatten wir, die mittags beim Essen zusehen
durften und doch immer wieder friedlich in ihren Käfig zurückflogen.
Und welche Freude hatten wir erst alle an unserem Dacki! Er liebte
den Vater zwar am meisten, aber war immer zu tollem Spiel bereit,wenn
die Kinder mit ihm toben wollten. In diesem Paradies verlebten die
Kinder herrliche Jahre. Sie hatten immer so viel zu tun,daß Werner sc
gar,als er zum Unterricht gerufen wurde, ganz ernsthaft erklärte:"Mut
ti, heute habe ich ganz bestimmt keine Zeit zum Lernen,ich muß hier
unbedingt eine Brücke bauen!" Nur schade,daß die Mutter für diese Not
wendigkeit nicht das rechte Verständnis aufbrachte!

- 7 -

- 7 -

Der Vater war, abgesehen von gelegentlichen Reisen in die Hauptstad
immer zu Hause und wenn die Kinder ihn auch im Studierzimmer nicht
stören durften, so war er doch zu allen Mahlzeiten im Familienkreis
und an allen Sonntagen konnte er sich mit den Kindern beschäftiger
mit ihnen spazierengehen oder erzählen und vorlesen, singen und spi
len. Ungetrübte Freude lebte in dem Haus am Tjipellangweg in Suka
bumi, Freude in und an der Familie und Freude an der Arbeit.

Es war eine große Aufgabe, die meinem Mann gestellt wurde. Die jetzi
ge indonesische, damals malaiische Sprache wurde nicht allgemein ge
sprochen. Es war die Zeit, als die Holländer die Regierung führten
und in fast allen Schichten der Bevölkerung strebte man danach, hol
ländisch zu lernen und zu sprechen, weil das bessere Aufstiegmöglich
keiten bot. Das Malaiisch der damaligen war in Java nirgendwo ge
sprochene Sprache, nur in den Gebieten von Ambon, der Minahassa und
von Timor wurde es als Predigtsprache benutzt. Da aber örtlich ein
stark dialektischer Einschlag die Oberhand bekommen hatte, wurde ei
dauernder Vergleich mit 14 größeren Sprachgebieten erforderlich, wo
bei man dann auch nach Möglichkeit noch kleinere Sprachgebiete be
rücksichtigen mußte. Das brachte eine umfangreiche Korrespondenz
mit sich und viel, viel Überlegungen.

Davon haben freilich die Kinder nicht viel gemerkt. Als noch ein
Brüderchen geboren war, hatte das vierblätterige Kleeblatt ein fro
hes Leben. Zu den ganz besonderen Freuden gehörten die Ausflüge an
die Südküste von Java, nach Plabuan Ratu, wo eine starke Brandung
war. Am Strand zu spielen und Muscheln zu suchen, wurde ihnen ein
ganz großer Genuß, der zwar zumeist den Schulferien vorbehalten bli
aber von einem zum anderen Mal ersehnt und froh erwartet wurde.

Die Mutter hatte derweil allerlei wichtige Entscheidungen zu treff
Auf allerlei Gebieten wurde um ihre Mitarbeit gebeten. Das nahm vie
Zeit und Kraft in Anspruch, zumal sie dem Vater beim Abschreiben de
Manuskripte half, beim Lesen der Korrekturfahnen später und bei al
ler Korrespondenz, die sich im Lauf der Zeit ergab. Der Unterricht
von 3 Kindern in drei verschiedenen Schuljahren füllte den ganzen
Vormittag aus. Nun kam dazu die Mitarbeit in einer großen Mädchenschule, in deren Vorstand sie gewählt wurde, um besonders die einsam
Lehrkräfte etwas mütterlich zu betreuen. Fast gleichzeitig kam ein
wenig versorgte Gruppe von chinesisch-indonesischen Christenfrauen
an sie heran mit der Bitte um regelmäßige Bibelbesprechstunden. Abe
es war ja alles eine solche Freude, eine Erfüllung vieler Wünsche,
daß trotz der Arbeit der Bibelübersetzung, die in gewisser Isolieru
getan werden mußte, um so schnell wie möglich weiterzukommen, sich
eine Missionsarbeit erschloß, von Gott selbst der Mutter in den Weg
gelegt. Später erwuchs aus der Arbeit an der Mädchenschule noch ei
Haushaltungsschule für die Mädchen, die anders nicht weiterkommen
konnten, weil sie den Anforderungen der höheren Schulen sprachlich
nicht genügten. Die Beherrschung der holländischen Sprache war näm
lich ausschlaggebend für jeden weiterführenden Unterricht und für
ein indonesisches Mädchen ist es nicht so ganz leicht, die ganz an
ders aufgebaute europäische Sprache so beherrschen zu lernen, wie
das holländische Kind sie beherrscht.

Die vielerlei Schularbeit brachte für die Kinder viel neue Freude,
denn sie durften mitgehen, wenn die Mutter nachmittags ihre Besuche
dort machte oder wenn in der Haushaltungsschule Festlichkeiten ware
Und Festlichkeiten mancherlei Art mußten veranstaltet werden, um da
nötige Geld für den Unterhalt der Schule zusammenzubringen. Wie her
lich war immer solch eine Ausstellung von Schülerinnenarbeiten verbunden mit einem Verkauf von Essenswaren! Wie mundeten die köstlic
indischen Speisen den Kindern: Laksa, Saté, Kwe sembrong, Kwe kelepon
und vieles andere mehr. Ich glaube, von allen Genüssen sind ihnen da
bei weitem die liebsten gewesen.

- 8 -

- 8 -

Unsere Weihnachtsfeiern waren immer ganz besondere Höhepunkte des Familienlebens. Da wurde das Mitarbeiterbüro zu einem feinen Weihnachtszimmer. An den Wänden entlang prangten alle die großen, roten Weihnachtsglocken und in der Zimmerecke stand der breit ausladende Weihnachtsbaum mit seinen vielen, vielen Kerzen. Und dann der viele Besuch! Es kamen verschiedene Chöre von Kindern zum Singen und all bekamen ihren Anteil am Gebäck, von dem die Mutter vorher Riesenmengen bereitet hatte. Jeden Abend brannten alle Kerzen bis in das ne Jahr hinein und wenn dann der Baum verschwinden mußte, weil er gar zu trocken wurde, dann gab es eine Leere, die erst verkraftet werden mußte.

Auch das Osterfest brachte seine besonderen Freuden. Das Eiersuche in dem großen Garten war so schön! Manchmal haben wir sie garnicht alle wiederfinden können.Dann konnte es nach Tagen noch eine Überra schung geben. -- Manchen Abend haben wir in der Dämmerung miteinan der im Garten gesessen und die schönen deutschen Abendlieder gesun gen. Wenn der Mond voll und schön am Himmel stand, war es immer et was schmerzlich,daß die Uhr so schnell die Bettzeit anzeigte.

Um die Beweglichkeit der Kinder zu erhöhen, bekamen sie nacheinander Roller und später Fahrräder. So konnten sie allein "auf Entdeckungsreise" gehen. Das war das Schlagwort, das die Kinder aufhorchen ließ. Entdeckungsreisen machte die Mutter immer wieder mit ihren Kindern,kein Deich zwischen den Reisfeldern war zu schmal,um ihn nicht betreten zu können und keine Wanderung war zu weit. Als das jüngste Kind noch getragen werden mußte,blieb es bei den großen Spaziergängen. Auf Mutters Arm durfte der Kleine mitmachen,was die Großen erlebten,selbst wenn es ein Durchqueren des Flusses war,was uns einmal auf einer großen Wanderung passierte. Wir waren sehr weit gelaufen und wollten den kurzen Weg über eine große Brücke al Heimweg benutzen. An Ort und Stelle recht müde angekommen,sahen wi daß der reißende Strom in der vergangenen Nacht die Brücke weggeschlagen hatte. Sehr tief war er nicht und auch nicht allzu breit. Aber konnte man es wagen,hindurchzugehen mit 4 Kindern? Aber war nicht der Heimweg über den erst eben zurückgelegten weiten Wanderp pfad auch zu schwer für die kleinen Füße? Kurz entschlossen zog di Mutter ihre Schule aus, band sie zusammen,hängte sie über die Schu ter und die Kinder,die ohnehin barfuß liefen,waren nicht wenig erstaunt,aber noch mehr erfreut, daß die Mutter ihnen ein Durchwaten des Flusses in Aussicht stellte. Sie mußten ihr nur versprechen,genau zu tun,was sie ihnen sagte. So ging es zuerst mit dem Kleinster auf dem Arm und der großen Tochter an der Hand über schlüpferige Steine auf die andere Seite und dann nahm Lilo das Brüderchen auf den Schoß.Die Mutter ging allein zurück und mit je einem Kind rechts und links an der Hand ging's zum zweitenmal in das Wasser und glücl lich ans andere Ufer.

Auch das Spielen im Fluß war besonders reizvoll. Der Tjipellang ha te ein tief ausgewaschenes Flußbett mit ganz großen Steinen.In der trockenen Zeit war sehr wenig Wasser da,dann war es ein Hauptvergnügen, zwischen den Steinen in dem untiefen Wasser zu spielen und Stromsperren zu bauen oder Stauseen zu errichten,in denen man dann baden konnte. Die kleine Gisela hatte dabei einmal das Pech,in das Wasser zu purzeln.Pitschepatschenaß zogen wir sie heraus.Aber was nun? Sie konnte den Heimweg nicht so naß antreten. Sollte wohl jemand nach Hause laufen und andere Kleider holen? Nein,es war ander viel lustiger. Jeder zog etwas aus und lieh es dem Schwesterchen. Inzwischen wusch die Mutter die Kleider aus,legte sie auf einen großen Stein in die Sonne und das Spiel ging weiter,bis die Kleider alle trocken waren und dann ging es fröhlich nach Hause.

So gingen die Jahre dahin und die Eltern konnten es übersehen,daß die Zeit näherkam, in der die Großen ihr Kinderparadies verlassen mußten, um in Deutschland eingeschult zu werden.Die Älteste war fast ans Ende der Quarta gekommen.Es fehlte ihr jeder Wettbewerb

- 9 -

mit Klassenkameradinnen ebenso sehr wie die Fröhliche Gemeinsamkeit des Lernens. Nur fiel es den Eltern bei all ihrem Wissen darum immer noch sehr schwer,den richtigen Zeitpunkt zu finden. Aber auch in solchen Fragen gilt es: Er führet auf rechter Straße.Eltern und Kinder dürfen das wissen und darauf vertrauen. Auf einmal war es so deutli daß der Zeitpunkt da sei,daß weder Vernunftsgründe noch Gefühle imstande waren, die Verwirklichung der Deutschlandreise der Kinder zu verzögern. Nur sehr,sehr schmerzlich war es, daß in diese Zeit hinein die Nachricht von dem plötzlichen Heimgang der lieben Großmutte in Deutschland eintraf. Dort sollten die Kinder eine Heimat finden, ein liebendes Herz, das in allen Fragen und Nöten raten konnte. Wie würde es jetzt damit werden?

Auf einem deutschen Schiff sollte die Heimreise gemacht werden und es gelang, einen Platz zu bekommen auf dem alten deutschen Schiff "Trier" vom Norddeutschen Lloyd, das seine letzte Fahrt machte. Allerdings war es nur in Singapore zu erreichen und dorthin sollte ei holländisches Küstenschiff Mutter und Kinder bringen,weil der Vater um der Arbeit willen nicht mitkommen konnte. Am Tage vor der der beabsichtigten Abfahrt war es kalt und ungemütlich. Es regnete und ein scharfer Wind wehte,sodaß wir beschlossen,den Jüngsten nicht mi zunehmen bei den Abschiedsbesuchen,die die Großen zu machen hatten, da er ja mit der Mutter zurückkommen würde.

Erst bei Einbruch der Dunkeheit kamen wir nach Hause zurück. Wir wu den vom Vater sehr ernst empfangen.Der Junge hatte plötzlich hohes Fieber bekommen.Noch war kein Krankheitssymptom zu erkennen,das uns auf ein bestimmtes Krankheitsbild schließen ließ. Wir wollten nicht gern den Arzt zuziehen, weil wir ja unbedingt am nächsten Morgen rei sen mußten. Aber in der Nacht war der Junge so unruhig, daß die Mutter bei ihm wachen mußte bis zum frühen Morgen. Dann übernahm der Va ter die Wache, um der Mutter noch eben Gelegenheit zum Schlafen zu geben. Vom Schlaf erwachend, zeichnete sich der Mutter das Krankheit bild so deutlich ab, daß ein leises Erschrecken sie durchfuhr.Der Junge hatte Masern! Der Arzt kam hinzu.Er fügte der Diagnose das Wort "toxisch" bei. Es war an keine Abreise zu denken.Zwar war bis zur Abfahrt des deutschen Schiffes aus Singapore noch etwas Zeit, aber würde die Ansteckungsgefahr so schnell vorbeigehen? Der Arzt nahm uns nicht alle Hoffnung, aber erst im letzten Augenblick entschied sich die bange Frage: Werden wir mit einem holländischen Schnellboot das deutsche Schiff in Singapore noch erreichen? Werden wir überhaupt einen Platz bekommen? Nun,es hat alles glücken dürfen. Der Vater begleitete seine Kinder zum letztenmal an den Hafen.Es gab einen herzbewegenden Abschied,der besonders für die Älteste,Lilo, fast untragbar war,und dann fuhr das Schiff ab,den einsamen Vater zu rücklassend. Lilo war weder mit gutem Zureden noch mit einer ernsten Ermahnung von der Reling wegzubringen.Sie meinte immer noch,den Vater zu sehen. War es eine Ahnung, daß es das letztemal sein würde? - Gisela hatte inzwischen schon Freundschaft geschlossen mit anderen Kindern und war recht glücklich,daß gleichaltrige Spielgefährten die Reise mitmachten.

Auf dieser Reise hatte die Mutter mit ihren 4 Kindern genug Arbeit. Wir bewohnten miteinander eine etwas enge Kabine mit 4 Betten,hatten also ein Bett zu wenig, da die Betten zu kurz und zu schmal waren, um zwei Kinder zusammen in ein Bett zu legen. Es gelang aber,noch ganz kurz vor der Abfahrt ein Feldbett zu erstehen und nun gab es ein lustiges Wechselspiel: Wer darf heute abend auf dem Feldbett schlafen? Hans-Günther,der kleinste,war noch lange nicht über die Fo gen seiner Krankheit hin. Er bekam einen heftigen Luftröhrenkatarrh und hatte in der Nacht oft schwere Hustenanfälle. Sobald es anfing, sprang die Mutter auf,um ihm zu helfen und ihn zu beruhigen.Einmal war die Mutter an der Reihe,um oben zu schlafen und der Junge schlie unter ihr. Von der häufigen Störung der Nachtruhe reichlich übermüdet, sprang sie,wie immer beim Beginn eines Hustenanfalles,schnell aus dem Bett,nicht daran denkend,daß sie oben schlief und plumpste ganz gewaltig auf den Boden. Die Kinder erwachten mit großem Schrecke aber als die Mutter wieder aufstand und lachte, lachten sie mit und da mit war die Sache erledigt: in wie viel Not hat nicht der gnädige Gott über uns Flügel gebreitet!

Es ging in den Spätherbst hinein. Im Mittelmeer erlebten wir einen dichten Nebel. Am Außenbord wurden große Bogenlampen befestigt und in ganz kurzen Abständen tutete das Nebelhorn. Eine ängstliche Spannung lag über dem ganzen Schiff. Die Bootsleute hatten alle Hände voll zu tun und wollten nicht gern gefragt werden. Als in unmittelbarer Nähe unserers Schiffes ein anderes Schiff passierte, war es uns allen klar wie leicht wir das Opfer eines Zusammenstoßes hätten werden können.

Wir hatten gehofft, genau am 1.11., dem 75. Geburtstag des Großvaters väterlicherseits Hamburg zu erreichen, um als Gratulanten dort zu erscheinen. Aber kurz vor Marseille bekam das Schiff den Auftrag, nach Dakar zu fahren, um dort noch Fracht abzuholen. Da entschlossen wir uns, von der Hamburgfahrt abzusehen und in Marseille an Land zu gehen. Freilich war es ein Wagnis, weil wir keine Devisen hatten, aber zur Bezahlung der Eisenbahnfahrt würden wir die Reiseschecks eintauschen kön nen. Wir erübrigten sogar noch etwas Geld für ein Telegramm, das dem Großvater mütterlicherseits die Ankunft der ganzen Familie in Wuppertal melden sollte. Wir baten, uns in Köln, wo wir umsteigen mußten, abzuholen.

Die Zollkontrolle in Kehl war aufregend. Der in aller Eile viel zu voll gepackte Kabinenkoffer wurde aus dem Gepäckwagen herausgesetzt und mußte geöffnet werden. Die Mutter mußte hinaus und in dem Augenblick pfiff der Zug zur Abfahrt. Vier Kinder schrien in großer Angst, daß die Mutter zurückbleiben würde. Dadurch auf die schwierige Situation aufmerksam geworden, ließ der Stationsvorsteher den Zug noch hal ten. Weiter ging's in Richtung Deutschland. Nach durchfahrener Nabht stellte sich Hunger ein, aber das Geld reichte für alles das nicht, was wir gern gegessen oder getrunken hätten. Nach vielem Auszählen und immer wieder Vergleichen mit den Preisen im Speisewagen ging es gerade, daß wir Spaghetti mit Tomatensose bestellten. Es wurde mir zu einem typischen Erlebnis, daß der Kellner bei unserem Eintritt in den Speise wagen entsetzt ausrief: "Um Gottes Willen, sind das alles Ihre Kinder? Das war unser Einzug in das Deutschland des Nationalsozialismus. Wir sollten noch mehr erleben!

In Köln angekommen, hungrig und müde, schauten wir aus nach den Abholern. Wir mußten umsteigen, Der Kleinste konnte die Augen nicht mehr offenhalten und lag schwer in Mutters Arm. Auch die drei anderen waren übermüde und es war niemand da! Was konnte sie doch nur abgehalten haben, den Opa und die beiden Tanten, die Schwestern der Mutter, die mit dem Opa zusammenwohnten! In Wuppertal das gleiche Ausschauen und Warten! Auch am Bahnhof war niemand. Ob sie wohl krank waren? Was mochte doch wohl passiert sein! Ein Taxifahrer brachte uns in die Ottenbruche: straße. Dort mußten wir lange klingeln, bis jemand auf den Gedanken kam, anstatt den elektrischen Türdrücker zu betätigen, selbst die Trep pe herunterzukommen. Nur so konnte der Taxifahrer entlohnt werden, denn wir hatten keinen Pfennig bei uns. Nun waren wir daheim bei dem Vater, nachdem die Mutter ein halbes Jahr vorher die Augen für immer geschlos sen hatte.

Zunächst gab es eine Menge Schwierigkeiten, verursacht durch die besonderen Devisenbestimmungen der national-sozialistischen Regierung. Zwar hatte ich eine große Summe Geldes in Form von Reiseschecks mit, aber weil sie alle auf meinen Namen und nicht auf die Namen der einzelnen Kinder lauteten, war es nicht möglich, täglich mehr als 50.-DM abzuholen. Alle Vorstellungen nützten nichts. Es mußten Winterkleider, Schuhe und Strümpfe und Mäntel eingekauft werden, dazu sollten die Kinder in der Schule angemeldet und für das Internat voll ausgerüstet werden. Die Einschulung hing davon ab, daß alles rechtzeitig beschafft werden konnte. Inzwischen mußte die Unterbringung geregelt werden. Die Kinder sollten in einem Internat wohnen und möglichst nahe zusammenbleiben, da der Junge, zwischen zwei Schwestern aufgewachsen, sicherlich unter Heimweh leiden würde. Es war nicht leicht, etwas Rechtes zu finden. Hier waren nur Mädchen, dort nur Knaben erwünscht. Aber am Ende fand sich in der Julius-Stursberg-Schule in Neukirchen, Kreis Mörs, das, was gesucht wurde: ein großes Jungen-und ein kleines Mädcheninternat unter einem Dach. Dort wurden die Kinder angemeldet für den Wiederbeginn der Schule nach den Weihnachtsferien.

Nur der, der eigene Kinder hat abgeben müssen, kann ermessen, was es bedeutete, die Kinder dort abzuliefern, als der 5. Januar 1936 herankam. Als ich Abschied von ihnen genommen hatte, war mir das Herz sehr schwer, weil ich fühlte, daß es für die Kinder ein schweres Einleben sein würde. Sie durften, solange ich noch in Deutschland war, sonntags zu mir kommen, d.h. ich mußte sie abholen und wieder zurückbringen. Der kleine Bahnhof in Moers, wo ich sie sonntagsabends in die Kleinbahn setzen mußte, um den Zug nach Wuppertal zurück noch erreichen zu können, hat manche Träne gesehen, wenn ich in der dunkelen Ecke stand, um den Kindern nachzuwinken.

Der endgültige Abschied von den Kindern fiel in die Ferien. Ich sehe sie noch, wie sie mir vom Balkon des großväterlichen Hauses aus nachwinkten, die Augen voll Tränen und doch den Versuch machend, der Mutter das Herz nicht noch schwerer zu machen. Mein Vater begleitete mich auf den Bahnhof. Als er mir nachwinkte und ich ihn schließlich nicht mehr sehen konnte, wollte mir schier das Herz brechen. Wie hat er mir so treu beigestanden während der ganzen Wochen! Wenn ich mit wundem Herzen von Neukirchen zurückkam, wartete er auf mich, um mir noch ein liebes Wort zu sagen. War es auch manchmal recht spät bei der nicht immer guten Verbindung und dem dreimaligen Umsteigen: es war ihm keine Stunde zu spät. Nie ließ er mich allein zurückkehren und schlafen gehen. Immer war er da und das danke ich ihm, so lange ich lebe.

Die dritte Ausreise ging von Bremerhafen ab. Zum erstenmal fuhr ich die ganze Route durch den Kanal, durch die Biskaya, an Gibraltar vorbei und dann den bekannten Weg weiter. Ich hatte Hans-Günther noch bei mir, zum Trost und zur Freude. Mit ihm habe ich Auto gespielt, habe ihn aber auch mitgenommen, als wir am 1. Ostern in Barcelona ein Rundfahrt mitmachen konnten, als wir in Genua an Land gingen und in Colombo. Es war ein frohes Wiedersehen mit unserem Vater, der uns in Tandjung Priok abholte. Alles hatte er für unsere Heimkehr festlich geschmückt, aber ich mußte mich zunächst sehr an die große Leere gewöhnen. Die Kinder fehlten mir auf Schritt und Tritt. Hans-Günther fand sich auch etwas schwer in die Rolle des Alleinseins hinein. Er hatte die Sprache des Landes ganz vergessen, erkannte aber die alten Gesichter gleich wieder. Nun ging's ans Erzählen von Deutschland, aber die Bediensteten schauten ihn merkwürdig fremd an. Sie verstanden ihn nicht. Er sprach immer lauter und brach schließlich in Tränen aus: Das Heimkommen war für ihn keine Freude, man verstand ihn nicht. Doch dieser Schmerz ging nach ein paar Tagen vorbei. Die Mutter hat's nicht so ganz schnell überwunden, aber allmählich wurde die zunehmende Arbeit ihr Trost und ihre Freude. Die Kraft wuchs mit den Aufgaben. Ich erlebte das Wachsen einer Gemeinde, die in der ersten Liebe stand und einen Evangelisationsdrang hatte, der mich zutiefst getroffen hat. Die Besprechungen in dem Bibelkreis der Frauen sind mir selbst oft zu einer rechten Hilfe geworden. Ich durfte tief hineinschauen in die Schwierigkeiten, die der chinesischen Frau in Indonesien erwachsen, wenn sie sich dem Christentum zuwendet oder ihre Kinder taufen lassen möchte. Die Frage der Gemeindegründung durfte ich mit den Frauen besprechen, den Anteil der Frau daran und die Erziehung der Jugend als Nachwuchs, die Gewinnung der Männer als Rückgrat der Gemeinde.

Daneben hat die Arbeit an der Haushaltungsschule je länger je mehr Kraft und Einsatz gefordert. Es konnte ein Haus gekauft und eine moderne Lehrküche gebaut werden. Die Gleichberechtigung mit einer

- 12 -

Regierungsschule schuf große,neue Möglichkeiten.Es begann eine
Übungsschularbeit. Die Schülerinnen gaben Handarbeitsunterricht in
verschiedenen Dorfschulen und lernten,auf die allereinfachste Art
gut und richtig arbeiten mit dem Material,was nur auf dem Markt zu
kaufen und darum jedermann zugänglich war. Es entstand eine Hausha-
tungsschule für die Dorfmädchen auf ganz einfacher Grundlage,den
dörflichen Verhältnisse angepast. Alles das entstand aus eigener
Kraft.

Die regelmäßige Korrespondenz mit den Kindern half sehr stark mit
dazu,daß der Trennungsschmerz überbrückt wurde. Durch Luftpost war
eine ganz regelmäßige Verbindung möglich und eine sofortige Antwort
auf die Kinderbriefe führte zu einem lebendigen Austausch über die
Probleme des Alltags. Die Tatsache,daß wir weiterhin wohnen blieben
in dem nun viel zu großen Haus, war den Kindern eine große Hilfe.Sie
wußten uns zu finden mit ihren Gedanken und konnten unsere Tage mit
erleben.An unseren Spaziergängen nahmen sie Anteil,ließen sich berichten über ihre Freunde aus dem Tierreich und über das Wachsen
und den Ertrag der Obstbäume und der Kokospalme, die sie selbst gepflanzt hatten. Sie berichteten aber auch über ihre Fragen und Nöte
in der Schule. ließen uns teilnehmen an ihren Ferienfreuden und erbaten unseren Rat, wenn sie mit Schulfragen nicht fertig wurden.

Mit großer Freude nahmen sie Anteil an dem Druck von des durch ihre
Vater übersetzten Neuen Testaments,das der Vater ihnen zuschickte mit
einer Widmung,begriffen es dann auch gut,daß die Eltern im Interesse
einer 2.und 3.Auflage des so schnell verkauften Testamentes ihren
Urlaub aufschieben mußten. Sie waren stolz auf den Vater,der eine
so begehrte Persönlichkeit geworden war.

Am politischen Himmel tauchten freilich schwere,dunkele Wolken auf.
Die uns umgebende holländische Gesellschaft lehnte den deutschen
Nationalsozialismus so stark ab,daß sie jedem Deutschen mißtraute,
der Beziehungen nach Deutschland unterhielt.Es wurde schwieriger,
mit den Nachbarn in Frieden zu leben, weil sie immer wieder Verdächtigungen aussprachen wegen der Anwesenheit unserer Kinder in Deutsc-
land. Es wurde einsamer um uns,aber die Arbeit blieb unsere Freude.
Jeder Tag war so voll ausgefüllt mit Arbeit,daß wir nicht zum Nachdenken kamen über unsere Lage. Wir wußten uns sicher in Gottes Hand
berufen zum Dienst in Seinem Königreich und das war uns genug.

Der 1.September 1939 brachte ein großes Erschrecken. Wir hatten liebe holländische Freunde zu Besuch.Sie waren vor dem Abendessen ausgegangen und hatten,als sie zurückkamen, bereits gehört,daß der
Krieg mit Polen angefangen hatte. Deutschland hatte den Krieg erklärt! Unsere Freunde reisten sofort ab. Die Spannung wurde größer
und für uns stieg die Unsicherheit:Was wird aus unseren Kindern,wenn
der Krieg sich ausweitet? Was wird mit uns,wenn er weiter um sich
greift und andere Völker mit einbezieht?

Wenn nur die Arbeit der Bibelübersetzung gesichert werden könnte!
Vielleicht würde man uns zusammen internieren! Vielleicht würden wir
die Erlaubnis erhalten, in der Stille weiter zu arbeiten? Es blieb
abzuwarten! Schließlich gewöhnten wir uns an die Spannungen.Wir
konnten nichts daran ändern und wollten doch so gern die Hoffnung
behalten,daß der Krieg lokal begrenzt bleiben würde. An Urlaub konnten wir nicht denken,denn jederzeit konnte England einbezogen werden in die Feindseligkeiten und dann würde man uns vom Schiff holen
und internieren. Alle bangen Fragen aber legten wir Tag für Tag vor
dem Thron Gottes nieder und erbaten Seinen Schutz für unsere Kinder
und für uns.

So kam der 10.Mai 1940 herbei. Es war ein Tag wie viele andere vor
ihm,ein Tag voller Arbeit, Die Haushaltungsschule hatte praktische
Prüfung und ich war die Vorsitzende der Prüfungskommission.Schon
früh hatte ich das Haus verlassen, um alles rechtzeitig bereitzu-
stellen. Mein Mann hatte neben seiner Arbeit eine Kirchenordnung

- 13 -

sprachlich zu überarbeiten und war auch fast über seine Kräfte beansprucht. Es wurde spät mit meiner Rückkehr von der Schule und spät
auch mit dem Mittagessen,weil mein Mann nicht aufhören zu können meinte,ehe nicht die Revision beendet sei. Das war erst nach 2 Uhr der
Fall, sodaß das Mittagessen sich an dem Tag verzögerte. Es war eine
stille Mahlzeit.Mein Mann und ich waren sehr müde und Hans-Günther
hatte Halsentzündung und mußte das Bett hüten. Nachdem er versorgt
war,legte mein Mann sich schlafen und ich setzte mich ins Studierzimmer,um eine Ansprache auszuarbeiten für einen Jugendgottesdienst,den
ich am 1.Pfingsten zu halten hatte.

Noch nicht viele Sätze hatte ich aufs Papier gebracht,da wurde nach
kurzem Klopfen die Tür eilig aufgerissen. Unser Sprachhelfer aus Malaya kam aufgeregt herein und fragte ganz kurz:"Muß ich morgen arbeiten?" Die Frage setzte mich in Erstaunen. "Ist etwas Besonderes geschehen?" fragte ich zurück. "Es ist Krieg",war die kurze Antwort.
"Aber es ist doch schon seit 7 Monaten Krieg in Europa",erwiderte ich
an die Eigenart des Mannes denkend und um ihn zu beruhigen."Oder ist
etwas passiert? Warten Sie dann lieber,ich wecke meinen Mann." "Nein
nein," wehrte er ab, "das ist nicht nötig." Und fort war er. Ich
blieb nachdenklich zurück. Was mochte den Mann wohl bewegen? Wollte
er gern in seine Heimat zurück?

Aber ich mußte weiter mit meiner Ausarbeitung und schob die Gedanken
darüber von mir ab. Kurz darauf klopfte es wieder und herein kam die
Mutter einer Schülerin. "Muß meine Tochter morgen auch zur Schule?"
fragte sie. "Ja,natürlich. Morgen ist der letzte Tag der praktischen
Prüfung,da darf sie nicht fehlen." Aber der ersten Begegnung geden-
kend,fragte ich weiter: "Ist etwas Besonderes passiert,daß Sie so
fragen?" "Nein",wehrte sie ab.Ich hatte nur ein so merkwürdiges Gefühl. Denken Sie,ich könnte noch in die Stadt gehen?" "Ich wüßte
nicht,warum nicht", sagte ich ihr. "Erst vor etwas mehr als einer
Stunde bin ich aus der Stadt gekommen und habe nichts gesehen,was
anders gewesen wäre als sonst." "Nun, dann will ich gehen." --- Und
fort war sie und ließ mich etwas beunruhigt zurück. Sollte ich nicht
doch meinen Mann wecken? Aber er hatte bei seiner anstrengenden Arbeit die Mittagsruhe so nötig und er hatte so müde ausgesehen! --
Ich schaltete den Rundfunk ein,eigentlich ein überflüssiges Beginnen,
sagte ich mir,denn es war ja Sendepause. Aber man kann ja nie wissen
...Es war Trauermusik zu hören, dumpfe,klagende Töne. Nur eben noch
Wartete ich,bis die halbe Stunde überschritten war.Da würde doch wohl
eine Ansage kommen.Als aber auch das nicht geschah,weckte ich meinen
Mann. Er war nicht sonderlich erfreut über diese Störung und fand
mich überängstlich,stand aber auf meine Bitte doch auf und setzte
sich im Bademantel ins Studierzimmer,um weiter auf Ansagen des Rundfunks zu warten,während ich mich ins Badezimmer begab,um ihn dann ab-
zulösen. Noch ehe ich ganz fertig war,schlugen unsere Hunde an und
gebärdeten sich so wild, daß ich eiligst die Tür öffnete,um sie zur
Ruhe zu bringen. Da erst entdeckte ich den Grund ihrer Unruhe:das
ganze Eßzimmer war voll Soldaten und Polizisten,die alle auf meinen
Mann einredeten. Sie wollten ihn so,wie er war, im Bademantel,mitneh-
men,sagten aber keinen Grund. Auf meine Frage antworteten sie auswei-
chend, er solle sich nur eben melden beim Stadtkommandanten. Schließlich glückte es meinem Mann doch noch, die Erlaubnis zum Baden und
zum Ankleiden zu bekommen.Als ich zu ihm ins Schlafzimmer wollte,
um noch ein paar Worte mit ihm reden zu können, verwehrte mir ein
Posten den Eintritt, der mit aufgepflanztem Bajonett den Eingang be-
wachte.Nur winken konnte ich noch eben und dann wurde er abgeführt
und in ein Militärauto geladen. -------

Ich blieb etwas verschlagen zurück. Was hatte das alles zu bedeuten?
Hatte der Krieg in Europa eine andere Wendung genommen? Vergeblich
wartete ich auf eine Extra-Durchsage. ... Wieder kam Besuch, eine
liebe Bekannte,indonesische Chinesin. Sie wollte sich erkundigen,was
mit meinem Mann geschehen sei.Von ihr hörte ich,was ich inzwischen
ahnte, daß zwischen Holland und Deutschland die Feindseligkeiten

- 14 -

ausgebrochen wären.Es gelang mir, sie zu bewegen,bei dem kranken
Jungen zu bleiben, sodaß ich noch eben in die Stadt fahren konnte,
um zu erfahren,wo man meinen Mann hingebracht hatte.Unter dem Vor-
wand,ihm seine Uhr bringen zu wollen,kam ich in seine Nähe.Er wurde
vorgeführt und ich konnte ihm, bewacht von etwa 50 Soldaten mit dem
Bajonett auf dem Gewehr,noch einmal die Hand drücken. "Sorg gut für
unseren Jungen und für meine Arbeit",das waren seine letzten Worte.

Alles,was dann folgte,will ich nicht ausführlich schildern.Bittere
Erfahrungen sollen nicht aufgewühlt werden.Auch im Haß können die
Menschen sich überbieten und sogar die Christen können sich davon so
beherrschen lassen, daß sie jedes Maß für Recht und Unrecht verlier(
Daß man das Hitler-Regime haßte, war selbstverständlich,daß man er-
zürnt war über das grenzenlose Unrecht,das Holland und seinen Bewohnern angetan wurde,ist mehr als verständlich,aber daß man jegliche
Bruderschaft in Christus verneinte,wird mir immer unverständlich bl(
ben. ... Meine Arbeit wurde mir genommen, ich mußte im Haus bleiben
und auf meine Internierung warten. ... Allein, verlassen,verachtet,
besorgt über das Schicksal meines Mannes und unserer drei Kinder in
Deutschland,das war der Zustand,in dem ich lebte.Wie ich alle Schikanen,alle Verdächtigungen und Schähungen überwunden habe, wie ich
der völligen Mittellosigkeit nach Beschlagnahme alles dessen,was mi
einst gehört hatte, die Stirn bieten konnte, darf ich und kann ich
nicht unerwähnt lassen.In der ganzen Zeit wurde mir meine Bibel ein(
Quelle des Trostes.Ich fühlte mich an jedem Tage aufs neue ganz persönlich angesprochen und entdeckte herrliche Trostworte,die mir bei
allem eifrigen Bibellesen in den vergangenen Jahren nie so deutlich
vor die Seele getreten waren wie jetzt. Ich erlebte es täglich,wie
der treue Vater im Himmel wahr macht,was Er verheißt. In einer dunkelen Stunde wurde mir ganz groß,was ich in Jesaja 27,5 fand: Er wi
mich erhalten bei meiner Kraft und wird mir Frieden schaffen; Friede
wird er mir dennoch schaffen. Dieses "Dennoch" hat mich festgehalter

Es fehlte der holländischen Regierung an Internierungslagern für
Frauen und Kinder, so kam es, so kam es,daß unser Haus,eben außerhal
der Stadtgrenze gelegen, Unterschlupf wurde für Viele. Die einzelner
Erlebnisse und Erfahrungen in diesem Zusammensein von völlig verschiedenen Menschen wären schon interessant genug,um festgehalten zu
werden.Für mich war nur das wichtig, daß ich einer so verworrenen
Zeit,die ganz neue Probleme brachte, meinem Herrn keine Schande bereitete.

Aus einer überreichen Arbeit wurde ich in die Stille geführt und es
wurde mir zu einer großen Qual,denken zu müssen, daß Gott mich nicht
mehr gebrauchen könnte. Aber da war ja das "Dennoch",das mir auch di
se Qual nahm. Aufgaben gibt es für jeden und zu jeder Zeit,das mußte
ich lernen. In aller Stille arbeitete ich an Übersetzungen und ver-
faßte auch einige Schriftchen,um dem Mangel an einfacher,christliche
Lektüre abzuhelfen. Es glückte mir, die ersten Druckerzeugnisse meinem Mann ins Internierungslager zu schicken.Seine Antwort darauf war
eine große Ermutigung,fortzufahren und drückten eine große Freude
aus,daß er daraus hatte entnehmen können,daß seine Frau nicht die
Flügel hängen ließ,sondern weiterhin bemüht war, etwas zu tun für di
Sache des Königreiches Gottes.

Die Korrespondenz der Internierten,die in einem großen Internierungslager in Nord-Sumatra untergebracht waren,mit ihren Frauen und Kindern
war beschränkt,aber doch möglich. Hin wie her haben die Postkarten
den Kontakt unterhalten und Freude gemacht.Weil viele Frauen beieinander waren,hatte bald die eine,bald die andere Nachricht und wenn
auch nur 75 Wörter erlaubt waren, so lernten wir es bald,in diese beschränkte Anzahl von Wörtern alles das hineinzulegen,was wir mitzuteilen hatten über Leben und Gesundheit der Kinder und der Erwachsen(

Am 8.Dezember 1941 trat Japan in den Krieg ein.In den ersten Wochen
häufte sich der Empfang von Nachrichten aus Nord-Sumatra,um dann abe(

- 15 -

ganz zum Erliegen zu kommen. Gerüchtweise vernahmen wir etwas vom Abtransport der Internierten nach India. Was hätten wir darum gegeben,
Genaueres zu erfahren! Wir versuchten, Karten zu schicken an die alte
Adresse und meinten, sie würden vielleicht zurückkommen. Wir schickte
ein Telegramm, das angenommen wurde und hofften, die Bestätigung darau
sehen zu können, daß es eben doch nur Gerüchte waren, die uns erreich
hatten. Unruhig waren wir aber trotzdem. ....

Und dann kam der 27. Januar. Wir bekamen Besuch von deutschen Frauen,
die etwas außerhalb wohnten und durch allerlei Beziehungen je und
dann Radionachrichten hörten. In dem großen Kreis, der zusammensaß,
wollten sie nichts erzählen, nahmen mich aber beim Abschied auf Seite
und erzählten mir, daß ein Transportschiff mit Zivilinternierten unte
gegangen sei. Sie baten um Schweigen, aber auch um Aktivität, um zu er
fahren, ob die Gerüchte auf Wahrheit beruhten. Es gelang mir nicht,
etwas Genaues in Erfahrung zu bringen. Am 30. Januar stand es in der
Zeitung. Ich wiederhole nicht, wie es darin beschrieben war. Krieg ver
roht die Menschen, auch die Journalisten. Noch am gleichen Abend zog
ich umher, um alle Frauen, deren Männer interniert waren, nach den zuletzt noch empfangenen Nachrichten zu fragen. So bekam ich eine voll
ständige Liste der Namen aller Deutschen, die aus der näheren Umgebun
interniert worden waren. Es glückte uns, das Auto des Schweizer Konsu
abzufangen und ihn zu bitten, telegraphische Erkundigungen einzuzieh
hen, welche Internierten von unserer Liste mit dem 1. und 2. Transport
in India angekommen seien. Die eintreffende Antwort war hart und
schwer: Mein Mann war nicht dabei ....

Es folgten sehr schwere Tage. Hans-Günther erkrankte an einem schwere
Nervenfieber und lag tagelang apathisch da oder weinte unausgesetzt.
Ich mußte ihn ganz isolieren von allen Hausgenossen, damit vor seinen
Ohren kein unbedachtes Wort gesprochen wurde. Dabei mußte ich ihm ei
ruhiges, frohes Gesicht zeigen, weil er schweren Depressionen zu verfa
len
drohte. In diesen Wochen habe ich oft genug gedacht, daß ich einmal
ganz allein nach Deutschland zurückkehren müsse, aber ich habe in aller Stille gelernt, ja zu sagen zu dem Willen Gottes, was Er auch übe
mich beschlossen haben mochte. Die Aufregungen häuften sich. Als der
Kranke zum erstenmal aufstehen durfte, um am gemeinsamen Frühstück
teilzunehmen, führte ich ihn an das Gartentor. Da konnte er sich fes
halten, weil er fast nicht mehr laufen konnte. Und genau in dem Auger
blick erlebten wir das erste und das einzige Bombardement in Sukabumi. Er sah das japanische Flugzeuggeschwader herankommen, Silbervögel
in der Sonne funkelnd und sah die herabfallenden Bomben. In seiner
Angst wollte er weglaufen, aber die Füße trugen ihn nicht. Er schlug
hin und ich mußte ihn ins Bett tragen. Alle Unruhe, die nun folgte, en
ging ihm und mußte auch bewußt vom ihm ferngehalten werden, denn ein
Rückfall, so hatte der Arzt gesagt, würde ihn für den Rest seines Lebens schädigen können. ... Während er in seinem Schlafzimmer an der
Hinterseite des Hauses schlummerte, beobachteten wir mit großer Sorge die Bemühungen des holländischen Militärs, die Stadt Sukabumi zu
verteidigen. Soldaten versteckten sich, reichlich mit Handgranaten
ausgerüstet, im Hügelgelände, unserem Haus gegenüber. Kanonen wurden
aufgefahren und bald war nichts mehr zu hören als der schwere Schri
der sich ablösenden Wachen. Voll Schrecken entsteckten wir, daß das
ganze Dorf hinter unserem Garten geräumt worden war. Wir waren allei
zwischen den Soldaten, ängstliche Mütter mit zusammen 10 Kindern.
Man erwartete den Einzug der Japaner und würde sie in jedem Fall da
an hindern, in die Stadt einzuziehen. Im Notfall würde man die große
Brücke, 150 m von unserem Haus entfernt, sprengen. Die Dynamitladung
war bereits in dem Mauerwerk befestigt. Was sollte doch nur aus uns
werden? Jeder Schuß der heranrückenden Japaner würde unser Haus tre
fen. Wir hatten keinen scherbensicheren Unterschlupf. ...Schließlic
wagte ich eine Bitte an den Kommandanten, als er sich ganz in der Nä
he des Gartentores befand, sich doch unserer anzunehmen, da wir gänz
lich ohne Schutz seien. Er lachte nur und sagte, wir sollten doch
fortlaufen, wenn wir uns unsicher fühlten. Auf meinen Einwand, meinte,

- 16 -

daß man ja doch deutsche Frauen und Kinder nirgendwo freiwillig aufnehmen würde, lachte er nur und sagte:"Ja, ja, das ist das Risiko des
Krieges," und damit ließ er mich stehen. ..Es ist gut, auf den Herrn
zu schauen und nicht sich verlassen auf Menschen! ......

Auch diese Not ging vorüber. Die Japaner kamen nicht, die Holländer rüc
ten ab, uns unserem Schicksal überlassend.

Die nächsten Tage brachten viel Unruhe. Zurückströmende holländische
Soldaten, die ihre Waffen und ihre Uniformen wegwarfen, um nach Hause
zu gehen und als Zivilisten weiterzuleben, verstärkten den Eindruck
einer ganz allgemeinen Unordnung. Niemand wußte, an wen er sich zu wen
den habe. Wer war der Herr im Lande, wer war die Autorität in der Stad
An einem frühen Morgen trieb es mich hinaus. Ein ungewisses Gefühl von
Unsicherheit war in mir und ich wollte, ehe die Hausgenossen etwas davon merkten, allein sein, um die Lage zu erforschen. Da sah ich auf
etwa 200 m Abstand eine Räuberbande herankommen. Noch waren sie damit
beschäftigt, einen kleinen Verkaufsstand zu plündern. Gleich würden
sie näherkommen, und dann ging's über uns her. Sollte ich die andern
vorbereiten? ..... Ich entschloß mich, allein der Gefahr entgegenzu-
sehen. ...... Mein Auge auf die wilde Bande gerichtet, bemerkte ich
erst im letzten Augenblick, daß eine alte Frau aus dem Dorf nahe heran
gekommen war. Ich kannte sie schon lange, aber die schüchterne Alte
hatte noch nie ein Wort mit mir gesprochen, allenfalls einmal herüber
gelächelt, wenn ich an ihrem Hause vorbei kam. Nun kam sie auf mich zu
ergriff meine beiden Hände und drückte sie ganz fest, als wollte sie
sie nicht wieder loslassen. Sie gab mit viel Worten ihrer Freude Ausdruck, daß ich noch gesund sei. Und während sie auf mich einredete und
mir erzählte, daß sie mit all ihren Leuten bis jetzt im Urwald sich
versteckt gehalten und nun zurückgekehrt sei, kamen auch die anderen
Dorfbewohner herzu und bildeten einen großen Kreis um mich. Es war
eine Freundschaft, eine Schicksalsgemeinschaft, die sich da vor dem Gartentor zusammenfand und an der anderen Seite der Straße zog die wilde
Bande der Plünderer vorbei. Es gibt auch heute noch Wunder der Be-
wahrung! ....

Dann zogen die Japaner ein. Sie waren uns fremder als die Indonesier
und nur sehr schwer war eine Verständigung mit ihnen möglich. Die
Angst hörte nicht auf. Dazu war die Wirtschaftslage so verworren. Es
gab nichts zu kaufen. Das holländische Geld wurde außer Kurs gesetzt
und das neue Geld war noch nicht da. Wir waren miteinander 17 Personen und Vorräte waren nicht da. Schmalhans war Küchenmeister bei uns.
Wenn in den Tagen meine chinesischen Freunde nicht geholfen hätten,
wie hätten wir's dann wohl aushalten sollen! Es war für sie sehr gefährlich, aber sie fanden in ihrer Treue immer neue Wege, uns das eine
oder andere zukommen zu lassen. Langsam normalisierte sich das Leben
wieder. Das Schutzlager für deutsche Frauen und Kinder, das auf etwa
12 km Abstand von uns bestanden hatte, öffnete sich. Viele deutsche
Frauen kamen in unser Städtchen. Unter ihnen befand sich auch eine
liebe Doktorsfrau von der Rheinischen Mission, mit der mich bald eine
herzliche Freundschaft verband. Auf die Dauer wurde ihr Mann, der
schwerkranke Arzt, aus dem Krankenhaus der Hauptstadt entlassen und
kam ebenfalls nach Sukabumi. Er sehnte sich nach einem eigenen Heim
und als in den Tagen das Nachbarhaus unerwartet frei wurde, konnte
die Doktorsfamilie dort einziehen. Wir empfanden es als eine besondere Freundlichkeit Gottes, daß wir inmitten aller Unruhe und aller Nöte nebeneinander wohnen und einander trösten und helfen konnten.

Aber auch diese Zeit fand ein plötzliches Ende. Die Japaner beschlossen, alle deutschen Kinder zu konzentrieren und eine deutsche Schule
für sie zu eröffnen in dem ehemaligen holländischen Luftkurort Sarangan in der Residenz Madiun. Die Regelungen wurden schnell getroffen.
Viel Zeit zum Überlegen blieb nicht. Für mich galt es, Abschied zu nehmen von dem Ort, an dem ich 12 1/2 Jahre gelebt und gearbeitet hatte,
wo die Erinnerung an das frohe und reiche Familienleben mich nicht
losließen. Eine Nachtfahrt mit der Eisenbahn brachte uns nach Madiun.

- 17 -

Von dort ging es mit Autobussen weiter nach Ngerong.Wir sahen uns plötzlich vor hohen,steilen Bergen und der Aufstieg sollte zu Fuß unternommen werden. Die Gemütsbewegung beim Abschied von Sukabumi,das mir so ganz zur Heimat geworden war, die anstrengende Bahnfahrt und die Unsicherheit der Zukunft griffen mir auf einmal ans Herz:ich konnte nicht weiter. Erst nachdem ich in einem Haus am Wege eine Zeitlang gelegen hatte,trug man mich in einer Sänfte den Berg hinauf. Der Quartiermacher,ein ehemaliger deutscher Unteroffizier mit typischen Unteroffiziersmanieren,drückte mir den Quartierzettel in die Hand:Hotel Hakone,das offizielle,japanische Hotel. Sollten wir uns darüber freuen? Ehe wir wußten,wie uns geschah,wurde uns deutlich gemacht,daß wir den hinteren Eingang zu benutzen hätten, den Eingang für Dienstpersonal. Unser "Hotelzimmer" lag in den Nebengebäuden,je ein kleines Schlafzimmer für mich und meinen Sohn und für eine andere deutsche Mutter mit einem fast erwachsenen Sohn,dazu ein ganz kleines,gemeinsames Wohnzimmerchen. Unser Essen hatten wir einzunehmen in dem ehemaligen Kinderzimmer des Hotels.Den Speisesaal durften wir nicht betreten und den Haupteingang nicht benutzen. Unser Nationalgefühl und unsere Hochachtung vor den Verbündeten erlitten einen empfindlichen Stoß. Aber was nützte es,sich dagegen zu wehren? Wir verzichteten auf das Essen und legten uns schlafen.

Mit dem Verschwinden der körperlichen Übermüdung kehrten die Lebensgeister zurück. Hier also sollte eine deutsche Schule entstehen,in der etwa 200 Kinder unterrichtet und fürs Leben ertüchtigt werden sollten. Aber wo mochten in dem kleinen Ort die dafür benötigten Gebäude wohl sein? Wir machten uns auf,um die "Schule" zu suchen,die,so hatte man uns gesagt,bereit stünde mit einer vollständigung Ausrüstung. Wir entdeckten beim ersten Rundgang nichts,aber ein Schuppen war uns aufgefallen und als wir uns befragten, merkten wir mit Schrecken, daß dieser Schuppen "Schule" sein sollte.

Nicht leicht werde ich den ersten Eindruck vergessen, den ich von der großen Schar der deutschen Kinder bekam, die dort in Sarangan unserer Fürsorge anvertraut wurden. Alle die frischen,blonden Kinder mit den strahlenden blauen Augen,mit langen,blonden Zöpfen und mit ihren bunten Kleidern stehen mir heute noch so lebendig vor Augen,daß es mir gleich eine herrliche Aufgabe schien, ihnen Unterricht zu geben. Aber wie sollten sie nur eingestuft werden in ein richtiges Schulsystem? Scherzweise pflegten wir damals zu sagen, wir hätten 200 Klassen nötig für jedes Kind eine, denn keine zwei von ihnen hatten die gleiche Vorbildung.Schließlich wurden die Kenntnisse im Rechnen der Maßstab und nicht die der deutschen Sprache. Einigermaßen mußte auch das Alter mit in Erwägung gezogen werden. So kamen wir zu einer zehnklassigen Schule Es war ein erbärmliches Notgebäude mit ganz roh gezimmerten,schlechten Schulbänken,fast gesundheitswidrig. Es fehlte an allem,was für einen Schulbetrieb nötig ist. Weder Wandtafeln noch Kreide, weder Schreibhefte noch Tinte und Federn,weder Lesebücher noch Lehrbücher anderer Art waren vorhanden. Wer will alles aufzählen,was nicht da war! Aber was vorhanden war,war ein großes Kapital an Einsatzbereitschaft der Lehrkräfte,fast alle nicht diplomiert, nur wenige mit Unterrichtserfahrung aber alle voll guten Willens,den Kindern,die unter den Folgen der Internierung soviel gelitten hatten, eine fröhliche Schulzeit zu vermitteln. Drei Monate lang war uns die Möglichkeit gegeben, von der holländischen Sprache ausgehend,Deutsch zu unterrichten.Dann erst konnte der reguläre Unterricht anfangen. Die Lehrer bereiteten sich vor aus eigenen Lehrbüchern und schrieben die Lektionen an die inzwischen beschafften Wandtafeln,die Schüler schrieben,sobald Hefte vorhanden waren,alle ab und benutzten die Niederschriften als Lehrbücher.Kompliziert waren die japanischen Forderungen:6 Wochenstunden Japanisch in allen Klassen einschließlich des ersten Schuljahres, 3 Wochenstunden Indonesisch, kein Englisch oder Holländisch,Französisch durfte im Grunde auch nicht auf dem Lehrplan stehen,aber es gelang uns, wenigstens diese eine europäische Sprache in unseren Unterricht einzubauen.Dazu nahmen wir Latein auf für alle die Schüler,die in deutscher Grammatik gut abschnitten.

Physik und Chemie konnten nur sehr dürftig unterrichtet werden, weil jegliches Material fehlte. Für die Schulneulinge wurden die Fibeln selbst hergestellt mit schönen, bunten Bildern und Zeichnungen. Der Sportunterricht war eine Glanznummer, da wir sehr fähige Kräfte dafür zur Verfügung hatten. Es hat den Tropenkindern so gut getan, daß sie ihre Muskeln stählen konnten in Sport und Spiel.

Alle Unterrichtstätigkeit war gemeinsame Aufgabe. In regelmäßigen Kon ferenzen wurde alles besprochen und immer stand das Interesse der Ki der obenan. Sie würden ja alle einmal nach Deutschland zurückkehren und irgendwie eingeschult werden in die deutschen Schulsysteme. Da mußten wir uns hüten vor Selbstzufriedenheit. Wir strebten danach, das zu erreichen, was in deutschen Schulen Selbstverständlichkeit war, z.B fürs Turnen fertigten wir selbst einen Barren, später kamen Ringe daz Mußte ich zu einer japanischen Behörde in der Hauptstadt, so war es eine natürliche Aufgabe, für unsere Leichtathletik Material mitzubrin gen. Aber alle Bitten um Landkarten verhallten vor tauben Ohren. Wede Atlanten noch größere Karten von Deutschland haben wir je bekommen können. Das lag wohl daran, daß die Japaner ein krankhaftes Mißtrauen hatten und immer Spionage fürchteten. Wie sollten die Kinder die ih nen so fremde deutsche Heimat kennenlernen, wenn ihnen nur theoretisc etwas von Rhein und Ruhr, von Nord-und Ostsee, von Bayern, Württemberg und Baden erzählt wurde? Als alle Bitten nichts fruchteten, haben wi auch da wieder zur Selbsthilfe greifen müssen: eine alte Zeitung hat te eine Zeichnung vom europäischen Kriegsschauplatz gebracht und die se Zeichnung wurde vergrößert und vervollständigt und ergab die Land karte von Deutschland. Die Schüler haben es nicht gemerkt, daß alles so schwierig war. Sie wurden zu fleißigem Lernen erzogen und die Müt ter waren schon lange froh, daß ihren Kindern weitergeholfen wurde.

Es war ein frohes Leben in Sarangan. Der große See bot eine Fülle vo Möglichkeiten. Alle Kinder lernten schwimmen und durften nur dann ru dern oder paddeln, wenn sie sich freigeschwommen hatten. Die große Insel in der Mitte lockte zum ernsten Spiel: der Raub der Sabinerinne konnte herrlich aufgeführt werden, die geraubte Königstochter, Befrei ung der verbannten Prinzessin usw. Waghalsige Spiele wurden mit den Kanus gemacht. Ein leckes Bötchen wurde als Unterseeboot versenkt und dann durch geschickte Taucher wieder an die Oberfläche gebracht, Kopf sprünge gab es von einem dürren Baum am Inselrand. Und dann die Berg partien! Der Lawu war ja so wunderbar zu besteigen! Nachtwanderungen mit der Stormking-Laterne auf den 3 200 m hohen Gipfel und das Blin ken von oben herab mit dem kleinen Spiegel, das später von den Japa nern verboten wurde. die Tagestouren auf den Siduramping, dem spitzen Kegel mit dem steilen Abstieg, der so in die Waden ging. Ach, diese friedliche, harmonische Welt, in der wir leben durften, während unser Heimatland Deutschland die schweren Bombenangriffe zu durchstehen hatte! Wer würde dieses Gebiet nicht lieben bis an sein Ende!

Es gab auch einen Tag ganz tiefer Trauer. Völlig unerwartet verstarb innerhalb einiger Tage eine liebe Schülerin der höchsten Klasse. Eine toxische Diphterie setzte ihrem jungen Leben ein jähes Ende. Es war an einem Adventsmorgen, als mich die Nachricht erreichte und unglaub lich wollte mirs scheinen. Ich eilte zu der Mutter, die völlig gebro chen war von dem großen Schmerz. Aber dann galt es zu handeln. Der Leiter der deutschen Gemeinschaft war krank, da mußte ich als Vertre terin alle Gänge machen und alle Entscheidungen treffen, die in ei nem solchen Ernstfall nötig sind. Wie und wo sollte die liebe Mädi beerdigt werden? Der Friedhof für Europäer war sehr weit, ohne Trans portmittel unerreichbar. Auf Wunsch der Mutter sollte in der Nähe ein kleines Fleckchen am Wald gesucht werden. Aber dazu war die Erlaul nis der japanischen Besatzungsmacht und die der indonesischen Behör den nötig. Nun war's aber Sonntag! Japaner waren weit und breit nich zu erreichen und der Dorfhäuptling von Sarangan war abwesend. Nach vielem Hin und Her erklärte sich sein Stellvertreter bereit, mit mir durch den Wald zu gehen und mir ein Fleckchen Erde zu zeigen, daß evt. dafür infrage käme. Es war von den Holländern, die vor uns in Sarangen

- 19 -

gelebt hatten,erworben und als Friedhof gedacht gewesen,aber nicht
benutzt worden. Eine gute halbe Stunde ging es durch den Wald bis
zu dem Platz, der als geeignet dafür angewiesen wurde. Wahrlich,ein
wunderbares Fleckchen Erde,von allen Seiten umgeben von dichtem Wal
tiefem Hochwald und doch frei gelegen und gut anzubauen. Es wurde
jemand gesucht,der bereit war,dort das Grab auszuheben und alles be
reitzumachen für die Beerdigung am nächsten Morgen. Nun galt es,für
den Sarg zu sorgen. Bis hin zur Residenzstadt Madium gab es keinen
Schreiner,der einen Sarg in Vorrat gehabt hätte, es gab aber auch
keinen einzigen,der trockenes Holz bereit hatte.Stunden waren vergangen,kostbare Stunden und nichts war erreicht. Schließlich fiel
mir ein,daß ich das schwere,feste Holz, das ich für die Anfertigung
neuer Schulbänke gekauft hatte,dafür hergeben konnte. Es wurde ein
Schreiner gesucht und gefunden und unter dem Versprechen,daß die
ältesten Schüler mithelfen würden, versprach er die Fertigstellung
des Sarges bis zur frühen Morgenstunde des nächsten Tages.Aber dann
waren keine Nägel und Schrauben aufzutreiben. Die ganze deutsche Ge
meinschaft mußte Koffer und Kisten durchsuchen und jeden Nagel und
jede Schraube bereitstellen,die sich finden ließen. Für die Innenbe-
kleidung des Sarges wurden Bettücher gestiftet.Während der Zeit gin
gen alle Schülerinnen an die Arbeit,eine große Decke zu flechten
von Blättern und jungen Zweigen und sie zu bestecken mit tausenden
von Blumen,als letzten Liebesdienst. Bis in die Nacht hinein wurde
gearbeitet und als der Morgen dämmerte,schritt ich durch den Wald,
um mich zu überzeugen,ob alles in Ordnung sei. In der Nacht hatte
es tüchtig geregnet.An einer Stelle hatten die Wassermassen einen
Erdrutsch verursacht und den Weg unpassierbar gemacht.Schnell mußten Arbeiter gesucht werden,die den Weg frei schaufelten. Kurz vor
dem Eingang zu dem kleinen Friedhof war mit Hilfe eines schweren
Brettes eine kleine Brücke gemacht worden.Aber,o weh, dieses Brett
war in der Nacht gestohlen worden und jetzt würden bald die Trauer-
gäste kommen! Schnell noch einmal zum Schuldiener hin und ihn bitten,ein neues Brett herbeizuschaffen und zu bewachen,bis die Beerdigung vorbei war. *über das tief ausgewaschene Bett eines Gebirgsbaches.*

Unvergeßlich wird mir der Trauerzug bleiben! Die ganze deutsche Gemeinschaft folgte dem Sarg.Fast 200 Schulkinder in ihren bunten und
weißen luftigen Kleidern machten den Eindruck eines frohen Festzuge
Der Waldboden war bedeckt mit welken,sterbenden Blättern.In den gro
ßen Kurven,durch die der 1/2 stündige Weg zum Friedhof führte,er-
schien immer wieder das frohe, bunte Bild neben der düsteren
Trauer des Waldes. Trostvoll erklang in der Ansprache die Hoffnung:
Wenn die Posaune schallt am Jüngsten Tage,werden die Toten in Chri-
sto auferstehen ...Die Kinder sangen der Kameradin das Lied: So nim
denn meine Hände ... Du führst mich doch zum Ziele,auch durch die
Nacht..... Ganz still sind wir heimgegangen. Tod und Leben waren
uns Wirklichkeiten geworden,Auferstehen eine gewisse Hoffnung. ....

Unsere Weihnachtsfeiern waren schön,für alle eine große Freude.Alle
wirkten mit. In jedem Jahr wurde die Feier anders gestaltet,um immer neue Freude zu bereiten.Die Wochen vergingen so schnell,daß wir
kaum fertig wurden mit allen Vorbereitungen,aber hinterher wirkte
die Freude noch lange nach.

Dann kam der Tag, an dem ein großer Teil der Kinder Abschied nahm.
Die Väter,die in Indien gewesen waren,hatten inzwischen die Heimat
erreicht und erbaten nun über das Rote Kreuz die Heimkehr ihrer
Frauen und Kinder. Wir haben ihnen von unserer Höhe herab das Geleit gegeben, da die Transport-Autos nicht den Berg hinaufkommen
konnten.

Schwer traf uns der Tag der deutschen Kapitulation und einige Monate später die japanische Kapitulation. Es ging uns wirtschaftlich
sehr schlecht.Wir bekamen keine Unterstützung mehr von Deutschland
und mußten nur vom Tausch leben. Da wir schon sehr lange keine Anschaffungen mehr hatten machen können, war bei manch einem auch das

- 20 -

Tauschen problematisch geworden,weil sie eben nichts mehr besaßen.
Aber einer half dem anderen. So ging es von Tag zu Tag weiter,bis
schließlich der Tag kam, an dem wir die indonesische Regierung bitten
mußten, uns zu helfen. Unsere Frage war, ob man uns evakuieren könne
oder uns unterstützen. Beides wurde abgelehnt, das erstere,weil es
an Transportmitteln fehlte und man uns auch nicht gerne in die Hände
der Holländer geben wollte, die überall in den Städten die Herrschaft
in der Hand hatten, und das zweite darum, weil viele Hunderte von Indonesiern täglich hungers starben. Aber man machte uns das Angebot,
im Dienst der Regierung zu arbeiten. Die hängenden Fragen waren bald
gelöst. In unsere Einsamkeit hinein legte man Kurse für junge Indonesier, die in ihrem Studium steckengeblieben waren,als nach der holländischen Kapitulation alle Schulen geschlossen wurden. Nun durften wir
sie unterrichten und ihnen weiterhelfen. Ein ganz neues Leben begann
für uns alle.Die deutsche Schule wurde der Mittelpunkt dieser Ausbil-
dungskurse.Man konnte sich teilen in den Gebrauch der großen Räume,
konnte aushelfen mit Sportgeräten und konnte sich schließlich auch
über den Stundenplan einigen, denn die deutschen Kinder mußten ja weiter unterrichtet werden.

Anfang März 1947 kam der Tag, an dem der größte Teil der deutschen
Kinder Abschied nahm von Sarangan. Die Väter, die in India gewesen waren, hatten inzwischen die Heimat erreicht und erbaten nun über das
Rote Kreuz die Heimkehr ihrer Frauen und Kinder. Es war schmerzlich,
daß wir nicht alle miteinander gehen konnten, aber die Einreiseerlaub-
nis in Deutschland war abhängig von den Besatzungsbehörden der verschiedenen Zonen und wurde nicht allgemein erteilt. Die Zurückbleiben-
den gingen in großem Zuge mit bis nach Ngerong, wo die Transportautos
die nicht bis in die Berge hinauf kommen konnten, auf die Abreisenden
warteten. Es war uns schwer ums Herz.Wann würde ich meine Kinder,wann
Hans-Günther seine Geschwister sehen! Wie lange sollten wir noch bleiben,wir,die keinen Vater oder keinen Mann mehr vorfanden, der die Zuzugsgenehmigung für uns erwirken konnte?

Die deutsche Schule war nun ganz klein geworden,aber die Aufgabe wurde nicht leichter, da alle Klassen vertreten waren und alle zurück-
bleibenden Kinder gefördert werden mußten. Eine sehr gute Zusammenarbeit mit den indonesischen Leitern der Ausbildungskurse hat es uns
möglich gemacht, die doppelte Aufgabe zu erfüllen:unseren Dienst an
den indonesischen Schülern und den an den deutschen Kindern. Es war
ein ganz neues Miteinander, als ein großer Teil unserer Zeit und Kraft
den Indonesiern gehörte, die so lernbegierig und so fleißig bemüht waren, den Unterrichtsstoff zu bewältigen. Deutsch und Englisch waren
die Hauptfächer,aber auch sportlich wurde viel geleistet.Es gab reichlich Gelegenheit zu Konversation und aus dem Lernen entstanden Freundschaften.

In diese Zeit hinein fielen die sehr interessanten Begegnungen mit Ver
tretern der indonesischen Regierung. Aus der überfüllten Stadt Djokjakarta heraus kamen die Regierungsvertreter, an ihrer Spitze der Präsident der Republik Indonesia,Dr.Sukarna, zum Wochenendaufenthalt nach
Sarangan. Wie manches Mal wurden wir eingeladen! Wir wurden behandelt
wie geschätzte Gäste und haben uns im Kreis der Indonesier immer sehr
wohl gefühlt.

Eine "goodwill mission" von Ost-Indonesiern erlebten wir und es war
für mich eine besondere Freude, einem holländischen Pfarrer zu begegnen, der mich von meinen kleinen Schriften her kannte und mich ermun-
terte, weiter solche einfache Lektüre für die indonesischen Christen
zu verfassen. Auch den Besuch der Kommission vom Weltsicherheitsrat
erlebten wir dort. Nicht so ganz geheuer war uns dabei, denn es waren
Amerikaner, Belgier und Australier,die mit der indonesischen Regierung
verhandeln wollten. Sicherheitshalber bat ich alle Schulkinder, in den
Nachmittagsstunden ihr Hotel oder ihre Häuser nicht zu verlassen.Ich
fürchtete, daß sie unangenehm auffallen könnten,da wir die Kinder von
allen politischen Überlegungen ferngehalten hatten. Als ich die Kinder
alle sicher zu Hause wußte und in mein Haus zurückkehrte,fand ich

- 21 -

eine Einladung vor, für mich persönlich zum Diner, für die größeren
Kinder zum gemütlichen Abend, mit der Bitte, zu der Gestaltung des
Abends beizutragen. Das wollten wir uns nicht zweimal sagen lassen.
Die Jungen traten an in ihrer Sportkleidung, kamen radschlagend an
den Gästen vorbei und bauten dann eine elegante Riege auf. Die Mädchen erschienen in Dirndelkleidern mit Gitarren, die flatternde Bänder trugen und sagen dazu deutsche Meimatlieder. Es wurde ein denkwürdiger Abend für uns. Da stand in der ganzen Welt Deutschland in
Mißkredit und hier durften Deutsche als gleichwertige Gäste sich mi
freuen an der Gemeinsamkeit der Nationen.

Eine andere Begebenheit aus der Zeit darf nicht unerwähnt bleiben.
Es wurde ein Internat eingeweiht und eine kleine Gruppe von Lehrern
die an der Ausbildung der Indonesier mitwirkten, war zu Gast gelade
Nach Abschluß der Feier erklang die indonesische Nationalhymne und
dann wurden wir ... wir trauten unseren Ohren nicht .... aufgefordert, die deutsche Nationalhymne zu singen. Manchmal haben wir im Au
land das Deutschlandlied mit bewegtem Herzen gesungen, aber will man
das mir verdenken, daß mir diesmal während des Singens die Tränen
über die Wangen liefen? ..... Die deutsche Gemeinschaft, die unser
Singen hörte, hat an eine Halluzination geglaubtWann hatten wir wohl
zuletzt das Deutschlandlied gesungen! .....

Auf einem anderen Empfang des Präsidenten saß ich einem batakschen
Herrn gegenüber und kam mit ihm ins Gespräch. Er kannte mich dem Namen nach als die Frau des Übersetzers des Indonesischen Neuen Testamentes. So konnte ich mich bei ihm erkundigen nach dem Herrn, der die
Manuskripte der Bibelübersetzung bei der Internierung des niederländischen Missionskonsuls an sich genommen hatte.

Es war einige Wochen später an einem Sonntagmittag. Der Vizepräsident Hatta wurde im Hotel erwartet, aber es war nicht üblich, daß er
Empfänge gab, darum war ich erstaunt, daß sein Adjutant an meine Türe
klopfte. Er übergab mir ein Päckchen mit den besten Empfehlungen de
Herrn Vizepräsidenten. Ich nahm es verwundert, aber sehr dankbar an
und packte aus: je eine Abschrift des von meinem Mann übersetzten
Pentateuch, der Sprüche und des Buches Josua. Ich konnte meinen Tränen nicht wehren. Mit meinem Mann hatte ich damals alle die Blätter
zusammengeschnürt. Nun lagen sie in meiner Hand, ein Gruß aus verga
gener Zeit und eine Erinnerung an gemeinsame Arbeit. Wie wunderbar
kann Gott helfen und Seine Kinder erfreuen! ... Diese Dokumente hab
ich gehütet wie einen Schatz, habe sie als meinen wertvollsten Besit
mit auf die Flucht genommen und im Jahre 1949, nachdem ich sie mehrmals abgeschrieben hatte, selbst nach Holland zurückgebracht und bei
der Bibelgesellschaft abgeliefert. ......

Bei allen Empfängen und Festlichkeiten hat es großen Eindruck auf
mich gemacht, daß alles so natürlich und so sauber zuging. Es wurde
nie getrunken und darum war es auch für eine Frau jederzeit möglich,
sich frei zu bewegen. Die Gemütlichkeit wurde dadurch erhöht, daß je
der irgendwie beitrug durch Singen, Erzählen, Spielen oder Tanzen. Ich
sah da zum erstenmal den "tari piring" (Teller- oder Lichtertanz) un
den "tari sapu tangan" (Taschentuch-Tanz) und erfuhr, mit welcher
Anspruchslosigkeit gesungen und gespielt wird. Nicht die Person trat
in den Vordergrund. Es ging darum, Freude zu machen und zur Unterhaltung beizutragen.

Aber auch diese Periode ging zu Ende. Schon in den letzten Monaten
von 1947 gab es allerlei Unruhe, die sich in den ersten Monaten von
1948 steigerten. Man war in dem Land, wo man ruhig bei unverschlos-
senen Türen schlafen konnte, auf einmal nicht mehr sicher. Es kam
hier und da zu Einbruchsdiebstählen, zu Beraubung auf den einsamen
Waldwegen. Dabei war es deutlich, daß es nicht so sehr um große Werte
ging, als um eine dauernde Beängstigung der Bevölkerung. Auch bei mir
wurde eingebrochen. Eines Morgens stand die Köchin an meinem Bett und
weckte mich, erstaunt, daß alles offen war, während ich in einem tiefen
schweren Schlafe lag. Das ganze Wohnzimmer war ausgeräumt, soweit es

- 22 -

Stoffe betraf:die Gardinen von den Fenstern,die Decken von den Tisch die Bezüge der Stuhlkissen und der Matratze aus dem Nebenraum waren verschwunden, dazu meine Schultasche mit allen Büchern und alle Schulschlüssel. Als die Schulkinder erschienen,mußten die Türen erbroche werden,sonst hätte der Unterricht nicht beginnen können. Die Schulbücher fanden wir nachher im Wald zurück,aber die Ledertasche und die Schlüssel waren und blieben verschwunden. Die Polizei kam und untersuchte alles,war aber merkwürdig befangen und schob die Schuld immer wieder auf mich mit der Behauptung, daß ich ganz einfach das Fenster nicht fest verschlossen hätte. Nach Monaten entdeckte man etwas von den Stoffen der Stuhlkissen,zu Kinderjäckchen verarbeitet aber ein Täter wurde nicht gefunden. Dann kam das merkwürdige Erleben in unserem Krankenhaus,in dem ich der Schwester etwas half,nach dem unser Arzt wegen Krankheit weggemußt hatte. Es kam ein Schwerkranker auf einem Pferd, mehr hängend als sitzend,geführt von zwei Dorfgenossen.Er hatte hohes Fieber und machte einen sehr geschwächten Eindruck,anscheinend litt er an einer schweren Lungenentzündung Sollten wir ihn aufnehmen? Platz hatten wir nicht und die Behandlung eines so Schwerkranken ohne Arzt konnten wir nicht wagen.Was würde geschehen,wenn der Mann sterben würde in einer so unruhigen Zeit? Andererseits war die Gefahr groß,daß er bei Verweigerung der Aufnahme unterwegs sterben würde.So war das kleinere Übel wohl die Aufnahme.Weil aber in dem kleinen Krankenhaus kein Platz mehr war, ...sogar die Bahre war schon mit einem Schwerkranken belegt .... wurde ein Lager hergerichtet in dem Nachbarhaus,etwas tiefer gelegen. Von den beiden Begleitern wurde einer nach Hause geschickt,um in seinem Dorf Bescheid zu sagen und der andere wurde zum Bleiben verpflichtet,damit der Kranke in dem sonst leeren Haus nicht allein sei. Im Notfall konnte der Dorfgenosse die Schwester rufen. Es war gegen 10 Uhr abends,als die Schwester auf einen dringenden Ruf herbeikam. Der Kranke war außerordentlich unruhig,bäumte sich auf und schrie immer wieder,er müsse um 10 Uhr bei dem Häuptling sein. Ein Stück Papier hielt er krampfhaft in der Hand. Plötzlich sprang er auf und riß mit fast übermenschlicher Kraft den Vorhang vom Fenster rollte ihn zusammen,nahm ihn unter den Arm und fiel ermattet aufs Bett.Die Schwester eilte wieder nach oben,um eine Spritze zu holen und den Kranken zu beruhigen. Als sie zurückkam, hatte er neue Kraft gesammelt, bäumte sich wieder auf und riß unter sich das Bettuch fort und machte es damit genau so wie mit dem Vorhang. Die Schwester konnte ihm den Zettel entwinden mit dem Versprechen, sie würde dem Häuptling Nachricht schicken, daß er zu krank sei, um sich an die Absprache halten zu können, um 10 Uhr zu erscheinen. Dann gab sie ihm eine Injektion und er schlief bald ein. Wieder in ihrem Zimmer angekommen, sah sie sich den Zettel genau an. Es war eine Liste von vorzunehmenden Einbrüchen, genau beschrieben nach Zeit und Ort des Überfalles. Anstelle des Häuptlings wurde der Militärkommandant benachrichtigt,weil die Polizei zu unsicher war.Die deutsche Gemeinschaft schritt zur Selbsthilfe.Alle größeren Jungen und anwesenden Männer hielten abwechselnd Nachtwache und vereinbarten einen Notruf um sofort die anderen zur Hilfe herbeiholen zu können. Dadurch wurden weitere Überfälle bei Deutschen vermieden.

Dann kam der merkwürdige Tag,der 19.September 1948. Es war ein Sonntag und der Gottesdienst, der seit einiger Zeit in indonesischer Sprache gehalten wurde, sollte beginnen.Ein paar Christen aus dem tiefer gelegenen Dorf waren ständige Besucher.Warum kamen sie nur nicht? Sie hatten sich doch so darauf gefreut,unter Gottes Wort zusammenkommen zu können! Die Köchin ging schnell in das Haus, in dem sie sich meist versammelten, um gemeinsam mein Haus zu betreten, in dem der Gottesdienst stattfand.Da hörte sie merkwürdige Gerüchte: der Weg nach Plaosan sei abgeschnitten und unsicher gemacht von Kommunisten,die sich auf einen Überfall rüsteten. Wir konnten es nicht fassen! Woher sollten die Kommunisten auf einmal kommen? Der nächste Tag verlief still,aber in banger Spannung.

- 23 -

In der Frühe des anderen Morgens klopfte die Köchin an mein Fenster
"Schnell,schnell, lassen Sie mich herein! Es passiert etwas Furchtbares!" Ich sprang aus dem Bett und eilte zur Türe,um die Rufende
hereinzulassen. Sie war völlig verstört und hatte zunächst keine Ze
mir etwas zu berichten.Alles,was sie finden konnte,stellte sie vor
die fest verschlossene Tür und dann erzählte sie mit bebender Stimme, daß Tausende von Menschen auf dem Wege wären zu uns,um uns zu
überfallen und zu plündern. Das ganze Dorf sei bereits in den Urwal
geflohen.Man habe sie allein zurückgelassen, da sie nicht aus dem
Dorf stamme,sondern nur Wohnrecht dort habe.

Bald begann ein Toben und Schreien. Von der Höhe herab hörte man da
Klirren zerbrechenden Glases, dumpfe Schläge auf Blech und wilde
Kriegsrufe. Dann war auf einmal alles still. Wir wagten uns nicht
hinaus,aber als wir lange nichts hörten,mußten wir uns doch orienti
ren über das, was sich zugetragen hatte. Der Dorfhäuptling, der die
wilde Bande herbeigerufen hatte, war selbst erschrocken vor der
Wucht ihrer Zerstörungswut. Nun hatte er sie eingeladen,mit ihm na
Plaosan zu gehen zu einem "selamatan" (religiöse Mahlzeit).Das hatten sie sich nicht zweimal sagen lassen, aber wir waren dadurch aus
einer großen Gefahr errettet. Manches war inzwischen wohl zerstört
worden, aber der Schaden war nicht unüberbrückbar.Nur galt es zu be
denken, daß es sich um einen Aufschub, nicht um das Ende einer Akti
on handelte.

Nach einem ruhig verlaufenen Tage kam am Abend der Befehl,daß alle
Deutschen sich versammeln müßten in einem Hotel,um Befehle der neue
Regierung entgegenzunehmen. Es stellte sich uns damit der kommunist
sche Rat vor. Wir hörten zu unserem großen Erstaunen, daß alle Ein-
brüche der vergangenen Wochen sorgfältig organisiert worden seien,
um Unruhe und Unsicherheit zu verbreiten. Dabei fiel der seltsame
Satz: "Das haben wir von Rußland gelernt.Wenn man etwas erreichen
will,muß man die Bevölkerung so ängstigen,daß sie zu allem Neuen ja
sagt." Die Deutschen sollten nun selbst jemand ernennen,der über di
Lage der Gemeinschaft und über zukünftige Haltung verhandeln könne.
Die Wahl fiel auf mich und ich konnte mich dem Auftrag nicht entzie
hen,obwohl mir das Herz dabei schlug.Aber es lag ja zunächst noch
eine Nacht vor mir und ich hoffte, durch einen gesunden Schlaf Ruhe
und Kraft zu finden für die Verhandlungen.

Unsanft wurde ich vor Sonnenaufgang geweckt.Merkwürdig klang es an
mein Ohr, daß ich anstatt in indonesischer in deutscher Sprache ang
rufen wurde:"Frau Bode, kommen Sie sofort heraus!" Wer konnte das
sein? Was sollte ich davon denken? Vorsichtig schob ich die Gardine
ein wenig auf Seite..... ich sah nur Stahlhelme! Das Herz wollte mi
stillstehen! Aber ehe ich recht zum Bewußtsein kam, erkannte ich de
Direktor der indonesischen Ausbildungskurse,unter dem ich arbeitete
Ich rannte hinaus und hörte,daß man in der Hauptstadt der Republik,
in Djokjakarta, Bericht empfangen habe,die Deutschen seien alle er-
mordet.Darum habe der Präsident ihn,den Direktor der Schule,damit
beauftragt,zu retten,was noch zu retten sei. In einem Gewaltmarsch
sei er mit seinen Leuten über den Paß gekommen und sei nun so froh,
daß ich, die ich so einsam wohnte, gesund sei. Er erbat die Schulflagge,denn das sollte das Zeichen von Sicherheit sein: wo die indonesische Flagge wehte, war kein Kommunist mehr. Er hängte die rot-
weiße Flagge um seinen Hals,aber nur das Rot war sichtbar.Das wäre
beinahe sein Verhängnis geworden,denn auf der Terasse unter meinem
Haus war, uns allen unbekannt, ein kommunistisches Nest und bei der
Aushebung dieses Nestes kam es zu Schießereien, in deren Verlauf ma
den "roten" Kommandanten beinahe mit erschossen hätte. Es gab ein
schnelles Gericht: der kommunistische Rat wurde am gleichen Nachmittag standrechtlich erschossen,für uns ein furchtbares Erleben,denn
wir hatten die drei Leute als freundliche Menschen gekannt.

In den nun folgenden Wochen blieb eine gewisse Unsicherheit bestehe
Versprengte Gruppen von Kommunisten machten je und dann die Gegend
unsicher.Wir wagten uns nicht mehr in den Wald hinein,wo wir früher

Tag und Nacht sicher gewesen waren.

Anfang November! ... Am späten Abend kam ein ehemaliger Schüler unserer deutschen Schule zu mir mit der vertraulichen Mitteilung,die Kommunisten hätten sich aufs neue zusammengerottet und wären mit ihrer bewaffneten Macht jetzt im Anzug.Zwar wäre nicht sicher,ob sie nach Sarangan kämen oder zur Garnison Tawangmanggu zögen,auf jeden Fall sollten wir uns alle bereitmachen zur Flucht. Für 2 Tage Proviant und einige Decken sollten wir mitnehmen.Regierungstruppen würden uns durch dichtes Waldgebiet in Sicherheit bringen. Man hatte eine schwarze Liste gefunden, der zufolge alle Deutschen,die für die Indonesier gearbeitet hätten, erschossen werden sollten.

Das war keine gute Nachricht für uns.Wir versteckten alles,was uns wichtig war und machten uns bereit.Die ganze Nacht durchwachten wir, immer nach dem Augenblick ausschauend, in dem das verabredete Signal ertönen würde,das uns zum Sammeln rief. Es wurde Morgen und nichts war passiert.Auch der ganze neue Tag verging ohne ein besonderes Ereignis. War alles nur blinder Alarm gewesen? Die gewaltige Spannung hatte uns aber so müde gemacht,daß wir uns früh schlafen legten und bis in die frühen Morgenstunden nicht wieder erwachten. Plötzlich hörten wir Schüsse. War das nun das verabredete Signal: 3 Pistolenschüsse,abgefeuert auf der kleinen Wiese oberhalb meines Hauses? Nein, das war viel mehr.Immer wieder waren Schüsse zu vernehmen.Vom Berg herab krachte und dröhnte es.Jetzt war kein Weglaufen mehr möglich. Das wäre der sichere Tod gewesen. Immer noch klingt mir der furchtbar hinausgeschriene Befehl in Ohren: "Tentera Rakjat,madju... madju..... (Volksheer,auf zum Sturm). Und dann wälzten sich wilde Scharen den Berg herab. Wir verschlossen die Hintertür des Hauses und stellten sie so zu, daß nicht leicht jemand hineinkommen konnte. Mit erhobenen Armen, in der weit offenen Haustüre stehend,ging ich den ersten roten Soldaten entgegen. Sie hörten kaum auf meine Meldung,daß nur Frauen und Kinder im Haus seien,sondern starrten unausgesetzt auf die gepackten Rucksäcke. Was das zu bedeuten habe, wollten sie wissen. Was war darauf zu sagen? Sicherlich war es am besten,nicht allzu forsch zu antworten,sondern weibliche Ängstlichkeit und Unbeholfenheit vorzutäuschen. Wir hätten Angst gehabt vor dem Schießen und wären gern weggelaufen,damit wir nicht getroffen würden,war meine überlegte Antwort.Das wäre ganz falsch gewesen, meinten sie. Wir sollten ihnen nur vertrauen, dann geschähe uns nichts.Darauf nahmen sie die Rucksäcke an sich, schauten sich im Hause um, was ihnen noch mehr gefiele und nahmen alles mit.
Dann kam eine 2.Gruppe zur Haussuchung.Bettücher,Tischtücher,Hosen und Mäntel der Jungen gingen mit.

Die 3.Gruppe hatte Interesse an Schuhen und Hemden und wieder ging mit,was sie gebrauchen konnten. Die Jungen wurden rebellisch.Sollten sie sich kampflos alles nehmen lassen,was für sie selbst dringend nötig war? Nur mit Mühe waren sie zum Schweigen zu bringen.

Auch die 4.Gruppe fand noch allerlei zum Mitnehmen,als aber die 5. Gruppe kam, nahm ich mir ein Herz und bat darum, man möchte uns doch einen Zettel auf die Türe kleben, damit bestätigend,daß bei 5 Haussuchungen keinerlei Waffen entdeckt worden seien. Darüber wurde ausführlich verhandelt.Schon hegte ich einige Hoffnung,daß man meiner Bitte entsprechen würde. Da krachte vor dem Haus plötzlich ein Schuß Wildes Durcheinanderrufen:„Ist er Tot?"...verwundet?"...Dann ein kurzes Kommando:"Alles antreten.Es ist aus diesem Haus geschossen worden". Offenbar wollte man uns zur Strafe dafür erschießen. Nun gab's nichts mehr zu verlieren,nur gewinnen konnten wir noch etwas. Ich redete um mein Leben und um das Leben derer,die mit mir im Hause waren. Woher mir der Mut kam und woher ich die vielen Worte nahm und die Eindringlichkeit bis fast zur Frechheit hin,weiß ich heute nicht mehr. Noch nie habe ich mich der Sprachbeherrschung so gefreut wie in dem Augenblick.Ich stand da als die Fordernde. "Alles habe ich euch gegeben: Rucksäcke,Decken.Tisch-und Bettücher,Hosen,Mäntel, Schuhe und alles,was ihr haben wolltet.Ist das euer Dank? Ihr wißt,

daß wir nicht geschossen haben. Ruft sofort euren Kommandanten,der
soll untersuchen,woher der Schuß kam. Es ist unrecht,uns dafür verantwortlich zu machen."
Was ich fast nicht zu hoffen gewagt hatte, geschah. Der Kommandant e
schien und untersuchte die Schußrichtung.Wir waren ohne Schuld und
auf unsere Türe kam der Zettel, daß man uns in Ruhe lassen sollte.
Unsere Nerven waren aufs äußerste gespannt. Gern hätten wir uns hing
legt,aber für mich kam das nicht in Frage. Ich mußte auf dem Posten
bleiben, denn ein unbedachtes Wort oder eine unbedachte Handlung hät
te den Tod bringen können. Erst in den späten Nachmittagsstunden bekamen wir Gewißheit darüber, daß auch die anderen Deutschen, die mit
einander im Hotel wohnten, nicht mehr fortgekommt hatten.

Es wurde dunkel. Da kamen 4 junge Offiziere und baten um Essen, da
sie den ganzen Tag noch nichts zu sich genommen hätten. Sie traten
zunächst fordernd auf: Brot wollten sie haben mit Butter. Wir hatten
nur noch ein Restchen Brot und Butter hatten wir schon lange nicht
mehr gesehen. Nun, dann konnte es auch Reis sein, aber lecker wollte
sie essen. Ich versprach ihnen,mein Möglichstes zu tun und schickte
die Köchin in die Küche,um den Reis aufzusetzen. Ich saß allein in
dem dunkelen Raum.Nur eine kleine Kerze verbreitete ihr mildes Licht
in der Mitte des großes Tisches. Wie sollte ich nur die Zeit herum-
bringen! ... Wieder hörte ich Schritte! Zwei der gefürchteten "Ban-
tengs",eine Truppengattung, bekleidet mit schwarzen Trikots,standen
in der Türöffnung. Die 4 Offiziere,die auf ihr Essen warteten,hatten
draußen auf der Terrasse Platz genommen. Die beiden forderten sofort
"Essen für unseren Vater".Dabei zeigten sie auf ihren Kommandanten,
der hinter ihnen ins Zimmer eintrat. Es war ein breitschultriger Man
in,soweit ich das beurteilen konnte,russischer Uniform.Er saß furcht
erregend aus. Ich lud ihn zum Sitzen ein, aber seine beiden Adjutanten blieben in der Türöffnung stehen. Dauernd spielte er mit seinem
Revolver.Das Zimmer war inzwischen ganz dunkel geworden.Ich setzte
mich auf die Bank hinter den großen Tisch,auf dem die kleine Kerze
ihr flackerndes,jetzt fast gespensterhaftes Licht verbreitete. Rücke
deckung zu haben gab mir in Gegenwart dieses unheimlichen Mannes das
Gefühl einiger Sicherheit. Mein Gegenüber begann eine Unterhaltung.
"Sie haben Radio?" "Gehabt", sagte ich. "Es ist inzwischen verloren
gegangen." Dabei verschwieg ich natürlich,daß die Kommunisten es bei
ihrem ersten Besuch weggenommen und verbrannt hatten. "Dann wissen
Sie Bescheid über das Ziel unseres Kampfes," verfolgte er. Das war
eine gefährliche Frage.Sollte ich mich mit ihm in ein Gespräch ein-
lassen über die Ziele der Kommunisten? Konnte ich aber sagen,ich wüß
te nichts? Das wäre wenig glaubhaft gewesen. Aber das konnte ich tun
weibliche Unwissenheit auf dem Gebiet der Politik zum Ausdruck bringen. Frank und frei sagte ich: "Ja,natürlich weiß ich das.Sie kämpfe
doch für die Freiheit Indonesiens, nicht wahr?" So habe ich's früher
immer gehört.Ein verächtliches "Bu!" war die Antwort.Ich tat ganz
erstaunt, aber er hatte anscheinend keine Lust mehr, einer so dummen
Frau Besseres beizubringen.
Ich konnte nicht vermuten,daß das Gespräch dann gefährlichere Formen
annehmen würde. "Sind Sie schon länger hier?" "Ja, seit 5 1/2 Jahren
"Dann kennen Sie wohl auch alle die Leute,die hier sind oder gewesen
sind?" "Ja, das kann stimmen". Dann sah er mich fest an. "Nennen Sie
mir dann einmal die Namen der Offiziere, die Sie hier kennen!" Eine
unmögliche Sache! Es waren ja alles unsere Freunde,mit denen wir uns
so sehr verbunden fühlten. Erst vor 5 Wochen hatten sie uns aus groß
Gefahr befreit.Wir waren ihnen zu Dankbarkeit verpflichtet.Ich konnte mich aber auch nicht weigern, denn der Revolver war immer schußbe-
reit. Er liebte es, das mit einer Handbewegung deutlich zu machen.
In solchen Lagen, auch wenn es im Grunde nur um kleine Dinge geht,di
gewiß nicht in erster Linie gemeint waren, dürfen wir erfahren,was
Jesus einmal gesagt hat: ... es wird euch gegeben werden,was ihr ant
worten sollt..... Plötzlich wußte ich,was ich sagen konnte,ohne mein
Freunde zu gefährden."Ja," sagte ich ganz unbekümmert, " da ist einmal der Pak Oui" -- ich gebrauchte den Spitznamen,mit dem wir ihn

hier nannten: "Ach,Unsinn",sagte er böse, "den richtigen Namen will ic
wissen". "Ja, ist das denn nicht der richtige Name? Jeder hat ihn hier
so genannt.Ich habe auch nie danach gefragt,ob er anders heißt".Das
konnte ich sogar ehrlich behaupten. "Nun, dann die anderen Namen." "Ma
Tio." "Wieder Unsinn",sagte er grollend."Was habe ich daran?" "Ja,wis-
sen Sie,"sagte ich ganz vertraulich, "wir haben hier in so schöner Har
monie miteinander gelebt, da war es nicht wichtig,wie der eine oder an
dere hieß,wenn wir uns nur ansprechen konnten." Gerade wollte er eine
andere Frage stellen, besonders nach den indonesischen Frauen,die mit
hier gewesen waren,da kam die Köchin aus der Küche herein und meldete,
das Essen sei fertig, ob sie auftragen solle. Draußen auf der Terrasse
warteten immer noch die 4 Offiziere, die ursprünglich um Essen gebeten
hatten, an der Tür standen immer noch die 2 Adjutanten und im Zimmer
saß der Kommandant. Würde das Essen für alle reichen? Gab es nicht neu
Zornausbrüche, wenn nicht genug bereitet war? Ich fragte sehr höflich,
indem ich die Vorgänge kurz erklärte,wie der Herr Kommandant zu essen
wünsche, mit wem er essen wolle und daß es evt.nicht ausreichen würde,
da ich nur eine Kochstelle zur Verfügung gehabt hätte,aber gern noch
einmal kochen würde. Er solle nur sagen, wie das Essen zu verteilen se
Er ließ probeweise alles auf sieben Teller verteilen und meinte, das
sei genug,sie könnten alle davon essen, die 4 Offiziere draußen,er mit
seinen beiden Adjutanten drinnen. Ein Glück nur, daß es ihm gut schmec
te! Dann zog er ab. ....

Meine Nerven waren bis aufs äußerste gespannt.Ich konnte nicht mehr si
zen, wollte mich aber auch nicht ins Bett legen, weil das Hauptquartie
neben meinem Hause in dem großen Hotel untergebracht war. Immer wieder
hörte ich Stimmen und Schritte.Die Tür mußte offen bleiben, so war es
befohlen. Da entschloß ich mich, eine Matratze zu holen für mich und
für die treue Köchin, die nicht weniger in Angst lebte als ich und sie
auf die Erde zu legen. Wir besaßen keine Streichhölzer, nur Kerzen waren vorrätig,das elektrische Licht war nicht fuhktionsfähig,weil das
Kabel durchschnitten war. So mußtem wir sehen, daß die Kerze nie ganz
herunterbrannte,ehe nicht eine neue entzündet war. Wir hielten also,so
sagten wir uns, "Kerzenwache". Es war nicht möglich, auf dem Rücken zu
liegen,so machten uns die Nerven zu schaffen.Wir stützten auf dem Bauc
liegend, auf die Arme und warteten und horchten in die Nacht hinaus.

Gegen 3 Uhr hörten wir viele Schritte und es war uns, als ob eine deut
sche Stimme zu hören sei. Eine Menge Soldaten rückte an, geführt von
einem unserer deutschen Lehrer.Wir mußten innerhalb von 10 Minuten das
Haus verlassen und durften nur mitnehmen, was wir tragen konnten.Es
sollte hauptsächlich Bettzeug sein.Der deutsche Lehrer durfte nicht tr
gen helfen.

Zehn Minuten lang marschierten wir mit unserer Bürde,fast darunter zu-
sammenbrechend, bis wir zu dem Hotel kamen, in dem die meisten Glieder
der deutschen Gemeinschaft ihre Wohnung hatten. Sie waren alle recht
aufgeregt und wollten wissen, wie es uns ergangen sei,da sie seit fast
24 Stunden nichts von uns gehört hatten. Über dem Erzählen wurde es Mo
gen. Kein Mensch dachte an Schlafen. Wir warteten auf den Stundenschla
9,denn dann sollte uns erlaubt werden, in unser Haus zurückzukehren.
Es war so weit ...aber die Erlaubnis wurde nicht gegeben, sie wurde hi
ausgezögert bis 10 Uhr. Die größeren Kinder wurden ungeduldig.Sie wollten etwas sehen und erzwangen sich die Erlaubnis,auf der vorderen Terrasse zu bleiben,von wo aus man auf den See hinausschauen konnte. Auch
mein Sohn wollte da hinauf,obwohl unser Zimmer auf die untere Terrasse
hinauslief,wo man einen weiten Blick ins Tal hinein hatte.Das war nich
interessant.Ich gab ihm die Erlaubnis,aber als ich wieder in meinem Zi
mer war, tat es mir leid.Eine merkwürdige Unruhe war in mir,sodaß ich
ihn wieder nach unten holte.Gleichzeitig bat ich die oben wohnenden
Eltern,ihre Kinder mit hineinzunehmen in die Hotelzimmer,damit es für
die anderen leichter sei,auf die Aussicht zu verzichten. Zum Überfluß
drehte ich den Schlüssel herum,von meinem Sohn recht ausgelacht und gefragt, ob ich meine, daß eine abgeschlossene Tür schußsicherer sei.Abe
das Wort war noch kaum ausgesprochen, da begann ein Nahkampf mit solch

Getöse, daß uns die Haare zu Berge stiegen. Wir rückten die beiden
Schränke von der Wand, stellten sie gegeneinander, legten die Matratzen darüber und kauerten in diesem engen Raum, immer wieder hinaushor-
chend. Schreie und Schüsse übertönten einander. Nach etwa 20 Minuten
wurde es stiller.Dann erklang ein scharfes Kommando:"Alle Deutschen
antreten!" ... Da erst erfuhren wir, was sich abgespielt hatte. Die
Regierungstruppen hatten die Kommunisten besiegt und wollten nun feststellen, ob uns etwas geschehen sei. Zum Glück war niemand verwundet.
... Eine erstaunliche Leistung hatten diese Truppen vollbracht.Sie waren in der Nacht eine steile Wand heraufgeklettert und hatten sich in
dem Gesträuch des Sees, der zur Bewässerung der Reisfelder teilweise
abgelassen und nun an seinen Ufern mit dichtem Gebüsch bestanden war,
Stellung bezogen. Die Anwesenheit der deutschen Kinder hinderte sie,
früher mit ihrem Angriff zu beginnen.

Hinter den Truppen her konnten wir nun zu unserem Haus zurück. Aber
was wir da sahen, ließ uns erschaudern.Eine furchtbare Verwüstung hatten die abziehenden Kommunisten angerichtet.Matratzen und Kissen waren aufgetrennt und der Kapok in die Gegend geschüttet worden. Alle
Lebensmittelvorräte waren verschwunden,sogar die Suppenknochen mit dem
Kochtopf. Trotz allen Bedauerns konnte mich der Verlust nicht dazu bewegen, jetzt nachzusehen, was wohl noch erhalten war. Mir ging es darum, hinter den Truppen her den Berg hinaufzukommen.Da saß in dem kleinen Krankenhaus die Schwester.Seit Tagen war uns nicht bekannt, wie
es ihr wohl ergangen war. Der Weg war bestreut mit zerrissenen Büchern
und zerschlagenen Haushaltungsgegenständen. Wie würde ich die Schwester vorfinden! Das war der Gedanke,der mich vorwärtstrieb. Wir näher-
ten uns ihrem Haus. Aber was war das? Das Blockhaus,vor dem Krankenhaus an der Straße gelegen, das wir immer verschlossen gesehen hatten,
weil der Besitzer es in all den Jahren unseres Aufenthaltes dort nicht
freigeben wollte, war ganz abgebrannt. Es war dem Erdboden gleichge-
macht. Und die Schwester? Wohlbehalten kam sie uns entgegen,erfreut,
uns wiederzusehen. Furchtbare Ängste hatte sie ausgestanden,als man
das Blockhaus in Brand steckte,in dem Hunderte von Kanistern mit Flug-
zeugbenzin aufbewahrt waren. Es hatte einen furchtbaren Brand gegeben.
Sie zeigte uns in einiger Entfernung einen riesigen Waringinbaum,der
ganz und gar verkohlt war. Und dem Krankenhaus,das nur 3 m Abstand
von dem brennenden Haus hatte,war nichts geschehen.Gott hatte einen
Wind wehen lassen, der die Flammen wegtrug und hatte dadurch die Schwester wunderbar bewahrt. Unser Herz war voll Lob und Dank, daß wir
einen Herrn haben, der die Seinen in jeder Lebenslage zu schützen und
zu erhalten weiß.

Langsam kamen wir zur Ruhe. Wir stellten uns wieder auf ein normales
Leben ein. In meinem Haus wurden die zerbrochenen Fensterscheiben
durch dünne Brettchen ersetzt, die mit Kalk weiß gestrichen wurden.
Matratzen lieh man mir, und wenn es auch keine Gardinen mehr gab und
keine Stuhlkissen, so war es mir doch lieb,in aller Ruhe da wohnen zu
können, wo ich Heimatgefühl hatte. Es ging auf Dezember zu und damit
auch auf Weihnachten. Wenn es auch ein armes Fest werden würde, so gedachten wir es doch zu feiern in großer Dankbarkeit,daß wir in größ-
ter Not so mächtigen Schutz erfahren hatten.

Nur starke Zahnschmerzen quälten meinen Sohn. Wir wußten nicht, wie
wir Hilfe bekommen könnten. Am 3.Advent ergab sich für ihn die Möglichkeit, mit dem Vater einer Mitschülerin,der seine Kinder ebenfalls
zum Zahnarzt bringen mußte, nach Solo zu fahren. Ich entschloß mich
dazu, ihn mitfahren zu lassen und beauftragte ihn zugleich,Kerzen mit-
zubringen,da uns der ganze Vorrat mit allem anderen abhanden gekommen
war. Am Sonnabend vor dem 4.Advent sollten die Reisenden zurückkommen.
Aber der Tag ging vorbei und es tat sich nichts.Was konnte sie nur
zurückgehalten haben? Manchmal fühlt man intuitiv, daß etwas in der
Luft liegt und möchte doch so gerne fröhlich vertrauen!

Am 4.Advent war ich ganz früh auf.Eben ging die Sonne auf, Tiefblau
wölbte sich der Himmel über dem See und die scharfen Konturen der
Berge hoben sich wunderbar ab. Jedes Felsspitzchen des Lawu war zu

erkennen und ich schaute hin auf den Fleck, von dem aus mein Sohn
damals durch Spiegelzeichen seine glückliche Ankunft dort oben gemeldet hatte. "Wie ist doch die Welt so schön!" jauchzte es in meinem Herzen. "So friedlich ist alles. Da muß man dunkele Gedanken
von sich werfen." Aber kaum gedacht, erklang aus der Ebene eine
fürchterliche Detonation, die die stille Bergwelt in Unruhe versetz-
te. Was war da geschehen! Und vielleicht waren die Reisenden gerade
dort! Kein Mensch war weit und breit zu sehen, den ich hätte fragen
können. Aber dann stand plötzlich ein Soldat in voller Uniform auf
der Hotelterrasse.Ich rief ihm meine bange Frage zu:"Was mag das
sein?" Er wußte es nicht und erklärte mir, er sei darum in voller
Uniform erschienen, weil er für jede Möglichkeit bereit sein wolle.
Sonst erfuhr ich nichts, wartete aber um so verlangender auf die
Heimkehr des Jungen.

Da, gegen 11 Uhr, kamen die Reisenden an. Sie waren mit dem letzten
Zug aus Solo entkommen. Die Holländer hatten Luftlandetruppen auf
dem Flugplatz in Djokjakarta abgesetzt und waren im Vormarsch in da
ihnen bisher verschlossene Gebiet. Von Madiun aus hatten die Reisen
den nicht gewagt, am Abend in der Dunkelheit in die Bergeinsamkeit
zu fahren,da der Haß gegen die Holländer,die die indonesische Regierung gefangengenommen und außer Landes gebracht hatten,plötzlich
hell aufloderte. Man sieht ja einem Deutschen nicht ohne weiteres
an,daß er kein Holländer ist.So hatten die Reisenden in Madiun über
nachtet und sich morgens auf den Weg gemacht.Sie erzählten,daß in
den frühen Morgenstunden der Flugplatz von Maospati gesprengt worden sei.Die gewaltige Detonation hatten sie im Hotel miterlebt.Wir
waren von Herzen froh, daß wir wieder beieinander waren.Die Kerzen
waren dabei natürlich vergessen worden,aber was machte das schon
aus?

Die nächsten Tage verliefen ganz ruhig, nichts war zu hören und zu
sehen. Wir begannen,Weihnachtsvorbereitungen zu machen.Woher sollten aber nur die Weihnachtsbäume kommen? In den Wald konnten wir
uns nicht wagen,Wir beschlossen,den Tannenbaum zu fällen, den wir
vor Jahren in unserem Garten gepflanzt hatten und der uns viel Freu
de gemacht hatte.

Nicht lange danach stand der Baum in unseren Hause.Erst in dem
Augenblick dachten wir wieder daran, daß uns die Kerzen fehlten.Abe
wir fanden gleich eine andere Lösung. In einem der damals eingenäg
ten Koffer mußte noch eine alte elektrische Beleuchtung für den
Weihnachtsbaum sein. Wir hatten sie lange nicht gebraucht, weil uns
die Kerzen viel lieber waren. Nun wollten wir uns daran freuen.Wir
probierten sie aus auf ihre Brauchbarkeit. Jawohl, alles war in Ord
nung. Aber als sie fertig montiert im Baum waren, brannten sie nich
Wir probierten hier und da, schraubten und drehten,aber es ging
nicht. Mit plötzlichem Erschrecken fiel uns ein,es könnte das elektrische Licht wieder abgestellt sein.Das hatten wir jetzt zweimal
erlebt,wenn ein Angriff bevorstand. Sollten die Holländer wirklich
in unsere Bergwelt hinein vorstoßen?

Der Baum war fertig geschmückt. Nur die zur Erde gefallenen Zweige
sollten noch weggefegt werden. Vor dem Hause stehend,vernahm ich
plötzlich eilige Schritte.Es war die Mutter der Schülerin,die wir
vor Jahren zu Grabe getragen hatten,mit ihrem Sohn. Sie trugen ein
kleines Weihnachtsbäumlein und einen Strauß weißer Lilien.Die wollten sie zum Grabe hintragen. Etwa auf der Höhe meines Hauses begegnete ihnen unser Sportlehrer,der vom Krankenhaus kam und ihnen zu-
rief: "Zurück, zurück, Sie können nicht mehr zum Friedhof, die Holländer sind schon im Wald." Ich fügte mich zu ihnen und hörte, was
sie miteinander verhandelten. Dann beschlossen sie,zusammen ins Hotel zurückzukehren. Eigentlich wollten sie mich und meinen Sohn mit
nehmen, denn sie fanden, daß wir doch wohl sehr einsam wohnten.Aber
ich wollte weder die Schule mit allem,was sie barg,preisgeben noch
meine Weihnachtsfeier aufgeben,die ich lieber ganz still in meinem
Haus halten wollte als in der großen,buntgewürfelten Hotelgemein-
schaft.

- 29 -

Fast war ich fertig, da kam der kleine braune Hausjunge vom Krankenhaus eilig herbei. Er brachte mir ein Päckchen mit einem Brief der
Schwester. Nötig mußte noch eine Injektion gemacht werden und sie
konnte das Krankenhaus nicht mehr verlassen wegen der Nähe der Holländer. Darum bat sie mich,den Krankenbesuch an ihrer Stelle zu machen und die Spritze zu geben. Mit etwas bangem Herzen habe ich das
Haus verlassen.In der Luft kreiste ein Bomber und kam ganz tief
herab. Ich wagte nicht,den großen Weg ins Dorf zu nehmen,sondern
schlich mich durch eine Maispflanzung hindurch,bis ich das Haus erreichte, in dem der Kranke lag. Ich fand die ganze Familie in großer Nervosität.Die Frau des Hauses bat mich, doch noch etwas zu
bleiben, sie hätte das starke Bedürfnis,einen Menschen zu sprechen.
Ich erklärte mich bereit und ging mit ihr ins Wohnzimmer,von wo
aus man einen ganz anderen Ausblick hatte. Ich trat ans Fenster und
zuckte zusammen. Das große,schöne,ehemals deutsche Hotel brannte
lichterloh. Nun war meines Bleibens nicht mehr. Es war also doch
wahr: der Vernichtungsdienst war an der Arbeit.Ich ging auf dem
gleichen Wege, auf dem ich gekommen war, wieder zurück.Als ich in
die Nähe des Regierungshotels kam, sah ich, daß dort auch alles in
hellen Flammen stand. Von da aus konnte ich die Schule sehen.Auch
die Schule brannte und dann rannte ich zu meinem Haus und sah meinen Sohn davorstehen,in Verhandlungen mit einer Gruppe von Indonesiern,die gern auch mein Haus anstecken wollten. Ich konnte sie
daran hindern, indem ich ihnen versicherte, ich würde es nicht verlassen. Aber während der Unterhandlungen mit dem Leiter der Gruppe
pfiffen uns die ersten Kugeln um den Kopf,von einem hervorspringen-
den Felsen über uns abgeschossen. Alles war sofort von der Bildflä-
che verschwunden. Ich war mit meinem Sohn und mit der Köchin allein
Wir bemühten uns, aus den Seitenflügeln des Hauses die leicht
brennbaren Gegenstände in das mittlere Zimmer zu bringen und achteten gleichzeitig darauf, daß nicht etwa brennende Balken auf unser
Haus stürzten. Und dann war es so weit! Die holländischen Truppen
kamen! Zwar waren es keine Holländer,außer dem Kommandanten. Es waren Indonesier aller Stämme: auch Chinesen und sogar ein Japaner
waren dabei. Sie durchsuchten das Haus nach Waffen und als sie
nichts fanden, wurden zwei sundanesische Posten davorgestellt und
beauftragt,uns zu bewachen. Als sie bei Eintritt der Dunkelheit
verschwanden, wollten wir uns eben anschicken, Weihnachten zu feiern,als ein ambonesischer Korporal wütend auf uns zukam. Brüllend
zeigte er auf ein Kanister Benzin an der Vorderwand meines Hauses
und machte mich verantwortlich für die Brandstiftung. Es war wieder
einmal eine ganz gefährliche Situation. War es die zunehmende Dunkelheit oder hatte er aus meinen Antworten den Eindruck gewonnen,
daß ich es nicht gewesen sei, wer will das sagen! Er verschwand
und ließ uns allein. In Eile haben wir, um eine Wiederholung des
Vorfalles zu vermeiden, das Benzin in Flaschen gefüllt und die Flaschen hinter dem Haus vergraben. Und dann haben wir Weihnachten gefeiert! Unter dem Schmuck hatten wir 2 kleine Kerzenstümpfchen gefunden. Die haben wir angesteckt und mit gedämpfter Stimme die Weih
nachtslieder gesungen, die unsere braune Köchin in ihrer Sprache
mitsingen konnte. Dann haben wir die Weihnachtsgeschichte gelesen
in Deutsch und Indonesisch, haben in beiden Sprachen miteinander
gebetet.Wenn wir auch zwischendurch immer wieder einmal nach den
brennenden Balken des Nachbarhauses Ausschau halten mußten, so war
es uns doch recht feierlich ums Herz. In dieser Dunkelheit wurde
uns die Bedeutung des Lichtes auf eine ganz wunderbare Weise klar.
Vor uns lag ein dunkler Weg,der Weg in die Gefangenschaft und dann
in die Armut hinein,aber auf diesem Wege strahlte das helle Licht
der Weihnacht:Also hat Gott die Welt geliebet, daß Er Seinen einge-
borenen Sohn gab, auf daß alle, die an Ihn glauben,nicht verloren
werden, sondern das ewige Leben haben.Es wurde uns so groß,daß wir
den dunkelen Weg nicht wandern würden ohne das Licht,das alles
überstrahlt,ohne die Freude,daß wir einen Herrn haben,der vom
Kripplein bis zum Grabe,bis zum Thron, da man Ihn ehrt,uns,den Sün-
dern,zugehört. Das kleine Kerzenstümpflein hat uns eine Predigt

- 30 -

233

gehalten, die wir nicht mehr vergessen werden.

Die nächsten Tage brachten viel Aufregung. Es gab allerlei Befehle,die ausgeführt werden mußten,Untersuchungen, Verdächtigungen,denen wir uns stellen mußten,aber wir konnten alles ruhig hinnehmen. Das Licht hatte uns geleuchtet! Wir mußten unser Haus verlassen und die Nächte im Hotel zubringen,da man fürchtete, unser einsam gelegenes Haus hätte den indonesischen Truppen, die im nahen Wald ihre Gelegenheit abwarteten, zum Unterschlupf dienen können. Morgens durften wir zurück und unsere Sachen ordnen. Alles sollte eingepackt werden in Kisten.Man würde uns abtransportieren, aber alles Gepäck sollte mitgenommen werden.

Meine Gedanken beschäftigten sich viel mit meiner guten,alten Köchin. Sie stand allein, gehörte,weil sie Christin war, nicht zu den Dorfbewohnern und wußte nicht, was aus ihr werden sollte. So bekam sie für die erste Zeit Vorräte an Lebensmitteln und allerlei Hausrat mit,um zunächst leben zu können. In der Silvesternacht machte man uns darauf aufmerksam, daß die Soldaten wohl viel Feuerwerk abbrennen würden,das brauchte uns nicht zu erschrecken. Als es aber in den Nachtstunden wüst knallte, wußten wir, daß es nicht Feuerwerk war,sondern ein Angriff der Indonesier auf die Holländer. So war es nicht erstaunlich, daß am nächsten Morgen urplötzlich das Kommando kam: "Mit einem Koffer pro Person abreisebereit antreten." Es galt, innerhalb einer Stunde das nötigste zusammenzusuchen und in einen Koffer zu legen,aber es blieb mir noch soviel Zeit, daß ich mich noch einmal an mein Harmonium setzen konnte,um zum Abschied das Lied zu singen und zu spielen: Befiehl du deine Wege und was dein Herze kränkt,der allertreusten Pflege des,der den Himmel lenkt. Der Wolken,Luft und Winden gibt Wege, Lauf und Bahn, der wird auch Wege finden, da dein Fuß gehen kann.... In dieser Gewißheit habe ich mein Haus verlassen,das soviel Freude und soviel Leid barg.Dankbaren Herzens gedachte ich all der Bewahrungen, die ich erlebt hatte und ging getrost den unbekannten Weg in die Zukunft.

Die Fahrt ging zunächst nach Madiun, der Residenzstadt. Wir hatten die Schwester bei uns, die auf dem Weg bergab gefallen war und den Arm gebrochen hatte. Der holländische Militärarzt meinte,keine Zeit zu haben,ihr zu helfen,sodaß wir selbst den Arm geschient hatten.Nun mußte die Schwester aber in Madiun dem Arzt vorgestellt werden,der uns von seinen Besuchen in Sarangan her bekannt war. Er erzählte,daß er der einzige Indonesier sei, der nicht hatte fliehen können,da er gerade eine Operation durchzuführen hatte. Alle seine Leute seien in den Urwald geflohen. Wir wurden im Krankenhaus untergebracht,aber es bestand keine Möglichkeit,uns zu verpflegen.Darum ging es mit dem Flugzeug weiter ... die Eisenbahnlinie war unterbrochen .. nach Semarang. Dort nahm uns das Polizeigefängnis auf. Die ersten Verhaltungsmaßregeln,die uns gegeben wurden, besagten, daß niemand den 3 m hohen Stacheldraht berühren dürfe,auch die Kinder nicht, sonst würde scharf geschossen werden..... In den Sälen, in denen wir auf Feldbetten untergebracht waren, bestand keine Gelegenheit,die Toilette zu benutzen. Als nun in der Nacht eine der internierten Frauen in ihrer Ratlosigkeit nach draußen eilte, wäre sie beinahe von dem Posten erschossen worden. Das veranlaßte mich, bei dem Kommandanten vorstellig zu werden. Er erwies sich als ein verständiger Mann und hat in den kommenden 3 Tagen ausgezeichnet für uns gesorgt. Es wurde ihm wohl klar, daß Frauen nicht ohne weiteres als Kriegsverbrecher anzusprechen sind! .....

Wieder ging's weiter, mit der Eisenbahn in die Hauptstadt Djakarta.An der Nordküste von Java entlang ist es besonders heiß. Wir hatten nichts zu essen und zu trinken. 1 1/2 Schnitten Brot mußten ausreichen als Proviant für einen ganzen Tag.Kein Wunder,daß wir durstig und hungrig in Djakarta ankamen. Wir wurden auf dem Bahnhof Gambir erwartet von Pressephotographen und von Militär. Man wollte die Kriegsverbrecher sehen,die,wie die Propaganda uns nachsagte,aktiv auf Seiten der Indonesier gegen die Holländer gekämpft hatten. Als aber dann erst unsere

- 31 -

Oma Petsch ausstieg, die schon 50 Jahre lang nicht in Deutschland gewesen war, als ihr Oma Teichert folgte mit dem fast lahmen Bein, als die Schwester kam mit ihrem geschienten Arm und dann die Mutter mit dem kranken Kind auf dem Arm,wurde man etwas kleinlaut.Das Märchen von den Kriegsverbrechern zeigte sich als Märchen. Wir haben keine Bilder von diesen "Kriegsverbrechern" in der Zeitung gesehen!

Mit Militärtrucks ging es zu dem Kriegsgefangenenlager KW III.Wir mußten antreten und Feldbetten in Empfang nehmen und alles,was zur Kriegsgefangenenverpflegung gehört. Da hat es manche Träne gegeben, als den großen Jungen verboten wurde, beim Aufschlagen der Feldbetten zu helfen. Aber noch mehr Tränen gab es, als wir die sanitäre Einrichtung sahen. Sie zu beschreiben, verbietet mir der Takt:es war unter aller Würde. ... Als wir um etwas zu trinken baten und dabei erwähnten,wir hätten den ganzen Tag hindurch in der großen Hitze keine Möglichkeit gehabt, uns zu laben,wurde uns Schweigen auferlegt. Als ich doch noch einen Vorstoß wagte, um wenigstens für die Mutter mit dem kranken Kind etwas Tee zu erbitten,drohte man mir mit dem Gewehrkolben. In diese Situation hinein wurde dann aber gefragt,ob einer unter uns sei, der geistlichen Beistand nötig hätte. Selten im Leben habe ich eine solche Diskrepanz wahrgenommen zwischen ganz stark ausgeprägter Gehässigkeit und dem Versuch, sich als "christlich" hervorzutun. Trotzdem mir übel wurde von einem solchen Verhalten, habe ich mich gleich gemeldet.Es ging mir nicht um geistlichen Beistand.Ich wanderte im Schein des Lichtes,das auf meinem Weg lag und das mir in jeder Stunde Kraft gab. Aber es war mir ein Anliegen, denjenigen Holländern, die niemals mit einer solchen Behandlung einverstanden gewesen wären, das zu zeigen, was sich hier im Jahre 1949 Frauen und Kindern gegenüber tat. Ich hatte die große Freude, daß der von mir gewünschte Missionskonsul sofort kam. Ich konnte ihn zu der kranken Missionsschwester führen und ihm nebenbei zeigen, wie schlecht die Unterbringung für die alten Leute sei.Noch heute glaube ich, ohne je etwas darüber gehört zu haben, daß er daran mitgewirkt hat, daß eine Kulturschande aus der Welt verbannt wurde dadurch,daß man uns nach 3 Tagen in ein Zivil-Internierungslager beförderte.Es war auch ein "Lager" mit allen seinen Nöten und Schwächen,aber es war erträglicher und das bemerkten wir dankbar. ....

In besonderer Weise habe ich Gottes Freundlichkeit erfahren dürfen, die mich vor der schrecklichen Lager-Psychose bewahrte.Ich durfte die mitgebrachten,sorglich gehüteten Dokumente abschreiben und dafür wies man mir eine stille Ecke an in einem leeren Schlafsaal. Ausgefüllt mit einer solchen Arbeit wurde es mir nicht schwer,im Lager zu bleiben. Sehr erfreut haben mich meine Freunde aus Sukabumi, die inzwischen nach Djakarta gezogen waren. Sie brachten mir das ins Lager, was sie für mich notwendig fanden und darüber hinaus Essenswaren,von denen sie wußten, daß sie mir früher ganz besonders lieb waren. Dieses Zartgefühl war mir ein reicher Trost und eine große Freude. Echte Freundschaft hält über Jahre hinaus,auch wenn man sich nicht sieht, wenn man nichts voneinander weiß. Eine Zeitungsnotiz hatte sie aufmerksam gemacht auf meine Ankunft in Djakarta und schon waren sie zur Stelle. Ihr lieben Freunde, ein herzliches Gedenken geht zu euch hinüber.Wie freue ich mich, euch wiederzusehen! ....

Der 9 monatige Aufenthalt hinter Stacheldraht im Jahre 1949 war schon etwas Merkwürdiges. In Europa begann der Zustand sich zu normalisieren,unter holländischer Herrschaft in Indonesien war daran kein Gedanke. Es gab strenge Verhöre,manche lächerlichen Fragen wurden gestellt und von uns entsprechend beantwortet. Aber Gefährliches gab es auch: die Fleischvergiftung, die uns einmal gewaltig zu schaffen machte, als man viel zu alte Leberpastete für unsere Mittagsmahlzeit verwendet hatte. Wie angenehm war es, als ich Hilfe suchte für die krank darniederliegenden Landsleute(ich selbst war dadurch verschont geblieben, daß ich meinem Sohn,der sehr gern Leberpastete aß,meinen Anteil heimlich auf seinen Teller geschoben hatte) und auf dem Büro des öffentlichen Gesundheitsdienstes in Djakarta/unseren alten Haus-

-32-

arzt von Sukabumi fand! Es war rührend, wie er auf meinen Bericht
hin, daß es meinem Sohn sehr schlecht ginge, voll Bedauern sagte:
"Das liebe Hänschen hat Hilfe nötig? Ich komme sofort mit!"

Ein großes Erlebnis war es auch, als wir für eine Schwerkranke keine
Hilfe bekommen konnten,weil kein Arzt zuständig war für die Versorgung der Deutschen,wie ich dann auf dem Zentralbüro des Roten Kreuzes einen holländischen Missionsarzt traf, der sofort bereit war,
selbst mitzukommen und nach der Schwester zu sehen,die bei einem
Fall den Beckenknochen angebrochen hatte.Als ich sie ins Krankenhaus
bringen durfte, war es auch wieder ein Missionsarzt,der sie mit aller Liebe behandelt hat.Mitten in einer so verworrenen Zeit Hilfe zu
erfahren von Menschen gleichen Geistes,ist eine Freundlichkeit unseres Gottes gewesen, die uns auch im Jahre 1949 die Internierung hat
ertragen lassen.

Am 1.Oktober ging es aufs Schiff, Richtung Heimat. In der Frühe des
Morgens begleitete uns die Polizei aus dem Land unserer Liebe und
ließ uns dann mit unseren Gedanken allein in der 4.Klasse eines holländischen Passagierschiffes. Es war durchaus nicht unerträglich, wie
wir gefürchtet hatten. Ein freundlicher Steward,der lange in Deutschland gewesen war und da viel Gutes erfahren hatte, nahm sich unserer
an und steckte besonders den Kindern Vieles zu, was sie sonst wohl
nicht bekommen hätten.

Nur mit unserer Kleidung sah es böse aus. Im Oktober reisten wir in
Tropenkleidung ab.Das Rote Kreuz konnte uns nicht helfen.Die holländischen Stellen des Roten Kreuzes lebten in einer solchen Haßpsycho-
se,daß sie alle unsere Bitten mit Schmähungen beantworteten und der
Vertreter des Internationalen Roten Kreuzes wollte wohl die guten
Beziehungen zum lokalen Roten Kreuz nicht in Gefahr bringen. Nach
vielen vergeblichen Bitten bekamen wir schließlich einen getragenen
englischen Soldatenmantel mit verschlissenem Futter,fast stehend vor
Schmutz.Die meisten haben ihn noch vor dem Besteigen des Schiffes
an einen Althändler verkauft. Wir hätten uns in Holland bei der Ankunft des Schiffes darin nicht sehen lassen können.

Mir fiel das Los wieder aufs lieblichste. Von der Niederländischen
Bibelgesellschaft wurde ich abgeholt. Es war wie ein Traum, als ein
eleganter Wagen meinen Sohn und mich aufnahm, um uns in unser Quartier zu bringen. Die Bibelgesellschaft sorgte auch für die erste Be-
kleidung.Mein Sohn bekam einen Anzug und ich durfte mir ein Kleid
kaufen. Nach 2 Tagen ging's nach Deutschland weiter. Am Hauptbahnhof
Wuppertal-Elberfeld schloß ich nach 13 1/2 Jahren zum erstenmal meine beiden Töchter wieder in die Arme. ......

Indonesien lag hinter mir. Ich konnte es nicht vergessen,das Land
meiner Liebe. In den letzten 12 Jahren habe ich alle Berichte verfolgt, die von den neuesten Entwicklungen dort Kunde gaben. Ich hörte die "Suara Indonesia di Djakarta" auf der Kurzwelle,ich las Zeitungen und Zeitschriften,die mir liebe Freunde zuschickten,bekam ab
und zu Besuch von früheren Freunden und anderen Bekannten und blieb
auf diese Weise mit Land und Leuten verbunden. Nun bin ich auf dem
Wege dorthin! Ein großer,langgehegter Wunsch geht damit in Erfüllung.
Was werde ich nun dort erleben!

Am 26.August 1961 tauchten vor meinen Augen die Berge Sumatras auf.
Da lag die Insel We, deren Hafen Sabang ich nur einmal sah.Es dauerte
noch bis zum nächsten Morgen,bis wir Anker geworfen hatten auf der
Reede von Belawan. Da lagen noch 7 Schiffe,die alle auf die Einfahrt
warteten. Kaum konnten wir den Küstenstreifen sehen und überhaupt
nichts wahrnehmen von dem Hafen,dem ersten Teil Indonesiens,den ich
zu betreten hoffte. Sehr heiß war es,kaum ein Lüftchen brachte Küh-
lung. Voll Spannung beobachteten wir das Näherkommen des Lotsenboo-
tes. Aber das wurde eine Enttäuschung.Kein offizieller Besuch war es,
sondern der neuerdings häufiger gemachte Versuch, vom Schiffsperso-
nal Zigaretten zu kaufen,die im Land gegen einen ungleich höheren
Preis wieder verkauft werden. Die Hitze speicherte sich tagsüber

- 33 -

-- 33 --

in den Eisenwänden des Schiffes und wurde nachts nach innen abgegeben. Jeden Tag erschien das Lotsenboot, brachte aber weder die Post
an Bord noch irgendeine Kunde der zu erwartenden Einfahrt in den Hafen,sodaß die Mannschaft unruhig und unzufrieden wurde.

Plötzlich tat sich etwas. Ich lag allein auf Deck im Liegestuhl,alle
anderen Passagiere pflegten der Mittagsruhe in der Kabine. Da lief
ein Indonesier über das Deck,den ich vorher nicht gesehen hatte.Ehe
ich mir noch Rechenschaft geben konnte über seine Person und über
seine plötzliche Anwesenheit,kam hinter ihm her Herr Dr.Lempp mit
einigen anderen Herren. Sie waren gekommen,um den Missionsarzt von
Nias,Herrn Dr.Hartmann und seine Familie, von Bord zu holen.Alles
ging so schnell vor sich,daß wenig Zeit blieb zum Fragen und Besprechen der Lage. Viele Hände halfen beim Packen und Rüsten der 5 köpfi-
gen Familie und dann fuhr das kleine Motorboot auch schon los,uns
andere verwundert zurücklassend. Wir winkten den Wegfahrenden noch
lange nach.Am nächsten Tag kam ein Telegramm,das die Absicht mitteil-
te,die Familie abzuholen. Es hatte so lange gebraucht von der Küste
bis zum Schiff!

Das Warten wollte kein Ende nehmen. Als das Wasser knapp wurde,bat
der Kapitän telegrafisch um ein Wasserboot.Auch darauf kam lange keine Antwort.Das Wasser mußte rationalisiert werden.Die Ungeduld stieg.
Endlich, am 3. September, einem Sonntagmorgen, wurde das Schiff in
den Hafen geschleppt,aber es dauerte noch bis zum Mittag,bis es abgefertigt war durch die Hafenbehörden und freigegeben wurde. Erst dann
konnte mit dem Löschen ein Anfang gemacht werden.

Wie verlangte ich danach, an Land gehen zu können! Aber die Schwierigkeit war das Geld. Ausländisches Geld mitzunehmen,war streng verboten.
Möglichkeit zum Einwechseln war nicht gegeben.Ich fragte den Agenten
um Rat und Hilfe. Er versprach mir mehr,als ich erbeten hatte, aber
ließ sich dann überhaupt nicht mehr sehen. Schließlich habe ich mich
mit meiner Kabinengenossin,der zukünftigen Leiterin des Internats der
deutschen Schule in Bandung, auf den Weg gemacht,ohne Geld, aber vor-
sichtshalber mit je einem Päckchen Zigaretten in der Tasche.

So betrat ich nach vielen Jahren erstmalig indonesischen Boden.Es
wollte mir nicht sonderlich gefallen. Der Hafen ist schmutzig,die
Menschen schauten uns mißtrauisch an und zum Teil sogar unfreundlich.
Wir marschierten die Hafenstraße entlang, wo es nichts zu sehen gibt.
Motorisierte Betjas kamen hinter uns her und die Fahrer redeten auf
uns ein.Wir konnten nur antworten, daß wir kein Geld hätten. Schließlich kam einer an uns heran,der uns für ein Päckchen Zigaretten wohl
fahren wollte. So kamen wir aus dem Hafenviertel heraus und in das
Städtchen hinein. Bald riefen Kinder hinter uns her:Belanda!Belanda!
(Holländer!) Wir wußten nicht, ob es vielleicht feindlich gemeint
sein konnte,darum entgegnete ich: Ihr seid im Irrtum, wir sind Deutsche. Merkwürdig, wie dieses Wort wirkte. Gleich kam eine Frau auf
uns zu, entschuldigte sich für die Kinder,die so unwissend und so
frech seien und lief dann ein Stück Weges mit uns zusammen.Dabei erzählte sie ganz zutraulich gleich ihre Lebensgeschichte.- Das 2.Päck-
chen Zigaretten verschaffte uns die Möglichkeit, zum Schiff zurückzu-
fahren,nachdem wir uns etwas orientiert hatten betr.Autobus-Möglich-
keiten.

Da der Agent sich immer noch nicht sehen ließ, liehen wir uns am nächsten Morgen etwas Geld und machten uns früh auf den Weg, um einen Autobus nach Medan zu finden. Es war ein trüber Tag,aber uns war es eine
Freude,etwas vom Land zu sehen. Im Autobus saßen wir nicht gerade fürst-
lich. Die Bänke sind zu schmal für unsere langen Beine,aber es war doch
ganz gut zu ertragen. An der Stadtgrenze mußten wir den Autobus wechseln,um mit einem Stadtbus weiterzufahren,der uns dann,weil wir kein
Ziel angeben konnten, irgendwo absetzte. Wir beschlossen,erst einmal
ein Stück zu laufen.Es hatte angefangen zu regnen,das war nicht gerade
angenehm.Aber wir fanden bald einen Betja,der uns zu dem Haus einer

bekannten Familie brachte. Wir wurden mit Kaffee bewirtet und bekamen Obst nach Herzenslust, die ersten Rambutans und Djeruks nach Jahren. Dann wurden wir zum Essen eingeladen in die Stadt und zurückgebracht mit dem Auto.

Bei den Verhandlungen mit den Leuten, die für das Löschen und Laden verantwortlich sind, lernte ich eine neue Art von Indonesiern kennen. Die Leute, die an Bord kamen, auch die Mohammedaner unter ihnen, ließen sich bewirten mit Bier und mit Whisky-Soda, während doch früher jeglicher Alkohol verpönt war. Ist das wohl eine allgemeine Säkularisierungserscheinung? Der Leiter der Lade-Kulis kam mit Forderungen, die mich erschreckten. In meiner Gegenwart sagte er zum Kapitän, er wolle eine Kiste Whisky haben als Extra-Belohnung, sonst würde er den Leuten sagen, sie sollten an seinem Schiff nicht arbeiten. Ich erschrak vor dieser Erpressung. Der Kapitän scheint so etwas gewöhnt zu sein. Er tat zwar so, als wollte er nicht darauf eingehen, aber als am anderen Morgen alles fertig war, hat der Mann doch seinen Willen bekommen. Ob es immer so richtig ist? Sollte man nicht Grundsätze festhalten, die mit Europa und seinen Sitten übereinstimmen? Führt ein Nachgeben nicht immer weiter in Korruption hinein? Noch lange habe ich darüber nachgedacht und auch noch mit dem Kapitän darüber gesprochen. Er meinte, das Fertigwerden und das Fortkommen seien schließlich mehr wert als eine Kiste Whisky. Damit mag er recht haben, aber ist es für die Leute wohl gut, ihren Drohungen nachzugeben?

Am anderen Tag waren wir in Singapore. Welch ein Unterschied! Ganz früh kam der Agent an Bord und bot an, die Passagiere, die gern in die Stadt wollten, gleich mitzunehmen und sie abends zum Schiff zurückzubringen. Das habe ich mir nicht zweimal sagen lassen! Mit zwei anderen Passagieren habe ich die Fahrt mit dem Motorboot trotz des Nieselregens sehr genossen. Im Regen sind wir durch die Verkaufsstände gegangen und haben uns alles angeschaut, auch einige nötige Dinge gekauft. Als der Regen nicht aufhören wollte, setzten wir uns zunächst in eine Gaststätte, beschlossen aber dann, uns die Stadt gründlich anzusehen. Dazu wählten wir den einfachsten Weg: Wir bestiegen einen Autobus und fuhren bis zur Endstation, suchten uns in der Nähe eine andere Linie und so immer weiter. Damit füllten wir unsere Zeit und kamen in fast alle Gegenden der Stadt Singapore, sahen das Viertel der Hindus mit ihrem merkwürdigen Tempel, fuhren durch das Chinesenviertel, aber auch durch schöne Wohngegenden. Aber der schönste Teil des Ausfluges war die Rückfahrt im Motorboot bei untergehender Sonne. Es ging durch den ganzen Hafen, da unser Schiff im Ölhafen lag, fast 50 Minuten lang. Der Hafen von Singapore ist ganz besonders schön und wenn dann noch die Abendsonne mit ihrem Schein alles vergoldet, kann man sich glücklich preisen, das erleben zu dürfen. Am Abend dieses Tages fuhren wir gegen 20.30 Uhr über den Äquator. Weiter ging's nach Tandjungpandan auf Belitung, wo das Schiff löschen mußte. Es dauerte sehr lange, bis endlich die Ladekähne herüberkamen. Eine große Zahl von Menschen kam in den Speisesaal, um sich bewirten zu lassen, zum erstenmal waren Soldaten darunter mit ihren Gewehren. Etwas von der Not der gegenwärtigen Zeit schilderten uns die Leute, die das Löschen beaufsichtigten. Es ist auf vielen Inseln schon lange kein Regen gefallen. In Bangka und Belitung ist eine solche Wassernot, daß die Zinnwerke stillgelegt werden mußten. Ein Autobesitzer fährt jeden Morgen 30 km weit zu einer Quelle, um dort 2 Eimer Wasser zu holen. Wahrscheinlich waren darum so viele Leute zum Löschen da, bekamen sie doch auf dem Schiff zu essen und zu trinken. Aber sie waren nicht an das schwere Werk gewöhnt und darum ging es sehr langsam. Wir konnten erst am anderen Morgen weiterfahren.

Vergeblich versuche ich immer noch, Indonesien zu sehen, wie ich es kenne.

Weiter ging es ohne Aufenthalt in Richtung Djakarta. Als unsere Düsseldorf die Inselgruppen in der "Bucht der 1000 Inseln" passierte, gingen meine Gedanken wieder ganz weit zurück. Ganz besonders erinnerte ich mich an einen Ausflug nach Alkmaar, eine Insel, die ich im Dunkeln

hinter der Insel Edam,jetzt Damar besar,zu sehen meinte. Wo ist doch
die Zeit geblieben! Ich mußte immer wieder hinüberschauen,obwohl im
Abenddunkel eigentlich nur der Leuchtturm zu sehen war. Aber für
mich brachte das Licht die Erinnerung an das gemeinsame,frohe Erleben
dieser Insel, wo uns die Affen einen so großen Streich gespielt hatten. Im Dunkeln dachte ich auch an all das Leid,das weiter drüben,auf
der Insel Onrust, von den vielen Deutschen erlitten wurde, als sie so
plötzlich von ihren Familien getrennt und als Feinde behandelt wurden,
weil die Deutschen in Holland einmarschiert waren. Aber das Dunkel
des Abends sollte nicht verleiten zu trüben Gedanken. Wir fuhren auf
Tandjung Priok zu,den Endhafen meiner Reise. Wie leuchteten die Lich-
ter in breiter Front. So war's früher noch nicht! Also auch Tandjung
Priok hatten einen großen Schritt vorwärts gemacht.Nur schade,daß
wir am Abend nicht mehr einlaufen konnten. Wir gingen auf der Reede
vor Anker und versuchten, uns in Geduld zu fassen,waren wir doch schon
so lange über die Zeit hinaus,die als Ankunftsdatum festgelegt war.

In der Nacht war ich unruhig,mit Spannung geladen. Ich war dem Ziel
so nahe! Was würde ich alles finden? Und doch war es noch nicht so
weit! Der ganze Sonntag verging. Ich sah zahllose Segler,die wohl zu
der kleineren Insel fuhren,die früher Leiden hieß. Da sah ich so etwas
wie ein Restaurant,das anscheinend das Ziel vieler Segelboote war.
Schon senkten sich die Schatten des Abends hernieder,als endlich der
Lotse an Bord kam. Als wir an der Kade festlagen, war es schon zu spät
um noch von Bord zu gehen. Eine kleine Hoffnung hatte ich noch,daß
Abholer auf mich gewartet hätten.Aber ich wurde enttäuscht! Die Er-
laubnisscheine zum Betreten des Hafengeländes.(man lebt hier ja noch
immer im Notzustand) galten nur bis 18 Uhr. Auf eigene Gelegenheit
noch in die Stadt fahren sollte? Während ich noch überlegte, bot sich
der Agent an, mich in seinem Auto mitzunehmen. So nahm ich ganz
schnell Abschied,erledigte die Zollformalitäten und fuhr zu meinen
Gastgebern. Es gab eine erstaunte,aber frohe Begrüßung und dann fühlte
ich mich gleich zu Hause. Noch am selben Abend kamen zwei befreundete
Familien dazu,die in Eile gerufen worden waren. Bis Mitternacht haben
wir zusammengesessen. Der Eindrücke waren sehr viele,aber der größte
und nachhaltigste Eindruck war die große Herzlichkeit,mit der ich aufgenommen wurde. Eine ganz andere Welt, Menschen mit ganz anderen Pro-
blemen, aber doch eine solche Verbundenheit!

In den nächsten Tagen hatte ich allerlei Regelungen zu treffen und Besuche zu machen, aber noch mehr Besuche zu empfangen. Ich bekam einen
Eindruck von Djakarta, wie es heute ist. Die Stadt ist wesentlich schöner geworden seit 1949,als ich sie zum letztenmal sah. Die Straßen
sind sauber und gut unterhalten,der Verkehr ist sehr gut geregelt. Viele neue,schöne Gebäude sind entstanden,aber die Menschen sind dieselben geblieben. Nein, doch nicht ganz! Sie haben einen freieren Blick
und tragen mehr Selbstbewußtsein zur Schau als früher. Die Zahl der
Schüler und Schülerinnen scheint unheimlich gewachsen zu sein.Überall
laufen sie oder fahren sie vorbei mit ihren Schultaschen oder mit ihren Büchern unter dem Arm. Es kommt viel Besuch zu mir und alle sind
so herzlich,daß ich immer wieder staunen muß.Da kommen noch Schülerinnen der ersten Ablieferung der Haushaltungsschule in Sukabumi,längst
in Djakarta verheiratet. Seit 1934/35 sahen wir uns zum Teil nicht
mehr,aber auf die Nachricht von meinem Kommen sind sie alle erschienen.
Wenn es zu machen wäre, müßte ich sie alle in ihren Häusern und Familien aufsuchen,aber das muß ich bei der Kürze der Zeit gleich ablehnen.
Auch die ehemaligen Bekannten von Sarangan,die Sora-Leute, kamen an,
jetzt alle in hohen Positionen,aber noch genau so herzlich wie früher.
Es ist nicht zu beschreiben,wie mir an jedem Abend zumute war,wenn ich
den Tag überdachte und dankbar die einzelnen Begegnungen in mein Gedächtnis zurückrief.

Dann kam der große Augenblick: die Reise durch West-und Mittel-Java
nahm ihren Anfang.Im Auto der Gastgeber ging es zunächst nach Bogor
über die neue Sattelitenstadt Kebajoran,vorbei an dem großen Stadion,
das im Volksmund nur "Asian Games" heißt.Es hat gewaltige Ausmaße

und soll 1962 im Juli fertig werden. Vorläufig ist aller Zement, der produziert und eingeführt wird, für diesen Bau bestimmt.

Kebajoran ist sehr schön angelegt, hat moderne Häuser, eine schöne Maschee und auch eine große, katholische Kirche. Noch etwas schwierig ist das Problem der Wasserversorgung und das Transportproblem. Es ist schon ein ganzer Weg vom Stadtzentrum aus, ohne Auto eigentlich sehr schwer zu erreichen.

In Bogor wurde das Auto gewechselt. Mein Gastgeber nahm auch einen Fahrer mit, um selbst mehr genießen zu können. Der Weg über den Puntjakpass nach Sindanglaja ist immer noch besonders reizvoll. Viele neue Häuser sind entstanden, es gleicht einem richtigen Ferienparadies. Die Straße mit ihren vielen Kurven ist sehr gut unterhalten. Der Weg führte dann über Tjiandjur, das sich sehr verschönert hat, nach Sukabumi, also nicht an unserem ehemaligen Haus vorbei. Das sollte für die Rückfahrt vorbehalten bleiben. Ich wohnte im Hause Bunut 21 und wußte nicht, wie mir war, als ich, wie in alten Zeiten, meinen beiden früheren Mitarbeiterinnen, gegenüber saß. Es war gerade so, als wäre ich nicht viele Jahre fort gewesen. Schon um 4 Uhr war eine Zusammenkunft anberaumt mit ehemaligen Schülerinnen der Haushaltungsschule und mit Frauen des Bibelkreises, soweit sie noch da waren, und kommen konnten. Etwa 50 Personen versammelten sich in demselben Lokal, in dem ich bis zum 11. Mai 1940 immer die Schulandachten gehalten habe. Es war wie ein Traum. Fast alle waren Mütter, manche hatten viele Kinder, aber sie waren in dem Augenblick alle meine Kinder, so wollten sie es und das war mir ein großes Geschenk. Viel gab es zu erzählen und immer wieder kam die Frage: Wißt Ihr noch .....? Auch ich mußte von all meinen Erlebnissen berichten. Wir tranken dabei Tee und aßen Gebäck, hergestellt und serviert von jetzigen Schülerinnen der Haushaltungsschule. Als dann noch laksa aufgetragen und gemeinsam gegessen wurde, war es wieder, als hätte die Zeit stillgestanden. Das aßen wir doch früher so besonders gern, wenn wir unseren Verkauf von Schülerinnenarbeiten hatten. Dankbarkeit und Liebe erfüllten den Raum und verbreiteten einen hellen Schein, sodaß es garnicht auffiel, daß an dem Abend kein Strom da war und die Lampen nicht leuchten konnten.

Zurückgekehrt nach Bunut 21 wurde ich von den Internatskindern im Haus um ein "Interview" gebeten. Ich nahm erst die Schüler der SMP, Unterbau der Mittelschule, Jungen von 13-15 Jahren. Sie kamen mit Papier und Bleistift. Das ist das neue Indonesien, die neue Jugend, wissensdurstig und aufnahmebereit. Aber sie waren doch wohl etwas erschrocken vor ihrer eigenen Tapferkeit. Ich mußte ihnen erst den Weg ebnen zum Fragenstellen, dann kamen sie auch mit ihren eigenen, zum Teil recht verständigen Fragen. Was sie gehört hatten, schrieben sie sehr ordentlich nieder. Später mußten auch die Schüler der SMA (Oberbau der Mittelschule, mit dem Abitur abschließend) noch an die Reihe kommen. Sie kamen mit ihren Lehrern, die teilweise im Internat wohnen. Ihre Fragen betrafen in erster Linie Ausbildungsmöglichkeiten im Ausland und soziale Regelungen der Arbeitsverhältnisse für diejenigen, die aus wirtschaftlichen Gründen gleich eine Arbeit annehmen müssen. Die Jugend denkt nach über das, was sie hört und ist freier, mehr an Fragen gewöhnt als früher, wo sie zu schweigen hatte.

Am anderen Morgen sah ich die neuen Arbeitszweige: das Mädcheninternat, die Fröbelschule und den Beginn des neu zu erbauenden Studienzentrums. Wenn man den beiden einsamen Arbeiterinnen doch mehr helfen könnte! Alle Mahlzeiten in dem Hause werden gemeinsam eingenommen, einer der Lehrer hält eine kurze Morgenandacht. Wie wünsche ich dieser Arbeit Gottes Segen!

Die Weiterfahrt brachte mich zu kurzem Aufenthalt in das Geschäftsviertel von Sukabumi, wo alles so ganz anders ist. Ich gedachte der lieben Frau Beng (Tjoa Eng Tjan), die da gelebt und gewirkt hat und der es damals so schwer war, daß alle meine bei ihr untergestellten Sachen mit verbrannten. Das Geschäft ist fast genau so wieder aufgebaut,ein Sohn führt es weiter,zusammen mit dem Vater, und eine Tochter hilft dabei. Anscheinend hatte einer es dem anderen gesagt, daß ich da sei,viele kamen eben herbei,um mich zu begrüßen.Solange habe ich ja da eingekauft!

Dann ging's noch einmal über Tjiandjur und weiter über den Gunung Missigit nach Bandung. Was auch verändert sein mag: die Schönheit der Natur ist die gleiche geblieben. Ich hätte überall stillstehen mögen, so hat mich der Preanger wieder entzückt. Die gewaltigen Kalkfelsen haben sich so scharf ab von dem frischen Grün der Reis- felder,die bis in große Höhe hinein terrassenförmig die Berghänge schmücken.

An Javas Nordküste entlang fuhren wir nach Tjirebon.Ganze Strecken weit sahen wir das Meer. Die Häuser am Weg sahen recht ordentlich aus,weißgestrichene Bambuszäune grenzten die Gärten und Felder von der Straße ab. Merkwürdig berührte zunächst das immer wieder auf Hausdächern,mit Kalk geschrieben,zu lesende Wort:Usdek. Man hätte meinen können, viele Dörfer trügen den gleichen Namen. Aber wer die Politik von Indonesien verfolgt hat,weiß, daß damit die Grundsätze der neuen Regierungsform ausgedrückt sind. Je weiter wir auf dem Weg nach Semarang kamen, desto mehr fiel mehr der Unterschied mit der früheren Zeit auf. Mitteljava mit seiner dichten Bevölkerung war früher immer ein Minusgebiet.Die Häuser waren sehr bedürftig und die Menschen fast unzureichend gekleidet. Jetzt sah ich fast nur Steinhäuser oder Häuser mit steinernem Sockel.Statt der Dächer von Palmblättern sind überall Dachziegel zu sehen. An verschiedenen Or- ten waren einfache Ziegelbrennereien,wo sowohl die Bausteine wie auch die Dachziegel hergestellt wurden. Da alles weiß gekälkt war, machte die ganze Gegend einen sehr ordentlichen und ungleich wohl- habenderen Eindruck als früher. Bis auf einige Wegstrecken, wo gera- de an der Verbesserung der Straße gearbeitet wurde, waren die Wege überall gut. Auffallend ist die Haltung der vorfahrenden Autos,die die immer ein Zeichen geben,wenn der Weg vor ihnen nicht frei ist. Dadurch geschehen beim Überholen lange nicht so viel Unglücke. Zwischen Brebes und Pekalongan liegen die weiten Djati-Wälder,die mit ihrem trockenen Laub fast den Eindruck von Herbstwäldern mach- ten.Auch die Stadt Semarang hat einen guten Eindruck auf mich ge- macht. Vieles Alte ist verschwunden und hat neuen,großen Gebäuden Platz gemacht. Wir fuhren über Ungaran und Ambarawa,das noch recht ärmlich aussieht, nach Bandungan.Das Land war überall furchtbar trocken.Seit Monaten hatte es nicht geregnet.Risse klafften in den Reisfeldern und die Flüsse waren fast ausgetrocknet.Aber in Ban- dungan war genug Wasser. Wir sahen das schöne Erholungszentrum für die Eisenbahner mit einem großen Schwimmbad.Das ist eine Errungen- schaft der Selbständigkeit.Jetzt werden solche Anlagen nicht für Fremde geschaffen, sondern für die eigene Bevölkerung.

Das nächste Ziel war Tawangmangu, ein Höhenluftkurort,auf dem Hang des Lawu gelegen. In Kasa Tina bekamen wir Privatunterkunft.Eine so herrliche Anlage habe ich in Indonesien sonst nirgendwo gesehen. Die Besitzerin,auch eine frühere Schülerin der Haushaltungsschule, versorgt den Garten mit ganz großer Liebe und mit viel Geschick. Al- lein 35 Sorten von Tannen hatte sie gepflanzt,Apfelbäume trugen dicke,schöne Früchte. Merkwürdig,daß die Form der Bäume sich sehr stark unterscheidet von den deutschen Apfelbäumen,die Krone gleicht der des Birnbaumes. Die Auffahrt zum Haus ist bepflanzt mit hohen, schlanken Tannen und dazwischen blühen in üppiger Pracht hohe Olean- derbäume.Ein breites Beet ist in der ganzen Länge der Auffahrt be- pflanzt mit allen tropischen und europäischen Blumen, die man sich nur denken kann.

Fast konnten wir das Aufstehen am anderen Morgen nicht erwarten, so gewaltig zog uns der Garten in seinen Bann. Der Gegensatz eines sol- chen Besitzes zu der Lage der Bergbevölkerung ist freilich sehr gro Am Ende der Auffahrt, nahe beim Eingangstor stehend, konnte ich

- 38 -

38

beobachten, wie die Bergbevölkerung schwere Lasten nach dem viel
tiefer gelegenen Marktplatz trägt,um dort zu verkaufen,was in den
Berggärten gewachsen ist. Junge Frauen und ganz alte Mütterchen tragen schwere Säcke mit Kohlköpfen auf dem Rücken bergabwärts.Sie haben einen eigenartig wippenden Gang und können nicht stehenbleiben,
bis sie ihre Lasten absetzen dürfen. Arm ist diese Bergbevölkerung,
auffallend arm, auch in der Kleidung,aber freundlich und höflich.

Ein Spaziergang führte uns in den Wald hinein zu einem schönen Wasserfall. Dabei bemerkte ich eine auffallende Veränderung gegen frü-
her.Ganze Familien waren unterwegs, Gruppen von jungen Männern oder
jungen Mädchen,alles war auf Spazierengehen eingestellt,weil es
Sonntag war. Wie oft hatten früher,wenn ich mit den Kindern spazie-
renging, die Dorfbewohner mich gefragt, was ich doch daran hätte,
durch Felder und Wälder zu wandern. Jetzt fragen sie nicht mehr.Sie
wissen um die Schönheit ihres Landes und wissen es auch zu genießen,
daß man wandern kann. Ein ganz neuer Broterwerb hat sich wie von
selbst entwickelt. Kleine Jungen nehmen sonntags einen Korb mit Li-
monadeflaschen auf den Kopf und gehen hinter den Spaziergängern her,
die sicher während der Wanderung einmal durstig werden und dann froh
sind,wenn sie etwas zu trinken kaufen können. Ihr Gewinn ist nicht
sehr groß, aber unentwegt folgen sie einer Gruppe nach,von der sie
hoffen,daß sie etwas kaufen wird. Unsere Gesellschaft kaufte für
jeden eine Flasche,aber nicht alle tranken die Flasche ganz leer.Der
Junge nahm schmunzelnd die Reste in Empfang.Auf unsere Aufforderung,
doch die Reste auszutrinken,sagte er geheimnisvoll: Das bringe ich
meinen Geschwistern mit,wenn ich gleich nach Hause komme.Wir teilen
alles miteinander. ....

Mitten im Wald gibt es für hungrige Leute auch etwas zu essen.Dafür
sorgen die Saté-Verkäufer,die mit ihrem tragbaren Verkaufsstand
auch mitgehen in den Wald.Alles haben sie bei sich: Hühnerfleisch,in
ganz dünnen Stückchen auf feine Bambusstäckchen gereiht,die über
einem Holzkohlenfeuerchen,das sie auch bei sich trägt,geröstet werden, nachdem sie aus einigen Flaschen mit diversen Gewürzen versehen
sind. Dazu gibt es Reis,in Bananenblätter eingewickelt,gebrauchsfer-
tig,in Stücke geschnitten,wobei das Bananenblatt als Teller dient.
Das inzwischen fertig geröstete Fleisch wird übergossen mit einer
Erdnußtunke und das herrliche Mahl mitten im Wald ist bereit.Man
brauchte sich nicht den Kopf zu zerbrechen über das Mitnehmen von
Proviant, man hat auch nichts nach Hause zu tragen.Für alles ist gesorgt!

Nirgendwo war unseres Bleibens lange, wir wollten soviel wie möglich
sehen und in uns aufnehmen. So ging es von Tawangmangu aus nach Solo
der alten Sultansstadt. Solo schien mir gegen früher nicht viel ver-
ändert.Noch immer umschließt die hohe Mauer den Sultanspalast und
das Stadtleben läuft außen herum. Ich hatte Gelegenheit,eine Bati-
kerei anzusehen, ein altes Kunstgewerbe,das herrliche Produkte zei-
tigt. Darum staunte ich nicht wenig über die einfache Form des Be-
triebes. Da sitzen Frauen jeden Alters,bis hin zum Greisenalter,auf
dem Fußboden, vor sich auf einem Ständer ein kräftiges,weißes Baum-
wolltuch. Neben sich haben sie ein kleines Holzkohlenfeuerchen,auf
dem eine Pfanne steht, in der Farbe oder Wachs warm gehalten wird.
In der Hand haben sie eine feine Spritze, einer Injektionsspritze
gleich, mit einem kleinen,offenen Behälter am Ende. Diesen Behälter
füllen sie mit heißer Farbe und dann führen sie die feine Nadel aus
freier Hand über den Stoff.Die eine Frau macht nur Striche oder Or-
namente,alles in einer Farbe,die andere malt Blumen-oder Schmetter-
lings- oder Vogelmotive, auf die große,offene Fläche.Hat man genug
von einer Farbe gemalt,dann wird alles mit Wachs bedeckt,was die
Farbe behalten soll.Das ganze Tuch wird darauf in eine große Wanne
mit Farbe eingetaucht.Ist das Tuch ganz trocken, dann wird es gekoch
um den Wachs zu entfernen und es kann weitergemalt werden. Die Her-
stellung eines vielfarbenen Sarongs dauert 2-3 Monate. Die Frauen,
die daran gearbeitet haben, werden erst dann bezahlt für die ganze

- 39 -

— 39 —

Arbeit.Ein solcher Sarong kostet gegenwärtig 20-25 000 Rupiah.Ich habe Respekt bekommen vor so wundervoller Arbeit,die man den einfachen Leuten garnicht zutraut. Sie sind Künstlerinnen in ihrem Fach. .....

Von Solo aus ging es in Richtung Madiun. Vor 20 Jahren hatte es mich gerade da so getroffen, daß alle Frauen ganz dunkle Tücher und Jakken trugen. Jetzt traute ich meinen Augen nicht,als ich sie in bunten,farbenfrohen Gewändern wiedersah. Das Bild der Landschaft hat sich ganz verändert,weil es belebt ist von all den frohen Farben der Kleidung. Auch die Haltung ist aufrechter geworden, nicht mehr so unterwürfig wie früher.Da merkt man den Einfluß der Freiheit!

Als das Auto sich Sarangan näherte,klopfte mein Herz vor erwartungsvoller Freude. Der kurvenreiche Weg gab einmal den Blick frei auf den Lawu und dann wieder auf den Siduramping und Kukusan.Das war das Bild, das nicht aus meiner Erinnerung geschwunden war in den fast 13 Jahren meiner Abwesenheit.Anders war es mit den Häusern. Vergeblich suchte ich nach bekannten Gebäuden. Kein einziges Haus ist in den vergangenen Jahren der Vernichtung entgangen. Auf der Hotelterrasse stehend,konnte ich mich zunächst garnicht recht orientieren. Ich mußte ganz einfach an den See hinunter, um von da aus die alten Stätten aufzusuchen. Nur ganz geringe Mauerreste lassen noch erkennen, wo einst Häuser gestanden haben. Wie kann doch ein Krieg eine Gegend verändern! Ein Teil des Ortes ist wieder aufgebaut aber es sind hauptsächlich Hotels,die da entstanden sind. In den Ferien wollen sie vielen Menschen aus der Ebene Unterkunft im kühlen Bergklima bieten.

Und doch war es ein warmes Heimatgefühl, das mich durchströmte,als ich meine Blicke richten konnte auf die bekannten Berge und auf den See. Wie hatte ich das alles geliebt und mich daran erfreut in den langen Jahren unseres unfreiwilligen Aufenthaltes dort! Es waren immer noch Menschen da,die mich kannten und die sogar gleich meinen Namen wußten,nach Hans-Günther fragten,der damals bei mir war und die mir auch vom Tod meiner alten Köchin Raisin erzählen und mir ihr Grab zeigen wollten. Die Bergbevölkerung ist unverändert.Sie kennt keinen Fremdenhaß.Sie fühlt die menschliche Verbundenheit zu denen hin, die ihnen einmal gut waren und ihnen halfen. Ich suchte das Grab auf von Mädi Hachgenei,tief im Wald gelegen,der soviel dichter geworden war,seitdem er so selten betreten wurde. Das Grab war gut unterhalten.Während ich für die fernen Eltern einige Aufnahmen machte, kam ein alter Javane an. Er glaubte erst,die Mutter des dort ruhenden Mädchens vor sich zu haben und wollte sich erkundigen, ob sie ihm wohl die vor 13 Jahren versprochene Hose und Jacke mitgebracht hätte. So lange hatte er das Grab ohne jede Vergütung unterhalten. Diese seltene Treue rührte mich zutiefst.War ich auch nicht die Gesuchte, so konnte ich ihm doch einen Lohn seiner Treue vermitteln und das habe ich mit frohem Herzen getan. Die Bergbevölkerung lebt zeitlos,aber sie lebt in alter Weise: ein Versprechen behält seine Gültigkeit.

Durch den Wald ging es weiter nach Modjosemi,wo die herrlichen Eukalyptusbäume stehen. Der Name fiel mir erst wieder ein,als ich dort ankam.Ein unvergleichlich schönes Stück Wald ist das,wie hätte ich das je vergessen können! Kein Wunder,daß die ganze deutsche Gemeinschaft sich in dieser herrlichen Gegend so wohlgefühlt hat,mußte ich immer wieder denken. Dankbar,daß es mir vergönnt war,dieses herrliche Fleckchen Erde wiederzusehen,nahm ich Abschied.

Nun ging es nach Wonosobo.Im besten Hotel des Ortes hatten wir Quartier bestellt.Da erlebten wir, wie Indonesien nicht sein sollte. Als wir um 14 Uhr ankamen,schlief der Manager des Hotels und war erst wieder um 18.30 Uhr zu sprechen. Auch sein Sekretär war nicht zu sprechen. Zu trinken konnten wir nichts haben,erst,als wir extra Bezahlung anboten,bequemte sich ein alter Diener,uns sehr mäßigen Kaffee zu bereiten und in noch mäßigerem Geschirr zu servieren.

Abb. 98-4, Nur der Tennisplatz in Sarangan erinnerte noch an frühere Zeiten. Alle Häuser von damals sind zerstört, die Villen sind neu, 1961

Abb. 98-5, Der Rozenhof, wo Kühe und Schweine für die Versorgung der Deutschen in den Kriegs- und Nachkriegsjahren gehalten wurden, Sarangan 1961

Die "besten Zimmer" waren sehr ungepflegt,teilweise so schmutzig,
daß uns graute. Die Kräne liefen, das Wasser war weder im Schlafzimmer noch im Badezimmer abzustellen.Es fehlte alles,was ein Tou-
rist in einem guten Hotel erwarten kann:Zahnglas, Decken (im kühlen
Bergklima!),Handtücher usw. Unser Plan, zwei Tage dort zu bleiben,
veränderte sich gleich,sobald wir alles in Augenschein genommen hat-
ten.Sofort haben wir uns wieder abgemeldet und sind auf einem anderen Wege nach Tjirebon zurückgefahren. Es ging quer durch das
Land, vorbei an Bandjarnegara und Purworedjo.Hier fiel mir etwas ganz
Neues auf: Straßenbeleuchtung, wie sie auch sein kann. In den Dörfern,zwischen diesen Städten gelegen, standen vor den Häusern Pfähle,
auf denen oben ein kleines Brettchen befestigt war.Darauf stand ein
kleines Öllämpchen, das geschützt wurde duch ein kleines,winklig ge-
bogenes Blechdächelchen. Das ist Fortschritt, gesunder Fortschritt,
wenn die Bevölkerung sich mit eigenen Mitteln hilft.Es hat mir große Freude gemacht. Nicht "oben" muß die Entwicklung anfangen,sondern
"unten". Mit eigenen Mitteln Besseres schaffen als man bisher hatte,
das ist das Geheimnis echten Fortschritts.

Von Tjirebon ging es diesmal über Sumedang.Ein wunderbarer Weg war
es,der die ganze Schönheit des Preangers offenbarte.Bis vor kurzem
war er noch unsicher gewesen, da in der ganzen Gegend die Rebellen
ihre Überfälle machten. Wir fuhren sicher hindurch und genossen die
Aussicht,die sich bei jeder Kurve wieder veränderte,in vollen Zügen.

Über Bandung ging es noch einmal nach Sukabumi.In dem früher erwähnten Internat gab es einen "malam gembira" (fröhlichen Abend)anläß-
lich des Geburtstages zweier Internatskinder. Das war wieder einmal
das moderne Indonesien. Die Jungen hatten ganz allein allerlei Lustiges arrangiert,kleine Aufführungen, in denen Wortspiele ihre Bedeutung fanden. Sie hielten allerlei Reden und waren so frei und so
froh,daß ich der Jugend zu diesem Fortschritt nur gratulieren konnte.

Bogor nahm mich noch für eine Nacht auf und dann war die große Rund-
reise beendet. Viel Erfreuliches habe ich gesehen.In Djakarta erlebte ich noch ein Treffen der früheren Schülerinnen der Haushaltungsschule und soviel Liebe,daß es mich noch einmal überwältigte.Auch
die ehemaligen Sora-Leute, an der Spitze Dr.und Frau Singgih, zeigten eine solche Verbundenheit,Trotz ihrer teilweise sehr hohen Positionen, haben sie sich mit der "Ausländerin" zusammengesetzt,mich
eingeladen und bewirtet und mir Geschenke mitgegeben als Band der
Erinnerung. Auch das ist das neue Indonesien.

Mit chinesischen Freunden bin ich ausgewesen in Glodok,der Altstadt von
Djakarta. Was da jetzt zu sehen ist,kann man kaum beschreiben.Bis
10 Uhr abends ist da alles zu haben,was man sich nur denken kann.
Auf kleinstem Raum wird alles verhandelt und die Restaurants bieten
eine Fülle vom besten Essen. Einmal war ich mit 4 Pastorenfamilien
von einem Presbyter und seiner Familie eingeladen. Dieser Kontakt
hat allerlei Fragen aufgeworfen.Die Position der Chinesen ist eine
schwierige. Sie sind zwar längst Bürger Indonesiens,stehen aber immer noch unter einem gewissen Verdacht.Weil sie sehr fleißig sind
und einfach und sparsam leben, kommen sie vorwärts.Man scheint ihnen
das zu neiden.Daher sind sie etwas einsam, auch in ihrem Dienst in
der Gemeinde.Sie müßten viel mehr fühlen können von der Bruderschaft
aller derer,die den Herrn Jesus liebhaben.

Meine Zeit in Java war damit zu Ende. Ein Flugzeug brachte mich am
30.September nach Medan. Viele Freunde begleiteten mich auf dem Wege zum Flugplatz und winkten bis zuletzt.

Sumatra war mir,wenn ich einen kurzen Besuch in Medan außer acht
lasse, ganz unbekannt. Ich nahm an der Feier des 100 jährigen Bestehens der Batakkirche teil.Dabei sah ich weite Teile des Landes:Me-
dan, Pematangsiantar, Sigumpar,Balige,Sigumpolon,Tarutung-Pearadja.
Ganz anders schien mir das Land, das ich zum erstenmal besuchte.War
Java allzu trocken gewesen, so fand ich hier fast zuviel Regen,statt

großer Dürre, eine üppige Vegetation. Ausgedehnte Plantagen aus früherer Zeit habe ich durchfahren. Welche Fülle von Gummi, Ölfrüchten und Tee! Überall im Batakland,im Herzen von Sumatra,sah ich Kirchen und Schulen.Aber die Häuser am Weg machten nicht den fortschrittlichen Eindruck,den ich in der Beziehung in Java gewonnen hatte. Vielleicht liegt es daran, daß erst vor kurzem die Befriedung der Rebellen Tatsache geworden ist. Während des Aufstandes war soviel beschädigt und vernichtet worden, daß man sicher nicht an viel neue Bauten hat denken können.

Der Komplex der Nommensen-Universität ist wunderbar angelegt,das Krankenhaus der Batakkirche in Balige ist ein Zentrum christlicher Barmherzigkeit. Hoch in den Bergen liegt Saribudolok und nicht sehr viel weiter Kabandjahe,an beiden Orten wird der kranken Bevölkerung im Geist christlicher Liebe geholfen.

Großartig ist die Landschaft in den Bergen:Parapat und Harang-Gaol am Tobasee, Kabandjahe und Brastagi in der Hochfläche.Das Land ist dünn bevölkert, darum scheint das Leben dort soviel leichter zu sein.

Aber auch da, in diesem ganz anderen Gebiet von Indonesien, gibt es Probleme,die nicht so leicht zu lösen sind. Der Lebensstandard wächst, aber die Geldmittel wachsen nicht mit. Die Gehälter der Beamten (und der größte Teil der Lohnempfänger steht im Beamtenverhältnis)sind viel zu niedrig. Bei den großen Familien,die überall im Land Regel sind, reicht das Gehalt meist nur für ein Drittel des Lebensbedarfs. Jeder ist gezwungen,nebenbei zu verdienen. Manch ein Lehrer arbeitet in zwei Schichten,er gibt morgens und nachmittags oder abends Unterricht,damit er ein doppeltes Gehalt beziehen kann. Die Beamten auf den Büros müssen oft genug ihre ganze Freizeit darauf verwenden,irgend eine andere Tätigkeit auszuüben. Oft arbeitet auch die Frau mit oder die Kinder tragen schon irgendwie zu den Lasten des Haushaltes bei durch Zigarettenverkauf oder dergl. Selbst die Pfarrer trifft das gleiche Los. Sie müssen sehen,daß sie irgendwie noch unterrichten können, damit sie Nebenverdienst haben.Darum beherrscht das Streben nach Geld in einem so starken Maße die ganze Bevölkerung,daß man sich nicht mehr wundert, daß schlechte Elemente ihren Vorteil auf eigene Art suchen. So kommt das System der Bestechung in das Volk hinein und bekommt sogar Zutritt in die Beamtenwelt.

Einmal sah ich vor einem Kino Menschen in langen Reihen stehen.Es war am frühen Morgen und erst um 11 Uhr begann der Vorverkauf von Karten für die Abendvorstellung. Ich fragte erstaunt,warum die Leute da jetzt schon stünden.Da hörte ich,daß sie morgens um 4 Uhr schon ihren Platz beziehen.Sie kaufen soviel Karten,wie sie bekommen können und verkaufen sie weiter an Liebhaber. Für die neue Form des Films Ben Hur kosteten die Karten 50 Rp.,bis zu 1000.- Rp wurde im Schwarzhandel dafür bezahlt. Wer kann es sich auch leisten, soviel Stunden seinen Verdienst zu missen?! Es besteht z.B. auch große Nachfrage nach Karten für die Eisenbahn. Man kann gegen Bezahlung Leute mieten, die sich anstellen und eine Karte kaufen,damit man am anderen Tage auch wirklich mitkommt. Will man auf offiziellen Dienststellen etwas erreichen, so schiebt man einen Briefumschlag mit Inhalt unter die Papiere,für die man einen Stempel braucht.

Dauernder Mangel am Nötigsten bringt allzu leicht auf einen schlechten Weg. Das ist bedauerlich,denn gerade dadurch verteuert sich das Leben wieder bedeutend.

Es gibt Zuteilung von Lebensmitteln,aber nicht jeder hat das,was zugeteilt wird, am meisten nötig. Darum gibt es viel Schwarzhandel mit Zucker und Butter und mit allerlei anderen Dingen. Eben sagte ich, daß es recht verständlich ist,aber es bleibt bedauerlich, weil dadurch keine neuen Werte geschaffen werden.

Für die Abiturienten der vielen Oberschulen,die so plötzlich entstanden sind,fehlen die nötigen Studienplätze.Was wird aus den Jungen,die nicht an die Arbeit kommen? Sie laufen und rennen und probieren,irgendwo unterzukommen. Können sie für das Medizinstudium nicht zuge-

– 42 –

lassen werden, dann versuchen sie es mit der juridischen Fakultät,gibt es auch da keinen Platz,dann bleibt noch die Technische Hochschule oder die Lehrer-Akademie. Man nimmt, was man bekommen kann. Ob dadurch die beste Auswahl getroffen wird, ist mir eine ganz große Frage.

Als jemand,der das Land lieb hat, möchte ich dem Lande gute Fachschulen wünschen,in denen tüchtige Landwirte herangebildet werden und tüchtige Techniker für alle Zweige der Wirtschaft.Geschenkweise kommen mancherlei Maschinen ins Land,die kaum aufgestellt werden können,weil die Fachleute fehlen. Die oft so hoch empfindlichen Maschinen laufen nur kurze Zeit,dann geraten sie in Unordnung und werden unbrauchbar,weil niemand da ist,der sie reparieren kann. In der technischen Entwicklung ist es eben nicht möglich, Jahrzehnte und Jahrhunderte einfach zu überspringen.Fundiertes technischen Wissen könnte einen großen Aufschwung bringen.

Viermal Indonesien, so sagte ich am Anfang. Wahrlich, jede Periode hat für mich ein besonderes Gesicht. In den drei ersten Perioden habe ich mitarbeiten dürfen am Vorwärtskommen der Bevölkerung. Es war ein ganz kleiner Abschnitt,den meine Tätigkeit umschloß, hauptsächlich ein Arbeiten an Frauen und Mädchen. Wenn mir jetzt, in der so kurzen vierten Periode meiner Anwesenheit in Indonesien, von ehemaligen Schülerinnen gesagt wird,daß sie in meiner Schule viel gelernt hätten,daß ihre Männer sehr zufrieden seien mit ihnen, dann nehme ich das als höchstes Lob. Mehr habe ich nicht tun wollen, als in meiner Umgebung den Menschen,die an mich gewiesen waren,zu helfen. Es ist fast selbstverständlich, daß das in erster Linie Frauen und Mädchen waren. Wenn sie durch meine Mitarbeit in ihrer Familie, als Frauen und Mütter, den rechten Platz gefunden haben und dadurch ein aufbauendes Element geworden sind im Volksleben,dann ist das für mich eine bleibende Freude.

Gott segne die vielen Frauen und Mädchen,die meinen Weg gekreuzt haben und helfe dem indonesischen Volk zu einer vollen, glücklichmachenden Freiheit.

–o–o–o–o–o–o–o–o–o–o–

247

99. Nachwort von Hans-Günther Bode

Meine Mutter war eine gläubige Christin. Sie war davon überzeugt, dass sie die vielen Schicksalsschläge nur durch ihren Glauben verkraftet hat. Ihre Hilfsbereitschaft war immer abrufbar, und ihr zuversichtlicher Zuspruch in allen Lebenslagen hat vielen Mitmenschen geholfen und Trost vermittelt.

Lydia Bode, die lange Zeit Religionslehrerin war, hat an der Deutschen Schule in Sarangan als auch in ihrem letzten Lebensabschnitt an einer Berufsschule in Wuppertal niemals versucht, ihren Glauben irgendjemand aufzuzwingen. Sie war immer sehr tolerant.

Meine Mutter hätte sich bestimmt gefreut, dass sie und ihre Arbeit posthum so gewürdigt werden. Dafür danke ich dem Autor dieses Buches ganz herzlich.

Hans-Günther Bode
Moers, im Mai 2022

Abb. 99.1-1, Ausflug von Frau Bode mit Dorfbewohnern zum Rozenhof, Sarangan, 1961

100. Nachwort des Autors

Als ich den ersten Band dieser Dokumentation 2015 fertigstellte, konnte ich mir nicht vorstellen, dass daraus einmal sechs oder mehr Bände werden würden. Die Bücher erregten mehr Aufmerksamkeit, als ich erwartet hatte. Eigentlich wollte ich nur die mir bisher bekannten Dokumente der Nachwelt erhalten. Als sich jedoch nach dem Erscheinen der ersten beiden Bände immer mehr Zeitzeugen bei mir meldeten und mir immer mehr neue Unterlagen zur Verfügung stellten, machte ich einfach weiter. Nun liegt Band 6 vor Ihnen! Band 7 wird noch das von Lydia Bode erarbeitete Wörterbuch und die Grammatik der Bahasa Indonesia enthalten. Aber von nun an möchte ich mich auch wieder anderen Themen widmen und überlasse die weitere Forschung über die Aktivitäten des Dritten Reichs in Asien Jüngeren. Diese haben jedoch nun – nachdem vor meinen Recherchen so gut wie nichts über dieses Thema bekannt war – ein Fundament, auf dem sie weiter forschen und aufbauen können. Allerdings wird es mit der Zeit immer schwieriger, noch Zeitzeugen zu finden.

Oft haben mir die Zeitzeugen mit zitternder Stimme erzählt, wie ungerecht, brutal und gegen alle internationalen Richtlinien sie von den Niederländern in Niederländisch-Indien während und nach dem Zweiten Weltkrieg behandelt wurden. War es Wut oder die Erinnerung an die damaligen Vorkommnisse, die vielen selbst Jahrzehnte später noch Tränen in die Augen trieb? Unschuldige deutsche Bürger wurden ohne eine nachträgliche Wiedergutmachung von den Niederländern enteignet, wie Verbrecher abgeführt und erneut interniert. Und das Jahre nach dem Ende des Zweiten Weltkriegs. Unglaublich! Welches Recht hatten die Niederländer dazu?

Im Gegensatz zum Verhalten der Holländer war das Verhältnis der Indonesier gegenüber den Deutschen immer zuvorkommend, freundlich und kameradschaftlich, bis heute. Sie waren gleichgesinnte Verbündete gegen den Kolonialherren aus den Niederlanden. Oft haben indonesische Kadetten und Freiheitskämpfer die Deutschen in Sarangan vor angreifenden Kommunisten und vor von Niederländern bezahlten Aufrührern beschützt. Den Dank dafür bringt auch die in Sarangan angebrachte Plakette zum Ausdruck.

Auf dem Soldatenfriedhof Arca Domas[61] in der Nähe von Bogor in Westjava wird mit einem Denkmal der zehn deutschen Seeleute gedacht, die mit dem Deutsch-Ostasiatischen Geschwader in Niederländisch-Indischen Gewässern umgekommen sind. Wann wird man auch hier endlich mit einer Gedenktafel an die über 400 deutschen Zivilinternierten erinnern, die durch ein niederländisches Kriegsverbrechen beim Untergang der *Van Imhoff* in der Nähe von Nias ihr Leben verloren haben? Auf dem Hamburger Friedhof Ohlsdorf ist dies bereits geschehen. Wird hier vonseiten der Bundesrepublik Deutschland mit zweierlei Maß gemessen? Wenn Unrecht geschehen ist, muss man auch darüber berichten und erinnern dürfen. Mit der *Van Imhoff* ist auch der bekannte Maler und Musiker Walter Spies[62] ertrunken. Er wird mit einem Hinweis auf das niederländische Kriegsverbrechen im ARMA-Museum in Ubud auf Bali geehrt.

Abb. 99.2-1, Der Autor mit dem Eigentümer des ARMA-Museums, Agung Gede Rai, vor der Walter Spies Büste

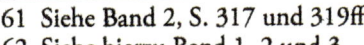

61 Siehe Band 2, S. 317 und 319ff
62 Siehe hierzu Band 1, 2 und 3

Bei allen Schwierigkeiten die während des Bestehens der Deutschen Schule in Sarangan auftraten, wäre ich dort auch gerne in der herrlichen Berglandschaft zur Schule gegangen. Dort konnten sich die Kinder viele Jahre lang in Kriegszeiten frei bewegen und meist ohne Angst toben. Ich verbrachte dagegen die Kriegsjahre von der Mutter getrennt in der Evakuierung oder in Luftschutzkellern.[63] Das letzte Kriegsjahr war mein erstes Jahr auf dem Gymnasium. Wir Schüler und die Lehrer verbrachten damals die meiste Zeit wegen Fliegeralarm und fallender Bomben in tiefen Kellern. Oft hatten wir Unterricht mit aufgesetzten Gasmasken. Auf der anderen Seite des Erdballs, in Sarangan, konnten die deutschen Kinder Fußball spielen oder den Vulkan Lawu mit einer Höhe von fast 3300 Metern besteigen. In seinem Krater dampft es auch heute noch gewaltig.

Das Sarangan-Projekt wurde sofort nach der Befreiung der deutschen Frauen und Kinder aus den niederländischen Internierungslagern durch japanische Truppen in Angriff genommen. Es war eine radikale Umbruchzeit. Schnellstmöglich wollte man wieder einen geregelten und anspruchsvollen Schulunterricht für die Kinder haben, da dieser nach dem Einmarsch der deutschen Truppen in die Niederlande für deutsche Kinder von den Kolonial-Niederländern untersagt wurde. Schon bald entwickelte sich in Sarangan ein Kameradschaftsgefühl, das über alle Altersgruppen hinweg reichte. Trotzdem erlebte jeder Sarangan-Schüler die Zeit in dem herrlichen Luftkurort anders, da ja auch alle Kinder aus unterschiedlichen Familienverhältnissen stammten.

Die meisten Mütter blieben bei ihren Kindern. Für die Mütter die das nicht wollten oder konnten, gab es in Sarangan auch eine Internatslösung, getrennt für Jungen und Mädchen. Zu den kameradschaftlichen Kontakten gehörten auch die verordneten Arbeitsdienste in den Gemüsegärten, die zur Sicherung der Lebensmittelversorgung beitrugen. Obwohl das Leben in Sarangan durch die politischen Umstände oft verwirrend und perspektivlos verlief, konnte das Projekt Sarangan durch tatkräftige und weitsichtige Mütter erfolgreich zu Ende geführt werden. Herausragend aus der Gemeinschaft der Mütter muss hier Lydia Bode genannt werden. Ihr persönlicher Einsatz zum Wohle der Gesellschaft kann nicht hoch genug gewürdigt werden. Vergleichbare Leistungen wird es nur wenige geben. Nationalsozialistisches Gedankengut spielte weder in der Schule noch im Lebensalltag der Deutschen in Sarangan eine Rolle. Die gemeinsamen Jahre der deutschen Gemeinschaft in Sarangan von 1943 bis 1948 waren von großer Harmonie geprägt. Es ist mir unverständlich, dass das überaus gut gelungene Projekt Sarangan der Kriegs- und Nachkriegsjahre bis heute keine geschichtliche Würdigung erhalten hat. Selbst Niederländer, die als Kinder die Deutsche Schule in Sarangan besucht hatten, waren über die Schule des Lobes voll. Einer dieser ehemaligen Schüler schrieb, dass er trotz der sehr beschränkten Lehrmittel und der nicht professionell ausgebildeten Lehrerinnen eine Schulausbildung bekommen hätte, die es heutzutage nicht mehr gäbe. Er schrieb: *Wir haben eine Menge auswendig lernen müssen, Gedichte und Verse zum Gottesdienst. Wir mussten die japanischen Katakana-Zeichen lernen und die Fremdsprachen Französisch, Englisch, Japanisch, Latein und Indonesisch. Als ,Privatschüler' habe ich von Frau Klüsen gelernt, wie man Gedichte vorträgt und ich bin davon überzeugt, dass dies die Grundlage war für die Art, wie ich später meine Vorträge gehalten habe.*

Später, als ich nach Bandung kam und dann nach Holland, ist die Saranganzeit eine Behinderung für mich gewesen. Ich war ja nicht wie andere Holländer in einem Internierungslager der Japaner gewesen, ich hatte nicht den furchtbaren Hunger gespürt. Das machte mich zu einem Außenseiter der Gesellschaft, nicht nur der niederländisch-indischen Gesellschaft, sondern auch der holländischen.[64]

Aber weshalb wurde das Projekt Sarangan mit der deutschen Schule bis heute nirgends erwähnt? Wollte man vonseiten der BRD alle Spannungen mit den Niederlanden vermeiden, die bei einer Veröffentlichung der niederländischen Operationen gegen das internationale Völkerrecht möglich gewesen wären? Nach dem Zweiten Weltkrieg wurde Gräueltaten und Kriegsverbrechen gegen die Deutschen übersehen. Aber wenn Unrecht geschehen ist, muss man auch darüber berichten dürfen.

Ein zweiter Grund, weshalb Sarangan nirgends erwähnt wird, kann auch folgender sein: In der Deutschen Schule in Sarangan waren auch Schülerinnen und Schüler von Eltern mit deutschen Wurzeln, die jedoch die niederländische Staatsbürgerschaft angenommen hatten. Diese Eltern durften dies mit keinem Wort erwähnen. In den Niederlanden wurde Sarangan grundlos als Nazi-Nest bezeichnet. Wenn bekannt geworden wäre, dass naturalisierte Niederländer ihre Kinder dorthin zur Schule geschickt hätten, wäre ihnen sofort die Pensionsberechtigung entzogen worden.

Lange taten sich die Niederländer schwer, die Unabhängigkeit Indonesiens seit dem 17. August 1945 anzuerkennen, obwohl sie dieses unabhängige Land überfallen hatten und einen vierjährigen brutalen Kolonialkrieg führten. Auch die Souveränitätsübergabe des von den Niederlanden besetzten westlichen Teils der Insel Neuguinea, Papua, an Indonesien erfolgte erst 1963 auf internationalen Druck und der Drohung Indonesiens, dort

---

63 Siehe Horst H. Geerken, *Missbrauchte Kindheit*, 2011
64 Geschichte des Niederländers Harald de Haan, S. 106

militärisch einzugreifen. Die Niederländer hatten nur wenig für die wirtschaftliche Entwicklung dieses Teils ihres Kolonialreichs getan.

Bis 2020 erkannten die Niederlande als einziges Land die Unabhängigkeit des riesigen Archipels nur ab der Konferenz in Den Haag vom 27. Dezember 1949 und dem Abzug der niederländischen Truppen an. Erst bei dem Besuch von Willem Alexander and Maxima im Jahre 2020 hat das niederländische Königshaus endlich den 17. August 1945 als offiziellen Unabhängigkeitstag anerkannt. Die gewaltsame Ablösung Indonesiens von den Niederlanden belastet die Beziehungen beider Länder bis heute.

Das Ausmaß der durch die Kolonialmacht Niederlande begangenen Gräueltaten ist bisher kaum bekannt geworden. Ich habe in dieser Dokumentation die historischen Begebenheiten aus Sicht der Indonesier dargestellt, die aus diesem Blickwinkel natürlich eine vollkommen andere Färbung erhalten haben, als sie von der ehemaligen niederländischen Kolonialmacht bis heute gezeigt wird. Mir gegenüber haben die Indonesier die Gräueltaten ungeschönt und ohne die ihnen angeborene höfliche Zurückhaltung erzählt, wie sie es gegenüber einem Niederländer in dieser Deutlichkeit nie tun würden. Die indonesische Sichtweise ist eine völlig andere als die holländische und je mehr man mit indonesischen Zeitzeugen redet, je tiefer das Vertrauensverhältnis ist, desto klarer wird, dass es für die Indonesier während der fast 350jährigen Kolonialzeit wenig Gutes und viel Schlechtes gab.

In der niederländischen Jugend gibt es nun zum Glück Strömungen, die mit einer Aufarbeitung ihrer Geschichte beginnen wollen. Auf Bali unterhalte ich mich viel mit niederländischen Jugendlichen. Wenn ich das Gesprächsthema auf die Kolonialzeit lenke, wenn ich erzähle, dass es ein ‚Goldenes Zeitalter‘ nur für die niederländischen Kolonialherren gab, dass es nach der Unabhängigkeit Indonesiens einen schrecklichen vierjährigen Kolonialkrieg gab, durch den man die alte koloniale Konstellation wiederherstellen wollte, dass auf den Banda-Inseln aus reiner Profitgier die gesamte Bevölkerung ausgerottet wurde, reagieren sie mit großem Erstaunen. Sie hatten in den Niederlanden noch gar nichts darüber gehört. *Warum hat man uns in der Schule nichts davon erzählt?* sagten sie. *Uns wurde in der Schule erzählt, dass wir Niederländer immer nur Gutes getan haben.*

In vorhergehenden Bänden habe ich viel über die deutschen U-Boote berichtet, die während des Zweiten Weltkriegs in indonesischen Gewässern operierten. Der ‚Amateur-Historiker‘ und Blogger Ibrahim Ahmad aus Singapur beschäftigt sich bereits seit Jahren mit diesem Thema. Seit längerer Zeit stehen wir über E-Mail und Zoom in Kontakt. Im Juni 2022 besuchte er mich persönlich in Bonn. Er hat viele Dokumente und Fotos, die mir bisher nicht bekannt waren. Von Penang und Singapur zeigt er auf seinem Blog Fotos von Gebäuden, die von den deutschen Marineeinheiten benutzt wurden und wie sie heute aussehen. Ich empfehle daher – anstelle diese Fotos in einem neuen Band zu zeigen – diesen Blog unter https://monsun-uboats.blogspot.com/ aufzurufen.

Von ehemaligen deutschen Schülern wurden Videos in Sarangan gemacht und auf DVDs gespeichert. Es handelt sich um

- ein Video von Günter Bühler aus dem Jahr 1993, anlässlich des 50. Jubiläums der Eröffnung der Deutschen Schule am 20. April 1043.

- Eine zweite Videoaufnahme von Hardy Zöllner ist aus dem Jahr 2008, anlässlich der Anbringung einer Gedenktafel zur Erinnerung an die Deutsche Schule in Sarangan.

Die beiden historisch wertvollen Video-Aufzeichnungen liegen mir vor. In beiden werden die Fundamente der ehemaligen Schule und einige der von den Deutschen bewohnten Wohnhäuser gezeigt. Zur Zeit bemühe ich mich noch darum, das ok der Nachkommen für eine Veröffentlichung auf YouTube zu erhalten.

Dieser Band ist Frau Lydia Bode gewidmet, der Leiterin der Deutschen Schule von 1943 bis Ende 1948. Unter schwierigsten Umständen hat sie diese Aufgabe mustergültig gemeistert. Sie war eine außergewöhnlich begabte und starke Frau. Ihre beachtenswerte Leistung in verworrenen Zeiten muss endlich gewürdigt werden. Ich hoffe, dass mir dies mit diesem Buch gelungen ist.

101. Anlagen

101.1 Anlage 1: Ausschnitt des Augenzeugenberichts von Gottlob Weiler über den Untergang der *Van Imhoff*

```
Die tragische Geschichte des Schiffsunterganges der "Van Imhoff"
ist einer Schrift des Baseler Missionars Gottlob Weiler entnom-
men:

            "Der Untergang der Van Imhoff

              Ein Augenzeugenbericht"
```

.......................Von Medan aus ging die Fahrt 500 Kilometer weit ins Innere Sumatras. Im östlichen Teil des wilden Atjehlandes, im Tal des Alasflusses lag das Fort Kotatjane. Nicht weit davon war eine verlassene Sisalpflanzung. Dort errichteten die Holländer ein Internierungslager für 2400 ziviliternierte deutsche Männer. Die Gegend war als malariaverseucht bekannt. Die Behandlung im Lager Kotatjane war gerecht, manchmal etwas kleinlich. Die Verpflegung gut und reichlich. Es waren im ganzen 6 Block mit je 400 Insassen. Jeder Block kochte für sich. Dann erlaubte man uns, gute Kantinen einzurichten. Dort konnten wir alles, was wir brauchten, kaufen. Täglich bekamen wir 10 Cents Taschengeld. Unter den Internierten waren Ärzte und Zahnärzte, so daß auch in dieser Hinsicht jeder Not begegnet werden konnte. Medizinen wurden genügend gegeben. Die sonntäglichen Gottesdienste in den einzelnen Blocks wurden nicht sehr zahlreich besucht. Für geistige Anregung und Unterhaltung kamen die Internierten selbst auf. Als wir endlich Zeitungen bekamen, war einem brennend gefühlten Bedürfnis abgeholfen. Unseren Lieben in Indien durften wir schreiben, jeweils 75 Worte auf einer Postkarte. Bestellte theologische Bücher und dergleichen wurden uns anstandslos gewährt.

Wir zehn Basler Missionare waren mit einer Ausnahme im gleichen Block untergebracht, so daß wir auch in der Erinnerung an die gemeinsame Arbeit in Borneo immer Stoff zur Unterhaltung hatten. Ich selbst hatte immer die Glaubenszuversicht, daß ich wieder nach Borneo kommen werde. Meine Mitbrüder konnten diesen Glauben nicht mit mir teilen. Zum zweitenmal schickten wir uns an, Weihnachten in Kotatjane zu feiern. Am 8. Dezember 1941 war der Krieg in Ostasien ausgebrochen. Man munkelte allerhand von Weggebrachtwerden usw. Da, in der Weihnachtswoche, wurde plötzlich ein Transport zusammengestellt und weggebracht.

Nach ein paar Tagen wieder einer, und am 1. Januar 1942 verließ der letzte Rest Kotatjane. Nur ein paar Alte und Kranke blieben im Lager zurück. Wohin unsere Reise ging, wußten wir nicht. Wir vermuteten nach Australien oder Britisch-Indien. Wir waren etwa 470 Mann in 15 Lastautos untergebracht, die am Morgen des Neujahrsfestes 1942 von Kotatjane abreisten. Wir fuhren durch die aus der Rheinischen Missionsgeschichte bekannte Karohochebene, das Tal Silindung, sahen das herrliche Tobameer, lasen längst bekannte Namen. Kirchtürme grüßten uns von rechts und links, Schulen und Krankenhäuser legten Zeugnis ab von der segensreichen Arbeit der Rheinischen Mission. Mit wehem Herzen mögen die Rheinischen Missionare, die bei unserem Transport waren, diese Reise gemacht haben. Es war ein Abschied für immer!

In Sibolga lagerten wir eng aufeinandergedrängt in einem Schulgebäude und warteten jeden Tag auf unseren Abtransport. Nach zwei Wochen war es soweit. Unser Schiff, die „van Imhoff", lag weit draußen auf der Reede. Die Einschiffung war umständlich. An Land wurden uns noch Messer, Scheren, Spiegel abgenommen. Die Unterbringung auf dem Schiff, oder besser unten im Schiff, war alles andere als angenehm. Die Hitze, die vom Maschinenraum ausstrahlte, und die Tropensonne hatten einen Bund geschlossen und eine Atmosphäre geschaffen, die unerträglich drückend war. Außerdem war ringsherum jede Öffnung ins Freie dichtgemacht worden und überall Stacheldraht! Sogar die Ladeluken nach oben waren mit Stacheldraht versperrt worden. Die Kost war ordentlich, nur Trinkwasser war knapp, die Bewachung streng, aber korrekt.

Am 18. Januar 1942, abends um fünf Uhr, drehte sich plötzlich die Schiffsschraube, ein Zittern ging durch den Schiffskörper, die Fahrt begann. Wir hatten uns zusammengesetzt und besprachen miteinander die Frage nach dem Wohin der Reise. Da sagte plötzlich mein Freund Samuel: „Die Fahrt gefällt mir nicht, das kann gefährlich werden. Nun, ich bin ja fünfzig Jahre alt und mache mich zum Sterben fertig." Er ließ sich diese Gedanken nicht mehr ausreden und ahnte wohl schon etwas von dem, was bald darauf geschah.

Es war am 19. Januar. Ich hatte mich eine Etage höher begeben und ein Plätzlein gesucht, wo durch Bretterwände hindurch doch etwas frische Luft zu spüren war. Tiefer unten
im Schiff war es kaum auszuhalten. Ich dachte an meine Lieben, von denen ich so lange schon keine Nachricht hatte. Der
Weg vor uns war dunkel. Nur ein Licht blieb, das Licht der
sorgenden Vatergüte Gottes. Beim Abschied in Bandjarmasin
und seither hatten meine Frau und ich uns an das Wort in
Psalm 33, 20 gehalten: „Unsere Seele harret auf den Herrn,
er ist uns Hilfe und Schild." Das war auch jetzt mein Trost.
Aber harren durch alles hindurch, nichts Gott vorschreiben,
sondern festhalten an ihm durch dick und dünn!

Es war etwa einhalb elf Uhr vormittags, als plötzlich an
Steuerbord eine heftige Explosion hörbar wurde. Gleichzeitig
hörten wir Motorengeräusch. Jemand rief: „Ein japanischer
Flieger!" Welche Wirkung dieser Ruf hatte, kann man sich
denken. Als ich auf meinem Platz ein Stockwerk tiefer ankam, war bereits die Wachmannschaft mit Gewehr im Anschlag vor unserem Raum in Stellung gegangen. Die Situation
war kritisch. Wir hatten Angst, und sie hatten auch Angst,
Angst, daß wir ausbrechen würden. Der Flieger warf drei
weitere Bomben, deren keine das Schiff traf, nur die letzte
war ein sogenannter Nearmissing, ganz naher Fehlschuß. Das
Schiff bekam einen Stoß, die Maschinen setzten aus. Manche
schrieen vor Angst, doch wurde im allgemeinen die Disziplin
gewahrt. Während die Bomben fielen, wurde ich an das Wort
in Psalm 32, 7 erinnert: „Du bist mein Schirm, du wirst mich
vor Angst behüten, daß ich errettet gar fröhlich rühmen kann."
Von dem Augenblick an war alle Angst und aller Schrecken
weg. Als der Flieger seine Bomben abgeworfen hatte, kam
der Wachkommandant und sprach uns seine Anerkennung
aus für unser tapferes Verhalten. Dem Schiff sei kein Schaden geschehen, es würden nur noch die Maschinen untersucht,
dann gehe die Fahrt weiter.

Zur selben Zeit hörten wir harte Hammerschläge aus dem
Maschinenraum. Wie nachher von einem deutschen Schiffsingenieur festgestellt wurde, hatten die Holländer, als sie
den Schaden des Schiffes sahen, die Pumpanlage des Schiffes
entzweigeschlagen. Die Vermutung liegt sehr nahe, daß es

darum geschah, damit wir keinen Gebrauch davon machen konnten. Der Kommandant kam wieder und sagte, wir sollten nachher ruhig ins Wasser gehen, es komme ein Schiff und rette uns. Dabei wurden etwa hundert Schwimmwesten an Nichtschwimmer ausgeteilt. Plötzlich rief jemand: „Die Holländer gehen weg!" In aller Stille hatten sie die Rettungsboote bis auf dasjenige in unserer Nähe zu Wasser gelassen und die Dampfbarkasse davorgespannt. Einer von uns, der dies sah, bahnte sich einen Weg nach oben und wollte an einem Seil in eines der Boote kommen. Er bekam einen Schuß ins Handgelenk und fiel ins Wasser. Jemand packte ihn und zog ihn in eines der Boote. Er ist der einzige, der von den Holländern gerettet wurde. Auf der Heimreise von Indonesien nach Europa auf einem holländischen Schiff im Jahr 1946 sagte mir ein holländischer Offizier, daß ein Befehl vorgelegen habe, bei einem Schiffsunglück sich mit der Rettung Deutscher nicht abzugeben.

Das gab einen Aufstand, als es hieß: „Die Holländer sind weg!" Mit aller Wucht wurden die Stacheldrahthindernisse beseitigt. Viele sprangen sofort in See, auch ich ließ mich an einem Seil ins Wasser. Mein Rettungsgürtel bewahrte mich vorerst vor dem Untersinken. Ich wollte vom Schiff wegkommen. Es gelang mir aber nicht. Wer schwimmen konnte, suchte die weite See. Da ich sah, daß das Schiff nur langsam sank, und weil ich es mit ungeschütztem Haupt nicht lange mehr in der heißen Sonne ohne Schaden hätte aushalten können, stieg ich an einer Strickleiter wieder aufs Schiff. Da sah es kunterbunt aus. Jedoch Panikstimmung war nirgends zu spüren. Türen und Kästen wurden geöffnet und langentbehrte Eßwaren und Getränke herausgeholt und verzehrt. Ein anderer öffnete die Koffer der holländischen Besatzung und untersuchte sie auf Wertgegenstände. Eine ganze Reihe Füllfederhalter hatte er in seiner Brusttasche stecken und seine Rocktaschen standen weit ab vom Leib. Der arme Tor dachte nicht an seine Rettung. Mit all dem Errafften ist er wenige Stunden später in die Tiefe gesunken. Nachdem ich mich an einigen Fläschchen Limonade erquickt hatte, auch für meinen verlorengegangenen Hut einen Ersatz fand, band ich mir einen weiteren Rettungsgürtel um und wollte wieder ins Wasser.

Inzwischen hatten einige unserer Schiffsleute das von den Holländern zurückgelassene Rettungsboot zu Wasser gelassen und an der Schiffstreppe festgebunden. Diese stand voller Menschen, die ins Boot wollten. Für mich auf dem obersten Deck gab es keine Möglichkeit, auf dem gewöhnlichen Weg in das Rettungsboot zu kommen. Da sehe ich einen Bekannten sich über das Geländer schwingen und nach unten steigen. Eine lange Strickleiter hing außen an der Bordwand und reichte gerade auf die Spitze des Rettungsbootes. Ich sehe es als eine deutliche Fügung Gottes an, daß ich an dieser Stelle stehen mußte und diese einzige Gelegenheit, ins Boot zu kommen, wahrnehmen und benützen durfte. Einige Augenblicke später saß ich im sicheren Rettungsboot, und ein tiefes Gefühl des Geborgenseins überkam mich! Aber vor allem das der Dankbarkeit! „Du bist mein Schirm...!"

Noch viele bemühten sich, um ins Boot zu kommen. Ich sehe heute noch den einen, der kreidebleich im Gesicht und in der erhobenen Hand seine Aktentasche festhaltend, durch den Knäuel von Menschen vor sich einen Weg ins rettende Schifflein suchte. Er war, als das Boot ins Wasser gelassen wurde, nur noch einen Schritt vom Ort der Bergung entfernt. Diesen einzigen Schritt tat er nicht, weil er geschwind noch seine Aktentasche, die er auf Deck zurückgelassen hatte, holen wollte. Als er mit der Aktentasche zurückkam, war der Weg vor ihm versperrt. Mit seiner Aktentasche ging er unter.

Unser Rettungsboot faßte nach Aufschrift 42 Mann. Als wir aber schon über 50 Mann waren, mußten wir vom Schiff weg, sonst liefen wir Gefahr, daß das Boot wegen Überfüllung sank. Aber wir hatten ja keine Ruder. Die hatten die Holländer vorher mitsamt dem Wasserfaß und der Brottrommel weggenommen. Mit Händen, Füßen und mit Brettern ruderten wir, um aus dem Sogbereich des Schiffes wegzukommen. Von meinen Kollegen sah ich niemand.

Langsam kamen wir vorwärts. Die Sonne neigte sich immer tiefer nach Westen. Plötzlich rief jemand: „Sieh mal, das Schiff!" Die „van Imhoff" stand senkrecht im Wasser, aber nur einen Augenblick, dann sank sie in die Tiefe und viele unserer Kameraden mit ihr. Wir alle hielten einen Augenblick still und gedachten der Toten.

Die tragische Geschichte des Schiffsunterganges der "Van Imhoff"
ist einer Schrift des Baseler Missionars Gottlob Weiler entnommen:

> "Der Untergang der Van Imhoff
>
>   Ein Augenzeugenbericht"

.........................Von Medan aus ging die Fahrt 500 Kilometer weit ins Innere Sumatras. Im östlichen Teil des wilden Atjehlandes, im Tal des Alasflusses lag das Fort Kotatjane. Nicht weit davon war eine verlassene Sisalpflanzung. Dort errichteten die Holländer ein Internierungslager für 2400 zivilinternierte deutsche Männer. Die Gegend war als malariaverseucht bekannt. Die Behandlung im Lager Kotatjane war gerecht, manchmal etwas kleinlich. Die Verpflegung gut und reichlich. Es waren im ganzen 6 Block mit je 400 Insassen. Jeder Block kochte für sich. Dann erlaubte man uns, gute Kantinen einzurichten. Dort konnten wir alles, was wir brauchten, kaufen. Täglich bekamen wir 10 Cents Taschengeld. Unter den Internierten waren Ärzte und Zahnärzte, so daß auch in dieser Hinsicht jeder Not begegnet werden konnte. Medizinen wurden genügend gegeben. Die sonntäglichen Gottesdienste in den einzelnen Blocks wurden nicht sehr zahlreich besucht. Für geistige Anregung und Unterhaltung kamen die Internierten selbst auf. Als wir endlich Zeitungen bekamen, war einem brennend gefühlten Bedürfnis abgeholfen. Unseren Lieben in Indien durften wir schreiben, jeweils 75 Worte auf einer Postkarte. Bestellte theologische Bücher und dergleichen wurden uns anstandslos gewährt.

Wir zehn Basler Missionare waren mit einer Ausnahme im gleichen Block untergebracht, so daß wir auch in der Erinnerung an die gemeinsame Arbeit in Borneo immer Stoff zur Unterhaltung hatten. Ich selbst hatte immer die Glaubenszuversicht, daß ich wieder nach Borneo kommen werde. Meine Mitbrüder konnten diesen Glauben nicht mit mir teilen. Zum zweitenmal schickten wir uns an, Weihnachten in Kotatjane zu feiern. Am 8. Dezember 1941 war der Krieg in Ostasien ausgebrochen. Man munkelte allerhand von Weggebrachtwerden usw. Da, in der Weihnachtswoche, wurde plötzlich ein Transport zusammengestellt und weggebracht.

Nach ein paar Tagen wieder einer, und am 1. Januar 1942 verließ der letzte Rest Kotatjane. Nur ein paar Alte und Kranke blieben im Lager zurück. Wohin unsere Reise ging, wußten wir nicht. Wir vermuteten nach Australien oder Britisch-Indien. Wir waren etwa 470 Mann in 15 Lastautos untergebracht, die am Morgen des Neujahrsfestes 1942 von Kotatjane abreisten. Wir fuhren durch die aus der Rheinischen Missionsgeschichte bekannte Karohochebene, das Tal Silindung, sahen das herrliche Tobameer, lasen längst bekannte Namen. Kirchtürme grüßten uns von rechts und links, Schulen und Krankenhäuser legten Zeugnis ab von der segensreichen Arbeit der Rheinischen Mission. Mit wehem Herzen mögen die Rheinischen Missionare, die bei unserem Transport waren, diese Reise gemacht haben. Es war ein Abschied für immer!

In Sibolga lagerten wir eng aufeinandergedrängt in einem Schulgebäude und warteten jeden Tag auf unseren Abtransport. Nach zwei Wochen war es soweit. Unser Schiff, die „van Imhoff", lag weit draußen auf der Reede. Die Einschiffung war umständlich. An Land wurden uns noch Messer, Scheren, Spiegel abgenommen. Die Unterbringung auf dem Schiff, oder besser unten im Schiff, war alles andere als angenehm. Die Hitze, die vom Maschinenraum ausstrahlte, und die Tropensonne hatten einen Bund geschlossen und eine Atmosphäre geschaffen, die unerträglich drückend war. Außerdem war ringsherum jede Öffnung ins Freie dichtgemacht worden und überall Stacheldraht! Sogar die Ladeluken nach oben waren mit Stacheldraht versperrt worden. Die Kost war ordentlich, nur Trinkwasser war knapp, die Bewachung streng, aber korrekt.

Am 18. Januar 1942, abends um fünf Uhr, drehte sich plötzlich die Schiffsschraube, ein Zittern ging durch den Schiffskörper, die Fahrt begann. Wir hatten uns zusammengesetzt und besprachen miteinander die Frage nach dem Wohin der Reise. Da sagte plötzlich mein Freund Samuel: „Die Fahrt gefällt mir nicht, das kann gefährlich werden. Nun, ich bin ja fünfzig Jahre alt und mache mich zum Sterben fertig." Er ließ sich diese Gedanken nicht mehr ausreden und ahnte wohl schon etwas von dem, was bald darauf geschah.

Es war am 19. Januar. Ich hatte mich eine Etage höher begeben und ein Plätzlein gesucht, wo durch Bretterwände hindurch doch etwas frische Luft zu spüren war. Tiefer unten im Schiff war es kaum auszuhalten. Ich dachte an meine Lieben, von denen ich so lange schon keine Nachricht hatte. Der Weg vor uns war dunkel. Nur ein Licht blieb, das Licht der sorgenden Vatergüte Gottes. Beim Abschied in Bandjarmasin und seither hatten meine Frau und ich uns an das Wort in Psalm 33, 20 gehalten: „Unsere Seele harret auf den Herrn, er ist uns Hilfe und Schild." Das war auch jetzt mein Trost. Aber harren durch alles hindurch, nichts Gott vorschreiben, sondern festhalten an ihm durch dick und dünn!

Es war etwa einhalb elf Uhr vormittags, als plötzlich an Steuerbord eine heftige Explosion hörbar wurde. Gleichzeitig hörten wir Motorengeräusch. Jemand rief: „Ein japanischer Flieger!" Welche Wirkung dieser Ruf hatte, kann man sich denken. Als ich auf meinem Platz ein Stockwerk tiefer ankam, war bereits die Wachmannschaft mit Gewehr im Anschlag vor unserem Raum in Stellung gegangen. Die Situation war kritisch. Wir hatten Angst, und sie hatten auch Angst, Angst, daß wir ausbrechen würden. Der Flieger warf drei weitere Bomben, deren keine das Schiff traf, nur die letzte war ein sogenannter Nearmissing, ganz naher Fehlschuß. Das Schiff bekam einen Stoß, die Maschinen setzten aus. Manche schrieen vor Angst, doch wurde im allgemeinen die Disziplin gewahrt. Während die Bomben fielen, wurde ich an das Wort in Psalm 32, 7 erinnert: „Du bist mein Schirm, du wirst mich vor Angst behüten, daß ich errettet gar fröhlich rühmen kann." Von dem Augenblick an war alle Angst und aller Schrecken weg. Als der Flieger seine Bomben abgeworfen hatte, kam der Wachkommandant und sprach uns seine Anerkennung aus für unser tapferes Verhalten. Dem Schiff sei kein Schaden geschehen, es würden nur noch die Maschinen untersucht, dann gehe die Fahrt weiter.

Zur selben Zeit hörten wir harte Hammerschläge aus dem Maschinenraum. Wie nachher von einem deutschen Schiffsingenieur festgestellt wurde, hatten die Holländer, als sie den Schaden des Schiffes sahen, die Pumpanlage des Schiffes entzweigeschlagen. Die Vermutung liegt sehr nahe, daß es

darum geschah, damit wir keinen Gebrauch davon machen konnten. Der Kommandant kam wieder und sagte, wir sollten nachher ruhig ins Wasser gehen, es komme ein Schiff und rette uns. Dabei wurden etwa hundert Schwimmwesten an Nichtschwimmer ausgeteilt. Plötzlich rief jemand: „Die Holländer gehen weg!" In aller Stille hatten sie die Rettungsboote bis auf dasjenige in unserer Nähe zu Wasser gelassen und die Dampfbarkasse davorgespannt. Einer von uns, der dies sah, bahnte sich einen Weg nach oben und wollte an einem Seil in eines der Boote kommen. Er bekam einen Schuß ins Handgelenk und fiel ins Wasser. Jemand packte ihn und zog ihn in eines der Boote. Er ist der einzige, der von den Holländern gerettet wurde. Auf der Heimreise von Indonesien nach Europa auf einem holländischen Schiff im Jahr 1946 sagte mir ein holländischer Offizier, daß ein Befehl vorgelegen habe, bei einem Schiffsunglück sich mit der Rettung Deutscher nicht abzugeben.

Das gab einen Aufstand, als es hieß: „Die Holländer sind weg!" Mit aller Wucht wurden die Stacheldrahthindernisse beseitigt. Viele sprangen sofort in See, auch ich ließ mich an einem Seil ins Wasser. Mein Rettungsgürtel bewahrte mich vorerst vor dem Untersinken. Ich wollte vom Schiff wegkommen. Es gelang mir aber nicht. Wer schwimmen konnte, suchte die weite See. Da ich sah, daß das Schiff nur langsam sank, und weil ich es mit ungeschütztem Haupt nicht lange mehr in der heißen Sonne ohne Schaden hätte aushalten können, stieg ich an einer Strickleiter wieder aufs Schiff. Da sah es kunterbunt aus. Jedoch Panikstimmung war nirgends zu spüren. Türen und Kästen wurden geöffnet und langentbehrte Eßwaren und Getränke herausgeholt und verzehrt. Ein anderer öffnete die Koffer der holländischen Besatzung und untersuchte sie auf Wertgegenstände. Eine ganze Reihe Füllfederhalter hatte er in seiner Brusttasche stecken und seine Rocktaschen standen weit ab vom Leib. Der arme Tor dachte nicht an seine Rettung. Mit all dem Errafften ist er wenige Stunden später in die Tiefe gesunken. Nachdem ich mich an einigen Fläschchen Limonade erquickt hatte, auch für meinen verlorengegangenen Hut einen Ersatz fand, band ich mir einen weiteren Rettungsgürtel um und wollte wieder ins Wasser.

Inzwischen hatten einige unserer Schiffsleute das von den Holländern zurückgelassene Rettungsboot zu Wasser gelassen und an der Schiffstreppe festgebunden. Diese stand voller Menschen, die ins Boot wollten. Für mich auf dem obersten Deck gab es keine Möglichkeit, auf dem gewöhnlichen Weg in das Rettungsboot zu kommen. Da sehe ich einen Bekannten sich über das Geländer schwingen und nach unten steigen. Eine lange Strickleiter hing außen an der Bordwand und reichte gerade auf die Spitze des Rettungsbootes. Ich sehe es als eine deutliche Fügung Gottes an, daß ich an dieser Stelle stehen mußte und diese einzige Gelegenheit, ins Boot zu kommen, wahrnehmen und benützen durfte. Einige Augenblicke später saß ich im sicheren Rettungsboot, und ein tiefes Gefühl des Geborgenseins überkam mich! Aber vor allem das der Dankbarkeit! „Du bist mein Schirm...!"

Noch viele bemühten sich, um ins Boot zu kommen. Ich sehe heute noch den einen, der kreidebleich im Gesicht und in der erhobenen Hand seine Aktentasche festhaltend, durch den Knäuel von Menschen vor sich einen Weg ins rettende Schifflein suchte. Er war, als das Boot ins Wasser gelassen wurde, nur noch einen Schritt vom Ort der Bergung entfernt. Diesen einzigen Schritt tat er nicht, weil er geschwind noch seine Aktentasche, die er auf Deck zurückgelassen hatte, holen wollte. Als er mit der Aktentasche zurückkam, war der Weg vor ihm versperrt. Mit seiner Aktentasche ging er unter.

Unser Rettungsboot faßte nach Aufschrift 42 Mann. Als wir aber schon über 50 Mann waren, mußten wir vom Schiff weg, sonst liefen wir Gefahr, daß das Boot wegen Überfüllung sank. Aber wir hatten ja keine Ruder. Die hatten die Holländer vorher mitsamt dem Wasserfaß und der Brottrommel weggenommen. Mit Händen, Füßen und mit Brettern ruderten wir, um aus dem Sogbereich des Schiffes wegzukommen. Von meinen Kollegen sah ich niemand.

Langsam kamen wir vorwärts. Die Sonne neigte sich immer tiefer nach Westen. Plötzlich rief jemand: „Sieh mal, das Schiff!" Die „van Imhoff" stand senkrecht im Wasser, aber nur einen Augenblick, dann sank sie in die Tiefe und viele unserer Kameraden mit ihr. Wir alle hielten einen Augenblick still und gedachten der Toten.

Die tragische Geschichte des Schiffsunterganges der "Van Imhoff"
ist einer Schrift des Baseler Missionars Gottlob Weiler entnommen:

"Der Untergang der Van Imhoff

Ein Augenzeugenbericht"

..............................Von Medan aus ging die Fahrt 500 Kilometer weit ins Innere Sumatras. Im östlichen Teil des wilden Atjehlandes, im Tal des Alasflusses lag das Fort Kotatjane. Nicht weit davon war eine verlassene Sisalpflanzung.
Dort errichteten die Holländer ein Internierungslager für
2400 zivilinternierte deutsche Männer. Die Gegend war als
malariaverseucht bekannt. Die Behandlung im Lager Kotatjane war gerecht, manchmal etwas kleinlich. Die Verpflegung
gut und reichlich. Es waren im ganzen 6 Block mit je 400 Insassen. Jeder Block kochte für sich. Dann erlaubte man uns,
gute Kantinen einzurichten. Dort konnten wir alles, was wir
brauchten, kaufen. Täglich bekamen wir 10 Cents Taschengeld. Unter den Internierten waren Ärzte und Zahnärzte, so
daß auch in dieser Hinsicht jeder Not begegnet werden konnte.
Medizinen wurden genügend gegeben. Die sonntäglichen Gottesdienste in den einzelnen Blocks wurden nicht sehr zahlreich besucht. Für geistige Anregung und Unterhaltung kamen die Internierten selbst auf. Als wir endlich Zeitungen
bekamen, war einem brennend gefühlten Bedürfnis abgeholfen. Unseren Lieben in Indien durften wir schreiben, jeweils
75 Worte auf einer Postkarte. Bestellte theologische Bücher
und dergleichen wurden uns anstandslos gewährt.

Wir zehn Basler Missionare waren mit einer Ausnahme
im gleichen Block untergebracht, so daß wir auch in der Erinnerung an die gemeinsame Arbeit in Borneo immer Stoff
zur Unterhaltung hatten. Ich selbst hatte immer die Glaubenszuversicht, daß ich wieder nach Borneo kommen werde.
Meine Mitbrüder konnten diesen Glauben nicht mit mir teilen. Zum zweitenmal schickten wir uns an, Weihnachten in
Kotatjane zu feiern. Am 8. Dezember 1941 war der Krieg in
Ostasien ausgebrochen. Man munkelte allerhand von Weggebrachtwerden usw. Da, in der Weihnachtswoche, wurde
plötzlich ein Transport zusammengestellt und weggebracht.

Nach ein paar Tagen wieder einer, und am 1. Januar 1942 verließ der letzte Rest Kotatjane. Nur ein paar Alte und Kranke blieben im Lager zurück. Wohin unsere Reise ging, wußten wir nicht. Wir vermuteten nach Australien oder Britisch-Indien. Wir waren etwa 470 Mann in 15 Lastautos untergebracht, die am Morgen des Neujahrsfestes 1942 von Kotatjane abreisten. Wir fuhren durch die aus der Rheinischen Missionsgeschichte bekannte Karohochebene, das Tal Silindung, sahen das herrliche Tobameer, lasen längst bekannte Namen. Kirchtürme grüßten uns von rechts und links, Schulen und Krankenhäuser legten Zeugnis ab von der segensreichen Arbeit der Rheinischen Mission. Mit wehem Herzen mögen die Rheinischen Missionare, die bei unserem Transport waren, diese Reise gemacht haben. Es war ein Abschied für immer!

In Sibolga lagerten wir eng aufeinandergedrängt in einem Schulgebäude und warteten jeden Tag auf unseren Abtransport. Nach zwei Wochen war es soweit. Unser Schiff, die „van Imhoff", lag weit draußen auf der Reede. Die Einschiffung war umständlich. An Land wurden uns noch Messer, Scheren, Spiegel abgenommen. Die Unterbringung auf dem Schiff, oder besser unten im Schiff, war alles andere als angenehm. Die Hitze, die vom Maschinenraum ausstrahlte, und die Tropensonne hatten einen Bund geschlossen und eine Atmosphäre geschaffen, die unerträglich drückend war. Außerdem war ringsherum jede Öffnung ins Freie dichtgemacht worden und überall Stacheldraht! Sogar die Ladeluken nach oben waren mit Stacheldraht versperrt worden. Die Kost war ordentlich, nur Trinkwasser war knapp, die Bewachung streng, aber korrekt.

Am 18. Januar 1942, abends um fünf Uhr, drehte sich plötzlich die Schiffsschraube, ein Zittern ging durch den Schiffskörper, die Fahrt begann. Wir hatten uns zusammengesetzt und besprachen miteinander die Frage nach dem Wohin der Reise. Da sagte plötzlich mein Freund Samuel: „Die Fahrt gefällt mir nicht, das kann gefährlich werden. Nun, ich bin ja fünfzig Jahre alt und mache mich zum Sterben fertig." Er ließ sich diese Gedanken nicht mehr ausreden und ahnte wohl schon etwas von dem, was bald darauf geschah.

Es war am 19. Januar. Ich hatte mich eine Etage höher begeben und ein Plätzlein gesucht, wo durch Bretterwände hindurch doch etwas frische Luft zu spüren war. Tiefer unten
im Schiff war es kaum auszuhalten. Ich dachte an meine Lieben, von denen ich so lange schon keine Nachricht hatte. Der
Weg vor uns war dunkel. Nur ein Licht blieb, das Licht der
sorgenden Vatergüte Gottes. Beim Abschied in Bandjarmasin
und seither hatten meine Frau und ich uns an das Wort in
Psalm 33, 20 gehalten: „Unsere Seele harret auf den Herrn,
er ist uns Hilfe und Schild." Das war auch jetzt mein Trost.
Aber harren durch alles hindurch, nichts Gott vorschreiben,
sondern festhalten an ihm durch dick und dünn!

Es war etwa einhalb elf Uhr vormittags, als plötzlich an
Steuerbord eine heftige Explosion hörbar wurde. Gleichzeitig
hörten wir Motorengeräusch. Jemand rief: „Ein japanischer
Flieger!" Welche Wirkung dieser Ruf hatte, kann man sich
denken. Als ich auf meinem Platz ein Stockwerk tiefer ankam, war bereits die Wachmannschaft mit Gewehr im Anschlag vor unserem Raum in Stellung gegangen. Die Situation
war kritisch. Wir hatten Angst, und sie hatten auch Angst,
Angst, daß wir ausbrechen würden. Der Flieger warf drei
weitere Bomben, deren keine das Schiff traf, nur die letzte
war ein sogenannter Nearmissing, ganz naher Fehlschuß. Das
Schiff bekam einen Stoß, die Maschinen setzten aus. Manche
schrieen vor Angst, doch wurde im allgemeinen die Disziplin
gewahrt. Während die Bomben fielen, wurde ich an das Wort
in Psalm 32, 7 erinnert: „Du bist mein Schirm, du wirst mich
vor Angst behüten, daß ich errettet gar fröhlich rühmen kann."
Von dem Augenblick an war alle Angst und aller Schrecken
weg. Als der Flieger seine Bomben abgeworfen hatte, kam
der Wachkommandant und sprach uns seine Anerkennung
aus für unser tapferes Verhalten. Dem Schiff sei kein Schaden geschehen, es würden nur noch die Maschinen untersucht,
dann gehe die Fahrt weiter.

Zur selben Zeit hörten wir harte Hammerschläge aus dem
Maschinenraum. Wie nachher von einem deutschen Schiffsingenieur festgestellt wurde, hatten die Holländer, als sie
den Schaden des Schiffes sahen, die Pumpanlage des Schiffes
entzweigeschlagen. Die Vermutung liegt sehr nahe, daß es

darum geschah, damit wir keinen Gebrauch davon machen konnten. Der Kommandant kam wieder und sagte, wir sollten nachher ruhig ins Wasser gehen, es komme ein Schiff und rette uns. Dabei wurden etwa hundert Schwimmwesten an Nichtschwimmer ausgeteilt. Plötzlich rief jemand: „Die Holländer gehen weg!" In aller Stille hatten sie die Rettungsboote bis auf dasjenige in unserer Nähe zu Wasser gelassen und die Dampfbarkasse davorgespannt. Einer von uns, der dies sah, bahnte sich einen Weg nach oben und wollte an einem Seil in eines der Boote kommen. Er bekam einen Schuß ins Handgelenk und fiel ins Wasser. Jemand packte ihn und zog ihn in eines der Boote. Er ist der einzige, der von den Holländern gerettet wurde. Auf der Heimreise von Indonesien nach Europa auf einem holländischen Schiff im Jahr 1946 sagte mir ein holländischer Offizier, daß ein Befehl vorgelegen habe, bei einem Schiffsunglück sich mit der Rettung Deutscher nicht abzugeben.

Das gab einen Aufstand, als es hieß: „Die Holländer sind weg!" Mit aller Wucht wurden die Stacheldrahthindernisse beseitigt. Viele sprangen sofort in See, auch ich ließ mich an einem Seil ins Wasser. Mein Rettungsgürtel bewahrte mich vorerst vor dem Untersinken. Ich wollte vom Schiff wegkommen. Es gelang mir aber nicht. Wer schwimmen konnte, suchte die weite See. Da ich sah, daß das Schiff nur langsam sank, und weil ich es mit ungeschütztem Haupt nicht lange mehr in der heißen Sonne ohne Schaden hätte aushalten können, stieg ich an einer Strickleiter wieder aufs Schiff. Da sah es kunterbunt aus. Jedoch Panikstimmung war nirgends zu spüren. Türen und Kästen wurden geöffnet und langentbehrte Eßwaren und Getränke herausgeholt und verzehrt. Ein anderer öffnete die Koffer der holländischen Besatzung und untersuchte sie auf Wertgegenstände. Eine ganze Reihe Füllfederhalter hatte er in seiner Brusttasche stecken und seine Rocktaschen standen weit ab vom Leib. Der arme Tor dachte nicht an seine Rettung. Mit all dem Errafften ist er wenige Stunden später in die Tiefe gesunken. Nachdem ich mich an einigen Fläschchen Limonade erquickt hatte, auch für meinen verlorengegangenen Hut einen Ersatz fand, band ich mir einen weiteren Rettungsgürtel um und wollte wieder ins Wasser.

Inzwischen hatten einige unserer Schiffsleute das von den Holländern zurückgelassene Rettungsboot zu Wasser gelassen und an der Schiffstreppe festgebunden. Diese stand voller Menschen, die ins Boot wollten. Für mich auf dem obersten Deck gab es keine Möglichkeit, auf dem gewöhnlichen Weg in das Rettungsboot zu kommen. Da sehe ich einen Bekannten sich über das Geländer schwingen und nach unten steigen. Eine lange Strickleiter hing außen an der Bordwand und reichte gerade auf die Spitze des Rettungsbootes. Ich sehe es als eine deutliche Fügung Gottes an, daß ich an dieser Stelle stehen mußte und diese einzige Gelegenheit, ins Boot zu kommen, wahrnehmen und benützen durfte. Einige Augenblicke später saß ich im sicheren Rettungsboot, und ein tiefes Gefühl des Geborgenseins überkam mich! Aber vor allem das der Dankbarkeit! „Du bist mein Schirm ...!"

Noch viele bemühten sich, um ins Boot zu kommen. Ich sehe heute noch den einen, der kreidebleich im Gesicht und in der erhobenen Hand seine Aktentasche festhaltend, durch den Knäuel von Menschen vor sich einen Weg ins rettende Schifflein suchte. Er war, als das Boot ins Wasser gelassen wurde, nur noch einen Schritt vom Ort der Bergung entfernt. Diesen einzigen Schritt tat er nicht, weil er geschwind noch seine Aktentasche, die er auf Deck zurückgelassen hatte, holen wollte. Als er mit der Aktentasche zurückkam, war der Weg vor ihm versperrt. Mit seiner Aktentasche ging er unter.

Unser Rettungsboot faßte nach Aufschrift 42 Mann. Als wir aber schon über 50 Mann waren, mußten wir vom Schiff weg, sonst liefen wir Gefahr, daß das Boot wegen Überfüllung sank. Aber wir hatten ja keine Ruder. Die hatten die Holländer vorher mitsamt dem Wasserfaß und der Brottrommel weggenommen. Mit Händen, Füßen und mit Brettern ruderten wir, um aus dem Sogbereich des Schiffes wegzukommen. Von meinen Kollegen sah ich niemand.

Langsam kamen wir vorwärts. Die Sonne neigte sich immer tiefer nach Westen. Plötzlich rief jemand: „Sieh mal, das Schiff!" Die „van Imhoff" stand senkrecht im Wasser, aber nur einen Augenblick, dann sank sie in die Tiefe und viele unserer Kameraden mit ihr. Wir alle hielten einen Augenblick still und gedachten der Toten.

KEMENTERIAN PERTAHANAN
PUSAT PENDIDIKAN KETENTARAAN
SEKOLAH OLAH RAGA

IDJAZAH

SEKOLAH OLAH RAGA

REPUBLIK INDONESIA

Diberikan kepada : ....

R. Dominicus Hardjomuljono

Lahir pada tanggal : 29 April 1929

di : Jogjakarta

Nama orang tua : L. Josodimojo

Jang telah lulus dalam udjian terachir

SEKOLAH OLAH RAGA REPUBLIK INDONESIA

Jang diselenggarakan mulai tgl : 20 Feb. 48 s/d tgl : 27 Feb. 48

di Sarangan-Madiun.

1 Maret 1948

Direktur
Sekolah Olah Raga,

(Letn. Kol. Dr. Singgih).

Tanda tangan jang berhak,

Rep. Ind. Dk. 502158

Abb. 100.4-1, Ein Diplom des Indonesischen Verteidigungsministeriums, das die Teilnahme am Unterricht der SORA von R.D. Hardjomuljono in Sarangan bestätigt. Die Bestätigung erfolgte durch den Direktor der SORA Letn. Kol. Dr. Singgih (Hans-Günther Bode war mit D. Hardjomuljono bis zu dessen Tod befreundet)

SILATURAKHMI AKBAR
EX TARUNA AKADEMI MILITER YOGYA
DI YOGYAKARTA
TANGGAL 27 – 29 NOPEMBER 1993

Abb. 100.4-2, Übersetzung Titelblatt des Büchleins:
Große Versammlung ehemaliger Kadetten der Militärakademie in Yogyakarta
vom 27. bis 29. November 1993, mit einer Widmung des ehemaligen SORA-Schülers D. Hardjomuljono für Hans-Günther
Bode vom 11. Januar 1994.
Es war das Treffen ehemaliger Sarangan-Schüler anlässlich des 50jährigen Jubiläums der Militärakademie

102. Literatur

Bode, Hans-Günther, *Meine vierte und letzte Reise nach Indonesien. Ein berührender Lebensrückblick von Frau Lydia Bode (27.01.1895–30.05.1964)*, 2022

Bode, Hans-Günther, Briefe und Dokumente aus seinem privaten Archiv

Bühler, Günter, *Die-Bode-Familien-Vita*, 2017

Jong, Louis de, *Der Krieg zwischen den Niederlanden und Deutschland*, 1965

Loeber, Irmgard, *Das niederländische Kolonialreich*, 1939

Oberwahrenbrock, Gisela, geb. Bode, *Werner August Bode, zum Gedächtnis*, 1990

Zöllner, Hans-Martin und Raatschen, Helmi, *Sarangan*, im Selbstverlag 1989

103. Personenregister

Frau Lydia Bode und Sohn Hans-Günther Bode werden durchgängig erwähnt und erscheinen daher nicht im Register.

104. Sachregister

Sarangan und Deutsche Schule werden durchgängig erwähnt und erscheinen daher nicht im Register.

Weitere Bücher des Autors in Deutsch

Horst H. Geerken
Der Ruf des Geckos. 18 erlebnisreiche Jahre in Indonesien
436 Seiten, Paperback, Norderstedt 2009, € 24,90

Horst H. Geerken
Missbrauchte Kindheit. Geboren im Jahr von Hitlers Machtergreifung
240 Seiten, Seiten, Norderstedt 2011, € 16,90

Horst H. Geerken
Hitlers Griff nach Asien. Eine Dokumentation, Band 1
380 Seiten, Paperback, Norderstedt 2015, € 27,95

Horst H. Geerken
Hitlers Griff nach Asien. Eine Dokumentation, Band 2
432 Seiten, Paperback, Norderstedt 2015, € 27,95

Horst H. Geerken
Hitlers Griff nach Asien. Eine Dokumentation, Band 3
436 Seiten, Paperback, Norderstedt 2020, € 27,95

Horst H. Geerken
Hitlers Griff nach Asien. Eine Dokumentation, Band 4
348 Seiten, Paperback, Norderstedt 2020, € 30,99

Horst H. Geerken
Hitlers Griff nach Asien. Eine Dokumentation, Band 5
228 Seiten, Paperback, Norderstedt 2022, € 30,99
Ein Band 7 mit dem indonesisch-deutschen Wörterbuch und der Grammatik der Bahasa Indonesia von Lydia Bode ist in Vorbereitung

Horst H. Geerken
Erinnerung an Annette. Der letzte Weg einer außergewöhnlichen und tapferen Frau
148 Seiten, Paperback, Norderstedt 2015, € 14,99

Horst H. Geerken
Annettes letzte Reise. Die ungewöhnliche Reise einer außergewöhnlichen Frau
80 Seiten, Paperback, Norderstedt 2016, € 9,95

Horst H. Geerken
Die Ahnen. Eine Familiengeschichte in Wort und Bild. Geerken/Gerken – Thiel – Mannhardt – Schenk
516 Seiten, Hardcover, Norderstedt 2018, € 98,99

Horst H. Geerken
Eine Balinesin in Deutschland und ein Deutscher auf Bali
183 Seiten, Paperback, Norderstedt 2019, € 17,99

Horst H. Geerken
Das Gold der Bandas: Die Geschichte der Muskatnuss.
336 Seiten, Paperback, Norderstedt 2020, ISBN 978-3-7494-9835-2, € 29,90

Horst H. Geerken
Bibliographie deutscher Literatur über Niederländisch-Indien/Indonesien von 1930 bis 1945
36 Seiten, Paperback, Norderstedt 2021, € 6,99

Horst H. Geerken
Ein ‚Bule‘ in Indonesien: Kleine Geschichten aus dem Archipel, mit einem Hauch von Erotik
332 Seiten, Paperback, Norderstedt 2021, 19,99 €

Horst H. Geerken
Die Funkstation Malabar. Vor 100 Jahren, 1922, wurde die erste stabile Funkverbindung zwischen Europa und Südost-Asien in Betrieb genommen
136 Seiten, Paperback, Norderstedt 2022, , € 11,99

Annette Bräker, Horst H. Geerken
Indonesien Gestern und Heute. Reiseberichte der anderen Art
316 Seiten, Paperback, Norderstedt 2016, € 19,95

Annette Bräker, Horst H. Geerken
Der Karakorum-Highway und das Hunzatal, 1998: Geschichte, Kultur und Erlebnisse
244 Seiten, Paperback, Norderstedt 2016, € 19,95

Piet Jonasson (Hrsg. Horst H. Geerken)
Die Tote am Blutturm. Schatten über dem Schützenfest
192 Seiten, Paperback, Norderstedt 2010, € 11,90

Piet Jonasson (Hrsg. Horst H. Geerken)
Glaube? Sitte? Heimat? Pecunia non olet!
256 Seiten, Paperback, Norderstedt 2013, € 14,95

Weitere Bücher des Autors in Englisch

Horst H. Geerken
A Gecko for Luck. 18 years in Indonesia
392 Seiten, Paperback, Norderstedt 2010, € 24,95

Horst H. Geerken
A Magic Gecko. CIA's Role Behind the Fall of Soekarno
360 Seiten, Paperback, Jakarta 2011, ISBN 978-979-709-554-3, IRP 150.000,00

Horst H. Geerken
Hitler's Asian Adventure
572 Seiten, Paperback, Norderstedt 2015, € 27,95

Horst H. Geerken
My Ancestors. A Family History in Words and Pictures. Geerken/Gerken - Thiel - Mannhardt - Schenk.
508 Seiten, Norderstedt 2020, Hardcover: € 92,99, Paperback: 80,99 €

Horst H. Geerken
The Gold of the Bandas: The History of the Nutmeg. The forgotten islands that once made world history
424 Seiten, Paperback, Norderstedt, 2021, € 29,90

Annette Bräker, Horst H Geerken
The Karakoram Highway and the Hunza Valley, 1998: History, Culture, Experiences
232 Seiten, Paperback, Norderstedt 2017, € 19,95

Annette Bräker, Horst H. Geerken
Indonesia Then and Now. A Different Kind of Travel Book
300 Seiten, Paperback, Norderstedt 2018, € 19,95

Weitere Bücher des Autors in Bahasa Indonesia

Horst H. Geerken
A Magic Gecko. Peran CIA di Balik Jatuhnya Soekarno
498 Seiten, Paperback, Jakarta 2011, ISBN 978-979-709-555-0, IRP 85 000,00

Horst H. Geerken
Jejak Hitler di Indonesia
402 Seiten, Paperback, Jakarta 2017, ISBN 978-602-412-175-4, IRP 119 000,00

Horst H. Geerken
Indonesien Gestern und Heute
Eine Übersetzung in Bahasa Indonesia ist in Bearbeitung. Voraussichtlicher Erscheinungstermin: 2022

Alle deutsch- und englischsprachigen Bücher können portofrei beim Verlag unter dem folgenden Link bestellt werden: https://www.bod.de/buchshop/catalogsearch/result/?q=horst+h.+geerken
Alle deutsch- und englischsprachigen Titel sind auch im Buchhandel erhältlich. Auch in über 1000 Online-Shops können meine deutschsprachigen Bücher z.B. bei www.amazon.de oder www.hugendubel.de/Bücher oder www.thalia.de bestellt werden. Sämtliche Bücher sind auch als E-Book/Kindle Edition erhältlich.
Die englischsprachigen Bücher können über www.amazon.com und viele weitere Online-Shops bezogen werden.
In Indonesien verlegte Bücher erhält man nur dort in allen GRAMEDIA Buchhandlungen oder beim Verlag über www.buku.kompas.com oder www.gramedia.com

A BukitCinta Book

Deksel van doofpot met Dodenschip
(Verschleierung des Totenschiffs)

Bericht über die dreiteilige TV-Dokumentation ‚De Ondergang van de Van Imhoff‘, die mit meiner Beteiligung und der Verwendung der Kapitel 5 und 16 meines Buches ‚Hitlers Griff nach Asien‘, Band 1, aufgenommen wurde.

De Telegraaf, Amsterdam, vom 2. Dezember 2017

Die Dokumentation wurde im niederländischen Fernsehen Channel NPO 2 am 10., 17. und 24. Dezember 2017 gezeigt; jede Sendung wurde von jeweils etwa 500 000 Zuschauern gesehen.

Bei www.youtube.com gibt es verschiedenen Einträge und Ausschnitte der Dokumentation.

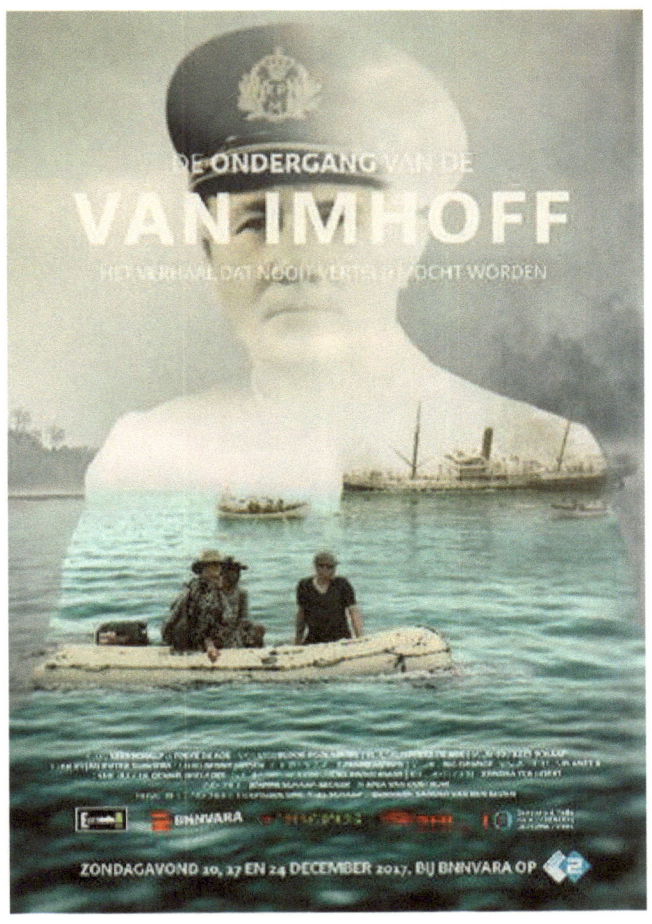